U0930096

黑龙江经济普查年鉴

Heilongjiang Economic Census Yearbook 2013

综 | 合 | 卷

黑龙江省人民政府第三次全国经济普查领导小组办公室
黑龙江省统计局
编

图书在版编目（CIP）数据

黑龙江经济普查年鉴. 2013 / 黑龙江省人民政府第三次全国经济普查领导小组办公室，黑龙江省统计局编. -- 北京：中国统计出版社, 2016.1
ISBN 978-7-5037-7740-0

Ⅰ. ①黑… Ⅱ. ①黑… ②黑… Ⅲ. ①经济－普查－黑龙江省－2013－年鉴 Ⅳ. ①F127.35-54

中国版本图书馆 CIP 数据核字(2016)第 004968 号

黑龙江经济普查年鉴—2013/综合卷

作　　者/黑龙江省人民政府第三次全国经济普查领导小组办公室
　　　　　黑龙江省统计局
责任编辑/赵淑焕
封面设计/黄俊杰　李雪燕
出版发行/中国统计出版社
通信地址/北京市丰台区西三环南路甲 6 号　邮政编码/100073
电　　话/邮购（010）63376909　书店（010）68783171
网　　址/http://www.zgtjcbs.com/
印　　刷/河北天普润印刷厂
经　　销/新华书店
开　　本/880mm×1230mm　1/16
字　　数/850 千字
印　　张/27.25
版　　别/2016 年 1 月第 1 版
版　　次/2016 年 1 月第 1 次印刷
定　　价/680.00 元（全三册附光盘）

本书附同版本 CD-ROM 一张，光盘内容以书面文字为准。
如有印装差错，由本社发行部调换。

编者说明

为便于社会各界共同分享第三次全国经济普查的成果，更方便地开发利用普查资料，我们将经济普查资料编辑整理，汇编成《黑龙江经济普查年鉴—2013》一书。全书共三卷三册，即综合卷、第二产业卷和第三产业卷，并随书配送同版本光盘一张。《综合卷》分三篇：第一篇为“综合篇”，第二篇为“小微企业篇”，第三篇为“文化及相关产业篇”。《第二产业卷》分四篇：第一篇为“工业企业生产经营及财务状况”，第二篇为“主要工业产品产量”，第三篇为“规模以上工业企业科技情况”，第四篇为“建筑业企业生产经营及财务状况”。《第三产业卷》分六篇：第一篇为“批发和零售业基本情况及财务状况”，第二篇为“住宿和餐饮业基本情况及财务状况”，第三篇为“房地产开发经营业生产经营及财务状况”，第四篇为“重点服务业企业财务状况”，第五篇为“行政事业、社团及其他单位财务状况”，第六篇为“企业信息化和电子商务交易情况”。为使读者能够更好地使用本资料，现对有关问题做如下说明：

一、第三次全国经济普查的标准时点为 2013 年 12 月 31 日，时期资料为 2013 年度；

二、每卷后附有该卷详细的指标解释，使用时请仔细阅读；

三、综合卷中综合篇和小微企业篇汇总表，均不包括金融业和一些无分组标识的数据；

四、本资料建筑业按法人单位注册地，其他行业按法人单位经营地进行汇总；

五、本资料对部分数据由于单位取舍不同或四舍五入而产生的差数均未作调整；

六、表中空格表示该项统计指标数值为零、数据不详或无该项数据，“#”表示其中的主要项。

我们希望此书的面世，能使社会各界对黑龙江省第三次全国经济普查有一个全面概括的了解，更愿本书的内容，能为社会经济研究工作者提供有价值的参考。

黑龙江省第三次全国经济普查资料是全省普查工作者共同辛勤工作的成果，也是广大普查对象积极支持配合的结果。在此，我们向全省所有普查工作者、普查对象和所有参与和支持普查工作的人员致以崇高的敬意和衷心的感谢！

综合卷 目录

第一篇 综合篇

1-01 按地区、行业(门类)分组的法人单位数……2
1-02 按地区分组的法人单位数及从业人员数……4
1-03 按地区、开业(成立)时间分组的法人单位数……5
1-04 按地区、开业(成立)时间分组的法人单位从业人员数……6
1-05 按地区、登记注册类型分组的法人单位数……8
1-06 按地区、登记注册类型分组的法人单位从业人员数……10
1-07 按行业(中类)、开业(成立)时间分组的法人单位数……12
1-08 按行业(中类)、开业(成立)时间分组的法人单位从业人员数……56
1-09 按行业(中类)、登记注册类型分组的法人单位数……100
1-10 按行业(中类)、登记注册类型分组的法人单位从业人员数……144
1-11 按行业(门类)分组的有证照个体经营户数和从业人员数……188

第二篇 小微企业篇

2-01 按地区、开业(成立)时间分组的小微企业法人单位数……190
2-02 按地区、开业(成立)时间分组的小微企业法人单位从业人员数……192
2-03 按地区、登记注册类型分组的小微企业法人单位数……194
2-04 按地区、登记注册类型分组的小微企业法人单位从业人员数……196
2-05 按地区、营业状态分组的小微企业法人单位数……198
2-06 按地区、营业状态分组的小微企业法人单位从业人员数……199
2-07 按行业(中类)、开业(成立)时间分组的小微企业法人单位数……200
2-08 按行业(中类)、开业(成立)时间分组的小微企业法人单位从业人员数……240
2-09 按行业(中类)、登记注册类型分组的小微企业法人单位数……280
2-10 按行业(中类)、登记注册类型分组的小微企业法人单位从业人员数……320
2-11 按行业(中类)、营业状态分组的小微企业法人单位数……360
2-12 按行业(中类)、营业状态分组的小微企业法人单位从业人员数……370
2-13 按登记注册类型、营业状态分组的小微企业法人单位数……380
2-14 按登记注册类型、营业状态分组的小微企业法人单位从业人员数……381

第三篇 文化及相关产业篇

A.概况

3-A-01 文化及相关产业单位及从业人员情况……384
3-A-02 分地区文化及相关产业单位及从业人员情况……384

3-A-03 分地区文化及相关产业法人单位分布情况……385
3-A-04 按类别分文化及相关产业企业基本情况……386
3-A-05 分地区文化及相关产业企业基本情况……387
3-A-06 按类别分文化事业(其他)单位基本情况……388
3-A-07 分地区文化事业(其他)单位基本情况……389
B.文化制造业
3-B-01 按类别分文化制造业企业主要指标……389
3-B-02 分地区文化制造业企业主要指标……390
3-B-03 规模以上文化制造业企业基本情况……391
3-B-04 按类别分规模以上文化制造业企业基本情况……393
3-B-05 分地区规模以上文化制造业企业基本情况……393
3-B-06 按类别分规模以上文化制造业企业主要财务指标……394
3-B-07 分地区规模以上文化制造业企业主要财务指标……394
3-B-08 规模以下文化制造业企业主要财务指标……396
3-B-09 按类别分规模以下文化制造业企业主要财务指标……396
3-B-10 分地区规模以下文化制造业企业主要财务指标……397
C.文化批发和零售业
3-C-01 按类别分文化批发和零售业企业主要指标……397
3-C-02 分地区文化批发和零售业企业主要指标……398
3-C-03 限额以上文化批发和零售业企业基本情况……398
3-C-04 按类别分限额以上文化批发和零售业企业基本情况……399
3-C-05 分地区限额以上文化批发和零售业企业基本情况……399
3-C-06 按类别分限额以上文化批发和零售业企业主要财务指标……400
3-C-07 分地区限额以上文化批发和零售业企业主要财务指标……400
3-C-08 限额以下文化批发和零售业企业主要财务指标……401
3-C-09 按类别分限额以下文化批发和零售业企业主要财务指标……401
3-C-10 分地区限额以下文化批发和零售业企业主要财务指标……402
D.文化服务业
3-D-01 按类别分文化服务业单位主要指标……402
3-D-02 分地区文化服务业单位主要指标……403
3-D-03 分地区文化服务业企业主要指标……403
3-D-04 按类别分文化服务业企业主要指标……404
3-D-05 分地区文化服务业企业主要指标……404
3-D-06 规模以上文化服务业企业基本情况……405
3-D-07 按类别分规模以上文化服务业企业基本情况……405
3-D-08 分地区规模以上文化服务业企业基本情况……406
3-D-09 按类别分规模以上文化服务业企业主要财务指标……406
3-D-10 分地区规模以上文化服务业企业主要财务指标……407
3-D-11 规模以下文化服务业企业主要财务指标……407
3-D-12 按类别分规模以下文化服务业企业主要财务指标……408
3-D-13 分地区规模以下文化服务业企业主要财务指标……408
3-D-14 文化创意和设计服务企业经营情况……409

3-D-15　按类别分文化服务业事业单位主要财务指标……409
3-D-16　分地区文化服务业事业单位主要财务指标……410
3-D-17　按类别分文化服务业其他单位主要财务指标……410
3-D-18　分地区文化服务业其他单位主要财务指标……411
E.文化产业个体经营户
3-E-01　按类别分文化产业个体经营户基本情况……412
3-E-02　分地区文化产业个体经营户基本情况……413

附录

主要指标解释及分类规定……417

第1篇

综合篇

1-01 按地区、行业(门类)

地　区	法人单位数(个)	农、林、牧、渔业	采矿业	制造业	电力、热力、燃气及水生产和供应业	建筑业	批发和零售业	交通运输、仓储和邮政业	住宿和餐饮业
全　省	**173343**	**10946**	**1866**	**24466**	**1367**	**6148**	**39955**	**4305**	**2693**
哈尔滨	62393	2210	160	9590	279	2966	17809	1654	1387
齐齐哈尔	16284	2317	73	2145	157	397	2941	382	144
鸡　西	6025	150	296	662	69	164	1056	112	54
鹤　岗	3608	67	142	425	28	158	536	75	31
双鸭山	5517	93	171	452	57	165	792	142	31
大　庆	15626	81	109	2003	118	532	5855	272	113
伊　春	4793	65	65	804	68	178	488	112	67
佳木斯	8959	1107	63	947	59	157	1499	198	79
七台河	3502	28	226	375	30	85	744	78	22
牡丹江	16598	26	365	3517	190	610	3537	327	495
黑　河	6223	292	54	370	53	182	986	207	78
绥　化	14924	4100	26	1813	74	220	1663	402	84
大兴安岭	3073	63	40	256	24	110	313	105	52
农垦总局	3537	273	61	837	147	176	897	129	38
绥芬河	1681			246	9	42	711	85	14
抚　远	600	74	15	24	5	6	128	25	4

分组的法人单位数

信息传输、软件和信息技术服务业	房地产业	租赁和商务服务业	科学研究和技术服务业	水利、环境和公共设施管理业	居民服务、修理和其他服务业	教育	卫生和社会工作	文化、体育和娱乐业	公共管理、社会保障和社会组织
2703	**6024**	**9757**	**5916**	**1708**	**2748**	**7719**	**5573**	**3988**	**35461**
1841	2468	5087	2680	560	1325	2462	1236	1020	7659
61	475	623	389	208	190	689	688	454	3951
29	238	198	141	102	66	307	320	243	1818
26	180	119	71	37	47	217	134	100	1215
38	178	269	174	95	56	280	197	217	2110
373	496	979	617	140	319	799	360	388	2072
20	148	169	85	82	33	191	189	187	1842
30	256	285	149	89	111	539	319	171	2901
12	113	159	101	46	57	156	114	166	990
118	542	865	869	110	256	644	912	361	2854
67	229	332	162	79	89	309	289	192	2253
42	340	243	217	72	106	742	531	252	3997
26	84	164	116	41	44	159	124	190	1162
11	131	101	98	36	38	164	133	30	237
9	121	132	36	6	10	28	13	10	209
	25	32	11	5	1	33	14	7	191

1-02　按地区分组的法人单位数及从业人员数

地　区	法人单位				
	单位数(个)			从业人员数(人)	
		单产业法人	多产业法人		#女性
全　省	**173343**	**166040**	**7303**	**6250317**	**2167434**
哈尔滨	62393	60748	1645	1939756	664667
齐齐哈尔	16284	15354	930	437739	154464
鸡　西	6025	5741	284	242936	71143
鹤　岗	3608	3359	249	172373	47318
双鸭山	5517	4949	568	207471	58870
大　庆	15626	15147	479	617841	243191
伊　春	4793	4407	386	250904	88099
佳木斯	8959	8569	390	274511	94430
七台河	3502	3314	188	168034	47239
牡丹江	16598	16012	586	601658	194890
黑　河	6223	5685	538	161343	57512
绥　化	14924	14349	575	430114	154538
大兴安岭	3073	2918	155	109702	37982
农垦总局	3537	3294	243	600385	240032
绥芬河	1681	1650	31	26183	9597
抚　远	600	544	56	9367	3462

1-03　按地区、开业(成立)时间分组的法人单位数

地　区	法　人单位数(个)	1949年及以前	1950-1977年	1978-1991年	1992-1995年	1996年	1997年	1998年	1999年	2000年	2001年	2002年
全　省	**173343**	**1945**	**11438**	**15520**	**4613**	**1588**	**1313**	**2542**	**2321**	**4220**	**5643**	**4907**
哈尔滨	62393	538	2325	3397	1874	611	474	1014	956	1548	2037	1677
齐齐哈尔	16284	259	1404	1705	377	130	96	201	191	329	572	446
鸡　西	6025	109	692	784	187	58	37	96	92	168	158	202
鹤　岗	3608	25	296	568	107	30	31	57	47	120	91	209
双鸭山	5517	46	496	908	134	38	48	67	69	103	278	198
大　庆	15626	70	663	955	270	132	157	227	222	345	428	463
伊　春	4793	25	751	670	151	27	50	65	58	143	263	171
佳木斯	8959	190	656	1115	248	74	54	117	104	267	323	237
七台河	3502	28	219	596	108	51	29	55	57	91	104	100
牡丹江	16598	269	1125	1316	427	171	155	252	230	472	494	449
黑　河	6223	118	664	782	155	52	43	69	62	143	163	130
绥　化	14924	224	1434	1767	316	136	90	217	116	345	440	316
大兴安岭	3073	14	302	494	119	42	23	34	65	54	150	159
农垦总局	3537	24	305	314	89	21	14	47	37	68	105	92
绥芬河	1681	3	24	42	23	14	9	21	13	12	33	49
抚　远	600	3	82	107	28	1	3	3	2	12	4	9

1-03　续表

地　区	2003年	2004年	2005年	2006年	2007年	2008年	2009年	2010年	2011年	2012年	2013年	无开业年份
全　省	**5271**	**5409**	**5963**	**6161**	**6588**	**9074**	**11599**	**14957**	**15391**	**16653**	**19196**	**1031**
哈尔滨	1925	2199	2425	2495	2623	3560	4612	5999	6656	6481	6754	213
齐齐哈尔	714	484	414	534	536	798	990	1458	1294	1473	1706	173
鸡　西	188	160	237	232	229	296	364	455	378	444	409	50
鹤　岗	119	145	132	108	123	175	194	225	221	242	240	103
双鸭山	212	171	180	172	185	266	297	372	381	445	351	100
大　庆	422	487	586	614	736	877	1124	1438	1623	1653	2102	32
伊　春	157	139	159	153	166	167	222	308	276	320	326	26
佳木斯	239	185	259	260	284	398	531	685	681	819	1172	61
七台河	128	125	107	117	96	177	182	225	250	296	343	18
牡丹江	433	489	596	631	725	962	1283	1586	1581	1787	1154	11
黑　河	125	175	180	198	233	297	389	512	483	593	640	17
绥　化	367	363	332	306	353	641	874	966	825	1132	3202	162
大兴安岭	82	104	103	77	75	108	123	229	195	246	232	43
农垦总局	88	115	162	177	131	209	240	252	287	412	343	5
绥芬河	60	62	84	69	82	104	148	207	216	248	145	13
抚　远	12	6	7	18	11	39	26	40	44	62	77	4

1-04 按地区、开业(成立)时间

地区	从业人员数(人)				
		1949年及以前	1950-1977年	1978-1991年	1992-1995年
全省	**6250317**	**407984**	**1263246**	**571615**	**276844**
哈尔滨	1939756	117822	212350	163948	131782
齐齐哈尔	437739	23912	77816	51426	14887
鸡西	242936	25918	31942	21295	8508
鹤岗	172373	52358	20272	18247	4416
双鸭山	207471	4181	25311	20931	5755
大庆	617841	4868	213864	50243	28219
伊春	250904	11453	111372	21115	7436
佳木斯	274511	13266	42554	32769	10505
七台河	168034	2385	29758	17222	5937
牡丹江	601658	45317	58309	36371	18319
黑河	161343	9784	30644	19081	4998
绥化	430114	15986	69766	47751	18951
大兴安岭	109702	191	36039	27514	4491
农垦总局	600385	80172	300251	40436	11503
绥芬河	26183	320	1142	1076	651
抚远	9367	51	1856	2190	486

1-04 续表

地区	2003年	2004年	2005年	2006年	2007年
全省	**204704**	**193423**	**192398**	**174517**	**191854**
哈尔滨	88604	66481	61836	69233	63229
齐齐哈尔	20808	13576	11614	9620	19005
鸡西	8249	5663	16557	7057	8363
鹤岗	3654	6253	5762	2311	3437
双鸭山	14049	10903	4106	4598	5309
大庆	14651	16136	22688	11403	15394
伊春	4927	5120	4535	6374	6953
佳木斯	6289	14304	9412	10501	12866
七台河	4827	2991	4793	2149	3271
牡丹江	19745	17323	23158	19490	24817
黑河	3041	6455	4602	5107	5253
绥化	9749	15940	14392	17374	11422
大兴安岭	1845	2416	3213	2063	2305
农垦总局	2860	8550	4382	5847	8740
绥芬河	1165	1246	1222	1259	1333
抚远	241	66	126	131	157

分组的法人单位从业人员数

1996年	1997年	1998年	1999年	2000年	2001年	2002年
66424	**59608**	**172032**	**114524**	**178241**	**241493**	**162299**
23842	21659	51981	39931	47310	59955	49460
4324	3362	8311	9429	11922	15539	14207
2619	855	6581	2829	5257	4162	3021
1367	3464	4202	2185	5893	6206	7079
498	991	2789	5087	5095	53712	6161
3223	8183	14073	8487	41905	18515	18817
1562	1927	2888	2403	3774	20975	5352
2978	2498	2495	3424	8095	11048	11931
1181	3005	2394	4727	3140	2183	4037
6668	6988	8050	11517	27159	17080	17981
869	1653	2957	1484	3601	5557	4850
5247	3409	13380	4716	7629	13971	10025
1410	229	822	1490	1067	2939	2526
10060	805	50456	16460	5778	8421	5973
568	505	555	338	259	1170	650
8	75	98	17	357	60	229

2008年	2009年	2010年	2011年	2012年	2013年	无开业年份
362953	**314521**	**313253**	**257520**	**250525**	**251051**	**29288**
194648	76694	121268	98829	86675	83509	8710
30107	14213	25037	16976	19611	19285	2752
8184	48390	9047	6372	5719	5222	1126
4353	3430	5696	3862	3350	2866	1710
6118	6188	5895	7252	5945	4288	2309
16930	16710	28909	23645	17458	22512	1008
3116	4824	7661	5011	5517	6035	574
8363	12511	13605	12052	14175	16092	2778
6058	51214	6212	3508	3162	3326	554
50471	37805	45528	39151	46203	23833	375
5944	5992	9910	7443	10629	10438	1051
14424	22335	21221	21113	20276	46088	4949
3120	2531	4511	4035	2576	1554	815
9512	9560	6249	5087	5533	3686	64
1202	1887	2019	2815	2831	1492	478
403	237	485	369	865	825	35

1-05 按地区、登记注册

地区	法人单位数(个)	内资企业	国有企业	集体企业	股份合作企业	联营企业	国有联营企业
全省	**173343**	**172553**	**34210**	**3187**	**1342**	**511**	**99**
哈尔滨	62393	61956	7208	1102	669	199	52
齐齐哈尔	16284	16235	3935	275	175	92	3
鸡西	6025	6009	1868	271	42	31	6
鹤岗	3608	3595	1202	78	16	8	2
双鸭山	5517	5507	2062	69	18	12	1
大庆	15626	15570	2175	225	57	25	5
伊春	4793	4768	1942	48	33	9	5
佳木斯	8959	8929	2010	107	68	18	5
七台河	3502	3496	940	37	33	7	1
牡丹江	16598	16522	2509	574	109	37	2
黑河	6223	6207	1953	64	21	14	2
绥化	14924	14891	3417	300	54	42	12
大兴安岭	3073	3068	1657	29	15	8	1
农垦总局	3537	3528	977	6	25	7	2
绥芬河	1681	1674	160	2		1	
抚远	600	598	195		7	1	

1-05 续表

地区	私营合伙企业	私营有限责任公司	私营股份有限公司	其他企业	港、澳、台商投资企业	合资经营企业(港、澳、台资)	合作经营企业(港、澳、台资)
全省	**1948**	**27660**	**1426**	**44965**	**296**	**121**	**23**
哈尔滨	789	11020	493	13176	160	72	10
齐齐哈尔	149	1633	123	5264	15	8	2
鸡西	40	472	61	1481	8	4	
鹤岗	38	338	51	703	6	3	3
双鸭山	63	564	45	1242	6	3	
大庆	112	5981	134	3465	24	11	2
伊春	33	513	29	831	10	3	1
佳木斯	110	969	67	3519	9	4	
七台河	50	434	41	1075	5	1	1
牡丹江	364	2446	162	4413	31	8	2
黑河	57	701	45	1798	6	2	
绥化	79	682	85	7002	11	2	1
大兴安岭	23	217	18	281			
农垦总局	28	1029	39	336			
绥芬河	8	642	32	210	4		
抚远	5	19	1	169	1		1

类型分组的法人单位数

集体联营企业	国有与集体联营企业	其他联营企业	有限责任公司	国有独资公司	其他有限责任公司	股份有限公司	私营企业	私营独资企业
158	**97**	**157**	**33158**	**369**	**32789**	**3210**	**51970**	**20936**
56	9	82	19561	137	19424	1338	18703	6401
12	68	9	2121	35	2086	316	4057	2152
14	4	7	699	25	674	99	1518	945
5		1	702	10	692	70	816	389
6		5	547	14	533	106	1451	779
17		3	1834	28	1806	131	7658	1431
	2	2	731	8	723	72	1102	527
6	1	6	693	19	674	103	2411	1265
4		2	273	10	263	52	1079	554
15	5	15	2007	26	1981	361	6512	3540
5	2	5	765	14	751	139	1453	650
11	5	14	1735	19	1716	189	2152	1306
5		2	341	7	334	45	692	434
1	1	3	543	11	532	72	1562	466
		1	448	1	447	108	745	63
1			158	5	153	9	59	34

港、澳、台商独资经营企业	港、澳、台商投资股份有限公司	其他港、澳、台投资企业	外商投资企业	中外合资经营企业	中外合作经营企业	外资企业	外商投资股份有限公司	其他外商投资企业
126	**16**	**10**	**494**	**199**	**19**	**212**	**33**	**31**
68	6	4	277	108	12	120	19	18
4	1		34	13	1	17	3	
4			8	4	1	1	1	1
			7	2		4	1	
3			4	2		1		1
10	1		32	13		16	2	1
3		3	15	9		6		
5			21	8	1	12		
2	1		1		1			
17	2	2	45	19	1	21	1	3
1	2	1	10	6		3		1
6	2		22	5	1	8	2	6
			5	1	1	1	2	
			9	7		1	1	
3	1		3	1		1	1	
			1	1				

1-06 按地区、登记注册类型

地　　区	从业人员数(人)	内资企业	国有企业	集体企业	股份合作企　　业	联营企业	国有联营企　　业
全　　省	**6250317**	**6077017**	**2463223**	**113740**	**26389**	**13205**	**3418**
哈 尔 滨	1939756	1849817	695779	35172	11756	4935	1868
齐齐哈尔	437739	423681	150370	13563	1678	756	80
鸡　　西	242936	235556	87885	3757	1660	1304	101
鹤　　岗	172373	171057	53403	6927	161	64	23
双 鸭 山	207471	206202	62687	1543	378	721	4
大　　庆	617841	606053	171413	14599	1834	456	188
伊　　春	250904	247705	163274	2258	1235	304	148
佳 木 斯	274511	266957	104084	6591	1343	496	309
七 台 河	168034	167153	39997	1242	720	379	148
牡 丹 江	601658	586917	147177	14075	3085	650	60
黑　　河	161343	158134	79687	2239	225	318	38
绥　　化	430114	420575	159584	6868	1163	2526	248
大兴安岭	109702	108378	80158	1283	358	71	7
农垦总局	600385	593717	457041	3605	693	219	196
绥 芬 河	26183	25770	5664	18		2	
抚　　远	9367	9345	5020		100	4	

1-06　续表

地　　区	私营合伙企　　业	私营有限责任公司	私营股份有限公司	其他企业	港、澳、台商投资企业	合资经营企业(港、澳、台资)	合作经营企业(港、澳、台资)
全　　省	**30527**	**687295**	**52816**	**594586**	**59939**	**26081**	**1681**
哈 尔 滨	12306	217265	17270	200875	27169	11204	429
齐齐哈尔	1541	39081	4340	60918	5806	1927	125
鸡　　西	475	15663	2795	16311	7076	5345	
鹤　　岗	521	12490	2486	8020	471	388	83
双 鸭 山	732	25856	1482	12618	1242	1112	
大　　庆	1237	83314	3487	47017	6062	2563	900
伊　　春	398	24043	1093	8809	1487	405	8
佳 木 斯	1776	41758	1750	36532	1823	1087	
七 台 河	781	14032	1812	14161	831	30	5
牡 丹 江	8039	123233	7432	73916	5120	1792	120
黑　　河	864	11183	1620	25190	1532	105	
绥　　化	1048	41515	4469	78549	961	123	3
大兴安岭	264	5822	338	2825			
农垦总局	436	24077	2069	4696			
绥 芬 河	46	7375	350	2422	351		
抚　　远	63	588	23	1727	8		8

分组的法人单位从业人员数

集体联营企业	国有与集体联营企业	其他联营企业	有限责任公司	国有独资公司	其他有限责任公司	股份有限公司	私营企业	私营独资企业
3431	**1857**	**4499**	**1438591**	**239025**	**1199566**	**322312**	**1104971**	**334333**
1263	270	1534	475693	62139	413554	68766	356841	110000
335	274	67	97363	7468	89895	33017	66016	21054
237	883	83	83777	2166	81611	4992	35870	16937
35		6	76953	48834	28119	5898	19631	4134
625		92	33315	3313	30002	55905	39035	10965
247		21	226331	31880	194451	40604	103799	15761
	143	13	32446	329	32117	5577	33802	8268
51	20	116	46784	6646	40138	11239	59888	14604
209		22	84332	63923	20409	3554	22768	6143
164	155	271	105438	7026	98412	15843	226733	88029
24	26	230	22870	2552	20318	6997	20608	6941
174	82	2022	94941	1008	93933	10990	65954	18922
59		5	11551	675	10876	1071	11061	4637
4	4	15	37904	916	36988	55999	33560	6978
		2	7453	23	7430	1753	8458	687
4			1440	127	1313	107	947	273

港、澳、台商独资经营企业	港、澳、台商投资股份有限公司	其他港、澳、台投资企业	外商投资企业	中外合资经营企业	中外合作经营企业	外资企业	外商投资股份有限公司	其他外商投资企业
20898	**8471**	**2808**	**113361**	**57455**	**2101**	**39018**	**14221**	**566**
13860	1029	647	62770	40697	441	18458	2829	345
1248	2506		8252	3561	87	2912	1692	
1731			304	269	4	12	15	4
			845	25		351	469	
130			27	11		13		3
424	2175		5726	3587		1857	280	2
109		965	1712	1056		656		
736			5731	1219	664	3848		
419	377		50		50			
1284	735	1189	9621	3176	8	6413	5	19
270	1150	7	1677	1567		109		1
478	357		8578	747	832	4334	2473	192
			1324	266	15	4	1039	
			6668	1258		21	5389	
209	142		62	2		30	30	
			14	14				

1-07 按行业(中类)、开业(成立)

行业	代码	法人单位数(个)	1949年及以前	1950-1977年	1978-1991年
总　　计	**00**	**173343**	**1945**	**11438**	**15520**
农、林、牧、渔业	**A**	**10946**	**37**	**225**	**114**
农业	01	119	16	72	7
谷物种植	011	104	15	63	6
豆类、油料和薯类种植	012	9		7	
棉、麻、糖、烟草种植	013				
蔬菜、食用菌及园艺作物种植	014	4	1	2	
水果种植	015				
坚果、含油果、香料和饮料作物种植	016				
中药材种植	017				
其他农业	019	2			1
林业	02	48	5	37	4
林木育种和育苗	021	3		1	
造林和更新	022	3		3	
森林经营和管护	023	18	2	15	1
木材和竹材采运	024	24	3	18	3
林产品采集	025				
畜牧业	03	14		6	
牲畜饲养	031	10		4	
家禽饲养	032	1			
狩猎和捕捉动物	033				
其他畜牧业	039	3		2	
渔业	04	2			1
水产养殖	041	2			1
水产捕捞	042				
农、林、牧、渔服务业	05	10763	16	110	102
农业服务业	051	8962	9	44	53
林业服务业	052	171	2	39	34
畜牧服务业	053	1520	4	21	11
渔业服务业	054	110	1	6	4
采矿业	**B**	**1866**	**3**	**12**	**65**
煤炭开采和洗选业	06	872	2	5	40
烟煤和无烟煤开采洗选	061	790	2	4	38
褐煤开采洗选	062	27			
其他煤炭采选	069	55		1	2
石油和天然气开采业	07	26		1	1
石油开采	071	24		1	1
天然气开采	072	2			
黑色金属矿采选业	08	57			
铁矿采选	081	56			
锰矿、铬矿采选	082				
其他黑色金属矿采选	089	1			
有色金属矿采选业	09	59	1		
常用有色金属矿采选	091	28	1		
贵金属矿采选	092	25			
稀有稀土金属矿采选	093	6			

时间分组的法人单位数

1992-1995年	1996年	1997年	1998年	1999年	2000年	2001年	2002年
4613	**1588**	**1313**	**2542**	**2321**	**4220**	**5643**	**4907**
44	**14**	**12**	**26**	**20**	**52**	**54**	**41**
4				3	1	1	
4				3	1	1	
							1
							1
1	1					1	2
	1					1	1
1							
							1
39	13	12	26	17	51	52	38
28	4	9	11	10	34	34	23
7	1	1	3	1	1	4	5
4	5	2	10	3	14	14	9
	3		2	3	2		1
60	**36**	**21**	**56**	**34**	**55**	**60**	**63**
33	21	16	26	14	32	28	48
32	20	16	23	13	31	25	44
			1		1	2	2
1	1		2	1		1	2
1	1				3	2	2
1					3	2	2
	1						
						1	1
						1	1
	1		2	1	3	1	
				1	2		
	1		1		1	1	
			1				

1-07 续表 1

行业	代码	法人单位数（个）			
			1949年及以前	1950-1977年	1978-1991年
非金属矿采选业	10	699		6	23
土砂石开采	101	623		6	21
化学矿开采	102	1			
采盐	103				
石棉及其他非金属矿采选	109	75			2
开采辅助活动	11	126			1
煤炭开采和洗选辅助活动	111	15			
石油和天然气开采辅助活动	112	98			
其他开采辅助活动	119	13			1
其他采矿业	12	27			
其他采矿业	120	27			
制造业	**C**	**24466**	**15**	**289**	**798**
农副食品加工业	13	4833	1	17	54
谷物磨制	131	2589		3	19
饲料加工	132	478			7
植物油加工	133	340	1	2	6
制糖业	134	22		1	2
屠宰及肉类加工	135	489		5	12
水产品加工	136	24		1	
蔬菜、水果和坚果加工	137	362			3
其他农副食品加工	139	529		5	5
食品制造业	14	922		8	29
焙烤食品制造	141	141		4	2
糖果、巧克力及蜜饯制造	142	24			1
方便食品制造	143	246		1	6
乳制品制造	144	110			9
罐头食品制造	145	35			1
调味品、发酵制品制造	146	110		3	5
其他食品制造	149	256			5
酒、饮料和精制茶制造业	15	937	1	9	29
酒的制造	151	545	1	9	27
饮料制造	152	386			2
精制茶加工	153	6			
烟草制品业	16	14			2
烟叶复烤	161	8			
卷烟制造	162	3			1
其他烟草制品制造	169	3			1
纺织业	17	333		10	18
棉纺织及印染精加工	171	50		4	1
毛纺织及染整精加工	172	12			1
麻纺织及染整精加工	173	141		2	9
丝绢纺织及印染精加工	174	6			1
化纤织造及印染精加工	175	11			1
针织或钩针编织物及其制品制造	176	30		2	1
家用纺织制成品制造	177	56			2
非家用纺织制成品制造	178	27		2	2
纺织服装、服饰业	18	241		11	9
机织服装制造	181	150		5	8
针织或钩针编织服装制造	182	32		2	
服饰制造	183	59		4	1

1992—1995年	1996年	1997年	1998年	1999年	2000年	2001年	2002年
17	10	3	24	15	15	21	11
15	10	3	23	13	14	18	10
2			1	2	1	3	1
9	3	2	4	4	1	6	1
1					1	1	
8	3	2	4	4		5	1
					1	1	
					1	1	
826	**283**	**272**	**536**	**476**	**766**	**804**	**837**
67	28	28	70	52	142	134	137
21	12	8	28	24	57	53	74
7	1	10	11	9	17	19	5
8	3	3	8	3	11	16	5
2			1	1		1	
13	6	4	9	6	24	15	20
							1
8	2	1	3	4	13	16	13
8	4	2	10	5	20	14	19
25	15	7	18	25	32	32	29
5	3	2	3	6	4	3	4
1			1			1	1
2		1	3	4	7	5	4
4	3		5	5	8	8	5
		1		1	2		1
6	5		1	2	3	3	6
7	4	3	5	7	8	12	8
37	16	8	33	36	44	47	39
28	10	8	24	22	30	28	18
9	6		9	14	14	19	19
							2
1				1			2
1				1			1
							1
9	4	3	8	5	12	8	11
	1	2	1	2	1	3	4
							2
3	1	1	3	3	7	3	2
							1
2							
	1				1		1
1	1		2		1	1	1
3			2		2	1	
5	3	9	6	4	5	7	5
5	2	6	6	3	4	6	4
		1			1		1
	1	2		1		1	

1-07 续表 2

行 业	代码	法人单位数（个）			
			1949年及以前	1950-1977年	1978-1991年
皮革、毛皮、羽毛及其制品和制鞋业	19	156	1	3	6
皮革鞣制加工	191	40			
皮革制品制造	192	21			1
毛皮鞣制及制品加工	193	56	1	1	1
羽毛(绒)加工及制品制造	194	4			
制鞋业	195	35		2	4
木材加工和木、竹、藤、棕、草制品业	20	2453	2	12	53
木材加工	201	1454	1	7	33
人造板制造	202	294	1	2	7
木制品制造	203	636		3	11
竹、藤、棕、草等制品制造	204	69			2
家具制造业	21	453		1	14
木质家具制造	211	351			6
竹、藤家具制造	212	1			1
金属家具制造	213	31		1	2
塑料家具制造	214	22			1
其他家具制造	219	48			4
造纸和纸制品业	22	362		4	11
纸浆制造	221	8			
造纸	222	148		3	3
纸制品制造	223	206		1	8
印刷和记录媒介复制业	23	725	1	17	45
印刷	231	596	1	12	40
装订及印刷相关服务	232	128		5	5
记录媒介复制	233	1			
文教、工美、体育和娱乐用品制造业	24	296		3	8
文教办公用品制造	241	105		1	1
乐器制造	242	14			2
工艺美术品制造	243	156		1	2
体育用品制造	244	13			3
玩具制造	245	4			
游艺器材及娱乐用品制造	246	4		1	
石油加工、炼焦和核燃料加工业	25	189		3	2
精炼石油产品制造	251	154		2	2
炼焦	252	32		1	
核燃料加工	253	3			
化学原料和化学制品制造业	26	1220	2	13	20
基础化学原料制造	261	178	1		3
肥料制造	262	397		3	2
农药制造	263	42			2
涂料、油墨、颜料及类似产品制造	264	168			1
合成材料制造	265	65		1	3
专用化学产品制造	266	279		3	7
炸药、火工及焰火产品制造	267	24		3	
日用化学产品制造	268	67	1	3	2

1992–1995年	1996年	1997年	1998年	1999年	2000年	2001年	2002年
5		1	1	1	3	7	1
1		1			1	1	
2					1	3	1
2			1	1	1	3	
66	19	19	30	27	69	82	80
32	8	6	16	18	28	45	46
14	2	1	5	2	15	12	9
19	8	12	8	7	23	23	25
1	1		1		3	2	
15	7	8	7	12	10	13	24
13	7	8	4	9	4	12	17
				2	2	1	1
1			2		2		2
1			1	1	2		4
18	10	7	13	5	8	13	19
1						1	1
4	2	3	2	1	3	4	9
13	8	4	11	4	5	8	9
45	14	15	23	13	24	29	31
37	12	10	21	12	19	26	25
8	2	4	2	1	5	3	6
		1					
11	2	3	8	7	10	8	14
2	1	2	6	5	4	3	4
1	1				1		1
8			2	2	5	3	7
						1	2
		1					
						1	
10	2	4	8	7	7	7	17
10	1	3	7	7	7	7	15
	1	1	1				2
53	14	12	29	37	47	42	44
12	2	1	5	5	10	3	4
6	3	3	5	6	15	13	10
2	2	2	3	4	1	4	3
12	1	1	5	5	4	7	9
2	1	1	3	4	1	1	2
15	4	4	7	10	9	13	12
			1		3	1	1
4	1			3	4		3

1-07 续表 3

行 业	代码	法人单位数(个)	1949年及以前	1950-1977年	1978-1991年
医药制造业	27	338		1	13
化学药品原料药制造	271	31			2
化学药品制剂制造	272	57			3
中药饮片加工	273	37			2
中成药生产	274	89			5
兽用药品制造	275	32		1	
生物药品制造	276	66			1
卫生材料及医药用品制造	277	26			
化学纤维制造业	28	29		1	1
纤维素纤维原料及纤维制造	281	8			
合成纤维制造	282	21		1	1
橡胶和塑料制品业	29	970		11	27
橡胶制品业	291	138		5	6
塑料制品业	292	832		6	21
非金属矿物制品业	30	2885	1	63	201
水泥、石灰和石膏制造	301	261	1	8	5
石膏、水泥制品及类似制品制造	302	704		6	22
砖瓦、石材等建筑材料制造	303	1529		42	163
玻璃制造	304	27			
玻璃制品制造	305	80		2	4
玻璃纤维和玻璃纤维增强塑料制品制造	306	46		1	2
陶瓷制品制造	307	36			2
耐火材料制品制造	308	64			1
石墨及其他非金属矿物制品制造	309	138		4	2
黑色金属冶炼和压延加工业	31	254		2	11
炼铁	311	27		1	2
炼钢	312	14			
黑色金属铸造	313	79			3
钢压延加工	314	117		1	5
铁合金冶炼	315	17			1
有色金属冶炼和压延加工业	32	99		4	5
常用有色金属冶炼	321	15			2
贵金属冶炼	322	4		1	
稀有稀土金属冶炼	323	7			
有色金属合金制造	324	12		1	
有色金属铸造	325	11			
有色金属压延加工	326	50		2	3
金属制品业	33	1276	2	12	32
结构性金属制品制造	331	723		2	5
金属工具制造	332	135	1	3	10
集装箱及金属包装容器制造	333	61		1	2
金属丝绳及其制品制造	334	18		1	2
建筑、安全用金属制品制造	335	142		4	5
金属表面处理及热处理加工	336	40			1
搪瓷制品制造	337	6			
金属制日用品制造	338	38	1		2
其他金属制品制造	339	113		1	5

1992−1995年	1996年	1997年	1998年	1999年	2000年	2001年	2002年
17	14	5	19	9	17	18	10
1	1	1	2	1	1		
4	2	1	8	3	3	4	4
1	1				2	1	1
8	5	2	5	3	5	8	1
1	1	1	2	1	1	5	1
2	3		2	1	2		2
	1				3		1
4			1	1	1	1	1
1			1		1	1	
3				1			1
23	17	8	21	18	37	34	33
4	3	2	6	2	5	10	5
19	14	6	15	16	32	24	28
98	41	33	71	63	72	69	70
10	2	2	14	10	11	11	10
12	6	8	11	11	13	15	16
59	24	15	36	33	34	32	31
1	1	1	3		1		
3	1			2	2	2	1
3	1			1			6
1	1	1		1	4	1	
3	1	3	3	1	1		1
6	4	3	4	4	6	8	5
11	3	6	5	2	8	13	16
1			1	1	1		1
3	1		1			1	3
5		2	1			5	5
2	2	2	2	1	7	6	7
		2				1	
10	1	1	3	2	4	1	13
					1		1
	1	1		1			1
2						1	1
3			1		1		2
5			2	1	2		8
43	14	14	24	20	42	46	44
18	2	6	11	11	21	24	19
9	2	2	3		10	3	9
2	1	1	2	2	3	4	1
		1	1				1
5	5	3	4	1	7	5	7
2	1		1	2		3	4
1						1	
3	1	1		2			
3	2		2	2	1	6	3

1-07 续表 4

行　业	代码	法人单位数（个）			
			1949年及以前	1950-1977年	1978-1991年
通用设备制造业	34	1889	1	32	74
锅炉及原动设备制造	341	338		5	12
金属加工机械制造	342	335		5	11
物料搬运设备制造	343	68		2	
泵、阀门、压缩机及类似机械制造	344	97		2	6
轴承、齿轮和传动部件制造	345	108		3	6
烘炉、风机、衡器、包装等设备制造	346	141		3	4
文化、办公用机械制造	347	24	1		
通用零部件制造	348	668		11	32
其他通用设备制造业	349	110		1	3
专用设备制造业	35	1594	1	15	47
采矿、冶金、建筑专用设备制造	351	582	1	4	9
化工、木材、非金属加工专用设备制造	352	192		3	11
食品、饮料、烟草及饲料生产专用设备制造	353	66			2
印刷、制药、日化及日用品生产专用设备制造	354	55			3
纺织、服装和皮革加工专用设备制造	355	18		1	1
电子和电工机械专用设备制造	356	126		1	2
农、林、牧、渔专用机械制造	357	312		5	9
医疗仪器设备及器械制造	358	72			4
环保、社会公共服务及其他专用设备制造	359	171		1	6
汽车制造业	36	260		4	10
汽车整车制造	361	12			
改装汽车制造	362	23			1
低速载货汽车制造	363	5			
电车制造	364	1			
汽车车身、挂车制造	365	4			
汽车零部件及配件制造	366	215		4	9
铁路、船舶、航空航天和其他运输设备制造业	37	107	2	8	13
铁路运输设备制造	371	68	2	7	10
城市轨道交通设备制造	372				
船舶及相关装置制造	373	14			2
航空、航天器及设备制造	374	16			
摩托车制造	375	1			
自行车制造	376	6		1	
非公路休闲车及零配件制造	377				
潜水救捞及其他未列明运输设备制造	379	2			1
电气机械和器材制造业	38	740		12	34
电机制造	381	149		4	4
输配电及控制设备制造	382	293		4	18
电线、电缆、光缆及电工器材制造	383	127			7
电池制造	384	27		1	3
家用电力器具制造	385	47		1	
非电力家用器具制造	386	24			
照明器具制造	387	36		1	2
其他电气机械及器材制造	389	37		1	
计算机、通信和其他电子设备制造业	39	148		1	4
计算机制造	391	29			

1992−1995年	1996年	1997年	1998年	1999年	2000年	2001年	2002年
102	20	28	64	49	58	61	68
23	6	9	15	6	14	12	14
11	4	1	13	7	10	5	12
		2	2		3	4	2
7	3	3	4	1	5	4	5
8	1	2	3	4	3	5	6
11	1	2	5	6	5	6	1
2			3		2		1
32	5	9	14	23	15	18	22
8			5	2	1	7	5
47	11	17	24	33	45	50	56
11	4	5	7	8	10	15	19
5	2		4	6	4	5	11
2	1	1	1	2	3	2	2
		1		2	2	4	4
4			3			2	
9	1	2	2	4	3	5	5
11		2	1	4	11	11	10
	2	3	1		4	1	
5	1	3	5	7	8	5	5
20	5	4	11	7	6	17	12
2			2	1		1	
4	2		1				
			1	1		1	
			1				
14	3	4	6	5	6	15	12
5	1	3	2	4	4	3	7
2	1	2	1	1	2	1	6
2				1	1		
1			1	2		1	1
		1			1	1	
37	9	18	15	19	22	23	25
10	2	1	3	5	2	5	4
13	3	6	4	7	11	15	8
8	3	3	5	4	5		8
		2		1			1
3		3	2	1	1		2
				1		1	1
3		1	1				1
	1	2			3	2	
9	6	2	4	4	8	10	7
2		1		1	1		1

1-07 续表 5

行业	代码	法人单位数(个)	1949年及以前	1950-1977年	1978-1991年
通信设备制造	392	24			1
广播电视设备制造	393	4			
雷达及配套设备制造	394	4			
视听设备制造	395	2			
电子器件制造	396	21		1	1
电子元件制造	397	19			1
其他电子设备制造	399	45			1
仪器仪表制造业	40	200		9	8
通用仪器仪表制造	401	133		3	5
专用仪器仪表制造	402	35		1	3
钟表与计时仪器制造	403	3		2	
光学仪器及眼镜制造	404	6		1	
其他仪器仪表制造业	409	23		2	
其他制造业	41	222		2	6
日用杂品制造	411	16			1
煤制品制造	412	92			
核辐射加工	413				
其他未列明制造业	419	114		2	5
废弃资源综合利用业	42	83			1
金属废料和碎屑加工处理	421	45			
非金属废料和碎屑加工处理	422	38			1
金属制品、机械和设备修理业	43	238		1	11
金属制品修理	431	13			3
通用设备修理	432	34			1
专用设备修理	433	77			2
铁路、船舶、航空航天等运输设备修理	434	27		1	2
电气设备修理	435	26			2
仪器仪表修理	436	4			
其他机械和设备修理业	439	57			1
电力、热力、燃气及水生产和供应业	**D**	**1367**	**11**	**99**	**133**
电力、热力生产和供应业	44	929	7	72	75
电力生产	441	262	1	7	11
电力供应	442	203	6	59	38
热力生产和供应	443	464		6	26
燃气生产和供应业	45	154		1	5
燃气生产和供应业	450	154		1	5
水的生产和供应业	46	284	4	26	53
自来水生产和供应	461	201	4	26	51
污水处理及其再生利用	462	72			1
其他水的处理、利用与分配	469	11			1
建筑业	**E**	**6148**	**10**	**115**	**310**
房屋建筑业	47	1771	7	69	154
房屋建筑业	470	1771	7	69	154
土木工程建筑业	48	1026	1	33	76
铁路、道路、隧道和桥梁工程建筑	481	433		14	41
水利和内河港口工程建筑	482	171		11	9
海洋工程建筑	483				

1992-1995年	1996年	1997年	1998年	1999年	2000年	2001年	2002年
3	1		2			4	1
	1					1	
						1	
1			1		1	2	
1	2			1	2	2	
2	2	1	1	2	4		5
10		2	7	4	9	10	8
8		2	4	4	6	7	6
					1	2	1
1							
1							
			3		2	1	1
7	2	5	2	4	9	8	8
			2			3	1
1		1		1	2	2	3
6	2	4		3	7	3	4
	1		1	2	3	4	2
	1		1	1	1	3	1
				1	2	1	1
16	4	2	8	3	8	7	4
1		1				1	
2		1	1	1			2
1	2		3	1	2	2	
1	1		1	1		2	
4	1		1		3	1	
1							
6			2		3	1	2
48	**11**	**20**	**22**	**15**	**21**	**43**	**35**
32	7	14	18	10	14	31	24
11	3	4	7	5	3	6	2
15	2	7	4		5	6	11
6	2	3	7	5	6	19	11
4		1	3	1	3	1	3
4		1	3	1	3	1	3
12	4	5	1	4	4	11	8
10	3	4	1	1	3	9	5
	1			3	1	2	3
2		1					
308	**92**	**77**	**184**	**132**	**176**	**262**	**195**
123	49	26	59	37	58	96	64
123	49	26	59	37	58	96	64
73	11	20	31	26	38	39	33
36	2	13	20	8	14	16	11
11	4	3	4	6	7	13	6

1-07 续表 6

行业	代码	法人单位数（个）	1949年及以前	1950-1977年	1978-1991年
工矿工程建筑	484	36		3	1
架线和管道工程建筑	485	154	1	2	21
其他土木工程建筑	489	232		3	4
建筑安装业	49	1089	2	8	50
电气安装	491	331		2	22
管道和设备安装	492	280	1	1	11
其他建筑安装业	499	478	1	5	17
建筑装饰和其他建筑业	50	2262		5	30
建筑装饰业	501	1616		3	24
工程准备活动	502	268		1	2
提供施工设备服务	503	68			1
其他未列明建筑业	509	310		1	3
批发和零售业	**F**	**39955**	**89**	**401**	**815**
批发业	51	24650	24	177	364
农、林、牧产品批发	511	5961	7	70	76
食品、饮料及烟草制品批发	512	2597	3	20	66
纺织、服装及家庭用品批发	513	1506		3	9
文化、体育用品及器材批发	514	445	1	6	5
医药及医疗器材批发	515	882	1	4	6
矿产品、建材及化工产品批发	516	6368	8	53	147
机械设备、五金产品及电子产品批发	517	4254	3	8	17
贸易经纪与代理	518	1135		3	5
其他批发业	519	1502	1	10	33
零售业	52	15305	65	224	451
综合零售	521	1504	22	143	201
食品、饮料及烟草制品专门零售	522	1502	1	10	26
纺织、服装及日用品专门零售	523	1189	2	7	26
文化、体育用品及器材专门零售	524	613	36	30	26
医药及医疗器材专门零售	525	2720	1	10	50
汽车、摩托车、燃料及零配件专门零售	526	2610	2	10	65
家用电器及电子产品专门零售	527	2080		3	12
五金、家具及室内装饰材料专门零售	528	1780		2	25
货摊、无店铺及其他零售业	529	1307	1	9	20
交通运输、仓储和邮政业	**G**	**4305**	**43**	**196**	**234**
道路运输业	54	2577	12	87	137
城市公共交通运输	541	444	4	9	8
公路旅客运输	542	200	3	13	17
道路货物运输	543	1447		6	21
道路运输辅助活动	544	486	5	59	91
水上运输业	55	79	1	4	9
水上旅客运输	551	24			1
水上货物运输	552	23	1		5
水上运输辅助活动	553	32		4	3
航空运输业	56	49		1	2
航空客货运输	561	14			
通用航空服务	562	16			
航空运输辅助活动	563	19		1	2

1992-1995年	1996年	1997年	1998年	1999年	2000年	2001年	2002年
3	1		1	2	2		1
16	1	2	4	6	8		5
7	3	2	2	4	7	10	10
64	16	16	46	31	32	71	37
16	8	1	19	10	7	24	9
24	2	4	7	5	5	17	12
24	6	11	20	16	20	30	16
48	16	15	48	38	48	56	61
37	12	13	35	25	33	42	38
4			4	3	6	4	9
				1	2	2	2
7	4	2	9	9	7	8	12
689	**270**	**226**	**532**	**521**	**947**	**889**	**1015**
362	132	120	262	274	542	506	587
40	10	18	30	39	83	90	99
56	12	10	24	21	39	41	42
16	8	8	10	15	57	18	37
3	7	3	5	4	6	13	8
19	6	9	18	20	19	32	27
119	50	38	89	92	185	187	174
66	22	20	47	54	86	77	120
11	2	1	10	13	41	23	28
32	15	13	29	16	26	25	52
327	138	106	270	247	405	383	428
56	18	15	42	40	40	30	45
23	10	14	24	28	40	39	31
33	13	3	19	10	38	29	37
11	4		8	13	16	12	13
65	29	25	51	46	86	64	69
67	26	20	58	39	67	78	88
20	7	10	27	23	48	51	48
29	12	9	15	23	36	40	51
23	19	10	26	25	34	40	46
130	**53**	**32**	**70**	**57**	**91**	**93**	**89**
78	39	16	39	41	61	66	65
13	12	7	8	11	16	16	8
18	6	4	10	4	6	7	9
20	7	1	11	12	30	30	39
27	14	4	10	14	9	13	9
8	2	1	1		1	2	
	1	1	1			1	
1	1						
7					1	1	
2		1			1	4	
		1				1	
1						2	
1					1	1	

1-07 续表 7

行业	代码	法人单位数（个）			
			1949年及以前	1950-1977年	1978-1991年
管道运输业	57	8			
管道运输业	570	8			
装卸搬运和运输代理业	58	545	1	9	15
装卸搬运	581	166	1	8	12
运输代理业	582	379		1	3
仓储业	59	762	28	94	66
谷物、棉花等农产品仓储	591	553	26	87	59
其他仓储业	599	209	2	7	7
邮政业	60	285	1	1	5
邮政基本服务	601	41	1	1	4
快递服务	602	244			1
住宿和餐饮业	H	**2693**	**6**	**31**	**148**
住宿业	61	1295	2	18	101
旅游饭店	611	412		4	35
一般旅馆	612	746	1	13	44
其他住宿业	619	137	1	1	22
餐饮业	62	1398	4	13	47
正餐服务	621	1180	2	12	42
快餐服务	622	91		1	
饮料及冷饮服务	623	28	2		1
其他餐饮业	629	99			4
信息传输、软件和信息技术服务业	I	**2703**	**4**	**20**	**48**
电信、广播电视和卫星传输服务	63	327	2	16	39
电信	631	175	1		4
广播电视传输服务	632	143	1	16	33
卫星传输服务	633	9			2
互联网和相关服务	64	270	2	1	1
互联网接入及相关服务	641	57		1	
互联网信息服务	642	138	1		1
其他互联网服务	649	75	1		
软件和信息技术服务业	65	2106		3	8
软件开发	651	1466			3
信息系统集成服务	652	125			
信息技术咨询服务	653	300		2	4
数据处理和存储服务	654	30			
集成电路设计	655	17			
其他信息技术服务业	659	168		1	1
房地产业	K	**6024**	**4**	**25**	**86**
房地产业	70	6024	4	25	86
房地产开发经营	701	2591	2		35
物业管理	702	2153	1	1	17
房地产中介服务	703	932			4
自有房地产经营活动	704	185	1	13	19
其他房地产业	709	163		11	11
租赁和商务服务业	L	**9757**	**18**	**63**	**238**
租赁业	71	1004		1	4
机械设备租赁	711	986		1	4
文化及日用品出租	712	18			

1992–1995年	1996年	1997年	1998年	1999年	2000年	2001年	2002年
9	4	4	7	7	11	14	12
3	2	2	4	3	4	4	5
6	2	2	3	4	7	10	7
29	8	9	10	5	14	5	11
19	7	8	7	2	10	4	4
10	1	1	3	3	4	1	7
4		1	13	4	3	2	1
3		1	12	3			
1			1	1	3	2	1
88	**26**	**26**	**28**	**41**	**71**	**60**	**75**
52	20	11	21	23	40	33	38
16	10	6	9	8	17	16	10
24	7	4	10	11	19	12	24
12	3	1	2	4	4	5	4
36	6	15	7	18	31	27	37
32	6	14	7	16	23	21	28
2		1		2	1	4	2
					1		3
2					6	2	4
28	**10**	**13**	**25**	**22**	**55**	**67**	**58**
17	2	5	5	5	13	29	9
6	1	2	4	4	9	25	7
11	1	3	1	1	4	3	2
						1	
1	2	1	5	3	6	4	6
1			1			3	
	2	1		1	3	1	5
			4	2	3		1
10	6	7	15	14	36	34	43
7	4	4	9	9	21	23	28
		1	2	1	5	1	2
3	1	1	2	1	4	7	10
						1	1
					1		
	1	1	2	3	5	2	2
174	**33**	**44**	**79**	**90**	**169**	**193**	**189**
174	33	44	79	90	169	193	189
130	14	22	40	42	73	100	88
20	14	19	29	35	67	69	61
7	4		5	2	17	13	27
7		3	2	6	6	7	8
10	1		3	5	6	4	5
192	**48**	**46**	**103**	**151**	**205**	**233**	**213**
8	1	2	4	7	8	9	8
6	1	2	4	7	7	9	8
2					1		

1-07 续表 8

行业	代码	法人单位数(个)	1949年及以前	1950-1977年	1978-1991年
商务服务业	72	8753	18	62	234
企业管理服务	721	1078	13	40	47
法律服务	722	711	1	3	96
咨询与调查	723	1899	2	3	21
广告业	724	1668			7
知识产权服务	725	63			
人力资源服务	726	921	1	2	21
旅行社及相关服务	727	742		1	10
安全保护服务	728	131			6
其他商务服务业	729	1540	1	13	26
科学研究和技术服务业	**M**	**5916**	**14**	**285**	**454**
研究和试验发展	73	533	3	55	41
自然科学研究和试验发展	731	46		8	6
工程和技术研究和试验发展	732	194		14	9
农业科学研究和试验发展	733	199	2	30	14
医学研究和试验发展	734	62	1	1	4
社会人文科学研究	735	32		2	8
专业技术服务业	74	3048	8	166	270
气象服务	741	111	6	52	13
地震服务	742	44		10	7
海洋服务	743				
测绘服务	744	180		1	9
质检技术服务	745	510	1	14	68
环境与生态监测	746	127		6	40
地质勘查	747	125		15	12
工程技术	748	1000	1	35	80
其他专业技术服务业	749	951		33	41
科技推广和应用服务业	75	2335	3	64	143
技术推广服务	751	1971	1	61	130
科技中介服务	752	110	2	2	4
其他科技推广和应用服务业	759	254		1	9
水利、环境和公共设施管理业	**N**	**1708**	**18**	**184**	**299**
水利管理业	76	585	6	116	139
防洪除涝设施管理	761	164	3	40	35
水资源管理	762	175	1	23	57
天然水收集与分配	763	90	1	30	16
水文服务	764	24	1	5	4
其他水利管理业	769	132		18	27
生态保护和环境治理业	77	170	1	19	15
生态保护	771	101		18	10
环境治理业	772	69	1	1	5
公共设施管理业	78	953	11	49	145
市政设施管理	781	192		12	48
环境卫生管理	782	178	2	21	40
城乡市容管理	783	62		2	14
绿化管理	784	325	2	7	23
公园和游览景区管理	785	196	7	7	20

1992–1995年	1996年	1997年	1998年	1999年	2000年	2001年	2002年
184	47	44	99	144	197	224	205
29	10	14	16	11	16	24	22
50	13	7	19	20	22	52	35
23	4	4	10	34	59	39	40
17	3	3	11	22	37	30	16
3		1			2	3	2
13	6	2	6	7	10	18	19
14	3	6	17	25	15	19	18
3	2	1	4	2		4	2
32	6	6	16	23	36	35	51
156	**43**	**49**	**69**	**69**	**126**	**169**	**137**
8	8	6	6	5	13	17	19
						1	3
7	3	2	1	2	5	4	5
	3	2	2	2	7	7	7
1	1	2	3	1	1	4	2
	1					1	2
115	25	31	40	52	76	95	94
3			2	2		1	
			2			5	1
3		2	1	2	1	7	12
16	10	3	7	9	16	14	20
8	1	1	1	1	2	3	2
7		3	1	3	5	4	3
52	12	14	19	23	37	34	38
26	2	8	7	12	15	27	18
33	10	12	23	12	37	57	24
28	7	11	19	11	28	52	21
1			3		4	2	
4	3	1	1	1	5	3	3
89	**15**	**28**	**47**	**23**	**47**	**58**	**37**
35	6	11	20	7	18	24	6
7	2	3	5	3	4	7	1
10		3	6	4	5	7	3
3	1	2	1		4	5	1
2	1		3				
13	2	3	5		5	5	1
7	1	4	5	2	6	4	4
6	1	3	2	1	5	4	3
1		1	3	1	1		1
47	8	13	22	14	23	30	27
16	2	3	3	1	9	7	3
13	3	1	8	1	2	8	4
3		3	1	4	1		1
5	2	3	5	5	4	10	15
10	1	3	5	3	7	5	4

1-07 续表 9

行业	代码	法人单位数(个)	1949年及以前	1950-1977年	1978-1991年
居民服务、修理和其他服务业	**O**	**2748**	**3**	**69**	**93**
居民服务业	79	1457	3	60	62
家庭服务	791	205		1	5
托儿所服务	792	60	1	1	2
洗染服务	793	39			2
理发及美容服务	794	204			1
洗浴服务	795	215			1
保健服务	796	28		1	
婚姻服务	797	140		1	7
殡葬服务	798	217	2	42	24
其他居民服务业	799	349		14	20
机动车、电子产品和日用产品修理业	80	887		6	22
汽车、摩托车修理与维护	801	685		3	17
计算机和办公设备维修	802	91		1	3
家用电器修理	803	56		1	2
其他日用产品修理业	809	55		1	
其他服务业	81	404		3	9
清洁服务	811	237			2
其他未列明服务业	819	167		3	7
教育	**P**	**7719**	**381**	**1954**	**1095**
教育	82	7719	381	1954	1095
学前教育	821	1312	4	59	90
初等教育	822	1710	267	727	307
中等教育	823	1942	78	920	420
高等教育	824	169	13	31	57
特殊教育	825	123	1	47	13
技能培训、教育辅助及其他教育	829	2463	18	170	208
卫生和社会工作	**Q**	**5573**	**97**	**1351**	**847**
卫生	83	4482	92	1304	732
医院	831	966	63	323	153
社区医疗与卫生院	832	1479	20	605	177
门诊部(所)	833	1213	7	252	186
计划生育技术服务活动	834	259		22	104
妇幼保健院(所、站)	835	116		60	28
专科疾病防治院(所、站)	836	103	1	15	37
疾病预防控制中心	837	186		18	22
其他卫生活动	839	160	1	9	25
社会工作	84	1091	5	47	115
提供住宿社会工作	841	880	4	37	71
不提供住宿社会工作	842	211	1	10	44
文化、体育和娱乐业	**R**	**3988**	**26**	**238**	**314**
新闻和出版业	85	178	6	18	32
新闻业	851	36	1	3	3
出版业	852	142	5	15	29
广播、电视、电影和影视录音制作业	86	332	2	36	66
广播	861	79	1	9	14

1992–1995年	1996年	1997年	1998年	1999年	2000年	2001年	2002年
60	**33**	**21**	**29**	**39**	**72**	**77**	**80**
35	16	10	14	20	47	40	49
2	1				1	4	4
1	1	1	3		3	3	1
1				2	1	1	1
2	3		2	4	4	5	6
2	4	1	2	4	9	5	10
							2
6	1	1	2	1	3	4	2
14	5	4	4	5	14	5	7
7	1	3	1	4	12	13	16
17	15	7	12	15	18	26	22
13	11	6	12	12	14	24	17
1	1	1			2		3
	1				2		1
3	2			3		2	1
8	2	4	3	4	7	11	9
3	2	1	1	2	4	4	3
5		3	2	2	3	7	6
197	**77**	**71**	**151**	**112**	**210**	**146**	**151**
197	77	71	151	112	210	146	151
39	12	11	38	25	68	32	30
43	10	9	23	20	25	33	17
50	24	22	34	23	31	21	21
11		3	2	4	5	3	3
5	2	1	4	1	3	3	
49	29	25	50	39	78	54	80
231	**89**	**41**	**76**	**63**	**125**	**154**	**102**
205	73	37	58	51	103	124	78
33	8	7	9	4	15	17	10
23	11		7	5	22	40	24
115	41	26	35	27	43	30	24
6	5	1	1	3	7	24	6
2	2			3	3		1
10	1	1		1	3	1	
7	4	2	2	3	4	5	10
9	1		4	5	6	7	3
26	16	4	18	12	22	30	24
16	12	3	16	11	17	24	19
10	4	1	2	1	5	6	5
57	**24**	**12**	**32**	**33**	**102**	**87**	**106**
13	1	1	3	5	6	5	5
4				1	3	3	1
9	1	1	3	4	3	2	4
12	2		5	5	13	2	2
4	1				4	1	

1-07 续表 10

行　业	代码	法人单位数（个）			
			1949年及以前	1950-1977年	1978-1991年
电视	862	84		7	30
电影和影视节目制作	863	57		1	2
电影和影视节目发行	864	15		8	4
电影放映	865	75	1	11	16
录音制作	866	22			
文化艺术业	87	981	18	164	188
文艺创作与表演	871	140	3	22	21
艺术表演场馆	872	39		14	8
图书馆与档案馆	873	166	1	60	49
文物及非物质文化遗产保护	874	76	1	7	29
博物馆	875	90		5	11
烈士陵园、纪念馆	876	32	3	7	8
群众文化活动	877	268	8	42	47
其他文化艺术业	879	170	2	7	15
体育	88	208		13	14
体育组织	881	65		8	4
体育场馆	882	30		3	6
休闲健身活动	883	97		2	2
其他体育	889	16			2
娱乐业	89	2289		7	14
室内娱乐活动	891	2141		3	10
游乐园	892	23		2	1
彩票活动	893	11		1	2
文化、娱乐、体育经纪代理	894	67		1	
其他娱乐业	899	47			1
公共管理、社会保障和社会组织	**S**	**35461**	**1166**	**5881**	**9429**
中国共产党机关	90	1094	68	293	308
中国共产党机关	900	1094	68	293	308
国家机构	91	15375	421	2254	3905
国家权力机构	911	308	14	53	128
国家行政机构	912	14341	352	2109	3497
人民法院和人民检察院	913	413	47	59	212
其他国家机构	919	313	8	33	68
人民政协、民主党派	92	228	10	48	109
人民政协	921	152	6	34	78
民主党派	922	76	4	14	31
社会保障	93	578	2	10	75
社会保障	930	578	2	10	75
群众团体、社会团体和其他成员组织	94	6323	108	324	825
群众团体	941	945	80	217	256
社会团体	942	4533	10	83	434
基金会	943	48			6
宗教组织	944	797	18	24	129
基层群众自治组织	95	11863	557	2952	4207
社区自治组织	951	2809	3	212	217
村民自治组织	952	9054	554	2740	3990

1992-1995年	1996年	1997年	1998年	1999年	2000年	2001年	2002年
5	1		2	2	2	1	1
1			2		1		1
2			1	3	6		
20	16	6	12	12	25	23	9
2	5		2	2		2	
1	1	1			1	1	1
6	4		2	1	3	5	1
4	1	2	1	1	1	2	1
3	2		3	4	1	2	3
1	1			1			
3	2	1	3	2	19	11	3
		2	1	1			
9	1	1	3	1	4	4	7
6	1			1	3	2	4
			1				
2		1	1		1	1	3
1			1			1	
3	4	4	9	10	54	53	83
	4	3	7	7	52	50	79
1			1	1		2	1
				2	1	1	
1		1					1
1			1		1		2
1236	**431**	**302**	**477**	**423**	**930**	**2194**	**1484**
32	28	10	12	10	15	53	21
32	28	10	12	10	15	53	21
825	277	188	249	237	438	844	481
13	1	2	2	5	8	12	4
790	263	178	237	219	418	819	469
7	3	3	5	4	3	5	3
15	10	5	5	9	9	8	5
10	3		2	2	1	6	5
1	1			1		2	2
9	2		2	1	1	4	3
33	9	7	16	17	17	46	43
33	9	7	16	17	17	46	43
230	68	57	123	102	182	207	136
32	5	11	10	16	25	26	21
107	33	31	78	65	114	149	90
	1	1	3	1	1	4	1
91	29	14	32	20	42	28	24
106	46	40	75	55	277	1038	798
34	20	10	31	24	146	442	574
72	26	30	44	31	131	596	224

1-07 续表 11

行　业	代码	2003年	2004年	2005年	2006年
总　计	00	**5271**	**5409**	**5963**	**6161**
农、林、牧、渔业	A	**48**	**44**	**60**	**80**
农业	01		3	2	2
谷物种植	011		2	1	2
豆类、油料和薯类种植	012		1		
棉、麻、糖、烟草种植	013				
蔬菜、食用菌及园艺作物种植	014			1	
水果种植	015				
坚果、含油果、香料和饮料作物种植	016				
中药材种植	017				
其他农业	019				
林业	02				
林木育种和育苗	021				
造林和更新	022				
森林经营和管护	023				
木材和竹材采运	024				
林产品采集	025				
畜牧业	03				
牲畜饲养	031				
家禽饲养	032				
狩猎和捕捉动物	033				
其他畜牧业	039				
渔业	04				
水产养殖	041				
水产捕捞	042				
农、林、牧、渔服务业	05	48	41	58	78
农业服务业	051	31	24	45	50
林业服务业	052	1	4	5	1
畜牧服务业	053	16	12	8	23
渔业服务业	054		1		4
采矿业	B	**100**	**70**	**111**	**104**
煤炭开采和洗选业	06	63	40	76	54
烟煤和无烟煤开采洗选	061	56	37	72	51
褐煤开采洗选	062	2		3	1
其他煤炭采选	069	5	3	1	2
石油和天然气开采业	07	2	1	1	
石油开采	071	2	1	1	
天然气开采	072				
黑色金属矿采选业	08	4	3	6	3
铁矿采选	081	4	3	6	3
锰矿、铬矿采选	082				
其他黑色金属矿采选	089				
有色金属矿采选业	09	1	3	5	6
常用有色金属矿采选	091	1	2	3	2
贵金属矿采选	092		1	2	2
稀有稀土金属矿采选	093				2

2007年	2008年	2009年	2010年	2011年	2012年	2013年	无开业年份
6588	**9074**	**11599**	**14957**	**15391**	**16653**	**19196**	**1031**
120	**553**	**1037**	**1290**	**1173**	**1625**	**4271**	**6**
1	1	1	2	2	1		
1	1	1	2	1			
				1			
					1		
1							
1							
1	1					1	
1	1					1	
			1				
			1				
117	551	1036	1287	1171	1624	4270	6
79	409	791	929	926	1409	4004	6
2	10	10	15	5	6	14	
36	128	217	335	229	188	231	
	4	18	8	11	21	21	
98	**161**	**172**	**173**	**141**	**154**	**111**	**6**
40	82	69	52	61	37	33	
36	71	63	46	50	31	29	
2	3	2	3	2	1	2	
2	8	4	3	9	5	2	
3	1	1		2	1	3	
3		1		2	1	3	
	1						
9	10	6	6	3	5		
9	10	6	6	3	4		
					1		
4	5	4	5	2	6	5	4
3	2	2	2	2	2	3	
1	3	2	3		3	1	3
					1	1	1

1-07 续表 12

行　业	代码	2003年	2004年	2005年	2006年
非金属矿采选业	10	23	19	18	35
土砂石开采	101	20	14	14	26
化学矿开采	102				
采盐	103				
石棉及其他非金属矿采选	109	3	5	4	9
开采辅助活动	11	7	2	4	5
煤炭开采和洗选辅助活动	111			1	1
石油和天然气开采辅助活动	112	7	2	3	3
其他开采辅助活动	119				1
其他采矿业	12		2	1	1
其他采矿业	120		2	1	1
制造业	**C**	**1063**	**1131**	**1347**	**1360**
农副食品加工业	13	207	233	252	255
谷物磨制	131	111	139	128	125
饲料加工	132	17	24	25	31
植物油加工	133	22	15	24	16
制糖业	134	1		1	1
屠宰及肉类加工	135	24	27	31	27
水产品加工	136				4
蔬菜、水果和坚果加工	137	14	13	19	23
其他农副食品加工	139	18	15	24	28
食品制造业	14	41	36	55	64
焙烤食品制造	141	3	3	11	13
糖果、巧克力及蜜饯制造	142		1	1	3
方便食品制造	143	9	10	15	16
乳制品制造	144	10	2	7	6
罐头食品制造	145		1	3	6
调味品、发酵制品制造	146	7	5	5	4
其他食品制造	149	12	14	13	16
酒、饮料和精制茶制造业	15	48	42	58	38
酒的制造	151	33	23	35	20
饮料制造	152	15	19	22	18
精制茶加工	153			1	
烟草制品业	16				
烟叶复烤	161				
卷烟制造	162				
其他烟草制品制造	169				
纺织业	17	12	15	21	30
棉纺织及印染精加工	171	2	3	4	1
毛纺织及染整精加工	172			1	
麻纺织及染整精加工	173	7	5	12	21
丝绢纺织及印染精加工	174		1		
化纤织造及印染精加工	175				2
针织或钩针编织物及其制品制造	176		1		2
家用纺织制成品制造	177	3	4	3	4
非家用纺织制成品制造	178		1	1	
纺织服装、服饰业	18	7	4	14	8
机织服装制造	181	5	1	9	6
针织或钩针编织服装制造	182	2	1	2	
服饰制造	183		2	3	2

2007年	2008年	2009年	2010年	2011年	2012年	2013年	无开业年份
31	50	73	94	60	88	61	2
30	42	70	88	51	78	55	2
					1		
1	8	3	6	9	9	6	
9	13	14	7	11	15	8	
3	2	2	2	1			
5	9	8	5	9	13	7	
1	2	4		1	2	1	
2		5	9	2	2	1	
2		5	9	2	2	1	
1361	**1836**	**1950**	**2230**	**2170**	**2202**	**1830**	**84**
288	474	495	437	440	509	503	10
155	291	277	258	232	274	296	4
22	33	50	40	55	60	33	2
27	34	32	23	23	34	24	
7	2	1			1		
30	44	42	30	36	33	49	2
	1	2	3	5	3	4	
26	27	32	32	38	38	37	
21	42	59	51	51	66	60	2
53	78	73	71	64	90	74	3
7	11	10	9	11	14	13	
	4	4	3		2	1	
18	23	25	23	21	27	24	2
7	8	8	3	5	4	3	
2	1	2	2	2	6	4	
4	8	7	9	6	12	9	
15	23	17	22	19	25	20	1
43	71	52	76	69	70	70	1
26	45	27	41	29	31	30	
16	24	25	35	40	39	40	1
1	2						
2	2	1			3		
1	1	1			2		
1	1						
					1		
23	21	21	28	26	24	24	
2	2	1	3	6	3	4	
1	1	1		1	1	3	
8	5	8	13	8	12	8	
	2				1		
	1	2		1		2	
5	6	1	4	1	2	2	
6	3	6	7	5	3	3	
1	1	2	1	4	2	2	
8	15	18	25	28	20	28	2
5	11	7	15	13	15	14	
2	1	5	3	4	2	5	
1	3	6	7	11	3	9	2

1—07 续表 13

行业	代码	2003年	2004年	2005年	2006年
皮革、毛皮、羽毛及其制品和制鞋业	19	1	3	9	7
皮革鞣制加工	191			4	2
皮革制品制造	192	1		2	
毛皮鞣制及制品加工	193			2	2
羽毛(绒)加工及制品制造	194			1	
制鞋业	195		3		3
木材加工和木、竹、藤、棕、草制品业	20	98	137	174	176
木材加工	201	57	83	107	105
人造板制造	202	16	19	22	21
木制品制造	203	25	34	41	47
竹、藤、棕、草等制品制造	204		1	4	3
家具制造业	21	19	22	31	24
木质家具制造	211	14	21	25	19
竹、藤家具制造	212				
金属家具制造	213		1	3	1
塑料家具制造	214				1
其他家具制造	219	5		3	3
造纸和纸制品业	22	27	15	27	24
纸浆制造	221	2	1		
造纸	222	8	6	14	15
纸制品制造	223	17	8	13	9
印刷和记录媒介复制业	23	33	36	38	37
印刷	231	25	31	30	28
装订及印刷相关服务	232	8	5	8	9
记录媒介复制	233				
文教、工美、体育和娱乐用品制造业	24	12	15	13	12
文教办公用品制造	241	3	4	8	5
乐器制造	242	3			
工艺美术品制造	243	5	10	4	7
体育用品制造	244			1	
玩具制造	245	1			
游艺器材及娱乐用品制造	246		1		
石油加工、炼焦和核燃料加工业	25	10	12	8	16
精炼石油产品制造	251	5	7	7	14
炼焦	252	5	5	1	1
核燃料加工	253				1
化学原料和化学制品制造业	26	47	59	73	67
基础化学原料制造	261	3	8	13	11
肥料制造	262	13	12	22	15
农药制造	263	2	2	3	1
涂料、油墨、颜料及类似产品制造	264	11	10	7	11
合成材料制造	265	1	2	4	4
专用化学产品制造	266	14	17	21	20
炸药、火工及焰火产品制造	267	1	3		
日用化学产品制造	268	2	5	3	5

2007年	2008年	2009年	2010年	2011年	2012年	2013年	无开业年份
5	10	15	10	18	21	28	
2	4	6	6	3	1	12	
	4	1		2	4	2	
1	2	5	1	6	14	13	
				2		1	
2		3	3	5	2		
172	201	210	262	203	214	143	4
108	122	125	158	139	136	73	1
27	23	16	30	11	21	17	1
33	52	57	69	47	49	41	2
4	4	12	5	6	8	12	
27	32	31	49	41	31	34	1
20	20	20	42	34	27	28	1
4	7	2	1	2		1	
1	1	4	2	3	2		
2	4	5	4	2	2	5	
24	21	28	21	21	20	25	1
	1				1		
11	11	16	5	10	9	8	1
13	9	12	16	11	10	17	
30	54	42	49	71	45	32	1
23	46	33	43	59	35	27	1
7	8	9	6	12	10	5	
16	20	24	31	25	37	15	2
6	6	9	15	8	7	4	1
	1			3			1
8	12	14	14	13	28	11	
1		1	2	1	1		
	1				1		
1							
9	5	15	13	11	14	8	1
6	1	13	9	9	14	8	
3	4	2	3	1			1
			1	1			
60	84	93	89	106	125	92	12
10	17	17	12	12	11	12	6
17	28	41	46	44	46	44	3
1	2		1	4	1	2	
4	11	12	7	15	21	12	2
3	6	5	6	2	6	6	1
19	16	13	14	23	30	8	
2	1	2		1	4	1	
4	3	3	3	5	6	7	

1—07 续表 14

行　业	代码				
		2003年	2004年	2005年	2006年
医药制造业	27	22	29	14	20
化学药品原料药制造	271	2	3	2	2
化学药品制剂制造	272	5	4	2	
中药饮片加工	273	3	7	1	2
中成药生产	274	7	8	2	3
兽用药品制造	275	3	3	1	4
生物药品制造	276		4	5	5
卫生材料及医药用品制造	277	2		1	4
化学纤维制造业	28		1	2	
纤维素纤维原料及纤维制造	281			1	
合成纤维制造	282		1	1	
橡胶和塑料制品业	29	48	47	61	42
橡胶制品业	291	11	8	13	6
塑料制品业	292	37	39	48	36
非金属矿物制品业	30	81	75	101	136
水泥、石灰和石膏制造	301	11	9	13	7
石膏、水泥制品及类似制品制造	302	17	15	15	28
砖瓦、石材等建筑材料制造	303	35	39	53	81
玻璃制造	304			2	2
玻璃制品制造	305	2	5	6	4
玻璃纤维和玻璃纤维增强塑料制品制造	306	3	2	3	2
陶瓷制品制造	307				2
耐火材料制品制造	308	4		5	2
石墨及其他非金属矿物制品制造	309	9	5	4	8
黑色金属冶炼和压延加工业	31	16	9	21	15
炼铁	311	3			2
炼钢	312			2	
黑色金属铸造	313	7	5	10	5
钢压延加工	314	6	2	8	6
铁合金冶炼	315		2	1	2
有色金属冶炼和压延加工业	32		4	3	2
常用有色金属冶炼	321		1		1
贵金属冶炼	322				
稀有稀土金属冶炼	323			2	
有色金属合金制造	324				1
有色金属铸造	325				
有色金属压延加工	326		3	1	
金属制品业	33	63	58	63	64
结构性金属制品制造	331	27	19	26	31
金属工具制造	332	7	10	8	8
集装箱及金属包装容器制造	333	4	5	7	4
金属丝绳及其制品制造	334	1	2	2	
建筑、安全用金属制品制造	335	10	7	8	6
金属表面处理及热处理加工	336	2	1	3	2
搪瓷制品制造	337		1	1	
金属制日用品制造	338	1	2	1	3
其他金属制品制造	339	11	11	7	10

2007年	2008年	2009年	2010年	2011年	2012年	2013年	无开业年份
12	13	23	20	20	19	23	
3	1	1	1	3	4		
	1	5	3	3	1	1	
1	3	1	2	4	1	4	
4	2	6	5	5	1	4	
	1	1	3	1	1		
3	2	8	5	3	7	11	
1	3	1	1	1	4	3	
	3	1	5		2	3	1
	1		1			1	
	2	1	4		2	2	1
62	78	68	81	87	88	71	8
10	8	6	6	7	3	12	
52	70	62	75	80	85	59	8
113	165	226	346	352	293	202	13
11	15	16	29	27	20	19	
19	42	65	93	112	101	72	5
64	83	119	180	177	138	83	8
		1	1	3	5	6	
4	7	7	14	3	6	5	
2	4	2	1	7	4	2	
3	3	2	2	2	6	5	
3	2	5	12	9	4	4	
7	9	9	14	12	9	6	
19	20	18	14	13	19	13	
1	2	2	3	1	2	3	
	1				1	1	
4	7	8	3	4	3	2	
10	8	8	8	8	12	6	
4	2				1	1	
6	10	7	5	7	8	3	
1		2	2	3	1		
	2			1			
1							
1		3		1		1	
	3		1				
3	5	2	2	2	7	2	
65	100	84	157	134	115	79	1
41	65	49	118	95	77	55	1
4	10	12	3	7	10	4	
4	2	2	6	3	3	2	
2	1		1		1	2	
4	10	9	11	15	10	6	
3	1	3	5	2	1	3	
1		1					
3	2	2	4	4	2	4	
3	9	6	9	8	11	3	

1-07 续表 15

行 业	代码				
		2003年	2004年	2005年	2006年
通用设备制造业	34	97	101	124	110
锅炉及原动设备制造	341	15	29	18	17
金属加工机械制造	342	20	13	26	15
物料搬运设备制造	343	4	2	5	9
泵、阀门、压缩机及类似机械制造	344	1	5	6	7
轴承、齿轮和传动部件制造	345	11	3	4	5
烘炉、风机、衡器、包装等设备制造	346	11	9	9	3
文化、办公用机械制造	347	1			2
通用零部件制造	348	27	31	49	47
其他通用设备制造业	349	7	9	7	5
专用设备制造业	35	72	100	86	98
采矿、冶金、建筑专用设备制造	351	32	33	36	40
化工、木材、非金属加工专用设备制造	352	5	14	7	23
食品、饮料、烟草及饲料生产专用设备制造	353	2	3	6	7
印刷、制药、日化及日用品生产专用设备制造	354	6	2	3	2
纺织、服装和皮革加工专用设备制造	355	1	2		
电子和电工机械专用设备制造	356	8	13	8	6
农、林、牧、渔专用机械制造	357	6	17	12	8
医疗仪器设备及器械制造	358	3	6	4	4
环保、社会公共服务及其他专用设备制造	359	9	10	10	8
汽车制造业	36	20	16	8	15
汽车整车制造	361			1	2
改装汽车制造	362	1		1	
低速载货汽车制造	363				
电车制造	364				
汽车车身、挂车制造	365		1		
汽车零部件及配件制造	366	19	15	6	13
铁路、船舶、航空航天和其他运输设备制造业	37	5	1	6	6
铁路运输设备制造	371	4	1	5	2
城市轨道交通设备制造	372				
船舶及相关装置制造	373				1
航空、航天器及设备制造	374	1		1	2
摩托车制造	375				1
自行车制造	376				
非公路休闲车及零配件制造	377				
潜水救捞及其他未列明运输设备制造	379				
电气机械和器材制造业	38	41	31	41	51
电机制造	381	9	7	9	7
输配电及控制设备制造	382	10	12	18	26
电线、电缆、光缆及电工器材制造	383	10	8	10	9
电池制造	384	1	1	1	1
家用电力器具制造	385	2	2	1	2
非电力家用器具制造	386		1	2	
照明器具制造	387	5			1
其他电气机械及器材制造	389	4			5
计算机、通信和其他电子设备制造业	39	8	8	2	4
计算机制造	391	2	2		1

2007年	2008年	2009年	2010年	2011年	2012年	2013年	无开业年份
113	125	136	164	122	133	102	5
17	20	26	28	24	18	10	
24	33	33	27	23	20	20	2
2	5	5	8	3	4	6	
9	6	5	5	1	10	2	
5	5	4	5	8	10	7	
13	6	10	12	9	5	10	
1	1	4	1	1	2	2	
38	43	42	67	47	53	40	3
4	6	7	11	6	11	5	
108	110	129	136	140	145	119	5
42	38	48	55	60	67	34	4
12	14	15	14	11	13	13	
7	6	3	7	2	1	6	
2	2	8	4	6		4	
		1		1	1	1	
10	8	11	7	9	11	1	
22	23	28	30	31	33	37	1
2	7	4	4	5	6	12	
11	12	11	15	15	13	11	
13	16	13	16	13	11	21	2
1						2	
1	1		3	2	3	3	
			1	1			
	1						
						2	
11	14	13	12	10	8	14	2
4	6	4	4	8	6	5	
4	5	1	3	4	2	2	
		1	1		4	1	
	1	1		2		2	
		1		1			
				1			
43	49	56	54	71	52	29	8
16	14	16	9	10	10	2	
11	22	23	19	31	21	8	3
7	5	6	6	7	8	7	1
	1	2	4	3	2	1	2
2	2	4	5	6	4	3	1
1	1	2	3	5	3	2	1
	2	2	4	6	3	4	
6	2	1	4	3	1	2	
10	7	8	9	11	16	8	2
4	2	3	2	3	3	1	

1-07 续表 16

行业	代码	2003年	2004年	2005年	2006年
通信设备制造	392		1		
广播电视设备制造	393	1			
雷达及配套设备制造	394			1	
视听设备制造	395				
电子器件制造	396		1		
电子元件制造	397	1	2		
其他电子设备制造	399	4	2	1	3
仪器仪表制造业	40	12	6	22	12
通用仪器仪表制造	401	6	3	16	8
专用仪器仪表制造	402	4	2	3	3
钟表与计时仪器制造	403				
光学仪器及眼镜制造	404				1
其他仪器仪表制造业	409	2	1	3	
其他制造业	41	6	3	7	13
日用杂品制造	411			1	
煤制品制造	412	1		3	4
核辐射加工	413				
其他未列明制造业	419	5	3	3	9
废弃资源综合利用业	42	2	6	3	5
金属废料和碎屑加工处理	421		4	1	3
非金属废料和碎屑加工处理	422	2	2	2	2
金属制品、机械和设备修理业	43	8	7	10	9
金属制品修理	431	1		1	
通用设备修理	432	2	1	2	2
专用设备修理	433	1	3	3	2
铁路、船舶、航空航天等运输设备修理	434	1	1	1	2
电气设备修理	435	2		1	1
仪器仪表修理	436			1	
其他机械和设备修理业	439	1	2	1	2
电力、热力、燃气及水生产和供应业	**D**	**48**	**35**	**56**	**51**
电力、热力生产和供应业	44	33	26	34	27
电力生产	441	5	4	10	10
电力供应	442	6	3	6	5
热力生产和供应	443	22	19	18	12
燃气生产和供应业	45	7	4	8	10
燃气生产和供应业	450	7	4	8	10
水的生产和供应业	46	8	5	14	14
自来水生产和供应	461	7	2	10	9
污水处理及其再生利用	462		3	3	4
其他水的处理、利用与分配	469	1		1	1
建筑业	**E**	**261**	**293**	**307**	**280**
房屋建筑业	47	61	81	91	95
房屋建筑业	470	61	81	91	95
土木工程建筑业	48	38	57	51	51
铁路、道路、隧道和桥梁工程建筑	481	14	25	25	20
水利和内河港口工程建筑	482	3	3	9	6
海洋工程建筑	483				

2007年	2008年	2009年	2010年	2011年	2012年	2013年	无开业年份
1		2	2		5		1
							1
1						2	
	1						
		1		4	3	5	
1	2		2		2		
3	2	2	3	4	3		
13	15	11	11	14	9	8	
9	11	7	8	11	4	5	
2	3	2	2		4	2	
	1	1		1			
2		1	1	2	1	1	
6	11	23	23	16	21	39	1
1	1	3	1		1	1	
3	2	8	10	14	11	26	
2	8	12	12	2	9	12	1
5	4	7	6	8	13	10	
4	1	5	3	5	6	5	
1	3	2	3	3	7	5	
9	16	18	18	31	29	19	
	2	2		1			
2	1	1	5	4	3	3	
3	4	10	6	8	16	8	
2	1	1	1	3	3	2	
1	1			3	2	3	
1				1			
	7	4	6	11	5	3	
69	**87**	**101**	**131**	**120**	**110**	**95**	**6**
57	57	68	91	84	80	65	3
25	22	32	26	30	21	15	2
2	4	4	7	4	3	6	
30	31	32	58	50	56	44	1
7	10	15	23	18	12	16	2
7	10	15	23	18	12	16	2
5	20	18	17	18	18	14	1
3	9	7	9	11	9	8	
2	11	10	7	7	8	5	1
		1	1		1	1	
274	**359**	**387**	**519**	**569**	**513**	**520**	**5**
81	102	111	120	124	94	68	1
81	102	111	120	124	94	68	1
53	55	53	69	74	81	61	2
24	27	20	26	26	33	18	
6	6	11	20	8	13	12	

1-07 续表 17

行　业	代码	2003年	2004年	2005年	2006年
工矿工程建筑	484	1		1	1
架线和管道工程建筑	485	8	12	3	7
其他土木工程建筑	489	12	17	13	17
建筑安装业	49	57	47	46	50
电气安装	491	13	12	11	10
管道和设备安装	492	19	15	11	17
其他建筑安装业	499	25	20	24	23
建筑装饰和其他建筑业	50	105	108	119	84
建筑装饰业	501	59	62	69	43
工程准备活动	502	27	27	22	16
提供施工设备服务	503	1	4	4	7
其他未列明建筑业	509	18	15	24	18
批发和零售业	F	**1142**	**1173**	**1640**	**1789**
批发业	51	665	667	1025	1090
农、林、牧产品批发	511	108	114	155	177
食品、饮料及烟草制品批发	512	43	61	76	77
纺织、服装及家庭用品批发	513	29	38	59	77
文化、体育用品及器材批发	514	9	6	77	21
医药及医疗器材批发	515	35	40	32	30
矿产品、建材及化工产品批发	516	220	195	318	366
机械设备、五金产品及电子产品批发	517	143	122	196	189
贸易经纪与代理	518	32	32	48	61
其他批发业	519	46	59	64	92
零售业	52	477	506	615	699
综合零售	521	38	40	44	46
食品、饮料及烟草制品专门零售	522	40	36	43	64
纺织、服装及日用品专门零售	523	33	42	50	52
文化、体育用品及器材专门零售	524	13	11	16	34
医药及医疗器材专门零售	525	109	141	127	138
汽车、摩托车、燃料及零配件专门零售	526	85	65	111	117
家用电器及电子产品专门零售	527	80	65	92	97
五金、家具及室内装饰材料专门零售	528	40	46	73	82
货摊、无店铺及其他零售业	529	39	60	59	69
交通运输、仓储和邮政业	G	**110**	**102**	**133**	**175**
道路运输业	54	77	69	85	117
城市公共交通运输	541	13	22	16	18
公路旅客运输	542	10	8	5	6
道路货物运输	543	37	36	52	84
道路运输辅助活动	544	17	3	12	9
水上运输业	55	2		1	4
水上旅客运输	551	1		1	2
水上货物运输	552				2
水上运输辅助活动	553	1			
航空运输业	56	3	3	3	3
航空客货运输	561			2	1
通用航空服务	562		2		1
航空运输辅助活动	563	3	1	1	1

2007年	2008年	2009年	2010年	2011年	2012年	2013年	无开业年份
4	3	2	3	1	6		
7	10	9	5	13	5	9	
12	9	11	15	26	24	22	2
52	62	59	90	89	84	79	1
16	24	21	29	26	23	28	
13	10	16	28	21	23	18	
23	28	22	33	42	38	33	1
88	140	164	240	282	254	312	1
61	86	110	172	212	212	267	1
10	31	21	31	25	14	11	
1	5	10	5	11	5	7	
16	18	23	32	34	23	27	
1841	**2649**	**3524**	**4355**	**4739**	**5234**	**5450**	**25**
1142	1632	2303	2810	3030	3345	3571	20
189	378	646	654	776	958	1238	6
93	186	262	304	341	396	420	4
68	90	141	218	202	206	197	
18	24	33	48	45	49	54	
49	58	81	78	93	117	107	1
310	405	604	706	686	693	716	7
268	291	348	475	580	562	559	1
64	81	76	165	135	167	137	
83	119	112	162	172	197	143	1
699	1017	1221	1545	1709	1889	1879	5
48	81	95	99	113	128	119	1
62	85	124	148	172	246	236	
53	76	92	119	149	150	155	1
32	38	36	49	67	77	71	
130	192	234	302	288	278	285	
100	139	214	264	298	342	353	2
102	167	193	238	249	265	283	
110	155	139	213	213	248	219	
62	84	94	113	160	155	158	1
218	**281**	**370**	**476**	**455**	**492**	**401**	**4**
104	166	221	269	298	286	242	2
16	28	48	32	50	51	38	
7	10	8	8	13	16	12	
74	116	146	183	195	185	161	1
7	12	19	46	40	34	31	1
7	3	4	7	7	12	3	
4		1	5	2	2	1	
3	1	1	1	2	3	2	
	2	2	1	3	7		
1	3	3	5	5	6	3	
	3	3		1	2		
1			4	3		2	
			1	1	4	1	

1-07 续表 18

行　业	代码	2003年	2004年	2005年	2006年
管道运输业	57	2	2		
管道运输业	570	2	2		
装卸搬运和运输代理业	58	7	12	20	25
装卸搬运	581	4	2	6	3
运输代理业	582	3	10	14	22
仓储业	59	14	14	18	19
谷物、棉花等农产品仓储	591	11	9	5	10
其他仓储业	599	3	5	13	9
邮政业	60	5	2	6	7
邮政基本服务	601		1	2	
快递服务	602	5	1	4	7
住宿和餐饮业	H	**84**	**75**	**85**	**96**
住宿业	61	41	37	38	40
旅游饭店	611	18	20	18	17
一般旅馆	612	20	12	14	20
其他住宿业	619	3	5	6	3
餐饮业	62	43	38	47	56
正餐服务	621	34	32	41	49
快餐服务	622	2	4	3	4
饮料及冷饮服务	623	1	1		
其他餐饮业	629	6	1	3	3
信息传输、软件和信息技术服务业	I	**70**	**69**	**98**	**121**
电信、广播电视和卫星传输服务	63	13	17	10	8
电信	631	9	13	6	5
广播电视传输服务	632	4	4	3	3
卫星传输服务	633			1	
互联网和相关服务	64	7	6	11	7
互联网接入及相关服务	641	2	1	2	1
互联网信息服务	642	5	4	6	4
其他互联网服务	649		1	3	2
软件和信息技术服务业	65	50	46	77	106
软件开发	651	31	35	51	86
信息系统集成服务	652	6	2	6	6
信息技术咨询服务	653	8	5	7	8
数据处理和存储服务	654		1	1	1
集成电路设计	655			1	2
其他信息技术服务业	659	5	3	11	3
房地产业	K	**280**	**277**	**304**	**320**
房地产业	70	280	277	304	320
房地产开发经营	701	162	125	135	151
物业管理	702	82	103	116	123
房地产中介服务	703	23	36	34	33
自有房地产经营活动	704	9	7	13	8
其他房地产业	709	4	6	6	5
租赁和商务服务业	L	**223**	**257**	**293**	**346**
租赁业	71	16	11	23	18
机械设备租赁	711	16	11	22	17
文化及日用品出租	712			1	1

2007年	2008年	2009年	2010年	2011年	2012年	2013年	无开业年份
		1	1		1	1	
		1	1		1	1	
26	41	41	68	66	80	66	
4	17	8	14	21	21	18	
22	24	33	54	45	59	48	
64	49	63	57	54	70	59	2
57	39	48	31	22	47	39	2
7	10	15	26	32	23	20	
16	19	37	69	25	37	27	
	1	1	4	1	5	1	
16	18	36	65	24	32	26	
100	**142**	**174**	**293**	**423**	**351**	**265**	**5**
46	72	87	136	191	142	103	3
22	22	32	39	30	30	31	2
19	44	47	90	149	96	65	1
5	6	8	7	12	16	7	
54	70	87	157	232	209	162	2
44	62	77	133	208	173	122	2
7	4	8	12	5	18	11	
	1	1	2	3	6	6	
3	3	1	10	16	12	23	
136	**173**	**240**	**284**	**362**	**350**	**449**	**1**
12	29	14	30	24	13	15	
7	21	9	9	14	8	11	
4	7	4	21	9	5	3	
1	1	1		1		1	
10	16	48	20	27	37	49	
4	5	8	4	7	5	12	
6	8	26	11	15	15	23	
	3	14	5	5	17	14	
114	128	178	234	311	300	385	1
84	93	132	162	212	210	262	
7	6	7	16	24	15	18	
16	14	20	32	47	46	61	1
1	2	1	3	2	6	10	
2	2	2	1	3	1	2	
4	11	16	20	23	22	32	
337	**407**	**535**	**758**	**738**	**485**	**496**	**1**
337	407	535	758	738	485	496	1
185	178	240	396	299	97	77	
98	141	215	224	278	239	200	1
41	68	60	110	131	126	191	
7	11	10	13	11	12	12	
6	9	10	15	19	11	16	
383	**515**	**731**	**1040**	**1213**	**1482**	**1757**	**7**
27	35	68	114	152	189	299	
27	34	67	114	149	188	292	
	1	1		3	1	7	

1-07 续表 19

行业	代码	2003年	2004年	2005年	2006年
商务服务业	72	207	246	270	328
企业管理服务	721	18	16	25	30
法律服务	722	20	28	29	33
咨询与调查	723	38	58	60	74
广告业	724	32	39	59	54
知识产权服务	725	6	6		2
人力资源服务	726	23	28	24	34
旅行社及相关服务	727	23	40	36	43
安全保护服务	728	2	1	1	4
其他商务服务业	729	45	30	36	54
科学研究和技术服务业	M	**184**	**172**	**205**	**260**
研究和试验发展	73	15	17	19	25
自然科学研究和试验发展	731		2	1	1
工程和技术研究和试验发展	732	9	3	4	10
农业科学研究和试验发展	733	4	10	9	5
医学研究和试验发展	734	1	2	3	8
社会人文科学研究	735	1		2	1
专业技术服务业	74	117	96	122	171
气象服务	741	5			6
地震服务	742	2	2	5	
海洋服务	743				
测绘服务	744	11	16	17	13
质检技术服务	745	15	12	15	35
环境与生态监测	746	4	2	5	4
地质勘查	747	2	2	2	8
工程技术	748	41	36	46	55
其他专业技术服务业	749	37	26	32	50
科技推广和应用服务业	75	52	59	64	64
技术推广服务	751	45	47	53	46
科技中介服务	752	3	6		6
其他科技推广和应用服务业	759	4	6	11	12
水利、环境和公共设施管理业	N	**73**	**61**	**39**	**40**
水利管理业	76	28	11	11	7
防洪除涝设施管理	761	14	4	2	1
水资源管理	762	5	5	4	3
天然水收集与分配	763	3	2	3	1
水文服务	764	2		1	
其他水利管理业	769	4		1	2
生态保护和环境治理业	77	3	10	4	1
生态保护	771	2	6	3	1
环境治理业	772	1	4	1	
公共设施管理业	78	42	40	24	32
市政设施管理	781	7	6	4	3
环境卫生管理	782	10	4	2	7
城乡市容管理	783	3	5		
绿化管理	784	14	16	11	14
公园和游览景区管理	785	8	9	7	8

2007年	2008年	2009年	2010年	2011年	2012年	2013年	无开业年份
356	480	663	926	1061	1293	1458	7
43	44	77	102	125	148	207	1
20	23	86	38	39	30	47	
67	83	112	196	212	332	428	
63	108	121	198	242	302	303	1
4	4	3	5	6	8	8	
48	76	72	113	146	134	118	
23	53	67	83	73	82	87	4
3	5	7	31	25	7	21	
85	84	118	160	193	250	239	1
227	**297**	**388**	**581**	**606**	**690**	**731**	**4**
11	25	23	46	59	59	52	1
	2	2	3	8	4	4	1
5	6	11	21	27	23	23	
4	12	7	19	16	23	14	
	2	2	2	4	7	10	
2	3	1	1	4	2	1	
165	162	163	249	259	284	285	3
4	1	2	4	4	3	3	
	2	4			1	3	
9	9	8	14	13	21	11	
30	31	20	62	28	42	40	2
7	6	4	7	6	11	6	
13	5	5	9	9	10	7	
46	43	59	77	85	81	85	1
56	65	61	76	114	115	130	
51	110	202	286	288	347	394	
42	92	168	238	240	285	346	
2	6	4	13	19	20	13	
7	12	30	35	29	42	35	
67	**78**	**86**	**88**	**103**	**115**	**105**	**8**
23	24	24	13	19	22	14	1
9	1	4	4	7	4	3	1
4	10	7	3	6	5	4	
3	2	2	2	2	3	3	
	1	1	1		2		
7	10	10	3	4	8	4	
5	8	10	16	15	14	15	1
3	1	6	10	5	7	3	1
2	7	4	6	10	7	12	
39	46	52	59	69	79	76	6
5	8	9	11	13	10	11	1
4	3	8	7	8	8	10	4
2	3	5	5	6	1	3	
20	25	19	24	31	36	34	
8	7	11	12	11	24	18	1

1-07 续表 20

行 业	代码	2003年	2004年	2005年	2006年
居民服务、修理和其他服务业	O	**76**	**86**	**107**	**121**
居民服务业	79	43	48	58	47
家庭服务	791	2	4	3	5
托儿所服务	792	2	2	4	3
洗染服务	793			1	
理发及美容服务	794		4	8	5
洗浴服务	795	11	12	13	13
保健服务	796	2		1	1
婚姻服务	797	4	3	5	2
殡葬服务	798	9	9	9	11
其他居民服务业	799	13	14	14	7
机动车、电子产品和日用产品修理业	80	22	27	30	54
汽车、摩托车修理与维护	801	14	22	24	38
计算机和办公设备维修	802	4	1	2	6
家用电器修理	803	4	3	2	7
其他日用产品修理业	809		1	2	3
其他服务业	81	11	11	19	20
清洁服务	811	4	8	9	11
其他未列明服务业	819	7	3	10	9
教育	P	**179**	**159**	**205**	**205**
教育	82	179	159	205	205
学前教育	821	36	36	49	48
初等教育	822	21	22	35	17
中等教育	823	35	22	27	25
高等教育	824	4	1	4	2
特殊教育	825	4	2	2	1
技能培训、教育辅助及其他教育	829	79	76	88	112
卫生和社会工作	Q	**164**	**192**	**164**	**142**
卫生	83	116	145	126	94
医院	831	7	27	34	18
社区医疗与卫生院	832	31	26	33	27
门诊部(所)	833	26	30	22	23
计划生育技术服务活动	834	13	36	7	3
妇幼保健院(所、站)	835			2	
专科疾病防治院(所、站)	836	1		3	3
疾病预防控制中心	837	27	14	20	12
其他卫生活动	839	11	12	5	8
社会工作	84	48	47	38	48
提供住宿社会工作	841	27	28	31	40
不提供住宿社会工作	842	21	19	7	8
文化、体育和娱乐业	R	**114**	**98**	**126**	**116**
新闻和出版业	85	3	2	3	2
新闻业	851				
出版业	852	3	2	3	2
广播、电视、电影和影视录音制作业	86	7	5	7	5
广播	861	1	2	1	2

2007年	2008年	2009年	2010年	2011年	2012年	2013年	无开业年份
120	**155**	**203**	**258**	**361**	**376**	**307**	**2**
61	74	94	131	195	203	146	1
8	9	15	29	41	35	36	
3	3	5	5	7	5	4	
1	2	6	12	4	2	3	
7	7	15	18	49	51	13	
6	16	16	21	32	25	12	
1	2	2	3	4	2	7	
5	6	4	7	26	30	20	
12	11	6	9	4	4	7	
18	18	25	27	28	49	44	1
42	58	71	97	112	121	92	1
29	46	54	69	91	98	70	1
8	5	5	11	11	10	16	
1	2	6	8	7	6	3	
4	5	6	9	3	7	3	
17	23	38	30	54	52	69	
12	16	27	16	33	33	46	
5	7	11	14	21	19	23	
185	**277**	**270**	**412**	**454**	**426**	**400**	**2**
185	277	270	412	454	426	400	2
42	87	77	109	167	124	128	1
21	23	18	24	8	18	22	
26	18	22	31	32	24	36	
2	2	2	2	8	5	5	
2	4	6	5	2	6	9	
92	143	145	241	237	249	200	1
201	**179**	**224**	**283**	**318**	**321**	**206**	**3**
143	103	161	179	215	207	135	1
30	21	34	24	49	45	35	
37	38	60	81	93	76	42	1
40	31	54	46	50	65	40	
1	3	3	2	6	3	3	
1	2	1	3	4	2	2	
2	1	4	3	7	5	4	
18	3	3	4	3	2	3	
14	4	2	16	3	9	6	
58	76	63	104	103	114	71	2
52	67	58	87	97	100	61	2
6	9	5	17	6	14	10	
173	**227**	**444**	**417**	**350**	**469**	**420**	**3**
7	7	14	11	7	17	10	
1	1		6	1	5	3	
6	6	14	5	6	12	7	
10	12	11	46	32	28	23	1
1	1	5	15	8	6	2	1

1-07 续表 21

行业	代码				
		2003年	2004年	2005年	2006年
电视	862	3		1	1
电影和影视节目制作	863	2		3	2
电影和影视节目发行	864	1			
电影放映	865		2	2	
录音制作	866		1		
文化艺术业	87	21	28	23	17
文艺创作与表演	871	4	2	2	1
艺术表演场馆	872			1	2
图书馆与档案馆	873	6	3	4	2
文物及非物质文化遗产保护	874	3	2	2	1
博物馆	875	3	3	3	4
烈士陵园、纪念馆	876				1
群众文化活动	877	4	15	7	3
其他文化艺术业	879	1	3	4	3
体育	88	9	10	13	8
体育组织	881	3	1	5	2
体育场馆	882	1	2	2	
休闲健身活动	883	5	6	6	4
其他体育	889		1		2
娱乐业	89	74	53	80	84
室内娱乐活动	891	69	47	77	78
游乐园	892		2		1
彩票活动	893	1		1	
文化、娱乐、体育经纪代理	894	1	4	1	3
其他娱乐业	899	3		1	2
公共管理、社会保障和社会组织	S	**1052**	**1115**	**683**	**555**
中国共产党机关	90	14	5	3	7
中国共产党机关	900	14	5	3	7
国家机构	91	409	662	362	285
国家权力机构	911	6	2	2	4
国家行政机构	912	396	631	346	274
人民法院和人民检察院	913	2	3	2	1
其他国家机构	919	5	26	12	6
人民政协、民主党派	92		2	1	5
人民政协	921		2	1	4
民主党派	922				1
社会保障	93	61	39	19	23
社会保障	930	61	39	19	23
群众团体、社会团体和其他成员组织	94	149	141	168	140
群众团体	941	15	18	5	17
社会团体	942	104	107	143	104
基金会	943	1	1	1	
宗教组织	944	29	15	19	19
基层群众自治组织	95	419	266	130	95
社区自治组织	951	345	219	78	58
村民自治组织	952	74	47	52	37

2007年	2008年	2009年	2010年	2011年	2012年	2013年	无开业年份
1	2	1	10	5	5	4	
3	7	4	5	7	7	9	
			2				
4	1		5	9	6	6	
1	1	1	9	3	4	2	
35	42	48	63	44	88	79	
9	5	9	5	10	12	22	
1	2	2			3		
6	2		4	1	4	2	
1	3	1	4	4	3	2	
5	9	5	8	5	7	4	
2	3	2	1			2	
5	10	18	24	11	21	9	
6	8	11	17	13	38	38	
7	14	12	14	22	19	23	
	2	1	2	8	9	3	
2	3	1	3	2		4	
3	8	10	9	10	7	16	
2	1			2	3		
114	152	359	283	245	317	285	2
107	144	348	270	232	295	259	
1		1	3	3	3		
1	1						
3	3	6	4	8	14	16	
2	4	4	6	2	5	10	2
678	**698**	**763**	**1369**	**1096**	**1258**	**1382**	**859**
6	4	9	37	15	9	7	128
6	4	9	37	15	9	7	128
287	301	301	723	413	489	310	714
3	3	3	2	6	3	3	29
275	284	292	709	389	467	294	633
2	4	3	3	1	4	1	36
7	10	3	9	17	15	12	16
		2	1	1	4	1	15
		1		1	2	1	15
		1	1		2		
39	20	19	29	19	20	15	
39	20	19	29	19	20	15	
279	300	348	423	447	645	919	2
11	23	21	39	39	37	21	
127	241	296	360	390	588	878	1
	2	3	6	8	5	3	
141	34	28	18	10	15	17	1
67	73	84	156	201	91	130	
48	43	33	93	51	42	86	
19	30	51	63	150	49	44	

1-08 按行业(中类)、开业(成立)时间

行　　业	代码	从业人员数(人)	1949年及以前	1950-1977年	1978-1991年
总　　计	**00**	**6250317**	**407984**	**1263246**	**571615**
农、林、牧、渔业	**A**	**721114**	**110998**	**422880**	**32233**
农业	01	381448	79421	256291	13190
谷物种植	011	358590	78590	235922	13164
豆类、油料和薯类种植	012	21738		20136	
棉、麻、糖、烟草种植	013				
蔬菜、食用菌及园艺作物种植	014	1074	831	233	
水果种植	015				
坚果、含油果、香料和饮料作物种植	016				
中药材种植	017				
其他农业	019	46			26
林业	02	173019	19327	137925	15351
林木育种和育苗	021	931		515	
造林和更新	022	10027		10027	
森林经营和管护	023	49712	9549	38023	2140
木材和竹材采运	024	112349	9778	89360	13211
林产品采集	025				
畜牧业	03	19259		15664	
牲畜饲养	031	18331		14829	
家禽饲养	032	65			
狩猎和捕捉动物	033				
其他畜牧业	039	863		835	
渔业	04	102			96
水产养殖	041	102			96
水产捕捞	042				
农、林、牧、渔服务业	05	147286	12250	13000	3596
农业服务业	051	107094	535	4203	1111
林业服务业	052	23924	11089	7490	1949
畜牧服务业	053	15017	624	1135	497
渔业服务业	054	1251	2	172	39
采矿业	**B**	**594973**	**63493**	**136449**	**5258**
煤炭开采和洗选业	06	427159	63487	22059	3657
烟煤和无烟煤开采洗选	061	417232	63487	17615	3558
褐煤开采洗选	062	3198			
其他煤炭采选	069	6729		4444	99
石油和天然气开采业	07	121458		113949	813
石油开采	071	121426		113949	813
天然气开采	072	32			
黑色金属矿采选业	08	5267			
铁矿采选	081	5262			
锰矿、铬矿采选	082				
其他黑色金属矿采选	089	5			
有色金属矿采选业	09	5314	6		
常用有色金属矿采选	091	2641	6		
贵金属矿采选	092	1401			
稀有稀土金属矿采选	093	1272			

分组的法人单位从业人员数

1992-1995年	1996年	1997年	1998年	1999年	2000年	2001年	2002年
276844	**66424**	**59608**	**172032**	**114524**	**178241**	**241493**	**162299**
8291	**278**	**86**	**247**	**14862**	**952**	**930**	**755**
7522				14662	60	95	
7522				14662	60	95	
							309
							309
65	120					141	39
	120					141	11
65							
							28
704	158	86	247	200	892	694	407
365	51	74	130	134	769	299	228
269	12	7	21	5	10	225	47
70	71	5	83	45	93	170	125
	24		13	16	20		7
13825	**1210**	**2703**	**4687**	**7263**	**3964**	**53406**	**5848**
4728	775	2539	1760	5776	2081	51122	4013
4713	710	2539	1664	5765	1971	50605	3850
			65		110	469	126
15	65		31	11		48	37
2032	26				279	602	1475
2032					279	602	1475
	26						
						343	72
						343	72
	40		604	240	38	68	
				240	12		
	40		174		26	68	
			430				

1-08 续表 1

行业	代码	从业人员数(人)	1949年及以前	1950-1977年	1978-1991年
非金属矿采选业	10	21055		441	743
土砂石开采	101	15491		441	630
化学矿开采	102	8			
采盐	103				
石棉及其他非金属矿采选	109	5556			113
开采辅助活动	11	14175			45
煤炭开采和洗选辅助活动	111	762			
石油和天然气开采辅助活动	112	12654			
其他开采辅助活动	119	759			45
其他采矿业	12	545			
其他采矿业	120	545			
制造业	**C**	**1372273**	**8155**	**72120**	**76347**
农副食品加工业	13	229481	73	934	5970
谷物磨制	131	96696		98	982
饲料加工	132	17082			122
植物油加工	133	21571	73	60	4284
制糖业	134	3263		442	19
屠宰及肉类加工	135	43500		61	268
水产品加工	136	320		34	
蔬菜、水果和坚果加工	137	17420			100
其他农副食品加工	139	29629		239	195
食品制造业	14	62909		742	4023
焙烤食品制造	141	7736		617	107
糖果、巧克力及蜜饯制造	142	797			22
方便食品制造	143	13319		17	585
乳制品制造	144	23843			2933
罐头食品制造	145	1458			8
调味品、发酵制品制造	146	6091		108	147
其他食品制造	149	9665			221
酒、饮料和精制茶制造业	15	56505	26	1632	2050
酒的制造	151	37859	26	1632	2003
饮料制造	152	18304			47
精制茶加工	153	342			
烟草制品业	16	8422			462
烟叶复烤	161	1534			
卷烟制造	162	6729			373
其他烟草制品制造	169	159			89
纺织业	17	41594		848	2500
棉纺织及印染精加工	171	5128		309	3
毛纺织及染整精加工	172	535			4
麻纺织及染整精加工	173	28284		466	2405
丝绢纺织及印染精加工	174	188			20
化纤织造及印染精加工	175	272			38
针织或钩针编织物及其制品制造	176	1077		6	3
家用纺织制成品制造	177	4908			23
非家用纺织制成品制造	178	1202		67	4
纺织服装、服饰业	18	10806		194	167
机织服装制造	181	6727		88	142
针织或钩针编织服装制造	182	1773		6	
服饰制造	183	2306		100	25

1992—1995年	1996年	1997年	1998年	1999年	2000年	2001年	2002年
488	242	69	640	916	1545	914	279
303	242	69	517	468	492	849	239
185			123	448	1053	65	40
6577	127	95	1683	331	5	349	9
102					5	78	
6475	127	95	1683	331		271	9
					16	8	
					16	8	
100098	**23900**	**22710**	**37787**	**35009**	**69345**	**57601**	**52462**
6103	2834	1777	3885	4299	5957	8326	11019
611	1955	227	1779	1040	2034	4558	4955
147	78	529	290	224	482	457	144
508	212	62	176	226	471	1060	633
123			9	2		90	
3384	311	517	1288	456	1203	374	3419
							6
342	155	250	21	307	1065	929	944
988	123	192	322	2044	702	858	918
1390	7110	1913	1293	1497	2278	1941	2503
103	130	538	411	164	46	149	549
20			19			3	10
70		1270	510	264	117	711	72
215	6747		122	613	1756	521	1060
		13		231	21		12
289	69		18	63	48	57	331
693	164	92	213	162	290	500	469
4574	802	1210	4242	1712	2215	3508	3607
3509	679	1210	3685	1437	1834	2748	1535
1065	123		557	275	381	760	2063
							9
247				25			80
247				25			40
							40
433	70	288	1187	93	935	396	3801
	38	268	3	53	2	346	647
							210
78	8	20	1141	40	862	18	2812
							52
50							
	6				35		24
15	18		34		13	20	56
290			9		23	12	
55	159	285	315	393	143	305	411
55	107	186	315	323	130	290	143
		15			13		268
	52	84		70		15	

1-08 续表 2

行业	代码	从业人员数(人)	1949年及以前	1950-1977年	1978-1991年
皮革、毛皮、羽毛及其制品和制鞋业	19	6154	25	35	190
皮革鞣制加工	191	1643			
皮革制品制造	192	473			20
毛皮鞣制及制品加工	193	3198	25	18	48
羽毛(绒)加工及制品制造	194	130			
制鞋业	195	710		17	122
木材加工和木、竹、藤、棕、草制品业	20	116264	460	989	3621
木材加工	201	62811	122	493	2080
人造板制造	202	22522	338	293	894
木制品制造	203	29085		203	618
竹、藤、棕、草等制品制造	204	1846			29
家具制造业	21	26852		19	685
木质家具制造	211	23999			345
竹、藤家具制造	212	40			40
金属家具制造	213	1385		19	55
塑料家具制造	214	314			30
其他家具制造	219	1114			215
造纸和纸制品业	22	20821		1392	538
纸浆制造	221	228			
造纸	222	11447		1272	41
纸制品制造	223	9146		120	497
印刷和记录媒介复制业	23	17477	125	947	1656
印刷	231	15001	125	792	1594
装订及印刷相关服务	232	2434		155	62
记录媒介复制	233	42			
文教、工美、体育和娱乐用品制造业	24	15895		372	339
文教办公用品制造	241	5302		197	91
乐器制造	242	444			25
工艺美术品制造	243	9081		80	136
体育用品制造	244	603			87
玩具制造	245	312			
游艺器材及娱乐用品制造	246	153		95	
石油加工、炼焦和核燃料加工业	25	56773		6350	40
精炼石油产品制造	251	40450		2726	40
炼焦	252	16229		3624	
核燃料加工	253	94			
化学原料和化学制品制造业	26	60288	54	1012	1118
基础化学原料制造	261	15484	28		214
肥料制造	262	15352		45	43
农药制造	263	2732			149
涂料、油墨、颜料及类似产品制造	264	3632			25
合成材料制造	265	4542		5	18
专用化学产品制造	266	12962		82	604
炸药、火工及焰火产品制造	267	3767		840	
日用化学产品制造	268	1817	26	40	65

1992-1995年	1996年	1997年	1998年	1999年	2000年	2001年	2002年
87		10	51	16	182	301	58
4		10			55	4	
57					120	233	58
26			51	16	7	64	
4578	920	1245	1228	1449	3296	5399	4204
1140	244	534	561	401	1380	3221	1946
1075	19	262	242	232	1136	1128	1200
2195	598	449	403	816	773	977	1058
168	59		22		7	73	
2431	1538	1800	673	1839	276	2377	2113
2388	1538	1800	544	898	98	2352	2009
				858	38	25	6
3			126		16		7
40			3	83	124		91
521	801	2746	786	159	330	332	2515
20						22	14
70	521	2548	97	22	101	151	869
431	280	198	689	137	229	159	1632
1020	507	191	356	441	519	518	675
949	490	109	349	418	470	409	601
71	17	40	7	23	49	109	74
		42					
1968	165	97	446	442	645	529	908
31	90	51	426	241	179	127	225
109	75				37		30
1828			20	201	429	240	554
						124	99
		46					
						38	
1504	348	988	89	666	30188	613	1245
1504	5	986	87	666	30188	613	146
	343	2	2				1099
7224	605	814	2247	1361	3248	3466	1728
1733	82	37	189	34	2142	50	141
109	24	388	368	337	397	2137	275
34	371	181	472	208	21	258	76
491	8	80	50	31	156	403	262
45	12	22	771	53	30	3	136
4755	94	106	325	656	273	595	472
			72		181	20	252
57	14			42	48		114

1-08 续表 3

行业	代码	从业人员数(人)			
			1949年及以前	1950-1977年	1978-1991年
医药制造业	27	61714		28	23228
化学药品原料药制造	271	2510			40
化学药品制剂制造	272	32918			21538
中药饮片加工	273	1793			46
中成药生产	274	16833			1579
兽用药品制造	275	1989		28	
生物药品制造	276	4604			25
卫生材料及医药用品制造	277	1067			
化学纤维制造业	28	1239		107	19
纤维素纤维原料及纤维制造	281	145			
合成纤维制造	282	1094		107	19
橡胶和塑料制品业	29	37030		555	1087
橡胶制品业	291	6794		192	413
塑料制品业	292	30236		363	674
非金属矿物制品业	30	127526	481	5707	9423
水泥、石灰和石膏制造	301	26168	481	1528	253
石膏、水泥制品及类似制品制造	302	21689		319	1185
砖瓦、石材等建筑材料制造	303	58745		2127	7676
玻璃制造	304	1352			
玻璃制品制造	305	4315		76	122
玻璃纤维和玻璃纤维增强塑料制品制造	306	1983		458	65
陶瓷制品制造	307	1715			23
耐火材料制品制造	308	1604			50
石墨及其他非金属矿物制品制造	309	9955		1199	49
黑色金属冶炼和压延加工业	31	36773		5750	1608
炼铁	311	3189		38	113
炼钢	312	7633			
黑色金属铸造	313	4273			901
钢压延加工	314	21129		5712	582
铁合金冶炼	315	549			12
有色金属冶炼和压延加工业	32	11538		6750	187
常用有色金属冶炼	321	887			105
贵金属冶炼	322	1168		1109	
稀有稀土金属冶炼	323	423			
有色金属合金制造	324	593		8	
有色金属铸造	325	219			
有色金属压延加工	326	8248		5633	82
金属制品业	33	38307	1375	548	1254
结构性金属制品制造	331	17078		22	138
金属工具制造	332	4867	1329	160	390
集装箱及金属包装容器制造	333	3745		1	278
金属丝绳及其制品制造	334	700		1	36
建筑、安全用金属制品制造	335	3635		324	125
金属表面处理及热处理加工	336	2700			9
搪瓷制品制造	337	217			
金属制日用品制造	338	701	46		7
其他金属制品制造	339	4664		40	271

1992—1995年	1996年	1997年	1998年	1999年	2000年	2001年	2002年
5170	3258	401	3746	1105	3109	3795	894
25	36	50	42	22	58		
905	1517	143	1074	414	2002	2309	568
3	255				68	6	18
3512	1069	72	1704	543	884	1314	108
534	28	136	19	61	4	166	70
191	336		907	65	36		70
	17				57		60
68			32	8	9	1	53
2			32		9	1	
66				8			53
1229	599	407	482	511	1302	1975	1412
55	33	141	201	38	248	152	95
1174	566	266	281	473	1054	1823	1317
7275	1374	1190	3221	4289	4023	3431	3663
2912	18	135	1029	2490	162	1105	1197
227	122	119	268	207	438	570	329
3306	1077	508	1718	1237	1304	1303	1440
34	1	1	134		727		
34	2			162	13	115	6
368	16			28			324
168	35	72		15	277	45	
61	15	69	44	45	1		7
165	88	286	28	105	1101	293	360
555	53	56	219	56	131	10663	651
32			1	41	4		138
67	50		150			7105	71
127		25	40			332	246
329	3	23	28	15	127	3188	196
		8				38	
312	33	70	106	26	143	15	1501
					38		3
	33	70		21			38
211						15	39
61			3		26		73
40			103	5	79		1348
1701	601	383	644	439	1327	2609	1087
895	116	139	272	279	691	601	534
361	87	80	81		324	128	212
137	18	92	21	50	109	220	6
		4	7				5
121	300	33	187	3	193	134	101
32	37		43	54		1352	118
16						4	
36	7	35		8			
103	36		33	45	10	170	111

1-08 续表 4

行　　业	代码	从业人员数（人）	1949年及以前	1950—1977年	1978—1991年
通用设备制造业	34	88057	365	14889	4096
锅炉及原动设备制造	341	26117		12047	1390
金属加工机械制造	342	15983		363	224
物料搬运设备制造	343	4101		141	
泵、阀门、压缩机及类似机械制造	344	4604		218	361
轴承、齿轮和传动部件制造	345	15190		1165	617
烘炉、风机、衡器、包装等设备制造	346	3620		290	134
文化、办公用机械制造	347	1804	365		
通用零部件制造	348	13040		648	1357
其他通用设备制造业	349	3598		17	13
专用设备制造业	35	77900	1545	3765	3946
采矿、冶金、建筑专用设备制造	351	41825	1545	1483	2782
化工、木材、非金属加工专用设备制造	352	6524		1726	448
食品、饮料、烟草及饲料生产专用设备制造	353	2666			23
印刷、制药、日化及日用品生产专用设备制造	354	1059			56
纺织、服装和皮革加工专用设备制造	355	368		7	3
电子和电工机械专用设备制造	356	3182		39	137
农、林、牧、渔专用机械制造	357	14554		336	190
医疗仪器设备及器械制造	358	1740			217
环保、社会公共服务及其他专用设备制造	359	5982		174	90
汽车制造业	36	26705		556	471
汽车整车制造	361	15053			
改装汽车制造	362	1270			30
低速载货汽车制造	363	65			
电车制造	364	22			
汽车车身、挂车制造	365	574			
汽车零部件及配件制造	366	9721		556	441
铁路、船舶、航空航天和其他运输设备制造业	37	32463	3626	4000	3262
铁路运输设备制造	371	23305	3626	3995	2985
城市轨道交通设备制造	372				
船舶及相关装置制造	373	752			266
航空、航天器及设备制造	374	8291			
摩托车制造	375	6			
自行车制造	376	71		5	
非公路休闲车及零配件制造	377				
潜水救捞及其他未列明运输设备制造	379	38			11
电气机械和器材制造业	38	70935		10391	2432
电机制造	381	42822		9086	602
输配电及控制设备制造	382	12947		1206	1216
电线、电缆、光缆及电工器材制造	383	6409			326
电池制造	384	4000		30	160
家用电力器具制造	385	1629		16	
非电力家用器具制造	386	433			
照明器具制造	387	1290		20	128
其他电气机械及器材制造	389	1405		33	
计算机、通信和其他电子设备制造业	39	6836		152	1229
计算机制造	391	956			

1992—1995年	1996年	1997年	1998年	1999年	2000年	2001年	2002年
6431	638	1144	3870	4589	4435	1773	2832
1335	348	186	601	131	508	395	278
289	107	10	921	3454	3163	69	215
		13	461		53	102	148
229	51	674	117	15	116	46	1046
3041	48	26	140	209	327	352	466
532	5	72	117	67	52	82	50
121			950		8		3
519	79	163	277	672	196	417	388
365			286	41	12	310	238
2184	509	1811	1123	911	1796	2718	2421
671	122	93	312	165	690	1722	885
395	51		74	63	357	138	195
43	241	60	4	87	171	61	21
		120		10	24	208	66
72			170			60	
193	25	52	67	111	67	146	168
545		42	44	378	346	329	960
	27	88	32		25	20	
265	43	1356	420	97	116	34	126
7417	25	177	5270	169	213	760	475
6096			4462	5		3	
357	8		1				
			12	23		21	
			340				
964	17	177	455	141	213	736	475
1229	154	35	84	5100	416	345	1054
32	154	29	38	25	166	85	575
20				29	232		
1177			46	5046		228	479
		6			18	32	
29026	247	3180	745	2755	784	584	857
27067	29	282	29	131	270	270	110
296	124	619	386	837	267	258	344
1551	91	773	158	331	137		284
		1286		1400			47
37		178	75	41	21		24
				15		46	6
75		7	97				42
	3	35			89	10	
554	455	103	671	101	249	207	135
439		48		13	8		12

1-08 续表 5

行 业	代码	从业人员数（人）	1949年及以前	1950-1977年	1978-1991年
通信设备制造	392	801			28
广播电视设备制造	393	65			
雷达及配套设备制造	394	23			
视听设备制造	395	10			
电子器件制造	396	1984		152	1083
电子元件制造	397	1493			60
其他电子设备制造	399	1504			58
仪器仪表制造业	40	8878		3417	279
通用仪器仪表制造	401	6805		3144	98
专用仪器仪表制造	402	1230		65	181
钟表与计时仪器制造	403	34		26	
光学仪器及眼镜制造	404	221		174	
其他仪器仪表制造业	409	588		8	
其他制造业	41	7922		36	85
日用杂品制造	411	334			2
煤制品制造	412	4616			
核辐射加工	413				
其他未列明制造业	419	2972		36	83
废弃资源综合利用业	42	2327			5
金属废料和碎屑加工处理	421	1614			
非金属废料和碎屑加工处理	422	713			5
金属制品、机械和设备修理业	43	5882		3	377
金属制品修理	431	237			14
通用设备修理	432	736			8
专用设备修理	433	1962			27
铁路、船舶、航空航天等运输设备修理	434	965		3	305
电气设备修理	435	815			19
仪器仪表修理	436	152			
其他机械和设备修理业	439	1015			4
电力、热力、燃气及水生产和供应业	D	**193500**	**30260**	**47668**	**24893**
电力、热力生产和供应业	44	162329	28854	44251	21524
电力生产	441	64235	806	29352	9573
电力供应	442	57426	28048	13704	5601
热力生产和供应	443	40668		1195	6350
燃气生产和供应业	45	10814		929	60
燃气生产和供应业	450	10814		929	60
水的生产和供应业	46	20357	1406	2488	3309
自来水生产和供应	461	18262	1406	2488	3253
污水处理及其再生利用	462	1875			50
其他水的处理、利用与分配	469	220			6
建筑业	E	**501908**	**2353**	**56257**	**62168**
房屋建筑业	47	250779	2246	12817	38868
房屋建筑业	470	250779	2246	12817	38868
土木工程建筑业	48	131010	95	39877	15259
铁路、道路、隧道和桥梁工程建筑	481	51757		5970	8270
水利和内河港口工程建筑	482	13004		2616	1622
海洋工程建筑	483				

1992–1995年	1996年	1997年	1998年	1999年	2000年	2001年	2002年
34	2		235			53	15
	4					20	
						7	
34			350		9	24	
19	424			41	16	103	
28	25	55	86	47	216		108
539		26	163	175	769	280	163
526		26	118	175	491	231	150
					3	11	7
8							
5							
			45		275	38	6
3595	28	187	23	31	218	320	162
			23			33	3
3175		5		2	131	146	22
420	28	182		29	87	141	137
	21		10	35	91	16	106
	21		10	1	63	16	20
				34	28		86
678	46	176	580	317	118	98	129
12		3				35	
27		173	20	12			122
4	22		15	300	12	14	
81	15		8	5		35	
388	9		233		71	11	
102							
64			304		35	3	7
7009	**1734**	**2136**	**4476**	**763**	**1339**	**3245**	**3005**
5922	1636	1816	4410	594	1005	2945	2515
3292	1271	904	3554	423	41	226	56
1126	320	804	619		419	106	1057
1504	45	108	237	171	545	2613	1402
86		64	20	14	119	8	92
86		64	20	14	119	8	92
1001	98	256	46	155	215	292	398
941	83	209	46	102	148	270	338
	15			53	67	22	60
60		47					
42487	**15654**	**7494**	**19667**	**12924**	**31656**	**29639**	**26676**
25826	12779	2072	7935	4981	13900	20581	14634
25826	12779	2072	7935	4981	13900	20581	14634
9999	1187	3103	5121	5533	2908	3620	7037
7550	22	2423	3334	1089	1319	1531	2866
1311	351	506	85	899	189	1567	1194

1-08 续表 6

行　　业	代码	从业人员数（人）			
			1949年及以前	1950-1977年	1978-1991年
工矿工程建筑	484	43369		29066	2189
架线和管道工程建筑	485	17669	95	1974	3113
其他土木工程建筑	489	5211		251	65
建筑安装业	49	48271	12	3456	5854
电气安装	491	15790		255	2362
管道和设备安装	492	11178	10	3	604
其他建筑安装业	499	21303	2	3198	2888
建筑装饰和其他建筑业	50	71848		107	2187
建筑装饰业	501	29008		58	1513
工程准备活动	502	33663			621
提供施工设备服务	503	1048			4
其他未列明建筑业	509	8129		49	49
批发和零售业	**F**	**526257**	**3086**	**13028**	**24260**
批发业	51	299928	931	8692	13762
农、林、牧产品批发	511	98817	442	3496	1726
食品、饮料及烟草制品批发	512	39401	138	459	5016
纺织、服装及家庭用品批发	513	16107		61	118
文化、体育用品及器材批发	514	4722	21	108	61
医药及医疗器材批发	515	13233	18	54	142
矿产品、建材及化工产品批发	516	69774	272	3814	6074
机械设备、五金产品及电子产品批发	517	35631	12	432	172
贸易经纪与代理	518	9166		83	18
其他批发业	519	13077	28	185	435
零售业	52	226329	2155	4336	10498
综合零售	521	66764	542	2733	5830
食品、饮料及烟草制品专门零售	522	15073	26	296	355
纺织、服装及日用品专门零售	523	24297	57	267	987
文化、体育用品及器材专门零售	524	14548	1490	488	1108
医药及医疗器材专门零售	525	29006	3	109	845
汽车、摩托车、燃料及零配件专门零售	526	32047	11	178	460
家用电器及电子产品专门零售	527	21461		52	370
五金、家具及室内装饰材料专门零售	528	12417		43	247
货摊、无店铺及其他零售业	529	10716	26	170	296
交通运输、仓储和邮政业	**G**	**179765**	**19002**	**15820**	**10836**
道路运输业	54	87029	11069	10274	7288
城市公共交通运输	541	25720	10154	2699	915
公路旅客运输	542	12121	284	1358	749
道路货物运输	543	24624		445	326
道路运输辅助活动	544	24564	631	5772	5298
水上运输业	55	1687	304	34	411
水上旅客运输	551	449			185
水上货物运输	552	616	304		128
水上运输辅助活动	553	622		34	98
航空运输业	56	6619		15	29
航空客货运输	561	2401			
通用航空服务	562	405			
航空运输辅助活动	563	3813		15	29

1992-1995年	1996年	1997年	1998年	1999年	2000年	2001年	2002年
221	336		12	2828	186		2087
669	400	56	1604	684	984		791
248	78	118	86	33	230	522	99
4820	1078	1443	3323	1686	971	4265	2841
1196	616	60	1876	793	174	1461	1907
1334	161	176	310	201	81	1759	646
2290	301	1207	1137	692	716	1045	288
1842	610	876	3288	724	13877	1173	2164
1057	439	872	1727	369	811	789	1960
22			254	144	12848	82	61
				4	13	9	45
763	171	4	1307	207	205	293	98
13936	**4213**	**4360**	**9902**	**8693**	**18958**	**13437**	**26394**
6476	1520	2171	4059	5129	10408	7379	8364
747	209	323	377	572	1683	1256	1419
821	113	197	476	233	613	1499	440
310	69	112	540	150	2637	240	408
28	245	17	27	31	155	143	229
301	145	180	272	1354	349	638	614
2451	389	958	1390	1770	2574	1962	3374
1381	164	256	628	708	1815	734	1150
111	11	15	49	159	367	366	211
326	175	113	300	152	215	541	519
7460	2693	2189	5843	3564	8550	6058	18030
2697	1005	744	2535	1338	1510	1211	8202
260	146	636	880	173	384	298	387
682	218	64	455	179	624	514	1780
422	223		128	99	213	85	141
522	151	178	453	491	1623	1111	3853
756	465	155	659	542	1332	1407	1946
1294	58	203	298	329	2145	725	596
344	277	87	78	234	354	322	456
483	150	122	357	179	365	385	669
6547	**1273**	**1198**	**12421**	**3216**	**3654**	**4009**	**1597**
4237	947	436	3498	599	2951	3524	1199
106	324	45	370	54	543	238	366
1883	238	164	927	95	321	2396	170
461	92	12	106	165	1941	461	468
1787	293	215	2095	285	146	429	195
217	30	16	10		5	14	
	23	16	10			2	
2	7						
215					5	12	
39		13			105	34	
		13				5	
14						27	
25					105	2	

1-08 续表 7

行业	代码	从业人员数（人）	1949年及以前	1950-1977年	1978-1991年
管道运输业	57	484			
管道运输业	570	484			
装卸搬运和运输代理业	58	7290	10	499	658
装卸搬运	581	3919	10	469	629
运输代理业	582	3371		30	29
仓储业	59	21992	1860	4296	2198
谷物、棉花等农产品仓储	591	18542	1689	3756	2055
其他仓储业	599	3450	171	540	143
邮政业	60	54664	5759	702	252
邮政基本服务	601	49379	5759	702	244
快递服务	602	5285			8
住宿和餐饮业	H	**73829**	**156**	**1782**	**5887**
住宿业	61	39920	27	1537	4447
旅游饭店	611	23169		919	2913
一般旅馆	612	13308	23	563	1001
其他住宿业	619	3443	4	55	533
餐饮业	62	33909	129	245	1440
正餐服务	621	30163	53	243	1408
快餐服务	622	1822		2	
饮料及冷饮服务	623	362	76		10
其他餐饮业	629	1562			22
信息传输、软件和信息技术服务业	I	**76224**	**2555**	**1050**	**1272**
电信、广播电视和卫星传输服务	63	47422	2513	1023	1007
电信	631	41179	2506		41
广播电视传输服务	632	6006	7	1023	944
卫星传输服务	633	237			22
互联网和相关服务	64	4896	42	6	41
互联网接入及相关服务	641	2745		6	
互联网信息服务	642	1422	2		41
其他互联网服务	649	729	40		
软件和信息技术服务业	65	23906		21	224
软件开发	651	15344			128
信息系统集成服务	652	1499			
信息技术咨询服务	653	3526		12	80
数据处理和存储服务	654	526			
集成电路设计	655	169			
其他信息技术服务业	659	2842		9	16
房地产业	K	**127437**	**797**	**832**	**2598**
房地产业	70	127437	797	832	2598
房地产开发经营	701	55404	18		1305
物业管理	702	59046	499	15	460
房地产中介服务	703	6830			110
自有房地产经营活动	704	3473	280	358	386
其他房地产业	709	2684		459	337
租赁和商务服务业	L	**184245**	**4520**	**20508**	**5006**
租赁业	71	10271		3	106
机械设备租赁	711	9894		3	106
文化及日用品出租	712	377			

1992–1995年	1996年	1997年	1998年	1999年	2000年	2001年	2002年
361	51	22	300	89	142	140	172
84	39	11	278	45	105	9	86
277	12	11	22	44	37	131	86
1381	245	195	276	38	423	159	215
908	238	187	202	8	365	144	144
473	7	8	74	30	58	15	71
312		516	8337	2490	28	138	11
282		516	8332	2483			
30			5	7	28	138	11
2899	**1203**	**1069**	**1044**	**1973**	**2332**	**2215**	**1905**
1817	929	795	941	1395	1370	1235	1163
1289	799	761	617	1079	942	839	714
318	100	27	295	103	347	292	422
210	30	7	29	213	81	104	27
1082	274	274	103	578	962	980	742
975	274	254	103	553	519	826	630
51		20		25	362	86	26
					46		41
56					35	68	45
530	**212**	**796**	**7242**	**3142**	**3138**	**15400**	**2124**
370	37	424	6786	2908	2569	14679	715
230	5	368	6782	2907	2527	14332	709
140	32	56	4	1	42	337	6
						10	
26	50	138	92	21	31	159	71
26			13			156	
	50	138		14	17	3	36
			79	7	14		35
134	125	234	364	213	538	562	1338
104	111	200	325	148	401	393	330
		20	20	25	51	32	5
30	11	8	10	5	30	100	985
						1	12
					8		
	3	6	9	35	48	36	6
4518	**770**	**775**	**2149**	**4167**	**5420**	**5897**	**4987**
4518	770	775	2149	4167	5420	5897	4987
2961	322	174	1234	970	1883	2413	1737
955	326	510	796	3034	3169	3139	2714
198	119		45	23	158	111	305
86		91	45	83	94	194	158
318	3		29	57	116	40	73
3893	**686**	**1075**	**52097**	**2236**	**2809**	**3977**	**3505**
307	33	29	11	84	233	98	125
122	33	29	11	84	138	98	125
185					95		

1-08 续表 8

行业	代码	从业人员数（人）			
			1949年及以前	1950—1977年	1978—1991年
商务服务业	72	173974	4520	20505	4900
企业管理服务	721	97203	4482	20272	1409
法律服务	722	4514	8	11	574
咨询与调查	723	12365	12	69	209
广告业	724	11238			652
知识产权服务	725	429			
人力资源服务	726	12366	12	25	287
旅行社及相关服务	727	7111		13	169
安全保护服务	728	10743			1224
其他商务服务业	729	18005	6	115	376
科学研究和技术服务业	**M**	**98962**	**1215**	**15920**	**11575**
研究和试验发展	73	13354	641	4864	1887
自然科学研究和试验发展	731	1560		500	669
工程和技术研究和试验发展	732	3820		1146	417
农业科学研究和试验发展	733	6138	211	3114	594
医学研究和试验发展	734	1040	430	17	47
社会人文科学研究	735	796		87	160
专业技术服务业	74	57215	341	9955	6378
气象服务	741	1911	299	850	175
地震服务	742	285		65	49
海洋服务	743				
测绘服务	744	2350		72	116
质检技术服务	745	7707	18	441	1317
环境与生态监测	746	1824		140	716
地质勘查	747	8433		3210	815
工程技术	748	24406	24	4351	2575
其他专业技术服务业	749	10299		826	615
科技推广和应用服务业	75	28393	233	1101	3310
技术推广服务	751	24828	12	1080	2972
科技中介服务	752	1275	221	10	150
其他科技推广和应用服务业	759	2290		11	188
水利、环境和公共设施管理业	**N**	**74287**	**7060**	**13119**	**17921**
水利管理业	76	13620	128	4204	2923
防洪除涝设施管理	761	3322	117	1054	592
水资源管理	762	5143	3	1943	1084
天然水收集与分配	763	2118	6	792	658
水文服务	764	299	2	70	14
其他水利管理业	769	2738		345	575
生态保护和环境治理业	77	5829	1	1641	1101
生态保护	771	4805		1632	848
环境治理业	772	1024	1	9	253
公共设施管理业	78	54838	6931	7274	13897
市政设施管理	781	8448		900	3391
环境卫生管理	782	24749	1179	5342	7113
城乡市容管理	783	3217		55	1599
绿化管理	784	12096	5185	572	1159
公园和游览景区管理	785	6328	567	405	635

1992—1995年	1996年	1997年	1998年	1999年	2000年	2001年	2002年
3586	653	1046	52086	2152	2576	3879	3380
863	122	495	48798	215	502	930	414
355	76	50	122	156	150	302	283
311	57	19	105	529	545	354	432
190	25	21	132	189	332	306	112
37		3			9	21	6
121	65	38	44	67	46	178	261
263	44	105	293	508	233	155	316
81	13	36	2402	62		994	30
1365	251	279	190	426	759	639	1526
4871	**977**	**1686**	**1904**	**1523**	**3628**	**3929**	**3015**
263	167	40	28	82	450	161	494
						19	47
177	50	14	5	7	425	34	48
	39	13	12	73	22	47	334
86	65	13	11	2	3	36	10
	13					25	55
4068	697	1538	1268	1274	2709	3185	2251
62			12	38		10	
			27			34	9
76		47	126	13	143	83	201
151	282	44	416	156	203	157	212
106	8	40	18	10	27	42	7
466		358	8	165	1494	119	303
2181	395	981	561	756	674	2553	1419
1026	12	68	100	136	168	187	100
540	113	108	608	167	469	583	270
465	86	104	531	149	296	563	259
6			39		60	6	
69	27	4	38	18	113	14	11
4648	**537**	**1263**	**2237**	**687**	**1850**	**1308**	**780**
637	148	469	683	218	629	520	73
97	43	102	74	108	67	241	1
174		185	332	110	22	123	67
87	75	143	31		32	106	3
9	7		151				
270	23	39	95		508	50	2
295	101	103	41	31	203	15	62
282	101	93	21	20	196	15	54
13		10	20	11	7		8
3716	288	691	1513	438	1018	773	645
538	8	139	40	13	391	84	64
2735	193	239	1066	175	263	453	60
32		117	11	106	43		75
175	84	22	270	124	24	155	364
236	3	174	126	20	297	81	82

1-08 续表 9

行　　业	代码	从业人员数(人)			
			1949年及以前	1950-1977年	1978-1991年
居民服务、修理和其他服务业	O	**40492**	**104**	**1995**	**2481**
居民服务业	79	23228	104	1707	1154
家庭服务	791	3292		168	50
托儿所服务	792	990	65	89	44
洗染服务	793	279			43
理发及美容服务	794	3407			5
洗浴服务	795	4639			6
保健服务	796	179		6	
婚姻服务	797	1240		4	34
殡葬服务	798	4710	39	1301	637
其他居民服务业	799	4492		139	335
机动车、电子产品和日用产品修理业	80	10893		268	265
汽车、摩托车修理与维护	801	8834		99	200
计算机和办公设备维修	802	949		132	18
家用电器修理	803	608		34	47
其他日用产品修理业	809	502		3	
其他服务业	81	6371		20	1062
清洁服务	811	4226			910
其他未列明服务业	819	2145		20	152
教育	P	**451355**	**59553**	**179098**	**72662**
教育	82	451355	59553	179098	72662
学前教育	821	19250	208	2533	2174
初等教育	822	120778	22368	50283	19966
中等教育	823	190792	12391	90594	38402
高等教育	824	71987	22868	25315	4970
特殊教育	825	2754	94	1438	362
技能培训、教育辅助及其他教育	829	45794	1624	8935	6788
卫生和社会工作	Q	**249304**	**40043**	**108976**	**29210**
卫生	83	236814	39736	107726	27959
医院	831	172437	37747	83290	17691
社区医疗与卫生院	832	36955	1581	18125	3864
门诊部(所)	833	5849	50	1434	1182
计划生育技术服务活动	834	1623		94	813
妇幼保健院(所、站)	835	5918		3261	1436
专科疾病防治院(所、站)	836	2728	346	551	701
疾病预防控制中心	837	6915		859	484
其他卫生活动	839	4389	12	112	1788
社会工作	84	12490	307	1250	1251
提供住宿社会工作	841	10733	297	1160	876
不提供住宿社会工作	842	1757	10	90	375
文化、体育和娱乐业	R	**52209**	**1785**	**6720**	**6097**
新闻和出版业	85	10856	1226	742	881
新闻业	851	4193	2	142	22
出版业	852	6663	1224	600	859
广播、电视、电影和影视录音制作业	86	11579	185	959	2285
广播	861	1800	170	325	466

1992–1995年	1996年	1997年	1998年	1999年	2000年	2001年	2002年
1249	**528**	**534**	**349**	**848**	**1371**	**1025**	**1033**
608	161	290	166	310	957	488	676
59	12				34	65	60
5	18	2	44		49	39	3
18				48	4	8	8
14	29		23	65	62	42	63
32	36	12	35	47	147	101	214
							31
35	5	2	4	3	35	26	34
194	49	96	53	67	242	103	161
251	12	178	7	80	384	104	102
382	316	207	110	159	313	291	247
359	209	199	110	146	286	271	195
11	9	8			12		30
	38				15		9
12	60			13		20	13
259	51	37	73	379	101	246	110
52	51	4	8	369	30	57	56
207		33	65	10	71	189	54
15264	**3577**	**4026**	**5998**	**5179**	**11282**	**6471**	**5771**
15264	3577	4026	5998	5179	11282	6471	5771
967	191	139	359	316	788	325	362
2713	391	542	1148	1726	1824	2893	980
4739	2173	2476	3115	1840	2505	1552	2434
5359		124	21	522	4353	892	1016
100	30	10	71	31	42	101	
1386	792	735	1284	744	1770	708	979
5961	**1124**	**2384**	**1004**	**990**	**2068**	**4384**	**1546**
5504	1040	2323	784	886	1806	4027	1326
3545	463	2109	453	471	865	2357	343
448	166		93	92	601	855	429
329	116	172	102	71	130	98	97
38	16	11	20	12	36	216	18
416	134			56	40		1
273	83	4		12	16	9	
180	60	27	36	54	93	443	412
275	2		80	118	25	49	26
457	84	61	220	104	262	357	220
291	68	58	217	100	196	337	201
166	16	3	3	4	66	20	19
1156	**325**	**153**	**483**	**3670**	**669**	**506**	**1028**
259	69	3	76	1948	73	34	204
20				3	17	4	186
239	69	3	76	1945	56	30	18
374	55		145	1394	224	13	14
114	25				116	6	

1-08 续表 10

行业	代码	从业人员数（人）			
			1949年及以前	1950-1977年	1978-1991年
电视	862	6173		413	1517
电影和影视节目制作	863	2215		85	77
电影和影视节目发行	864	174		78	71
电影放映	865	1019	15	58	154
录音制作	866	198			
文化艺术业	87	14079	374	4301	2388
文艺创作与表演	871	3591	68	1219	413
艺术表演场馆	872	1546		842	135
图书馆与档案馆	873	2317	13	1109	713
文物及非物质文化遗产保护	874	681	14	143	198
博物馆	875	1517		178	200
烈士陵园、纪念馆	876	460	115	58	98
群众文化活动	877	2854	141	685	501
其他文化艺术业	879	1113	23	67	130
体育	88	3923		407	406
体育组织	881	1671		350	156
体育场馆	882	656		30	225
休闲健身活动	883	1412		27	9
其他体育	889	184			16
娱乐业	89	11772		311	137
室内娱乐活动	891	9241		45	55
游乐园	892	1077		209	48
彩票活动	893	211		7	29
文化、娱乐、体育经纪代理	894	543		50	
其他娱乐业	899	700			5
公共管理、社会保障和社会组织	S	**732183**	**52849**	**149024**	**180911**
中国共产党机关	90	16805	1624	4631	4231
中国共产党机关	900	16805	1624	4631	4231
国家机构	91	527167	46375	120827	138709
国家权力机构	911	8520	651	1524	3657
国家行政机构	912	487092	40829	113923	123493
人民法院和人民检察院	913	24191	4584	4376	10009
其他国家机构	919	7364	311	1004	1550
人民政协、民主党派	92	2989	211	669	1371
人民政协	921	2515	165	518	1224
民主党派	922	474	46	151	147
社会保障	93	7045	4	165	1650
社会保障	930	7045	4	165	1650
群众团体、社会团体和其他成员组织	94	96578	870	4200	9770
群众团体	941	11317	643	2100	2169
社会团体	942	68839	78	1828	5058
基金会	943	323			39
宗教组织	944	16099	149	272	2504
基层群众自治组织	95	81599	3765	18532	25180
社区自治组织	951	25245	10	1024	1406
村民自治组织	952	56354	3755	17508	23774

1992—1995年	1996年	1997年	1998年	1999年	2000年	2001年	2002年
211	30		76	1348	37	7	2
20			54		24		12
29			15	46	47		
233	183	125	160	241	99	115	153
19	93		55	34		6	
56	8	96			6	3	57
64	29		10	7	34	38	13
29	5	11	5	53	6	13	2
23	7		79	108	3	19	74
7	27			15			
35	14	3	7	5	50	36	7
		15	4	19			
238	9	2	50	27	23	162	321
185	9			27	19	91	169
			7				
45		2	38		4	15	152
8			5			56	
52	9	23	52	60	250	182	336
	9	13	36	15	229	149	286
37			13	23		31	23
				22	14	2	
2		10					2
13			3		7		25
39662	**8223**	**5160**	**8338**	**7379**	**13806**	**34114**	**19868**
629	489	235	89	95	153	743	356
629	489	235	89	95	153	743	356
33617	5758	3966	6214	5320	8701	22433	11162
452	25	28	222	97	155	364	59
32272	5491	3827	5821	5049	8108	21447	10064
250	49	53	137	13	249	513	89
643	193	58	34	161	189	109	950
69	18		7	23	3	72	42
40	11			7		65	31
29	7		7	16	3	7	11
449	77	110	262	275	176	310	359
449	77	110	262	275	176	310	359
4150	1567	579	1064	1215	2474	2577	1536
127	45	82	46	87	416	640	93
1302	342	211	719	604	1420	1551	1178
	4	1	17	12	4	22	12
2721	1176	285	282	512	634	364	253
748	314	270	702	451	2299	7979	6413
333	162	93	344	227	1454	4342	5005
415	152	177	358	224	845	3637	1408

1-08 续表 11

行业	代码	2003年	2004年	2005年	2006年
总计	00	**204704**	**193423**	**192398**	**174517**
农、林、牧、渔业	A	**423**	**7669**	**1356**	**2474**
农业	01		5143	160	1344
谷物种植	011		3546	150	1344
豆类、油料和薯类种植	012		1597		
棉、麻、糖、烟草种植	013				
蔬菜、食用菌及园艺作物种植	014			10	
水果种植	015				
坚果、含油果、香料和饮料作物种植	016				
中药材种植	017				
其他农业	019				
林业	02				
林木育种和育苗	021				
造林和更新	022				
森林经营和管护	023				
木材和竹材采运	024				
林产品采集	025				
畜牧业	03				
牲畜饲养	031				
家禽饲养	032				
狩猎和捕捉动物	033				
其他畜牧业	039				
渔业	04				
水产养殖	041				
水产捕捞	042				
农、林、牧、渔服务业	05	423	2526	1196	1130
农业服务业	051	262	2165	428	626
林业服务业	052	1	30	702	20
畜牧服务业	053	160	309	66	265
渔业服务业	054		22		219
采矿业	B	**10805**	**10597**	**19049**	**5369**
煤炭开采和洗选业	06	5644	8937	17621	2813
烟煤和无烟煤开采洗选	061	4862	8833	17266	2735
褐煤开采洗选	062	650		279	12
其他煤炭采选	069	132	104	76	66
石油和天然气开采业	07	1801	21	4	
石油开采	071	1801	21	4	
天然气开采	072				
黑色金属矿采选业	08	1144	621	297	134
铁矿采选	081	1144	621	297	134
锰矿、铬矿采选	082				
其他黑色金属矿采选	089				
有色金属矿采选业	09	181	164	399	1187
常用有色金属矿采选	091	181	162	203	488
贵金属矿采选	092		2	196	587
稀有稀土金属矿采选	093				112

2007年	2008年	2009年	2010年	2011年	2012年	2013年	无开业年份
191854	**362953**	**314521**	**313253**	**257520**	**250525**	**251051**	**29288**
1610	**9594**	**15737**	**15492**	**12993**	**18635**	**42581**	**38**
12	10	3464	34	20	20		
12	10	3464	34	15			
				5			
					20		
107							
107							
6	3196					28	
6	3196					28	
			6				
			6				
1485	6388	12273	15452	12973	18615	42553	38
983	4599	9756	12292	11038	16950	40058	38
237	618	364	574	62	30	162	
265	1135	2003	2524	1813	1461	2098	
	36	150	62	60	174	235	
5147	**131692**	**91427**	**7832**	**6288**	**5594**	**2953**	**114**
2701	129000	85974	4807	4121	2198	1346	
2552	128315	85875	3626	3645	2014	1032	
4	115	33	1022	77	1	235	
145	570	66	159	399	183	79	
154	6	2		14	3	277	
154		2		14	3	277	
	6						
928	190	335	572	184	447		
928	190	335	572	184	442		
					5		
252	120	776	174	23	629	308	105
112	56	759	109	23	21	269	
140	64	17	65		8	4	10
					600	35	95

1-08 续表 12

行　业	代码	2003年	2004年	2005年	2006年
非金属矿采选业	10	761	777	687	1071
土砂石开采	101	533	465	489	526
化学矿开采	102				
采盐	103				
石棉及其他非金属矿采选	109	228	312	198	545
开采辅助活动	11	1274	53	39	162
煤炭开采和洗选辅助活动	111			16	74
石油和天然气开采辅助活动	112	1274	53	23	85
其他开采辅助活动	119				3
其他采矿业	12		24	2	2
其他采矿业	120		24	2	2
制造业	C	**69559**	**71629**	**72222**	**69216**
农副食品加工业	13	10595	19618	14674	11854
谷物磨制	131	5313	4937	5222	4999
饲料加工	132	921	1446	951	928
植物油加工	133	993	1162	934	668
制糖业	134	99		9	260
屠宰及肉类加工	135	1659	7155	4265	2484
水产品加工	136				76
蔬菜、水果和坚果加工	137	698	1086	1541	1307
其他农副食品加工	139	912	3832	1752	1132
食品制造业	14	5708	3195	4296	4027
焙烤食品制造	141	145	932	262	804
糖果、巧克力及蜜饯制造	142		3	150	87
方便食品制造	143	858	630	1614	906
乳制品制造	144	2749	146	1465	948
罐头食品制造	145		50	131	220
调味品、发酵制品制造	146	1607	649	211	222
其他食品制造	149	349	785	463	840
酒、饮料和精制茶制造业	15	1929	2286	4679	2394
酒的制造	151	1416	1370	2587	1527
饮料制造	152	513	916	1826	867
精制茶加工	153			266	
烟草制品业	16				
烟叶复烤	161				
卷烟制造	162				
其他烟草制品制造	169				
纺织业	17	1810	2724	3598	6713
棉纺织及印染精加工	171	555	102	641	12
毛纺织及染整精加工	172			9	
麻纺织及染整精加工	173	953	2314	2474	6393
丝绢纺织及印染精加工	174		23		
化纤织造及印染精加工	175				6
针织或钩针编织物及其制品制造	176		10		82
家用纺织制成品制造	177	302	125	469	220
非家用纺织制成品制造	178		150	5	
纺织服装、服饰业	18	281	826	649	283
机织服装制造	181	175	518	449	211
针织或钩针编织服装制造	182	106	151	124	
服饰制造	183		157	76	72

2007年	2008年	2009年	2010年	2011年	2012年	2013年	无开业年份
745	1826	2366	2013	1753	1823	947	9
685	1403	2249	1711	940	1384	847	9
					8		
60	423	117	302	813	431	100	
353	550	1776	160	79	463	45	
201	88	43	136	19			
151	458	1393	24	55	107	40	
1	4	340		5	356	5	
14		198	106	114	31	30	
14		198	106	114	31	30	
84128	**89647**	**75181**	**88509**	**77230**	**68029**	**50043**	**1346**
13781	20090	20597	19920	17431	14337	15323	84
6005	7612	10373	11658	7823	6991	7482	42
682	1098	1521	2045	2316	1693	989	19
2137	2366	1914	728	1133	1164	607	
1102	1035	16			57		
1934	5028	3466	665	2668	929	1963	3
	4	12	31	49	55	53	
1025	1003	1218	1245	1238	1679	1267	
896	1944	2077	3548	2204	1769	2962	20
3539	4343	3805	2097	2446	2613	2109	41
308	293	1302	322	157	277	120	
	190	85	120		53	35	
476	721	930	553	1085	1117	797	16
1855	1514	638	45	121	83	312	
43	35	121	39	23	411	100	
146	844	331	139	406	191	215	
711	746	398	879	654	481	530	25
1844	3694	3342	3183	3128	2167	2278	3
1185	2547	1206	2143	1343	1110	1127	
644	1095	2136	1040	1785	1057	1151	3
15	52						
5241	1819	23			525		
569	135	23			495		
4672	1684						
					30		
3204	2151	898	3603	3633	1395	1314	
764	154	2	325	245	34	625	
125	6	36		3	26	116	
344	969	232	2555	2859	1079	262	
	63				30		
	79	18		25		56	
122	455	26	120	50	54	84	
1831	422	529	558	133	101	39	
18	3	55	45	318	71	132	
199	392	648	1684	1333	613	1468	3
114	366	316	777	497	563	962	
65	12	190	365	192	28	238	
20	14	142	542	644	22	268	3

1-08 续表 13

行 业	代码	2003年	2004年	2005年	2006年
皮革、毛皮、羽毛及其制品和制鞋业	19	30	18	394	383
皮革鞣制加工	191			111	165
皮革制品制造	192	30		8	
毛皮鞣制及制品加工	193			215	200
羽毛(绒)加工及制品制造	194			60	
制鞋业	195		18		18
木材加工和木、竹、藤、棕、草制品业	20	5322	8423	8484	8533
木材加工	201	2560	4311	4660	4462
人造板制造	202	1173	2512	1432	1752
木制品制造	203	1589	1566	2228	2274
竹、藤、棕、草等制品制造	204		34	164	45
家具制造业	21	1028	1662	1318	461
木质家具制造	211	900	1652	1280	425
竹、藤家具制造	212				
金属家具制造	213		10	25	10
塑料家具制造	214				5
其他家具制造	219	128		13	21
造纸和纸制品业	22	961	1017	1124	1446
纸浆制造	221	30	132		
造纸	222	391	175	769	851
纸制品制造	223	540	710	355	595
印刷和记录媒介复制业	23	889	642	448	452
印刷	231	691	549	360	388
装订及印刷相关服务	232	198	93	88	64
记录媒介复制	233				
文教、工美、体育和娱乐用品制造业	24	528	973	804	410
文教办公用品制造	241	177	351	518	86
乐器制造	242	90			
工艺美术品制造	243	258	612	252	324
体育用品制造	244			34	
玩具制造	245	3			
游艺器材及娱乐用品制造	246		10		
石油加工、炼焦和核燃料加工业	25	1706	2318	3256	1405
精炼石油产品制造	251	69	80	1855	154
炼焦	252	1637	2238	1401	1172
核燃料加工	253				79
化学原料和化学制品制造业	26	2270	5520	3136	3317
基础化学原料制造	261	98	4161	1056	599
肥料制造	262	897	392	1340	816
农药制造	263	372	116	170	11
涂料、油墨、颜料及类似产品制造	264	317	83	151	116
合成材料制造	265	5	26	101	1107
专用化学产品制造	266	561	351	280	591
炸药、火工及焰火产品制造	267	5	256		
日用化学产品制造	268	15	135	38	77

2007年	2008年	2009年	2010年	2011年	2012年	2013年	无开业年份
102	684	789	377	614	1126	682	
68	433	200	219	134	110	203	
	46	9		27	246	14	
20	205	465	80	295	716	443	
				48		22	
14		115	78	110	54		
11016	9343	7676	11672	7475	6804	4112	15
5596	5878	5122	6569	5207	4115	2208	1
3114	1522	609	1694	422	948	523	2
2199	1843	1788	2972	1720	1661	1143	12
107	100	157	437	126	80	238	
974	1031	1579	1605	1480	1316	642	5
751	884	1441	1498	1417	1245	529	5
210	89	20	5	12		3	
6	13	37	17	23	31		
7	45	81	85	28	40	110	
1874	685	875	1279	220	652	498	70
	8				2		
1604	489	506	273	87	370	170	70
270	188	369	1006	133	280	328	
1235	1308	1220	1133	1768	761	665	1
1083	1026	928	1089	1422	609	549	1
152	282	292	44	346	152	116	
472	557	920	1905	1813	1112	488	2
212	165	568	487	566	366	147	1
	5			72			1
185	345	349	1247	1165	515	341	
65		3	171	10	10		
	42				221		
10							
474	2422	441	1603	305	716	64	32
87	2	220	37	205	716	64	
387	2420	221	1562	89			32
			4	11			
3845	3738	3813	2482	2836	3672	2689	93
824	400	1706	292	606	631	400	61
379	1040	1108	1403	1151	1224	1464	15
21	28		28	119	35	62	
45	228	381	91	247	300	152	15
124	1626	108	44	12	137	155	2
351	322	393	593	463	865	230	
2053	1	9		17	34	27	
48	93	108	31	221	446	199	

1-08 续表 14

行　　业	代码	2003年	2004年	2005年	2006年
医药制造业	27	1322	2712	1815	1636
化学药品原料药制造	271	60	342	1071	83
化学药品制剂制造	272	668	314	340	
中药饮片加工	273	41	298	2	37
中成药生产	274	359	1580	173	595
兽用药品制造	275	140	79	2	377
生物药品制造	276		99	159	445
卫生材料及医药用品制造	277	54		68	99
化学纤维制造业	28		67	33	
纤维素纤维原料及纤维制造	281			13	
合成纤维制造	282		67	20	
橡胶和塑料制品业	29	4101	2046	2635	949
橡胶制品业	291	3291	454	259	82
塑料制品业	292	810	1592	2376	867
非金属矿物制品业	30	5589	3301	5218	5490
水泥、石灰和石膏制造	301	2770	710	2290	625
石膏、水泥制品及类似制品制造	302	399	591	354	910
砖瓦、石材等建筑材料制造	303	1385	1323	1522	2471
玻璃制造	304			25	26
玻璃制品制造	305	246	498	739	365
玻璃纤维和玻璃纤维增强塑料制品制造	306	58	7	43	33
陶瓷制品制造	307				20
耐火材料制品制造	308	76		52	183
石墨及其他非金属矿物制品制造	309	655	172	193	857
黑色金属冶炼和压延加工业	31	9046	474	741	1109
炼铁	311	93			725
炼钢	312			80	
黑色金属铸造	313	537	343	335	139
钢压延加工	314	8416	62	290	125
铁合金冶炼	315		69	36	120
有色金属冶炼和压延加工业	32		19	256	177
常用有色金属冶炼	321		1		20
贵金属冶炼	322				
稀有稀土金属冶炼	323			156	
有色金属合金制造	324				157
有色金属铸造	325				
有色金属压延加工	326		18	100	
金属制品业	33	2393	1738	2010	3257
结构性金属制品制造	331	717	813	591	642
金属工具制造	332	155	117	92	81
集装箱及金属包装容器制造	333	115	117	848	1089
金属丝绳及其制品制造	334	2	300	85	
建筑、安全用金属制品制造	335	129	61	141	343
金属表面处理及热处理加工	336	47	13	120	19
搪瓷制品制造	337		84	8	
金属制日用品制造	338	4	5	4	50
其他金属制品制造	339	1224	228	121	1033

2007年	2008年	2009年	2010年	2011年	2012年	2013年	无开业年份
2657	753	1441	1221	1716	870	837	
165	136	54	76	65	185		
	140	273	413	202	20	78	
118	237	130	57	224	75	178	
2006	9	525	332	309	21	139	
	28	60	148	15	94		
273	16	397	193	886	188	318	
95	187	2	2	15	287	124	
	91	50	471		72	152	6
	77		5			6	
	14	50	466		72	146	6
1782	2248	2216	2494	3762	3490	1459	289
198	219	137	90	150	61	285	
1584	2029	2079	2404	3612	3429	1174	289
5235	8110	8540	13903	11573	11086	5286	118
1121	1761	1097	1608	1512	891	473	
374	1390	2185	2867	3704	3350	1706	75
2473	3344	4485	7025	5387	5205	2386	43
		6	6	52	211	129	
263	377	148	667	103	291	88	
18	135	38	1	132	218	41	
90	75	69	311	4	302	209	
87	21	216	104	389	79	105	
809	1007	296	1314	290	539	149	
543	839	2074	656	448	888	213	
1	129	1662	130	21	36	25	
	32				60	18	
215	318	294	108	222	55	36	
191	275	118	418	205	697	129	
136	85				40	5	
381	455	516	124	135	174	158	
218		375	61	54	12		
	54			5			
105							
2		38		10		113	
	31		25				
56	370	103	38	66	162	45	
1617	2513	2717	2797	2896	2646	1747	8
1045	1581	1220	1589	2025	1901	1259	8
47	303	261	159	113	328	59	
169	33	138	45	56	90	113	
55	1		160		11	33	
82	180	178	419	290	196	95	
30	16	466	145	124	12	63	
63		42					
23	98	37	102	120	22	97	
103	301	375	178	168	86	28	

1-08 续表 15

行业	代码	2003年	2004年	2005年	2006年
通用设备制造业	34	5750	3537	4159	3326
锅炉及原动设备制造	341	1373	1058	1338	715
金属加工机械制造	342	1467	304	594	352
物料搬运设备制造	343	720	10	598	335
泵、阀门、压缩机及类似机械制造	344	4	289	124	192
轴承、齿轮和传动部件制造	345	1072	294	276	430
烘炉、风机、衡器、包装等设备制造	346	304	435	167	85
文化、办公用机械制造	347	6			88
通用零部件制造	348	563	1027	935	1067
其他通用设备制造业	349	241	120	127	62
专用设备制造业	35	3882	5254	3463	3454
采矿、冶金、建筑专用设备制造	351	2459	1584	1652	1838
化工、木材、非金属加工专用设备制造	352	164	607	193	523
食品、饮料、烟草及饲料生产专用设备制造	353	79	172	216	385
印刷、制药、日化及日用品生产专用设备制造	354	36	12	15	8
纺织、服装和皮革加工专用设备制造	355	5	31		
电子和电工机械专用设备制造	356	358	221	237	52
农、林、牧、渔专用机械制造	357	340	2004	693	147
医疗仪器设备及器械制造	358	26	216	73	74
环保、社会公共服务及其他专用设备制造	359	415	407	384	427
汽车制造业	36	835	1414	314	4981
汽车整车制造	361			3	4312
改装汽车制造	362	160		20	
低速载货汽车制造	363				
电车制造	364				
汽车车身、挂车制造	365		205		
汽车零部件及配件制造	366	675	1209	291	669
铁路、船舶、航空航天和其他运输设备制造业	37	773	27	2239	650
铁路运输设备制造	371	557	27	1928	460
城市轨道交通设备制造	372				
船舶及相关装置制造	373				15
航空、航天器及设备制造	374	216		311	169
摩托车制造	375				6
自行车制造	376				
非公路休闲车及零配件制造	377				
潜水救捞及其他未列明运输设备制造	379				
电气机械和器材制造业	38	1469	1020	1325	1587
电机制造	381	440	196	137	129
输配电及控制设备制造	382	461	196	491	596
电线、电缆、光缆及电工器材制造	383	114	136	306	208
电池制造	384	36	461	260	63
家用电力器具制造	385	77	16	103	371
非电力家用器具制造	386		15	28	
照明器具制造	387	209			121
其他电气机械及器材制造	389	132			99
计算机、通信和其他电子设备制造业	39	436	122	11	85
计算机制造	391	8	24		32

2007年	2008年	2009年	2010年	2011年	2012年	2013年	无开业年份
7000	2635	3554	3669	2866	3632	2809	58
473	507	927	698	528	598	683	
802	748	753	482	235	703	679	49
198	207	298	246	104	185	282	
259	138	319	116	6	269	15	
4195	101	181	831	647	615	157	
252	116	180	158	138	95	289	
7	3	146	2	50	42	13	
680	513	493	809	853	768	607	9
134	302	257	327	305	357	84	
5539	14908	3169	5039	4104	3758	2559	42
3701	13223	1433	1603	1998	1450	374	40
211	209	301	210	125	261	273	
149	96	110	287	41	40	380	
21	38	182	75	120		68	
		4		8	3	5	
288	104	176	189	178	369	5	
923	963	807	2287	1395	1047	776	2
35	112	29	64	90	242	370	
211	163	127	324	149	346	308	
322	569	94	1034	189	360	752	308
40						132	
75	32		408	14	147	18	
			1	8			
	22						
						29	
207	515	94	625	167	213	573	308
7247	819	382	273	535	155	58	
7247	800	10	237	246	66	17	
		56	36		89	9	
	19	311		257		32	
		5		5			
				27			
2890	2094	2305	2567	2977	1124	418	158
1594	282	1414	283	240	170	61	
615	1202	478	643	2181	340	136	55
410	323	111	572	166	351	56	5
	9	73	115	19	14	4	23
8	59	117	230	124	78	24	30
71	5	21	16	78	52	35	45
	98	42	139	136	114	62	
192	116	49	569	33	5	40	
418	206	298	165	358	777	99	5
77	19	76	10	134	24	32	

1-08 续表 16

行业	代码	2003年	2004年	2005年	2006年
通信设备制造	392		7		
广播电视设备制造	393	38			
雷达及配套设备制造	394			8	
视听设备制造	395				
电子器件制造	396		15		
电子元件制造	397	87	21		
其他电子设备制造	399	303	55	3	53
仪器仪表制造业	40	588	134	457	118
通用仪器仪表制造	401	345	14	318	71
专用仪器仪表制造	402	206	108	19	34
钟表与计时仪器制造	403				
光学仪器及眼镜制造	404				13
其他仪器仪表制造业	409	37	12	120	
其他制造业	41	119	136	111	342
日用杂品制造	411			26	
煤制品制造	412	42		70	62
核辐射加工	413				
其他未列明制造业	419	77	136	15	280
废弃资源综合利用业	42	32	174	109	313
金属废料和碎屑加工处理	421		158	75	175
非金属废料和碎屑加工处理	422	32	16	34	138
金属制品、机械和设备修理业	43	167	232	466	64
金属制品修理	431	24		15	
通用设备修理	432	30	7	20	16
专用设备修理	433	5	90	413	8
铁路、船舶、航空航天等运输设备修理	434	94	110	10	28
电气设备修理	435	9		2	5
仪器仪表修理	436			3	
其他机械和设备修理业	439	5	25	3	7
电力、热力、燃气及水生产和供应业	**D**	**10090**	**4200**	**6085**	**9729**
电力、热力生产和供应业	44	6730	3598	3717	6510
电力生产	441	1611	1975	963	701
电力供应	442	217	84	239	4106
热力生产和供应	443	4902	1539	2515	1703
燃气生产和供应业	45	283	133	1592	2739
燃气生产和供应业	450	283	133	1592	2739
水的生产和供应业	46	3077	469	776	480
自来水生产和供应	461	3074	188	629	317
污水处理及其再生利用	462		281	139	148
其他水的处理、利用与分配	469	3		8	15
建筑业	**E**	**35665**	**18452**	**14981**	**16991**
房屋建筑业	47	27389	11732	7645	8492
房屋建筑业	470	27389	11732	7645	8492
土木工程建筑业	48	4284	3213	3812	4333
铁路、道路、隧道和桥梁工程建筑	481	3528	2439	2407	1004
水利和内河港口工程建筑	482	202	28	455	165
海洋工程建筑	483				

2007年	2008年	2009年	2010年	2011年	2012年	2013年	无开业年份
12		194	124		95		2
							3
10						5	
	3						
		7		167	81	62	
106	58		19		539		
213	126	21	12	57	38		
317	246	307	541	151	81	127	
286	168	262	190	126	28	38	
20	63	35	347		50	81	
	15	3		11			
11		7	4	14	3	8	
139	425	458	371	156	309	666	5
35	5	146	35		19	7	
56	8	107	150	117	129	394	
48	412	205	186	39	161	265	5
182	33	192	333	231	235	209	
180	15	177	307	163	125	108	
2	18	15	26	68	110	101	
59	446	242	308	651	563	162	
	12	20		102			
10	203	3	36	14	28	7	
24	67	171	200	127	368	95	
21	8	5	6	108	82	41	
2	3			43	11	9	
2				45			
	153	43	66	212	74	10	
5911	**4838**	**6147**	**8218**	**4445**	**4021**	**3160**	**128**
4439	3203	4846	5445	3159	2673	2414	123
1430	1836	1964	1969	709	910	558	111
69	133	385	133	57	13	186	
2940	1234	2497	3343	2393	1750	1670	12
571	963	968	914	502	363	390	4
571	963	968	914	502	363	390	4
901	672	333	1859	784	985	356	1
807	463	141	1670	646	782	261	
94	209	190	124	138	199	85	1
		2	65		4	10	
9087	**34995**	**20989**	**13143**	**12201**	**11286**	**7106**	**37**
4115	6204	5953	6675	6618	7056	2260	1
4115	6204	5953	6675	6618	7056	2260	1
2694	7427	6780	1751	1053	1115	788	21
1598	3456	1069	660	494	475	253	
290	248	176	583	122	160	235	

1-08 续表 17

行 业	代码	2003年	2004年	2005年	2006年
工矿工程建筑	484	55		450	5
架线和管道工程建筑	485	141	331	144	2550
其他土木工程建筑	489	358	415	356	609
建筑安装业	49	2369	1877	1536	1526
电气安装	491	327	382	168	452
管道和设备安装	492	1538	508	524	522
其他建筑安装业	499	504	987	844	552
建筑装饰和其他建筑业	50	1623	1630	1988	2640
建筑装饰业	501	1038	1162	837	640
工程准备活动	502	346	213	168	397
提供施工设备服务	503	15	30	42	80
其他未列明建筑业	509	224	225	941	1523
批发和零售业	**F**	**17121**	**19110**	**19052**	**21844**
批发业	51	7310	9702	9433	12345
农、林、牧产品批发	511	1451	1466	2321	2966
食品、饮料及烟草制品批发	512	515	1039	990	1213
纺织、服装及家庭用品批发	513	444	385	439	885
文化、体育用品及器材批发	514	136	27	533	223
医药及医疗器材批发	515	738	959	329	489
矿产品、建材及化工产品批发	516	2169	3411	2534	3422
机械设备、五金产品及电子产品批发	517	1219	1318	1262	1335
贸易经纪与代理	518	330	233	421	1094
其他批发业	519	308	864	604	718
零售业	52	9811	9408	9619	9499
综合零售	521	3109	2032	1379	2359
食品、饮料及烟草制品专门零售	522	405	408	542	787
纺织、服装及日用品专门零售	523	1081	495	883	967
文化、体育用品及器材专门零售	524	107	142	120	344
医药及医疗器材专门零售	525	1987	3609	1770	1319
汽车、摩托车、燃料及零配件专门零售	526	1570	1444	2343	1516
家用电器及电子产品专门零售	527	948	506	1474	1251
五金、家具及室内装饰材料专门零售	528	330	259	632	511
货摊、无店铺及其他零售业	529	274	513	476	445
交通运输、仓储和邮政业	**G**	**9861**	**1751**	**6150**	**2987**
道路运输业	54	3772	1369	3639	2113
城市公共交通运输	541	1063	381	219	800
公路旅客运输	542	1224	426	43	166
道路货物运输	543	784	380	2963	1022
道路运输辅助活动	544	701	182	414	125
水上运输业	55	13		2	23
水上旅客运输	551	7		2	8
水上货物运输	552				15
水上运输辅助活动	553	6			
航空运输业	56	3253	13	2015	323
航空客货运输	561			2011	2
通用航空服务	562		11		162
航空运输辅助活动	563	3253	2	4	159

2007年	2008年	2009年	2010年	2011年	2012年	2013年	无开业年份
134	309	5245	134	18	94		
297	3182	155	218	93	63	125	
375	232	135	156	326	323	175	21
1202	2535	1479	2503	1673	900	912	10
368	1067	747	342	559	312	366	
350	789	436	338	461	213	214	
484	679	296	1823	653	375	332	10
1076	18829	6777	2214	2857	2215	3146	5
705	994	6221	1484	1969	1886	2472	5
195	17355	150	233	335	105	134	
45	69	161	67	210	81	173	
131	411	245	430	343	143	367	
28696	**29726**	**39601**	**43760**	**51826**	**54512**	**60524**	**218**
15471	17636	25431	27887	30892	36608	38134	188
6095	6767	10010	9642	11817	15304	18708	20
1246	2571	4155	3619	4275	5110	4558	105
1026	776	966	1670	1515	1990	1366	
102	355	392	593	218	565	513	
1917	528	670	687	769	1171	908	1
2215	3211	4981	5627	5618	5941	5557	60
1895	1864	2889	3668	4372	3806	4550	1
445	723	487	1308	957	956	822	
530	841	881	1073	1351	1765	1152	1
13225	12090	14170	15873	20934	17904	22390	30
2151	3848	2962	3838	5533	3984	7197	25
740	1004	1193	1087	1081	2301	1684	
2363	1132	2339	1312	4808	1251	1838	1
3251	300	328	341	755	421	4042	
1322	1124	1605	1914	1608	1624	1785	
1448	1424	2548	3602	2926	2938	2375	2
778	1324	1396	1853	1817	2463	1581	
697	1018	1099	1255	1227	1907	1040	
475	916	700	671	1179	1015	848	2
5797	**7974**	**8098**	**36167**	**7501**	**8461**	**5424**	**21**
2075	2885	5760	5211	5301	5025	3847	10
664	1205	2378	1035	882	712	567	
126	320	147	270	137	468	209	
1147	1252	2741	2428	3191	2525	1712	2
138	108	494	1478	1091	1320	1359	8
83	43	61	167	42	197	15	
44		15	53	22	61	1	
39	17	19	7	10	54	14	
	26	27	107	10	82		
74	173	164	43	184	127	15	
	173	164		4	29		
74			37	70		10	
			6	110	98	5	

1-08 续表 18

行　　业	代码				
		2003年	2004年	2005年	2006年
管道运输业	57	85	56		
管道运输业	570	85	56		
装卸搬运和运输代理业	58	194	161	183	217
装卸搬运	581	63	62	76	37
运输代理业	582	131	99	107	180
仓储业	59	441	138	260	239
谷物、棉花等农产品仓储	591	397	92	144	154
其他仓储业	599	44	46	116	85
邮政业	60	2103	14	51	72
邮政基本服务	601		12	21	
快递服务	602	2103	2	30	72
住宿和餐饮业	H	**1944**	**1820**	**3958**	**2905**
住宿业	61	1157	1038	2179	1357
旅游饭店	611	490	767	1611	747
一般旅馆	612	342	223	453	590
其他住宿业	619	325	48	115	20
餐饮业	62	787	782	1779	1548
正餐服务	621	716	743	1591	1435
快餐服务	622	12	33	104	96
饮料及冷饮服务	623	12	3		
其他餐饮业	629	47	3	84	17
信息传输、软件和信息技术服务业	I	**5019**	**7920**	**1364**	**1954**
电信、广播电视和卫星传输服务	63	1947	7018	262	75
电信	631	1660	6572	226	51
广播电视传输服务	632	287	446	26	24
卫星传输服务	633			10	
互联网和相关服务	64	2147	88	157	55
互联网接入及相关服务	641	2099	2	43	3
互联网信息服务	642	48	82	73	17
其他互联网服务	649		4	41	35
软件和信息技术服务业	65	925	814	945	1824
软件开发	651	699	575	612	1186
信息系统集成服务	652	61	28	77	452
信息技术咨询服务	653	79	67	62	125
数据处理和存储服务	654		91	2	5
集成电路设计	655			6	39
其他信息技术服务业	659	86	53	186	17
房地产业	K	**8679**	**7042**	**8698**	**6454**
房地产业	70	8679	7042	8698	6454
房地产开发经营	701	3114	3518	2139	2936
物业管理	702	5190	3004	5951	3154
房地产中介服务	703	187	326	365	221
自有房地产经营活动	704	133	159	190	72
其他房地产业	709	55	35	53	71
租赁和商务服务业	L	**2603**	**6200**	**6884**	**3646**
租赁业	71	167	125	357	125
机械设备租赁	711	167	125	311	119
文化及日用品出租	712			46	6

2007年	2008年	2009年	2010年	2011年	2012年	2013年	无开业年份
		15	287		6	35	
		15	287		6	35	
236	483	484	661	805	925	497	
52	274	127	190	506	504	263	
184	209	357	471	299	421	234	
3144	1424	1273	864	912	1230	770	11
3010	1346	944	528	592	1009	619	11
134	78	329	336	320	221	151	
185	2966	341	28934	257	951	245	
	2728	26	28125	8	135	6	
185	238	315	809	249	816	239	
4938	**4173**	**4311**	**7759**	**6589**	**8197**	**4721**	**49**
2961	1841	2339	3900	2920	2460	2084	28
2169	687	1319	2203	687	768	825	24
699	661	834	1534	2034	1340	1103	4
93	493	186	163	199	352	156	
1977	2332	1972	3859	3669	5737	2637	21
1680	1886	1865	3551	3300	5270	2267	21
134	124	65	205	44	327	106	
	12	22	21	30	53	36	
163	310	20	82	295	87	228	
2060	**2966**	**3011**	**4559**	**3464**	**2622**	**3822**	**2**
509	1498	337	1707	558	276	204	
239	1419	239	143	129	54	40	
250	76	78	1564	416	222	25	
20	3	20		13		139	
69	169	282	559	154	230	309	
16	22	50	163	39	50	57	
53	113	102	336	67	84	146	
	34	130	60	48	96	106	
1482	1299	2392	2293	2752	2116	3309	2
1193	973	1701	1474	1848	1455	1488	
69	36	79	106	290	60	88	
134	158	192	280	396	412	348	2
3	32	12	218	13	65	72	
12	6	15	24	15	15	29	
71	94	393	191	190	109	1284	
9267	**6686**	**9272**	**13161**	**11942**	**7936**	**5385**	**5**
9267	6686	9272	13161	11942	7936	5385	5
3734	3433	4656	7862	6425	3031	1539	
4251	2589	4108	4145	4556	3779	2697	5
781	418	338	754	736	720	915	
439	151	91	205	83	86	89	
62	95	79	195	142	320	145	
5174	**6288**	**6610**	**11840**	**11953**	**10326**	**12240**	**169**
266	288	653	1592	1251	1744	2674	
266	287	651	1592	1234	1737	2656	
	1	2		17	7	18	

1-08 续表 19

行业	代码	2003年	2004年	2005年	2006年
商务服务业	72	2436	6075	6527	3521
企业管理服务	721	597	3591	4235	268
法律服务	722	116	224	165	216
咨询与调查	723	294	516	399	509
广告业	724	261	346	523	384
知识产权服务	725	15	21		17
人力资源服务	726	237	596	254	900
旅行社及相关服务	727	178	345	274	401
安全保护服务	728	49	16	7	42
其他商务服务业	729	689	420	670	784
科学研究和技术服务业	M	**2913**	**2449**	**2104**	**3652**
研究和试验发展	73	568	257	205	240
自然科学研究和试验发展	731		40	8	14
工程和技术研究和试验发展	732	183	44	52	75
农业科学研究和试验发展	733	55	160	108	80
医学研究和试验发展	734	6	13	24	57
社会人文科学研究	735	324		13	14
专业技术服务业	74	1845	1462	1258	2883
气象服务	741	97			184
地震服务	742	7	14	24	
海洋服务	743				
测绘服务	744	241	225	116	245
质检技术服务	745	166	169	213	490
环境与生态监测	746	33	43	22	61
地质勘查	747	63	245	10	149
工程技术	748	974	539	689	907
其他专业技术服务业	749	264	227	184	847
科技推广和应用服务业	75	500	730	641	529
技术推广服务	751	436	568	541	321
科技中介服务	752	45	72		66
其他科技推广和应用服务业	759	19	90	100	142
水利、环境和公共设施管理业	N	**2443**	**2303**	**799**	**3909**
水利管理业	76	274	253	93	110
防洪除涝设施管理	761	111	128	55	8
水资源管理	762	61	111	22	71
天然水收集与分配	763	16	14	9	12
水文服务	764	19		3	
其他水利管理业	769	67		4	19
生态保护和环境治理业	77	56	592	145	182
生态保护	771	44	542	140	182
环境治理业	772	12	50	5	
公共设施管理业	78	2113	1458	561	3617
市政设施管理	781	388	165	34	486
环境卫生管理	782	1095	335	77	2259
城乡市容管理	783	118	153		
绿化管理	784	341	234	75	759
公园和游览景区管理	785	171	571	375	113

2007年	2008年	2009年	2010年	2011年	2012年	2013年	无开业年份
4908	6000	5957	10248	10702	8582	9566	169
1464	1447	1028	1350	1263	1171	2283	4
90	192	548	196	200	172	308	
435	602	745	1155	1286	1767	2015	
355	726	954	1108	1514	1693	1385	30
23	93	14	23	17	41	89	
904	1477	853	1598	1980	1215	1208	
223	399	504	602	734	630	595	127
9	27	43	3041	2448	113	106	
1405	1037	1268	1175	1260	1780	1577	8
2868	**3933**	**5027**	**6687**	**5685**	**6732**	**6599**	**70**
87	380	287	622	587	679	353	12
	24	30	47	111	24	15	12
32	62	60	341	256	237	155	
46	258	145	175	190	336	126	
	11	14	47	17	75	56	
9	25	38	12	13	7	1	
2196	2371	2309	2836	2051	2406	1876	58
19	3	23	17	18	27	77	
	8	15			5	28	
52	55	65	76	86	245	67	
282	411	445	1068	315	358	347	46
88	144	87	95	44	48	45	
234	66	305	105	119	59	140	
667	583	794	720	780	838	433	12
854	1101	575	755	689	826	739	
585	1182	2431	3229	3047	3647	4370	
513	1061	2142	2882	2633	3259	3955	
8	18	39	127	158	111	139	
64	103	250	220	256	277	276	
1644	**1206**	**1666**	**2102**	**2292**	**2261**	**1959**	**293**
618	207	301	410	358	168	192	4
76	8	66	86	213	29	42	4
389	61	98	102	93	39	53	
27	8	16	17	17	15	34	
	2	2	6		14		
126	128	119	199	35	71	63	
88	102	147	190	297	258	158	20
69	22	94	96	77	214	43	20
19	80	53	94	220	44	115	
938	897	1218	1502	1637	1835	1609	269
194	325	153	235	69	558	271	2
129	34	116	463	583	438	148	254
64	44	151	41	140	18	450	
327	343	246	413	515	339	370	
224	151	552	350	330	482	370	13

1-08 续表 20

行　业	代码	2003年	2004年	2005年	2006年
居民服务、修理和其他服务业	O	**974**	**1380**	**1671**	**1957**
居民服务业	79	635	876	936	653
家庭服务	791	66	77	42	65
托儿所服务	792	32	44	51	39
洗染服务	793			2	
理发及美容服务	794		80	91	85
洗浴服务	795	243	245	302	178
保健服务	796	5		2	6
婚姻服务	797	21	52	30	4
殡葬服务	798	141	196	249	205
其他居民服务业	799	127	182	167	71
机动车、电子产品和日用产品修理业	80	296	353	461	760
汽车、摩托车修理与维护	801	223	324	255	602
计算机和办公设备维修	802	45	2	116	59
家用电器修理	803	28	16	61	85
其他日用产品修理业	809		11	29	14
其他服务业	81	43	151	274	544
清洁服务	811	14	106	107	402
其他未列明服务业	819	29	45	167	142
教育	P	**8307**	**4735**	**9274**	**7238**
教育	82	8307	4735	9274	7238
学前教育	821	457	418	581	625
初等教育	822	1551	1358	3150	1100
中等教育	823	3958	1598	2934	4005
高等教育	824	1255	134	1019	12
特殊教育	825	43	8	58	5
技能培训、教育辅助及其他教育	829	1043	1219	1532	1491
卫生和社会工作	Q	**3340**	**4459**	**5179**	**3313**
卫生	83	2837	4044	4774	2669
医院	831	447	2044	3077	1347
社区医疗与卫生院	832	612	338	601	493
门诊部(所)	833	107	144	77	96
计划生育技术服务活动	834	82	131	26	13
妇幼保健院(所、站)	835			4	
专科疾病防治院(所、站)	836	17		43	26
疾病预防控制中心	837	1392	745	779	474
其他卫生活动	839	180	642	167	220
社会工作	84	503	415	405	644
提供住宿社会工作	841	255	311	318	590
不提供住宿社会工作	842	248	104	87	54
文化、体育和娱乐业	R	**1154**	**961**	**2691**	**832**
新闻和出版业	85	51	21	32	20
新闻业	851				
出版业	852	51	21	32	20
广播、电视、电影和影视录音制作业	86	211	81	1716	14
广播	861	8	2	16	3

2007年	2008年	2009年	2010年	2011年	2012年	2013年	无开业年份
1681	**2793**	**3048**	**3240**	**4568**	**4483**	**3172**	**8**
871	1310	1532	1982	3120	2952	1735	5
210	192	257	463	718	416	338	
68	26	101	98	102	35	36	
5	7	36	67	20	7	6	
76	65	240	319	809	1054	285	
168	330	340	594	767	619	223	
7	9	20	9	50	14	20	
25	40	25	53	308	303	197	
175	269	113	136	97	54	133	
137	372	400	243	249	450	497	5
632	706	943	997	1047	1152	985	3
478	609	801	816	878	942	829	3
121	37	46	50	76	59	118	
3	33	28	44	64	84	19	
30	27	68	87	29	67	19	
178	777	573	261	401	379	452	
158	679	272	142	256	262	291	
20	98	301	119	145	117	161	
7717	**5662**	**5007**	**9133**	**9195**	**7697**	**8491**	**18**
7717	5662	5007	9133	9195	7697	8491	18
512	1046	673	1237	1932	1839	1553	15
2138	1354	763	1877	674	716	1263	
2887	1524	1871	2522	2897	1238	3137	
466	48	35	1164	1330	974	110	
19	31	22	39	21	99	130	
1695	1659	1643	2294	2341	2831	2298	3
3716	**3264**	**4267**	**6203**	**6278**	**6040**	**5538**	**17**
2961	2379	3512	5153	5389	4963	5008	8
1242	1254	1706	2989	2799	2731	3467	
886	712	1182	1421	1944	1616	888	8
224	222	225	208	239	266	260	
3	8	10	9	37	18	12	
5	62	35	277	53	108	30	
7	15	261	17	223	56	68	
446	52	62	86	49	45	137	
148	54	31	146	45	123	146	
755	885	755	1050	889	1077	530	9
696	764	727	944	849	998	471	9
59	121	28	106	40	79	59	
1627	**2016**	**2671**	**7588**	**3371**	**3831**	**2862**	**13**
50	136	306	4079	217	366	63	
9	4		3544	31	191	18	
41	132	306	535	186	175	45	
208	211	255	1337	875	788	232	3
3	6	61	198	201	74	3	3

1-08 续表 21

行　业	代码				
		2003年	2004年	2005年	2006年
电视	862	38		216	4
电影和影视节目制作	863	161		1448	7
电影和影视节目发行	864	4			
电影放映	865		73	36	
录音制作	866		6		
文化艺术业	87	338	277	394	263
文艺创作与表演	871	61	50	12	2
艺术表演场馆	872			169	54
图书馆与档案馆	873	32	25	26	25
文物及非物质文化遗产保护	874	16	23	18	3
博物馆	875	162	24	40	57
烈士陵园、纪念馆	876				70
群众文化活动	877	61	110	73	30
其他文化艺术业	879	6	45	56	22
体育	88	136	157	189	123
体育组织	881	65	14	30	13
体育场馆	882	2	31	9	
休闲健身活动	883	69	108	150	98
其他体育	889		4		12
娱乐业	89	418	425	360	412
室内娱乐活动	891	269	144	344	306
游乐园	892		261		44
彩票活动	893	11		7	
文化、娱乐、体育经纪代理	894	5	20	7	20
其他娱乐业	899	133		2	42
公共管理、社会保障和社会组织	**S**	**13804**	**20746**	**10881**	**10047**
中国共产党机关	90	133	45	11	283
中国共产党机关	900	133	45	11	283
国家机构	91	7145	16063	6427	5911
国家权力机构	911	40	40	16	99
国家行政机构	912	6958	15455	6275	5745
人民法院和人民检察院	913	78	200	32	28
其他国家机构	919	69	368	104	39
人民政协、民主党派	92		10	12	207
人民政协	921		10	12	204
民主党派	922				3
社会保障	93	387	249	252	318
社会保障	930	387	249	252	318
群众团体、社会团体和其他成员组织	94	2129	2052	3139	2607
群众团体	941	82	176	22	459
社会团体	942	1422	1614	2900	1197
基金会	943	3	8	4	
宗教组织	944	622	254	213	951
基层群众自治组织	95	4010	2327	1040	721
社区自治组织	951	3572	1967	763	523
村民自治组织	952	438	360	277	198

2007年	2008年	2009年	2010年	2011年	2012年	2013年	无开业年份
9	133	170	971	333	532	126	
40	63	14	38	44	69	59	
			21				
86	6		51	276	90	37	
70	3	10	58	21	23	7	
443	577	473	511	486	1068	877	
89	237	194	49	124	367	499	
19	12	73			16		
31	4		38	10	22	74	
3	11	6	22	25	51	24	
57	178	55	143	38	59	13	
21	25	8	10			6	
175	78	92	167	153	319	112	
48	32	45	82	136	234	149	
79	198	118	192	499	230	357	
	15	16	8	355	109	40	
18	39	11	73	29		182	
43	132	91	111	95	88	135	
18	12			20	33		
847	894	1519	1469	1294	1379	1333	10
658	817	1368	1206	1026	1080	1186	
49		4	79	206	50		
110	9						
16	15	59	10	49	203	75	
14	53	88	174	13	46	72	10
10786	**15500**	**12451**	**27860**	**19699**	**19862**	**24471**	**26742**
38	52	112	372	179	57	58	2190
38	52	112	372	179	57	58	2190
5934	7051	5860	18964	10056	8092	8169	24413
30	18	283	66	128	57	17	492
5576	6725	5364	18655	9703	7043	7987	21282
127	176	149	149	55	635	4	2236
201	132	64	94	170	357	161	403
		17	2	10	55	60	131
		14		10	13	60	131
		3	2		42		
445	201	316	463	221	181	175	
445	201	316	463	221	181	175	
3816	7572	5451	6861	7682	10704	14555	8
131	587	682	706	1164	429	431	
1467	6079	4042	5391	6425	10069	13937	5
	12	45	57	54	23	6	
2218	894	682	707	39	183	181	3
553	624	695	1198	1551	773	1454	
434	452	382	837	449	430	1036	
119	172	313	361	1102	343	418	

1-09 按行业(中类)、登记注册

行业	代码	法人单位数(个)	内资企业	国有企业	集体企业	股份合作企业	联营企业
总计	00	**173343**	**172553**	**34210**	**3187**	**1342**	**511**
农、林、牧、渔业	A	**10946**	**10944**	**457**	**19**	**12**	**8**
农业	01	119	119	109	1	1	
谷物种植	011	104	104	98	1		
豆类、油料和薯类种植	012	9	9	7			
棉、麻、糖、烟草种植	013						
蔬菜、食用菌及园艺作物种植	014	4	4	3			
水果种植	015						
坚果、含油果、香料和饮料作物种植	016						
中药材种植	017						
其他农业	019	2	2	1		1	
林业	02	48	48	47			
林木育种和育苗	021	3	3	2			
造林和更新	022	3	3	3			
森林经营和管护	023	18	18	18			
木材和竹材采运	024	24	24	24			
林产品采集	025						
畜牧业	03	14	14	8			
牲畜饲养	031	10	10	6			
家禽饲养	032	1	1	1			
狩猎和捕捉动物	033						
其他畜牧业	039	3	3	1			
渔业	04	2	2	1			
水产养殖	041	2	2	1			
水产捕捞	042						
农、林、牧、渔服务业	05	10763	10761	292	18	11	8
农业服务业	051	8962	8960	121	17	9	7
林业服务业	052	171	171	110			
畜牧服务业	053	1520	1520	53	1	2	1
渔业服务业	054	110	110	8			
采矿业	B	**1866**	**1855**	**56**	**72**	**26**	**6**
煤炭开采和洗选业	06	872	870	27	50	14	2
烟煤和无烟煤开采洗选	061	790	789	26	50	13	2
褐煤开采洗选	062	27	27	1			
其他煤炭采选	069	55	54			1	
石油和天然气开采业	07	26	25	5	1	1	
石油开采	071	24	23	5		1	
天然气开采	072	2	2		1		
黑色金属矿采选业	08	57	57		1		
铁矿采选	081	56	56		1		
锰矿、铬矿采选	082						
其他黑色金属矿采选	089	1	1				
有色金属矿采选业	09	59	58	4		1	
常用有色金属矿采选	091	28	28	3			
贵金属矿采选	092	25	25	1		1	
稀有稀土金属矿采选	093	6	5				

类型分组的法人单位数

国有联营企业	集体联营企业	国有与集体联营企业	其他联营企业	有限责任公司	国有独资公司	其他有限责任公司	股份有限公司	私营企业	私营独资企业
99	**158**	**97**	**157**	**33158**	**369**	**32789**	**3210**	**51970**	**20936**
	5	**1**	**2**	**108**	**2**	**106**	**10**	**326**	**145**
				1	1			2	1
								1	1
				1	1				
								1	
								1	
								1	
				2		2		1	
				1		1		1	
				1		1			
				1		1			
				1		1			
	5	1	2	104	1	103	10	322	144
	4	1	2	75	1	74	7	223	90
				7		7		14	12
	1			18		18	3	78	37
				4		4		7	5
1	**5**			**295**	**9**	**286**	**35**	**1195**	**790**
	2			141	5	136	21	539	373
	2			132	3	129	18	481	323
				3		3	2	20	16
				6	2	4	1	38	34
				6	1	5	1	10	3
				6	1	5	1	9	2
								1	1
				24		24	1	27	8
				24		24		27	8
							1		
				29	1	28	1	20	6
				15		15	1	6	3
				12	1	11		11	3
				2		2		3	

1-09 续表 1

行业	代码	法人单位数（个）	内资企业	国有企业	集体企业	股份合作企业	联营企业
非金属矿采选业	10	699	693	11	12	9	2
土砂石开采	101	623	621	10	12	5	1
化学矿开采	102	1	1				
采盐	103						
石棉及其他非金属矿采选	109	75	71	1		4	1
开采辅助活动	11	126	125	9	8	1	2
煤炭开采和洗选辅助活动	111	15	15	2			
石油和天然气开采辅助活动	112	98	97	7	8	1	2
其他开采辅助活动	119	13	13				
其他采矿业	12	27	27				
其他采矿业	120	27	27				
制造业	C	**24466**	**24113**	**428**	**771**	**415**	**62**
农副食品加工业	13	4833	4773	62	19	29	12
谷物磨制	131	2589	2577	21	4	13	1
饲料加工	132	478	467	4	3	3	3
植物油加工	133	340	339	5		1	1
制糖业	134	22	19				
屠宰及肉类加工	135	489	477	18	7	3	4
水产品加工	136	24	24	1			1
蔬菜、水果和坚果加工	137	362	354	1	2	2	1
其他农副食品加工	139	529	516	12	3	7	1
食品制造业	14	922	886	15	13	10	3
焙烤食品制造	141	141	134	3	1	1	1
糖果、巧克力及蜜饯制造	142	24	24	1			
方便食品制造	143	246	243	3	2	2	1
乳制品制造	144	110	98	1	3	4	
罐头食品制造	145	35	34		2		
调味品、发酵制品制造	146	110	108		3	1	
其他食品制造	149	256	245	7	2	2	1
酒、饮料和精制茶制造业	15	937	905	15	8	8	4
酒的制造	151	545	531	6	6	5	1
饮料制造	152	386	370	9	2	3	3
精制茶加工	153	6	4				
烟草制品业	16	14	13	4	1		
烟叶复烤	161	8	7	1	1		
卷烟制造	162	3	3	2			
其他烟草制品制造	169	3	3	1			
纺织业	17	333	324	10	14	13	
棉纺织及印染精加工	171	50	48	1	3	3	
毛纺织及染整精加工	172	12	12	1			
麻纺织及染整精加工	173	141	135	7	3	6	
丝绢纺织及印染精加工	174	6	6				
化纤织造及印染精加工	175	11	11		2		
针织或钩针编织物及其制品制造	176	30	30	1	2	2	
家用纺织制成品制造	177	56	55		1	1	
非家用纺织制成品制造	178	27	27		3	1	
纺织服装、服饰业	18	241	239	6	24	6	1
机织服装制造	181	150	148	2	20	5	1
针织或钩针编织服装制造	182	32	32	2	2		
服饰制造	183	59	59	2	2	1	

国有联营企业	集体联营企业	国有与集体联营企业	其他联营企业	有限责任公司	国有独资公司	其他有限责任公司	股份有限公司	私营企业	私营独资企业
1	1			70	2	68	8	510	373
1				61	2	59	6	465	363
	1			9		9	2	45	10
	2			17		17	2	79	21
				1		1		7	4
	2			11		11	2	66	14
				5		5		6	3
				8		8	1	10	6
				8		8	1	10	6
11	**32**	**6**	**13**	**6000**	**58**	**5942**	**728**	**13247**	**5391**
3	3	1	5	994	9	985	130	2675	1177
			1	436	5	431	52	1492	648
	1		2	148		148	20	237	96
1				93	2	91	12	179	73
				6		6	1	11	2
1	1		2	111		111	17	258	116
	1			3		3		11	6
		1		65	1	64	9	214	99
1				132	1	131	19	273	137
1	1		1	236	2	234	29	471	210
			1	24		24	2	87	50
				7		7		15	11
	1			58		58	6	137	51
				44		44	6	32	7
				4		4	4	16	10
				29	1	28	2	65	25
1				70	1	69	9	119	56
1	1	1	1	247		247	48	490	236
			1	135		135	29	294	168
1	1	1		112		112	19	193	68
								3	
				4		4	1	1	1
				2		2		1	1
				1		1			
				1		1	1		
				70	1	69	8	158	66
				15		15		19	5
				1		1	1	7	5
				29		29	5	78	26
				3		3		3	2
				4		4		3	2
				7		7		16	12
				5		5		19	8
				6	1	5	2	13	6
			1	45	1	44	4	119	55
			1	25		25	4	78	36
				7		7		15	8
				13	1	12		26	11

1—09 续表 2

行业	代码	法人单位数(个)	内资企业	国有企业	集体企业	股份合作企业	联营企业
皮革、毛皮、羽毛及其制品和制鞋业	19	156	153		5	2	
皮革鞣制加工	191	40	39				
皮革制品制造	192	21	21		1		
毛皮鞣制及制品加工	193	56	56		1		
羽毛(绒)加工及制品制造	194	4	3				
制鞋业	195	35	34		3	2	
木材加工和木、竹、藤、棕、草制品业	20	2453	2425	41	31	18	5
木材加工	201	1454	1445	24	11	8	2
人造板制造	202	294	290	9	5	5	
木制品制造	203	636	622	8	13	4	2
竹、藤、棕、草等制品制造	204	69	68		2	1	1
家具制造业	21	453	444	4	10	5	1
木质家具制造	211	351	343	3	5	4	1
竹、藤家具制造	212	1	1				
金属家具制造	213	31	31		2		
塑料家具制造	214	22	22		1	1	
其他家具制造	219	48	47	1	2		
造纸和纸制品业	22	362	356	6	19	9	1
纸浆制造	221	8	8	1			
造纸	222	148	143	2	4	1	
纸制品制造	223	206	205	3	15	8	1
印刷和记录媒介复制业	23	725	718	29	52	17	6
印刷	231	596	589	21	46	13	5
装订及印刷相关服务	232	128	128	8	6	4	1
记录媒介复制	233	1	1				
文教、工美、体育和娱乐用品制造业	24	296	287	4	9	3	
文教办公用品制造	241	105	105	2	1	2	
乐器制造	242	14	12				
工艺美术品制造	243	156	151	2	6	1	
体育用品制造	244	13	11		2		
玩具制造	245	4	4				
游艺器材及娱乐用品制造	246	4	4				
石油加工、炼焦和核燃料加工业	25	189	186	2	5	2	
精炼石油产品制造	251	154	152	1	4	2	
炼焦	252	32	31	1	1		
核燃料加工	253	3	3				
化学原料和化学制品制造业	26	1220	1200	23	41	17	2
基础化学原料制造	261	178	173	5	11	4	
肥料制造	262	397	392	5	6		
农药制造	263	42	39	2	1		
涂料、油墨、颜料及类似产品制造	264	168	165	3	5	4	
合成材料制造	265	65	65	2	1		
专用化学产品制造	266	279	276	4	14	6	1
炸药、火工及焰火产品制造	267	24	24	1			
日用化学产品制造	268	67	66	1	3	3	1

国有联营企业	集体联营企业	国有与集体联营企业	其他联营企业	有限责任公司	国有独资公司	其他有限责任公司	股份有限公司	私营企业	私营独资企业
				70		70	3	54	27
				35		35		3	2
				6		6	1	10	4
				18		18	2	22	12
				2		2		1	1
				9		9		18	8
2	2		1	478		478	53	1577	771
1	1			236		236	31	1014	501
				68		68	7	168	75
1	1			167		167	14	366	171
			1	7		7	1	29	24
	1			103	1	102	13	274	126
	1			79	1	78	10	214	95
								1	1
				10		10		16	7
				5		5	1	13	7
				9		9	2	30	16
	1			79	1	78	10	210	92
				2		2		4	2
				30	1	29	2	93	48
	1			47		47	8	113	42
1	4		1	189	3	186	16	359	162
1	3		1	161	2	159	14	291	133
	1			28	1	27	2	67	29
								1	
				80		80	13	153	72
				24		24	5	64	26
				2		2	1	9	4
				49		49	7	72	40
				3		3		4	1
				2		2		2	
								2	1
				38	2	36	14	119	25
				30	1	29	10	102	22
				8	1	7	4	15	2
								2	1
1		1		311	3	308	38	675	235
				51	1	50	7	77	21
				117		117	14	219	88
				11		11	1	21	6
				31		31	5	100	43
				15		15	2	41	17
		1		63	1	62	6	166	35
				10	1	9	2	10	8
1				13		13	1	41	17

1-09 续表 3

行业	代码	法人单位数（个）					
			内资企业				
				国有企业	集体企业	股份合作企业	联营企业
医药制造业	27	338	320	5	5	9	
化学药品原料药制造	271	31	30	2			
化学药品制剂制造	272	57	54	1		1	
中药饮片加工	273	37	37		1	3	
中成药生产	274	89	79	1		2	
兽用药品制造	275	32	32	1	2	1	
生物药品制造	276	66	64			1	
卫生材料及医药用品制造	277	26	24		2	1	
化学纤维制造业	28	29	28	2	3		
纤维素纤维原料及纤维制造	281	8	8				
合成纤维制造	282	21	20	2	3		
橡胶和塑料制品业	29	970	965	8	40	21	3
橡胶制品业	291	138	137	3	11	4	1
塑料制品业	292	832	828	5	29	17	2
非金属矿物制品业	30	2885	2868	47	127	49	4
水泥、石灰和石膏制造	301	261	259	5	9		
石膏、水泥制品及类似制品制造	302	704	699	7	24	10	
砖瓦、石材等建筑材料制造	303	1529	1525	26	84	32	4
玻璃制造	304	27	27				
玻璃制品制造	305	80	80	2	4	4	
玻璃纤维和玻璃纤维增强塑料制品制造	306	46	43	2	1	1	
陶瓷制品制造	307	36	36		1		
耐火材料制品制造	308	64	64	2	1		
石墨及其他非金属矿物制品制造	309	138	135	3	3	2	
黑色金属冶炼和压延加工业	31	254	250	6	7	3	2
炼铁	311	27	26	2	2		2
炼钢	312	14	14	2			
黑色金属铸造	313	79	79	1	1	2	
钢压延加工	314	117	114	1	4	1	
铁合金冶炼	315	17	17				
有色金属冶炼和压延加工业	32	99	96	2	12	3	
常用有色金属冶炼	321	15	14	1	2		
贵金属冶炼	322	4	4	1			
稀有稀土金属冶炼	323	7	7		1		
有色金属合金制造	324	12	11				
有色金属铸造	325	11	11		2	1	
有色金属压延加工	326	50	49		7	2	
金属制品业	33	1276	1265	12	50	42	2
结构性金属制品制造	331	723	719	1	13	14	1
金属工具制造	332	135	132	4	10	6	
集装箱及金属包装容器制造	333	61	59		4	1	1
金属丝绳及其制品制造	334	18	18		2	1	
建筑、安全用金属制品制造	335	142	140	4	12	12	
金属表面处理及热处理加工	336	40	40	1	3	1	
搪瓷制品制造	337	6	6	1		1	
金属制日用品制造	338	38	38		3		
其他金属制品制造	339	113	113	1	3	6	

国有联营企业	集体联营企业	国有与集体联营企业	其他联营企业	有限责任公司	国有独资公司	其他有限责任公司	股份有限公司	私营企业	私营独资企业
				111		111	33	133	36
				8		8	1	14	3
				24		24	12	16	6
				12		12	5	11	6
				29		29	11	32	5
				10		10	1	14	2
				17		17	3	38	10
				11		11		8	4
				4		4	3	14	4
				1		1	2	4	
				3		3	1	10	4
	3			247	1	246	33	536	192
	1			31		31	9	65	21
	2			216	1	215	24	471	171
	4			654	12	642	73	1621	820
				94	3	91	14	115	40
				176	1	175	13	410	174
	4			258		258	35	899	533
				12		12	2	13	5
				19		19	1	45	12
				16		16		22	3
				14		14		16	6
				16		16		36	22
				49	8	41	8	65	25
			2	72	1	71	7	132	45
			2	9	1	8		8	3
				5		5		5	2
				19		19	4	44	18
				35		35	3	62	15
				4		4		13	7
				31	5	26	1	39	15
				1		1		8	5
								3	
				3		3		3	2
				3	1	2	1	6	1
				3		3		4	
				21	4	17		15	7
	2			333	3	330	23	705	214
	1			172	1	171	14	444	121
				44		44	2	58	29
	1			20		20		29	4
				6		6	1	7	5
				35		35	3	63	17
				6		6		29	10
				3		3		1	1
				7		7	1	24	10
				40	2	38	2	50	17

1-09 续表 4

行　业	代码	法人单位数(个)	内资企业	国有企业	集体企业	股份合作企业	联营企业
通用设备制造业	34	1889	1880	37	105	76	5
锅炉及原动设备制造	341	338	336	6	20	11	
金属加工机械制造	342	335	332	3	13	10	
物料搬运设备制造	343	68	67	2	1	2	
泵、阀门、压缩机及类似机械制造	344	97	97	2	5	4	
轴承、齿轮和传动部件制造	345	108	106	7	3	9	
烘炉、风机、衡器、包装等设备制造	346	141	141	4	7	3	3
文化、办公用机械制造	347	24	24	2		1	
通用零部件制造	348	668	668	7	54	34	1
其他通用设备制造业	349	110	109	4	2	2	1
专用设备制造业	35	1594	1570	24	51	26	1
采矿、冶金、建筑专用设备制造	351	582	575	10	20	6	
化工、木材、非金属加工专用设备制造	352	192	191	4	6	7	
食品、饮料、烟草及饲料生产专用设备制造	353	66	65		1	2	
印刷、制药、日化及日用品生产专用设备制造	354	55	54		2	1	
纺织、服装和皮革加工专用设备制造	355	18	18		1	1	
电子和电工机械专用设备制造	356	126	125		6	1	
农、林、牧、渔专用机械制造	357	312	303	6	5	4	1
医疗仪器设备及器械制造	358	72	71		4	4	
环保、社会公共服务及其他专用设备制造	359	171	168	4	6		
汽车制造业	36	260	248	6	6	10	1
汽车整车制造	361	12	10	1			
改装汽车制造	362	23	23	2	1		
低速载货汽车制造	363	5	5		1		
电车制造	364	1	1				
汽车车身、挂车制造	365	4	4				
汽车零部件及配件制造	366	215	205	3	4	10	1
铁路、船舶、航空航天和其他运输设备制造业	37	107	103	16	21	1	1
铁路运输设备制造	371	68	68	9	18	1	1
城市轨道交通设备制造	372						
船舶及相关装置制造	373	14	14	5	1		
航空、航天器及设备制造	374	16	12	1			
摩托车制造	375	1	1				
自行车制造	376	6	6	1	1		
非公路休闲车及零配件制造	377						
潜水救捞及其他未列明运输设备制造	379	2	2		1		
电气机械和器材制造业	38	740	734	18	49	19	2
电机制造	381	149	149	5	6	4	1
输配电及控制设备制造	382	293	293	7	25	8	1
电线、电缆、光缆及电工器材制造	383	127	127	2	13	4	
电池制造	384	27	24		2		
家用电力器具制造	385	47	47		1	1	
非电力家用器具制造	386	24	24	1			
照明器具制造	387	36	34	2	1	1	
其他电气机械及器材制造	389	37	36	1	1	1	
计算机、通信和其他电子设备制造业	39	148	139	3	1	2	
计算机制造	391	29	27				

国有联营企业	集体联营企业	国有与集体联营企业	其他联营企业	有限责任公司	国有独资公司	其他有限责任公司	股份有限公司	私营企业	私营独资企业
	4	1		584	7	577	64	914	279
				120	2	118	14	145	51
				111	1	110	14	159	53
				19	1	18	1	36	8
				30	1	29	9	45	15
				34	1	33	2	50	12
	2	1		37		37	6	74	26
				10		10	2	5	3
	1			185	1	184	12	350	96
	1			38		38	4	50	15
	1			387	2	385	48	945	275
				95	2	93	18	401	83
				48		48	8	102	30
				17		17	1	42	16
				17		17		28	8
				5		5		10	5
				48		48	6	62	18
	1			78		78	5	185	85
				16		16	4	37	18
				63		63	6	78	12
1				91		91	12	114	21
				5		5	1	3	1
				8		8	1	9	4
				4		4			
							1		
							1	3	
1				74		74	8	99	16
	1			30	2	28	1	25	7
	1			20	1	19		12	5
				5		5		3	1
				4	1	3	1	6	
								1	
				1		1		2	
								1	1
	1		1	256		256	20	329	89
	1			65		65	5	57	12
			1	91		91	8	137	37
				42		42	4	58	15
				13		13		9	2
				14		14	1	22	9
				7		7	1	14	4
				11		11		17	6
				13		13	1	15	4
				58	1	57	8	57	7
				13		13	4	8	1

1-09 续表 5

行　　业	代码	法　人 单位数 (个)	内资企业	国有企业	集体企业	股份合作 企　　业	联营企业
通信设备制造	392	24	23			2	
广播电视设备制造	393	4	4				
雷达及配套设备制造	394	4	4				
视听设备制造	395	2	2				
电子器件制造	396	21	18	1			
电子元件制造	397	19	18				
其他电子设备制造	399	45	43	2	1		
仪器仪表制造业	40	200	197	6	10	5	2
通用仪器仪表制造	401	133	132	2	7	3	2
专用仪器仪表制造	402	35	34	2			
钟表与计时仪器制造	403	3	3	2	1		
光学仪器及眼镜制造	404	6	5		1	1	
其他仪器仪表制造业	409	23	23		1	1	
其他制造业	41	222	221	5	9	5	2
日用杂品制造	411	16	16		2	1	
煤制品制造	412	92	92	1	1	1	
核辐射加工	413						
其他未列明制造业	419	114	113	4	6	3	2
废弃资源综合利用业	42	83	82	2		1	2
金属废料和碎屑加工处理	421	45	45	1			1
非金属废料和碎屑加工处理	422	38	37	1		1	1
金属制品、机械和设备修理业	43	238	238	8	24	4	
金属制品修理	431	13	13		2		
通用设备修理	432	34	34		6		
专用设备修理	433	77	77	2	4	1	
铁路、船舶、航空航天等运输设备修理	434	27	27	3	3		
电气设备修理	435	26	26	1	5		
仪器仪表修理	436	4	4		1		
其他机械和设备修理业	439	57	57	2	3	3	
电力、热力、燃气及水生产和供应业	D	**1367**	**1337**	**375**	**29**	**15**	**2**
电力、热力生产和供应业	44	929	910	248	17	7	2
电力生产	441	262	247	41	11	2	
电力供应	442	203	203	161	4	1	
热力生产和供应	443	464	460	46	2	4	2
燃气生产和供应业	45	154	148	8	2	4	
燃气生产和供应业	450	154	148	8	2	4	
水的生产和供应业	46	284	279	119	10	4	
自来水生产和供应	461	201	198	101	10	3	
污水处理及其再生利用	462	72	70	17		1	
其他水的处理、利用与分配	469	11	11	1			
建筑业	E	**6148**	**6137**	**253**	**214**	**47**	**11**
房屋建筑业	47	1771	1769	70	106	5	5
房屋建筑业	470	1771	1769	70	106	5	5
土木工程建筑业	48	1026	1022	106	48	15	3
铁路、道路、隧道和桥梁工程建筑	481	433	430	52	18	7	
水利和内河港口工程建筑	482	171	171	25	1	5	1
海洋工程建筑	483						

国有联营企业	集体联营企业	国有与集体联营企业	其他联营企业	有限责任公司	国有独资公司	其他有限责任公司	股份有限公司	私营企业	私营独资企业
				5		5	3	11	2
				1		1		3	
				4		4			
								1	
				7		7		9	
				7		7		9	2
				21	1	20	1	16	2
1		1		67	1	66	7	98	15
1		1		44		44	3	70	14
				10	1	9	3	18	
				2		2		1	
				11		11	1	9	1
	2			49		49	8	112	65
				3		3		7	3
				8		8	3	66	41
	2			38		38	5	39	21
	1	1		19		19	3	44	17
	1			11		11	2	22	11
		1		8		8	1	22	6
				63		63	4	94	35
				4		4	1	6	2
				9		9		16	2
				14		14	1	32	16
				10		10	1	6	2
				10		10		9	1
								3	2
				16		16	1	22	10
			2	**364**	**26**	**338**	**60**	**399**	**184**
			2	274	23	251	36	266	119
				115	13	102	10	48	21
				13	4	9	2	10	5
			2	146	6	140	24	208	93
				38		38	14	67	35
				38		38	14	67	35
				52	3	49	10	66	30
				28	3	25	6	38	20
				22		22	4	21	5
				2		2		7	5
	6	**2**	**3**	**2414**	**27**	**2387**	**221**	**2715**	**581**
	2	2	1	724	7	717	64	725	113
	2	2	1	724	7	717	64	725	113
	2		1	381	12	369	42	393	102
				178	10	168	18	143	26
	1			49		49	9	74	29

1-09 续表 6

行业	代码	法人单位数(个)	内资企业				
				国有企业	集体企业	股份合作企业	联营企业
工矿工程建筑	484	36	36	5	3		
架线和管道工程建筑	485	154	154	17	23	1	
其他土木工程建筑	489	232	231	7	3	2	2
建筑安装业	49	1089	1087	61	33	8	1
电气安装	491	331	331	24	19	2	
管道和设备安装	492	280	279	16	6	2	1
其他建筑安装业	499	478	477	21	8	4	
建筑装饰和其他建筑业	50	2262	2259	16	27	19	2
建筑装饰业	501	1616	1613	8	18	12	1
工程准备活动	502	268	268	4	3	1	
提供施工设备服务	503	68	68		2		1
其他未列明建筑业	509	310	310	4	4	6	
批发和零售业	**F**	**39955**	**39837**	**1099**	**849**	**478**	**137**
批发业	51	24650	24594	623	349	231	57
农、林、牧产品批发	511	5961	5957	213	36	47	10
食品、饮料及烟草制品批发	512	2597	2589	134	14	21	8
纺织、服装及家庭用品批发	513	1506	1496	15	12	11	2
文化、体育用品及器材批发	514	445	445	11	9	7	
医药及医疗器材批发	515	882	880	10	2	10	1
矿产品、建材及化工产品批发	516	6368	6359	147	187	55	26
机械设备、五金产品及电子产品批发	517	4254	4245	40	29	34	4
贸易经纪与代理	518	1135	1127	19	11	13	1
其他批发业	519	1502	1496	34	49	33	5
零售业	52	15305	15243	476	500	247	80
综合零售	521	1504	1485	105	288	22	21
食品、饮料及烟草制品专门零售	522	1502	1495	54	26	8	9
纺织、服装及日用品专门零售	523	1189	1173	14	16	14	4
文化、体育用品及器材专门零售	524	613	611	93	11	18	3
医药及医疗器材专门零售	525	2720	2717	42	60	84	22
汽车、摩托车、燃料及零配件专门零售	526	2610	2607	105	51	43	13
家用电器及电子产品专门零售	527	2080	2074	10	7	16	3
五金、家具及室内装饰材料专门零售	528	1780	1780	15	15	18	2
货摊、无店铺及其他零售业	529	1307	1301	38	26	24	3
交通运输、仓储和邮政业	**G**	**4305**	**4295**	**770**	**80**	**42**	**23**
道路运输业	54	2577	2573	395	42	23	10
城市公共交通运输	541	444	442	28	11	3	2
公路旅客运输	542	200	200	46	5	5	2
道路货物运输	543	1447	1446	37	16	12	5
道路运输辅助活动	544	486	485	284	10	3	1
水上运输业	55	79	79	30	3	2	1
水上旅客运输	551	24	24	5		1	
水上货物运输	552	23	23	6	2	1	1
水上运输辅助活动	553	32	32	19	1		
航空运输业	56	49	47	12		2	
航空客货运输	561	14	12	2		2	
通用航空服务	562	16	16	3			
航空运输辅助活动	563	19	19	7			

国有联营企　业	集体联营企　业	国有与集体联营企业	其他联营企　业	有限责任公　　司	国有独资公　　司	其他有限责任公司	股份有限公　　司	私营企业	私营独资企　业
				15	1	14	2	9	3
				45	1	44	9	55	10
	1		1	94		94	4	112	34
	1			408	5	403	42	495	96
				105	2	103	14	154	31
	1			99	2	97	13	133	26
				204	1	203	15	208	39
	1		1	901	3	898	73	1102	270
	1			646	1	645	58	787	211
				110		110	3	140	19
			1	18		18	5	35	12
				127	2	125	7	140	28
28	**54**	**5**	**50**	**11892**	**74**	**11818**	**1025**	**17693**	**6532**
12	25	1	19	7050	62	6988	576	10539	3600
1	4		5	780	36	744	85	1786	812
3	2	1	2	662	5	657	63	865	308
			2	664	2	662	35	651	160
				247		247	8	145	26
1				407	1	406	35	327	79
5	14		7	1801	10	1791	165	3363	1371
1	2		1	1577	3	1574	77	2197	474
1				442	4	438	46	495	134
	3		2	470	1	469	62	710	236
16	29	4	31	4842	12	4830	449	7154	2932
4	11	1	5	304	2	302	52	525	283
2	2	1	4	463	2	461	42	668	272
1	2		1	431		431	32	536	213
1	1		1	172	1	171	15	245	95
1	9	2	10	927	2	925	101	1238	685
5	3		5	733	4	729	76	1417	531
			3	889		889	52	894	314
	1		1	539	1	538	34	966	295
2			1	384		384	45	665	244
5	**7**	**3**	**8**	**1231**	**52**	**1179**	**131**	**1639**	**662**
2	4	1	3	741	7	734	82	1044	423
	2			146	1	145	24	194	73
	2			66	3	63	19	48	18
2			3	458	3	455	30	740	299
		1		71		71	9	62	33
	1			19		19	7	15	8
				12		12	2	4	
	1			5		5	1	6	4
				2		2	4	5	4
				23		23	3	3	
				5		5	2	1	
				8		8	1	2	
				10		10			

1-09 续表 7

行　　业	代码	法　人单位数(个)	内资企业	国有企业	集体企业	股份合作企　业	联营企业
管道运输业	57	8	8	3			
管道运输业	570	8	8	3			
装卸搬运和运输代理业	58	545	543	25	23	6	5
装卸搬运	581	166	166	5	20	1	2
运输代理业	582	379	377	20	3	5	3
仓储业	59	762	760	270	12	8	3
谷物、棉花等农产品仓储	591	553	553	243	8	5	3
其他仓储业	599	209	207	27	4	3	
邮政业	60	285	285	35		1	4
邮政基本服务	601	41	41	29			
快递服务	602	244	244	6		1	4
住宿和餐饮业	**H**	**2693**	**2618**	**210**	**57**	**14**	**11**
住宿业	61	1295	1276	166	44	8	7
旅游饭店	611	412	396	72	7	4	1
一般旅馆	612	746	745	67	26	3	4
其他住宿业	619	137	135	27	11	1	2
餐饮业	62	1398	1342	44	13	6	4
正餐服务	621	1180	1137	36	11	4	3
快餐服务	622	91	79		1	2	1
饮料及冷饮服务	623	28	28	1			
其他餐饮业	629	99	98	7	1		
信息传输、软件和信息技术服务业	**I**	**2703**	**2660**	**179**	**10**	**13**	**10**
电信、广播电视和卫星传输服务	63	327	308	124	4	4	7
电信	631	175	156	36	2	1	7
广播电视传输服务	632	143	143	86	1	3	
卫星传输服务	633	9	9	2	1		
互联网和相关服务	64	270	268	13		3	
互联网接入及相关服务	641	57	56	7			
互联网信息服务	642	138	137	5		3	
其他互联网服务	649	75	75	1			
软件和信息技术服务业	65	2106	2084	42	6	6	3
软件开发	651	1466	1451	10	4	4	1
信息系统集成服务	652	125	123	6	1		1
信息技术咨询服务	653	300	298	14	1	1	1
数据处理和存储服务	654	30	29	2			
集成电路设计	655	17	17				
其他信息技术服务业	659	168	166	10		1	
房地产业	**K**	**6024**	**5970**	**261**	**48**	**38**	**15**
房地产业	70	6024	5970	261	48	38	15
房地产开发经营	701	2591	2548	55	1	7	
物业管理	702	2153	2147	117	18	17	10
房地产中介服务	703	932	931	12	6	7	4
自有房地产经营活动	704	185	183	18	23	6	1
其他房地产业	709	163	161	59		1	
租赁和商务服务业	**L**	**9757**	**9721**	**788**	**114**	**93**	**34**
租赁业	71	1004	1002	8	4	7	3
机械设备租赁	711	986	985	8	4	7	3
文化及日用品出租	712	18	17				

国有联营企业	集体联营企业	国有与集体联营企业	其他联营企业	有限责任公司	国有独资公司	其他有限责任公司	股份有限公司	私营企业	私营独资企业
				1		1	1	2	1
				1		1	1	2	1
	2	2	1	165		165	19	256	73
	1	1		42		42	2	83	28
	1	1	1	123		123	17	173	45
3				204	45	159	7	195	96
3				133	43	90	5	109	65
				71	2	69	2	86	31
			4	78		78	12	124	61
				2		2	2	4	2
			4	76		76	10	120	59
3	**4**		**4**	**540**	**3**	**537**	**62**	**1480**	**823**
2	2		3	282	3	279	32	624	340
1				110	2	108	17	155	77
1	1		2	138	1	137	12	427	235
	1		1	34		34	3	42	28
1	2		1	258		258	30	856	483
1	2			199		199	25	760	434
			1	22		22	2	40	14
				6		6	2	15	9
				31		31	1	41	26
4	**3**		**3**	**1240**	**8**	**1232**	**88**	**965**	**200**
4	1		2	71	6	65	26	36	13
4	1		2	44	6	38	16	24	9
				24		24	9	11	4
				3		3	1	1	
				79		79	13	132	80
				21		21	6	18	11
				41		41	5	67	43
				17		17	2	47	26
	2		1	1090	2	1088	49	797	107
			1	786	1	785	29	562	68
	1			54		54	2	55	1
	1			157	1	156	8	93	28
				8		8	2	16	3
				8		8		7	
				77		77	8	64	7
4	**2**	**1**	**8**	**2582**	**37**	**2545**	**297**	**2420**	**562**
4	2	1	8	2582	37	2545	297	2420	562
				1219	24	1195	166	1059	48
2	2	1	5	846	10	836	81	889	372
1			3	414	1	413	40	373	108
1				54	1	53	7	65	25
				49	1	48	3	34	9
4	**8**	**4**	**18**	**3545**	**38**	**3507**	**270**	**3510**	**1128**
	1		2	259		259	13	359	105
	1		2	253		253	13	348	103
				6		6		11	2

1-09 续表 8

行业	代码	法人单位数(个)					
			内资企业	国有企业	集体企业	股份合作企业	联营企业
商务服务业	72	8753	8719	780	110	86	31
企业管理服务	721	1078	1069	210	34	8	7
法律服务	722	711	710	148	5	10	3
咨询与调查	723	1899	1891	93	5	8	5
广告业	724	1668	1668	26	9	10	6
知识产权服务	725	63	63	3	2	2	
人力资源服务	726	921	920	115	12	9	5
旅行社及相关服务	727	742	740	63	8	11	2
安全保护服务	728	131	131	24	3	1	1
其他商务服务业	729	1540	1527	98	32	27	2
科学研究和技术服务业	**M**	**5916**	**5893**	**1503**	**49**	**43**	**13**
研究和试验发展	73	533	527	149	4	8	
自然科学研究和试验发展	731	46	44	14	1		
工程和技术研究和试验发展	732	194	192	41	2	6	
农业科学研究和试验发展	733	199	198	67	1	1	
医学研究和试验发展	734	62	61	10		1	
社会人文科学研究	735	32	32	17			
专业技术服务业	74	3048	3042	935	32	25	8
气象服务	741	111	111	99			
地震服务	742	44	44	37			
海洋服务	743						
测绘服务	744	180	180	34		1	1
质检技术服务	745	510	510	240	5	1	3
环境与生态监测	746	127	127	75			
地质勘查	747	125	124	46	3	2	2
工程技术	748	1000	998	248	11	10	1
其他专业技术服务业	749	951	948	156	13	11	1
科技推广和应用服务业	75	2335	2324	419	13	10	5
技术推广服务	751	1971	1961	380	12	8	5
科技中介服务	752	110	110	19		1	
其他科技推广和应用服务业	759	254	253	20	1	1	
水利、环境和公共设施管理业	**N**	**1708**	**1706**	**1040**	**28**	**3**	**2**
水利管理业	76	585	585	465	8		
防洪除涝设施管理	761	164	164	144			
水资源管理	762	175	175	134	6		
天然水收集与分配	763	90	90	74			
水文服务	764	24	24	18	1		
其他水利管理业	769	132	132	95	1		
生态保护和环境治理业	77	170	169	114			
生态保护	771	101	101	89			
环境治理业	772	69	68	25			
公共设施管理业	78	953	952	461	20	3	2
市政设施管理	781	192	191	122	4	1	
环境卫生管理	782	178	178	124	6	1	1
城乡市容管理	783	62	62	41			
绿化管理	784	325	325	80	6	1	1
公园和游览景区管理	785	196	196	94	4		

国有联营企业	集体联营企业	国有与集体联营企业	其他联营企业	有限责任公司	国有独资公司	其他有限责任公司	股份有限公司	私营企业	私营独资企业
4	7	4	16	3286	38	3248	257	3151	1023
2	3	1	1	359	21	338	31	218	58
		1	2	38	2	36	9	231	70
	3		2	900	1	899	59	673	184
1		1	4	726	4	722	40	744	250
				36		36	1	14	
1			4	297		297	24	371	126
			2	296	2	294	30	255	104
		1		48	1	47	4	41	16
	1		1	586	7	579	59	604	215
5	**4**	**1**	**3**	**1496**	**11**	**1485**	**123**	**1410**	**346**
				116	2	114	5	128	42
				12		12	2	9	1
				48	2	46	3	68	14
				36		36		32	15
				17		17		16	10
				3		3		3	2
4	1	1	2	907	7	900	80	823	201
				6	4	2		1	
				1		1		1	1
1				63		63	10	64	17
1			2	113	1	112	10	113	24
				23	1	22	3	18	3
	1	1		39	1	38	4	24	6
1				353		353	36	268	60
1				309		309	17	334	90
1	3		1	473	2	471	38	459	103
1	3		1	304	1	303	27	364	80
				42	1	41	2	25	5
				127		127	9	70	18
2				**205**	**9**	**196**	**21**	**232**	**60**
				19	1	18	3	19	6
				4		4	1	2	2
				4		4		5	1
							2	2	1
				3		3		1	
				8	1	7		9	2
				25	2	23	1	22	6
				6		6		4	1
				19	2	17	1	18	5
2				161	6	155	17	191	48
				23	3	20	4	20	4
1				13		13	1	16	5
				7	1	6		6	
1				86		86	7	118	27
				32	2	30	5	31	12

1-09 续表 9

行业	代码	法人单位数(个)	内资企业	国有企业	集体企业	股份合作企业	联营企业
居民服务、修理和其他服务业	**O**	**2748**	**2745**	**273**	**66**	**26**	**14**
居民服务业	79	1457	1455	211	25	10	9
家庭服务	791	205	205	6	2	1	3
托儿所服务	792	60	60	4			1
洗染服务	793	39	39		1		
理发及美容服务	794	204	203	3			
洗浴服务	795	215	214	2	3	1	1
保健服务	796	28	28	4			
婚姻服务	797	140	140	23		1	
殡葬服务	798	217	217	107	5		2
其他居民服务业	799	349	349	62	14	7	2
机动车、电子产品和日用产品修理业	80	887	886	31	28	12	3
汽车、摩托车修理与维护	801	685	684	22	22	11	3
计算机和办公设备维修	802	91	91	4	3		
家用电器修理	803	56	56	3			
其他日用产品修理业	809	55	55	2	3	1	
其他服务业	81	404	404	31	13	4	2
清洁服务	811	237	237	5	6	3	
其他未列明服务业	819	167	167	26	7	1	2
教育	**P**	**7719**	**7716**	**4222**	**62**	**19**	**23**
教育	82	7719	7716	4222	62	19	23
学前教育	821	1312	1312	230	7		5
初等教育	822	1710	1709	1483	12	1	3
中等教育	823	1942	1941	1644	14	3	7
高等教育	824	169	169	133		1	1
特殊教育	825	123	123	71	2		
技能培训、教育辅助及其他教育	829	2463	2462	661	27	14	7
卫生和社会工作	**Q**	**5573**	**5569**	**2908**	**574**	**25**	**87**
卫生	83	4482	4480	2513	553	21	81
医院	831	966	965	614	30	17	3
社区医疗与卫生院	832	1479	1478	1081	92	2	6
门诊部(所)	833	1213	1213	140	423	2	69
计划生育技术服务活动	834	259	259	243	1		
妇幼保健院(所、站)	835	116	116	104	1		
专科疾病防治院(所、站)	836	103	103	74	2		1
疾病预防控制中心	837	186	186	167	1		1
其他卫生活动	839	160	160	90	3		1
社会工作	84	1091	1089	395	21	4	6
提供住宿社会工作	841	880	878	262	16	4	5
不提供住宿社会工作	842	211	211	133	5		1
文化、体育和娱乐业	**R**	**3988**	**3979**	**1025**	**24**	**16**	**11**
新闻和出版业	85	178	177	113	4	1	2
新闻业	851	36	36	30	1		
出版业	852	142	141	83	3	1	2
广播、电视、电影和影视录音制作业	86	332	331	184	6	6	1
广播	861	79	79	59	1	4	

国有联营企业	集体联营企业	国有与集体联营企业	其他联营企业	有限责任公司	国有独资公司	其他有限责任公司	股份有限公司	私营企业	私营独资企业
4	**3**	**1**	**6**	**621**	**2**	**619**	**69**	**1287**	**628**
3	2		4	239	1	238	34	678	374
	1		2	50		50	3	110	51
			1	3		3	1	23	23
				8		8		29	20
				25		25	3	149	72
			1	31	1	30	5	154	98
				3		3		17	6
				31		31	4	60	33
2				24		24	8	33	20
1	1			64		64	10	103	51
		1	2	247		247	23	444	201
		1	2	186		186	16	353	172
				29		29	3	39	12
				12		12	2	30	5
				20		20	2	22	12
1	1			135	1	134	12	165	53
				90		90	6	107	32
1	1			45	1	44	6	58	21
8	**2**	**1**	**12**	**162**	**2**	**160**	**13**	**970**	**796**
8	2	1	12	162	2	160	13	970	796
	1		4	16		16	1	344	333
2		1						11	9
3			4	7		7		33	26
1				1		1	1	5	5
				2	1	1		16	8
2	1		4	136	1	135	11	561	415
8	**4**	**68**	**7**	**60**		**60**	**10**	**505**	**435**
8	3	67	3	48		48	10	354	301
	1	1	1	30		30	4	141	112
5		1		2		2	1	46	39
1	2	65	1	4		4	2	139	125
								1	1
			1	2		2	1	10	10
1								1	
1				10		10	2	16	14
	1	1	4	12		12		151	134
		1	4	12		12		149	132
	1							2	2
3	**3**	**1**	**4**	**369**	**10**	**359**	**40**	**1898**	**1629**
2				25	4	21	3	11	3
				1		1	1	2	1
2				24	4	20	2	9	2
1				54	1	53	13	54	17
				5		5	2	4	2

1-09 续表 10

行业	代码	法人单位数(个)	内资企业				
				国有企业	集体企业	股份合作企业	联营企业
电视	862	84	84	69	1	2	1
电影和影视节目制作	863	57	57	8			
电影和影视节目发行	864	15	15	13			
电影放映	865	75	74	35	3		
录音制作	866	22	22		1		
文化艺术业	87	981	980	617	9	2	2
文艺创作与表演	871	140	140	68	1		
艺术表演场馆	872	39	39	26	1		
图书馆与档案馆	873	166	166	145	2	1	1
文物及非物质文化遗产保护	874	76	76	64			
博物馆	875	90	90	56			1
烈士陵园、纪念馆	876	32	32	25			
群众文化活动	877	268	267	200	2		
其他文化艺术业	879	170	170	33	3	1	
体育	88	208	205	72	2	3	1
体育组织	881	65	65	34			
体育场馆	882	30	30	20	1	1	
休闲健身活动	883	97	94	12	1	1	
其他体育	889	16	16	6		1	1
娱乐业	89	2289	2286	39	3	4	5
室内娱乐活动	891	2141	2138	20	3	4	5
游乐园	892	23	23	5			
彩票活动	893	11	11	8			
文化、娱乐、体育经纪代理	894	67	67	2			
其他娱乐业	899	47	47	4			
公共管理、社会保障和社会组织	S	**35461**	**35458**	**18363**	**121**	**17**	**42**
中国共产党机关	90	1094	1094	1089			
中国共产党机关	900	1094	1094	1089			
国家机构	91	15375	15375	14745	31	1	10
国家权力机构	911	308	308	300	1		
国家行政机构	912	14341	14341	13749	30	1	10
人民法院和人民检察院	913	413	413	408			
其他国家机构	919	313	313	288			
人民政协、民主党派	92	228	228	227			
人民政协	921	152	152	152			
民主党派	922	76	76	75			
社会保障	93	578	578	430	2		1
社会保障	930	578	578	430	2		1
群众团体、社会团体和其他成员组织	94	6323	6320	1872	88	16	31
群众团体	941	945	943	715	16	2	2
社会团体	942	4533	4532	1117	55	13	26
基金会	943	48	48	17			
宗教组织	944	797	797	23	17	1	3
基层群众自治组织	95	11863	11863				
社区自治组织	951	2809	2809				
村民自治组织	952	9054	9054				

国有联营企业	集体联营企业	国有与集体联营企业	其他联营企业	有限责任公司	国有独资公司	其他有限责任公司	股份有限公司	私营企业	私营独资企业
1				4	1	3	1	3	
				25		25	5	18	2
				1		1		1	
				6		6	4	21	11
				13		13	1	7	2
	1	1		114	4	110	7	85	23
				26	1	25		26	5
				3	2	1		1	1
	1			2		2		3	
				2		2	2	1	
		1		2		2		5	2
				1		1			
				9		9		11	5
				69	1	68	5	38	10
			1	27		27	2	37	20
				1		1		2	1
				2		2		2	1
				23		23	2	31	16
			1	1		1		2	2
	2		3	149	1	148	15	1711	1566
	2		3	98	1	97	7	1659	1537
				2		2	1	13	8
				34		34	4	22	8
				15		15	3	17	13
9	**16**	**3**	**14**	**34**	**1**	**33**	**7**	**79**	**44**
8	1	1							
8	1	1							
	1								
	1								
1	14	2	14	34	1	33	7	79	44
	2			10		10	5	4	2
1	10	2	13	23	1	22	2	73	40
	2		1	1		1		2	2

1-09 续表 11

行业	代码	私营合伙企业	私营有限责任公司	私营股份有限公司	其他企业	港、澳、台商投资企业	合资经营企业(港、澳、台资)
总计	00	**1948**	**27660**	**1426**	**44965**	**296**	**121**
农、林、牧、渔业	A	**62**	**111**	**8**	**10004**		
农业	01		1		5		
谷物种植	011				4		
豆类、油料和薯类种植	012				1		
棉、麻、糖、烟草种植	013						
蔬菜、食用菌及园艺作物种植	014		1				
水果种植	015						
坚果、含油果、香料和饮料作物种植	016						
中药材种植	017						
其他农业	019						
林业	02		1				
林木育种和育苗	021		1				
造林和更新	022						
森林经营和管护	023						
木材和竹材采运	024						
林产品采集	025						
畜牧业	03		1		3		
牲畜饲养	031		1		2		
家禽饲养	032						
狩猎和捕捉动物	033						
其他畜牧业	039				1		
渔业	04						
水产养殖	041						
水产捕捞	042						
农、林、牧、渔服务业	05	62	108	8	9996		
农业服务业	051	42	85	6	8501		
林业服务业	052	1	1		40		
畜牧服务业	053	18	21	2	1364		
渔业服务业	054	1	1		91		
采矿业	B	**67**	**316**	**22**	**170**	**6**	**3**
煤炭开采和洗选业	06	18	136	12	76		
烟煤和无烟煤开采洗选	061	16	131	11	67		
褐煤开采洗选	062	1	2	1	1		
其他煤炭采选	069	1	3		8		
石油和天然气开采业	07		6	1	1	1	
石油开采	071		6	1	1	1	
天然气开采	072						
黑色金属矿采选业	08	1	16	2	4		
铁矿采选	081	1	16	2	4		
锰矿、铬矿采选	082						
其他黑色金属矿采选	089						
有色金属矿采选业	09		12	2	3		
常用有色金属矿采选	091		3		3		
贵金属矿采选	092		7	1			
稀有稀土金属矿采选	093		2	1			

合作经营企业(港、澳、台资)	港、澳、台商独资经营企业	港、澳、台商投资股份有限公司	其他港、澳、台投资企业	外商投资企业	中外合资经营企业	中外合作经营企业	外资企业	外商投资股份有限公司	其他外商投资企业
23	**126**	**16**	**10**	**494**	**199**	**19**	**212**	**33**	**31**
				2	**1**				**1**
				2	1				1
				2	1				1
3				**5**	**3**	**1**		**1**	
				2	2				
				1	1				
				1	1				
1									
1									
				1	1				
				1	1				

1-09 续表 12

行　　业	代码	私营合伙企　　业	私营有限责任公司	私营股份有限公司	其他企业	港、澳、台商投资企　　业	合资经营企业(港、澳、台资)
非金属矿采选业	10	44	91	2	71	4	3
土砂石开采	101	43	59		61		
化学矿开采	102				1		
采盐	103						
石棉及其他非金属矿采选	109	1	32	2	9	4	3
开采辅助活动	11	3	52	3	7	1	
煤炭开采和洗选辅助活动	111		1	2	5		
石油和天然气开采辅助活动	112	2	49	1		1	
其他开采辅助活动	119	1	2		2		
其他采矿业	12	1	3		8		
其他采矿业	120	1	3		8		
制造业	**C**	**391**	**7120**	**345**	**2462**	**107**	**53**
农副食品加工业	13	86	1338	74	852	20	5
谷物磨制	131	44	765	35	558	7	2
饲料加工	132	7	127	7	49	4	1
植物油加工	133	7	89	10	48		
制糖业	134	1	7	1	1		
屠宰及肉类加工	135	2	132	8	59	2	
水产品加工	136	1	4		8		
蔬菜、水果和坚果加工	137	10	99	6	60	4	1
其他农副食品加工	139	14	115	7	69	3	1
食品制造业	14	14	234	13	109	10	6
焙烤食品制造	141	3	34		15	3	2
糖果、巧克力及蜜饯制造	142		4		1		
方便食品制造	143	4	77	5	34	1	
乳制品制造	144	2	22	1	8	1	
罐头食品制造	145	1	5		8		
调味品、发酵制品制造	146	2	34	4	8	2	2
其他食品制造	149	2	58	3	35	3	2
酒、饮料和精制茶制造业	15	24	217	13	85	6	2
酒的制造	151	14	105	7	55	2	1
饮料制造	152	10	109	6	29	4	1
精制茶加工	153		3		1		
烟草制品业	16				2	1	1
烟叶复烤	161				2	1	1
卷烟制造	162						
其他烟草制品制造	169						
纺织业	17	5	79	8	51	4	2
棉纺织及印染精加工	171	1	13		7	1	
毛纺织及染整精加工	172		2		2		
麻纺织及染整精加工	173	1	45	6	7	3	2
丝绢纺织及印染精加工	174		1				
化纤织造及印染精加工	175			1	2		
针织或钩针编织物及其制品制造	176	1	3		2		
家用纺织制成品制造	177	1	9	1	29		
非家用纺织制成品制造	178	1	6		2		
纺织服装、服饰业	18	2	58	4	34		
机织服装制造	181	1	39	2	13		
针织或钩针编织服装制造	182	1	5	1	6		
服饰制造	183		14	1	15		

合作经营企业(港、澳、台资)	港、澳、台商独资经营企业	港、澳、台商投资股份有限公司	其他港、澳、台投资企业	外商投资企业	中外合资经营企业	中外合作经营企业	外资企业	外商投资股份有限公司	其他外商投资企业
1				2		1		1	
				2		1		1	
1									
1									
1									
5	**43**	**3**	**3**	**246**	**117**	**4**	**113**	**9**	**3**
	14	1		40	19		18	3	
	4	1		5	2		3		
	3			7	3		4		
				1	1				
				3			2	1	
	2			10	5		5		
	3			4	3		1		
	2			10	5		3	2	
	4			26	8		16	2	
	1			4			3	1	
	1			2	1		1		
	1			11	4		6	1	
				1	1				
	1			8	2		6		
1	2	1		26	9		15	2	
		1		12	2		8	2	
1	2			12	5		7		
				2	2				
	2			5	4		1		
	1			1	1				
	1			3	2		1		
					1	1				
				2	1		1		
				2	1		1		

1-09 续表 13

行业	代码	私营合伙企业	私营有限责任公司	私营股份有限公司	其他企业	港、澳、台商投资企业	合资经营企业(港、澳、台资)
皮革、毛皮、羽毛及其制品和制鞋业	19	4	21	2	19	1	1
皮革鞣制加工	191		1		1		
皮革制品制造	192	2	3	1	3		
毛皮鞣制及制品加工	193	2	7	1	13		
羽毛(绒)加工及制品制造	194						
制鞋业	195		10		2	1	1
木材加工和木、竹、藤、棕、草制品业	20	43	734	29	222	10	3
木材加工	201	28	469	16	119	2	1
人造板制造	202	1	88	4	28		
木制品制造	203	14	172	9	48	8	2
竹、藤、棕、草等制品制造	204		5		27		
家具制造业	21	6	131	11	34	5	4
木质家具制造	211	4	107	8	27	5	4
竹、藤家具制造	212						
金属家具制造	213	1	7	1	3		
塑料家具制造	214	1	5		1		
其他家具制造	219		12	2	3		
造纸和纸制品业	22	7	104	7	22	1	1
纸浆制造	221		2		1		
造纸	222	4	39	2	11	1	1
纸制品制造	223	3	63	5	10		
印刷和记录媒介复制业	23	10	177	10	50	1	1
印刷	231	7	143	8	38	1	1
装订及印刷相关服务	232	3	33	2	12		
记录媒介复制	233		1				
文教、工美、体育和娱乐用品制造业	24	2	78	1	25	1	
文教办公用品制造	241	1	36	1	7		
乐器制造	242	1	4				
工艺美术品制造	243		32		14		
体育用品制造	244		3		2	1	
玩具制造	245		2				
游艺器材及娱乐用品制造	246		1		2		
石油加工、炼焦和核燃料加工业	25	2	90	2	6	1	1
精炼石油产品制造	251	2	76	2	3		
炼焦	252		13		2	1	1
核燃料加工	253		1		1		
化学原料和化学制品制造业	26	14	402	24	93	9	4
基础化学原料制造	261	2	46	8	18	2	1
肥料制造	262	6	116	9	31	1	
农药制造	263		15		3	2	1
涂料、油墨、颜料及类似产品制造	264		55	2	17	2	2
合成材料制造	265		23	1	4		
专用化学产品制造	266	5	124	2	16	1	
炸药、火工及焰火产品制造	267		2		1		
日用化学产品制造	268	1	21	2	3	1	

合作经营企业(港、澳、台资)	港、澳、台商独资经营企业	港、澳、台商投资股份有限公司	其他港、澳、台投资企业	外商投资企业	中外合资经营企业	中外合作经营企业	外资企业	外商投资股份有限公司	其他外商投资企业
				2	1		1		
				1	1				
				1			1		
1	4		2	18	12		6		
	1			7	4		3		
				4	2		2		
1	3		2	6	6				
				1			1		
	1			4	3		1		
	1			3	3				
				1			1		
				5	3	1	1		
				4	2	1	1		
				1	1				
				6	2		4		
				6	2		4		
	1			8	1	1	5	1	
				2	1		1		
				5		1	3	1	
	1			1			1		
				2	1		1		
				2	1		1		
1	4			11	5		6		
	1			3	1		2		
	1			4	2		2		
	1			1			1		
				1			1		
1				2	2				
	1								

1-09 续表 14

行业	代码	私营合伙企业	私营有限责任公司	私营股份有限公司	其他企业	港、澳、台商投资企业	合资经营企业(港、澳、台资)
医药制造业	27	3	83	11	24	9	6
化学药品原料药制造	271	1	8	2	5		
化学药品制剂制造	272		10			2	1
中药饮片加工	273		5		5		
中成药生产	274	1	22	4	4	5	5
兽用药品制造	275	1	10	1	3		
生物药品制造	276		24	4	5	2	
卫生材料及医药用品制造	277		4		2		
化学纤维制造业	28	2	7	1	2	1	1
纤维素纤维原料及纤维制造	281	2	1	1	1		
合成纤维制造	282		6		1	1	1
橡胶和塑料制品业	29	17	313	14	77	2	1
橡胶制品业	291	4	40		13		
塑料制品业	292	13	273	14	64	2	1
非金属矿物制品业	30	63	705	33	293	6	1
水泥、石灰和石膏制造	301	3	71	1	22		
石膏、水泥制品及类似制品制造	302	14	213	9	59	3	
砖瓦、石材等建筑材料制造	303	38	311	17	187	2	1
玻璃制造	304		8				
玻璃制品制造	305	2	31		5		
玻璃纤维和玻璃纤维增强塑料制品制造	306		17	2	1		
陶瓷制品制造	307		8	2	5		
耐火材料制品制造	308	1	13		9		
石墨及其他非金属矿物制品制造	309	5	33	2	5	1	
黑色金属冶炼和压延加工业	31	3	82	2	21	2	2
炼铁	311		5		3	1	1
炼钢	312		3		2		
黑色金属铸造	313	3	21	2	8		
钢压延加工	314		47		8	1	1
铁合金冶炼	315		6				
有色金属冶炼和压延加工业	32	1	23		8	1	1
常用有色金属冶炼	321		3		2	1	1
贵金属冶炼	322		3				
稀有稀土金属冶炼	323		1				
有色金属合金制造	324	1	4		1		
有色金属铸造	325		4		1		
有色金属压延加工	326		8		4		
金属制品业	33	17	458	16	98	3	3
结构性金属制品制造	331	11	303	9	60		
金属工具制造	332		28	1	8	1	1
集装箱及金属包装容器制造	333	1	23	1	4	2	2
金属丝绳及其制品制造	334		2		1		
建筑、安全用金属制品制造	335	3	40	3	11		
金属表面处理及热处理加工	336		18	1			
搪瓷制品制造	337						
金属制日用品制造	338	1	12	1	3		
其他金属制品制造	339	1	32		11		

合作经营企业(港、澳、台资)	港、澳、台商独资经营企业	港、澳、台商投资股份有限公司	其他港、澳、台投资企业	外商投资企业	中外合资经营企业	中外合作经营企业	外资企业	外商投资股份有限公司	其他外商投资企业
	2	1		9	4		5		
				1			1		
	1			1	1				
				5	3		2		
	1	1							
				2			2		
	1			3	2		1		
				1			1		
	1			2	2				
2	3			11	5		6		
				2	1		1		
2	1			2			2		
	1			2	2				
				3	1		2		
	1			2	1		1		
				2		1	1		
				2		1	1		
				2	2				
				1	1				
				1	1				
				8	4		2	1	1
				4	1		1	1	1
				2	2				
				2	1		1		

1-09 续表 15

行业	代码	私营合伙企业	私营有限责任公司	私营股份有限公司	其他企业	港、澳、台商投资企业	合资经营企业(港、澳、台资)
通用设备制造业	34	23	590	22	95	2	1
锅炉及原动设备制造	341	4	84	6	20	1	
金属加工机械制造	342	4	95	7	22		
物料搬运设备制造	343		28		6		
泵、阀门、压缩机及类似机械制造	344	1	25	4	2		
轴承、齿轮和传动部件制造	345	1	37		1	1	1
烘炉、风机、衡器、包装等设备制造	346	1	45	2	7		
文化、办公用机械制造	347		2		4		
通用零部件制造	348	11	240	3	25		
其他通用设备制造业	349	1	34		8		
专用设备制造业	35	22	625	23	88	3	
采矿、冶金、建筑专用设备制造	351	8	298	12	25	2	
化工、木材、非金属加工专用设备制造	352	2	67	3	16		
食品、饮料、烟草及饲料生产专用设备制造	353		26		2		
印刷、制药、日化及日用品生产专用设备制造	354		20		6		
纺织、服装和皮革加工专用设备制造	355		5		1		
电子和电工机械专用设备制造	356	1	39	4	2		
农、林、牧、渔专用机械制造	357	8	89	3	19		
医疗仪器设备及器械制造	358	1	18		6		
环保、社会公共服务及其他专用设备制造	359	2	63	1	11	1	
汽车制造业	36	1	91	1	8		
汽车整车制造	361		2				
改装汽车制造	362		5		2		
低速载货汽车制造	363						
电车制造	364						
汽车车身、挂车制造	365		2	1			
汽车零部件及配件制造	366	1	82		6		
铁路、船舶、航空航天和其他运输设备制造业	37		17	1	8	2	2
铁路运输设备制造	371		7		7		
城市轨道交通设备制造	372						
船舶及相关装置制造	373		2				
航空、航天器及设备制造	374		5	1		2	2
摩托车制造	375		1				
自行车制造	376		2		1		
非公路休闲车及零配件制造	377						
潜水救捞及其他未列明运输设备制造	379						
电气机械和器材制造业	38	11	217	12	41	1	1
电机制造	381	1	43	1	6		
输配电及控制设备制造	382	6	85	9	16		
电线、电缆、光缆及电工器材制造	383	3	39	1	4		
电池制造	384		7				
家用电力器具制造	385		13		8		
非电力家用器具制造	386	1	9		1		
照明器具制造	387		11		2	1	1
其他电气机械及器材制造	389		10	1	4		
计算机、通信和其他电子设备制造业	39	2	45	3	10	2	2
计算机制造	391	1	6		2		

合作经营企业(港、澳、台资)	港、澳、台商独资经营企业	港、澳、台商投资股份有限公司	其他港、澳、台投资企业	外商投资企业	中外合资经营企业	中外合作经营企业	外资企业	外商投资股份有限公司	其他外商投资企业
	1			7	4		3		
	1			1	1				
				3	1		2		
				1			1		
				1	1				
				1	1				
	3			21	8	1	11		1
	2			5	3		2		
				1	1				
				1			1		
				1			1		
				1		1			
				9	3		5		1
				1			1		
	1			2	1		1		
				12	8		4		
				2	2				
				10	6		4		
				2	2				
				2	2				
				5	4		1		
				3	3				
				1	1				
				1			1		
				7	4		2		1
				2	2				

1—09 续表 16

行 业	代码	私营合伙企业	私营有限责任公司	私营股份有限公司	其他企业	港、澳、台商投资企业	合资经营企业(港、澳、台资)
通信设备制造	392		9		2		
广播电视设备制造	393		2	1			
雷达及配套设备制造	394						
视听设备制造	395		1		1		
电子器件制造	396		8	1	1	1	1
电子元件制造	397		7		2		
其他电子设备制造	399	1	12	1	2	1	1
仪器仪表制造业	40	1	80	2	2	2	1
通用仪器仪表制造	401	1	53	2	1	1	1
专用仪器仪表制造	402		18		1		
钟表与计时仪器制造	403						
光学仪器及眼镜制造	404		1			1	
其他仪器仪表制造业	409		8				
其他制造业	41	3	42	2	31		
日用杂品制造	411		4		3		
煤制品制造	412	2	23		12		
核辐射加工	413						
其他未列明制造业	419	1	15	2	16		
废弃资源综合利用业	42	1	24	2	11	1	
金属废料和碎屑加工处理	421	1	10		8		
非金属废料和碎屑加工处理	422		14	2	3	1	
金属制品、机械和设备修理业	43	2	55	2	41		
金属制品修理	431		4				
通用设备修理	432		14		3		
专用设备修理	433		16		23		
铁路、船舶、航空航天等运输设备修理	434	1	3		4		
电气设备修理	435		8		1		
仪器仪表修理	436		1				
其他机械和设备修理业	439	1	9	2	10		
电力、热力、燃气及水生产和供应业	**D**	**11**	**193**	**11**	**93**	**12**	**8**
电力、热力生产和供应业	44	7	135	5	60	5	3
电力生产	441	2	25		20	5	3
电力供应	442		5		12		
热力生产和供应	443	5	105	5	28		
燃气生产和供应业	45	1	28	3	15	5	4
燃气生产和供应业	450	1	28	3	15	5	4
水的生产和供应业	46	3	30	3	18	2	1
自来水生产和供应	461	3	12	3	12	1	
污水处理及其再生利用	462		16		5	1	1
其他水的处理、利用与分配	469		2		1		
建筑业	**E**	**61**	**1936**	**137**	**262**	**3**	**3**
房屋建筑业	47	13	538	61	70	1	1
房屋建筑业	470	13	538	61	70	1	1
土木工程建筑业	48	9	263	19	34	1	1
铁路、道路、隧道和桥梁工程建筑	481	1	107	9	14	1	1
水利和内河港口工程建筑	482	2	41	2	7		
海洋工程建筑	483						

合作经营企业(港、澳、台资)	港、澳、台商独资经营企业	港、澳、台商投资股份有限公司	其他港、澳、台投资企业	外商投资企业	中外合资经营企业	中外合作经营企业	外资企业	外商投资股份有限公司	其他外商投资企业
				1					1
				2	1		1		
				1			1		
				1	1				
			1	1	1				
				1	1				
			1						
				1			1		
				1			1		
	1								
	1								
	4			**18**	**11**	**2**	**4**	**1**	
	2			14	10	1	2	1	
	2			10	9			1	
				4	1	1	2		
	1			1	1				
	1			1	1				
	1			3		1	2		
	1			2		1	1		
				1			1		
				8	**5**	**1**	**2**		
				1			1		
				1			1		
				3	3				
				2	2				

1-09 续表 17

行业	代码	私营合伙企业	私营有限责任公司	私营股份有限公司	其他企业	港、澳、台商投资企业	合资经营企业(港、澳、台资)
工矿工程建筑	484	1	5		2		
架线和管道工程建筑	485	3	40	2	4		
其他土木工程建筑	489	2	70	6	7		
建筑安装业	49	9	376	14	39		
电气安装	491	2	116	5	13		
管道和设备安装	492	5	99	3	9		
其他建筑安装业	499	2	161	6	17		
建筑装饰和其他建筑业	50	30	759	43	119	1	1
建筑装饰业	501	19	525	32	83	1	1
工程准备活动	502	4	113	4	7		
提供施工设备服务	503	3	17	3	7		
其他未列明建筑业	509	4	104	4	22		
批发和零售业	**F**	**564**	**10167**	**430**	**6664**	**45**	**18**
批发业	51	355	6320	264	5169	19	8
农、林、牧产品批发	511	107	818	49	3000	1	1
食品、饮料及烟草制品批发	512	35	497	25	822	2	1
纺织、服装及家庭用品批发	513	14	461	16	106	6	3
文化、体育用品及器材批发	514	6	107	6	18		
医药及医疗器材批发	515	14	221	13	88	1	
矿产品、建材及化工产品批发	516	85	1837	70	615	4	2
机械设备、五金产品及电子产品批发	517	47	1626	50	287	4	1
贸易经纪与代理	518	22	322	17	100	1	
其他批发业	519	25	431	18	133		
零售业	52	209	3847	166	1495	26	10
综合零售	521	19	206	17	168	9	2
食品、饮料及烟草制品专门零售	522	20	362	14	225	1	
纺织、服装及日用品专门零售	523	25	288	10	126	6	4
文化、体育用品及器材专门零售	524	12	130	8	54	2	2
医药及医疗器材专门零售	525	50	472	31	243	3	
汽车、摩托车、燃料及零配件专门零售	526	36	818	32	169	3	2
家用电器及电子产品专门零售	527	9	550	21	203	1	
五金、家具及室内装饰材料专门零售	528	23	631	17	191		
货摊、无店铺及其他零售业	529	15	390	16	116	1	
交通运输、仓储和邮政业	**G**	**52**	**883**	**42**	**379**	**6**	**1**
道路运输业	54	29	565	27	236	4	1
城市公共交通运输	541	10	103	8	34	2	
公路旅客运输	542	5	23	2	9		
道路货物运输	543	12	413	16	148	1	1
道路运输辅助活动	544	2	26	1	45	1	
水上运输业	55	3	4		2		
水上旅客运输	551	2	2				
水上货物运输	552		2		1		
水上运输辅助活动	553	1			1		
航空运输业	56		3		4		
航空客货运输	561		1				
通用航空服务	562		2		2		
航空运输辅助活动	563				2		

合作经营企业(港、澳、台资)	港、澳、台商独资经营企业	港、澳、台商投资股份有限公司	其他港、澳、台投资企业	外商投资企业	中外合资经营企业	中外合作经营企业	外资企业	外商投资股份有限公司	其他外商投资企业
				1	1				
				2	1		1		
				1	1				
				1			1		
				2	1	1			
				2	1	1			
3	**21**	**2**	**1**	**73**	**12**	**2**	**41**	**6**	**12**
1	9	1		37	6	1	21	4	5
				3			3		
	1			6			3	2	1
	2	1		4			3		1
	1			1				1	
1	1			5	2		3		
	3			5	3		2		
	1			7		1	2	1	3
				6	1		5		
2	12	1	1	36	6	1	20	2	7
	5	1	1	10	2		8		
	1			6	1		2		3
	2			10	1	1	4	1	3
1	2								
	1								
1				5	2		3		
	1			5			3	1	1
2	**2**		**1**	**4**	**2**	**1**		**1**	
2			1						
1			1						
1									
				2	1			1	
				2	1			1	

1-09 续表 18

行业	代码						
		私营合伙企业	私营有限责任公司	私营股份有限公司	其他企业	港、澳、台商投资企业	合资经营企业(港、澳、台资)
管道运输业	57		1		1		
管道运输业	570		1		1		
装卸搬运和运输代理业	58	10	165	8	44	1	
装卸搬运	581	6	48	1	11		
运输代理业	582	4	117	7	33	1	
仓储业	59	10	87	2	61	1	
谷物、棉花等农产品仓储	591	3	39	2	47		
其他仓储业	599	7	48		14	1	
邮政业	60		58	5	31		
邮政基本服务	601		2		4		
快递服务	602		56	5	27		
住宿和餐饮业	H	**69**	**563**	**25**	**244**	**31**	**10**
住宿业	61	30	239	15	113	12	4
旅游饭店	611	5	62	11	30	10	3
一般旅馆	612	23	166	3	68		
其他住宿业	619	2	11	1	15	2	1
餐饮业	62	39	324	10	131	19	6
正餐服务	621	35	281	10	99	15	6
快餐服务	622	2	24		11	4	
饮料及冷饮服务	623		6		4		
其他餐饮业	629	2	13		17		
信息传输、软件和信息技术服务业	I	**25**	**723**	**17**	**155**	**17**	**5**
电信、广播电视和卫星传输服务	63	4	18	1	36	10	2
电信	631	1	13	1	26	10	2
广播电视传输服务	632	3	4		9		
卫星传输服务	633		1		1		
互联网和相关服务	64	3	47	2	28	1	
互联网接入及相关服务	641		7		4	1	
互联网信息服务	642	2	21	1	16		
其他互联网服务	649	1	19	1	8		
软件和信息技术服务业	65	18	658	14	91	6	3
软件开发	651	13	472	9	55	5	2
信息系统集成服务	652	2	51	1	4		
信息技术咨询服务	653	1	63	1	23	1	1
数据处理和存储服务	654		12	1	1		
集成电路设计	655	2	5		2		
其他信息技术服务业	659		55	2	6		
房地产业	K	**59**	**1659**	**140**	**309**	**36**	**15**
房地产业	70	59	1659	140	309	36	15
房地产开发经营	701	9	915	87	41	30	13
物业管理	702	24	465	28	169	3	2
房地产中介服务	703	21	226	18	75		
自有房地产经营活动	704	3	31	6	9	2	
其他房地产业	709	2	22	1	15	1	
租赁和商务服务业	L	**300**	**1968**	**114**	**1367**	**17**	**3**
租赁业	71	13	229	12	349	2	
机械设备租赁	711	13	220	12	349	1	
文化及日用品出租	712		9			1	

合作经营企业(港、澳、台资)	港、澳、台商独资经营企业	港、澳、台商投资股份有限公司	其他港、澳、台投资企业	外商投资企业	中外合资经营企业	中外合作经营企业	外资企业	外商投资股份有限公司	其他外商投资企业
	1			1	1				
	1			1	1				
	1			1		1			
	1			1		1			
1	**17**	**3**		**44**	**15**	**1**	**22**	**5**	**1**
	6	2		7	3	1	2	1	
	5	2		6	3		2	1	
				1		1			
	1								
1	11	1		37	12		20	4	1
1	7	1		28	10		16	1	1
	4			8	2		4	2	
				1				1	
1	**5**	**4**	**2**	**26**	**9**		**11**	**5**	**1**
1	2	3	2	9	2		2	5	
1	2	3	2	9	2		2	5	
		1		1			1		
		1							
				1			1		
	3			16	7		8		1
	3			10	5		5		
				2	1		1		
				1			1		
				1	1				
				2			1		1
1	**17**	**2**	**1**	**18**	**7**	**1**	**8**	**2**	
1	17	2	1	18	7	1	8	2	
1	13	2	1	13	6	1	6		
	1			3			2	1	
				1	1				
	2								
	1			1				1	
3	**9**	**2**		**19**	**4**	**1**	**6**	**1**	**7**
	2								
	1								
	1								

1-09 续表 19

行 业	代码	私营合伙企 业	私营有限责任公司	私营股份有限公司	其他企业	港、澳、台商投资企 业	合资经营企业(港、澳、台资)
商务服务业	72	287	1739	102	1018	15	3
企业管理服务	721	11	142	7	202	1	1
法律服务	722	140	20	1	266	1	
咨询与调查	723	65	403	21	148	4	
广告业	724	22	446	26	107		
知识产权服务	725	6	8		5		
人力资源服务	726	12	224	9	87		
旅行社及相关服务	727	7	130	14	75		
安全保护服务	728	1	24		9		
其他商务服务业	729	23	342	24	119	9	2
科学研究和技术服务业	**M**	**59**	**961**	**44**	**1256**	**6**	**1**
研究和试验发展	73		83	3	117	1	
自然科学研究和试验发展	731		8		6		
工程和技术研究和试验发展	732		52	2	24		
农业科学研究和试验发展	733		16	1	61	1	
医学研究和试验发展	734		6		17		
社会人文科学研究	735		1		9		
专业技术服务业	74	32	559	31	232	1	
气象服务	741		1		5		
地震服务	742				5		
海洋服务	743						
测绘服务	744	2	41	4	7		
质检技术服务	745	5	80	4	25		
环境与生态监测	746	1	14		8		
地质勘查	747	1	17		4		
工程技术	748	11	189	8	71		
其他专业技术服务业	749	12	217	15	107	1	
科技推广和应用服务业	75	27	319	10	907	4	1
技术推广服务	751	22	255	7	861	4	1
科技中介服务	752	1	17	2	21		
其他科技推广和应用服务业	759	4	47	1	25		
水利、环境和公共设施管理业	**N**	**9**	**160**	**3**	**175**	**2**	
水利管理业	76	1	12		71		
防洪除涝设施管理	761				13		
水资源管理	762		4		26		
天然水收集与分配	763		1		12		
水文服务	764		1		1		
其他水利管理业	769	1	6		19		
生态保护和环境治理业	77	1	14	1	7	1	
生态保护	771		3		2		
环境治理业	772	1	11	1	5	1	
公共设施管理业	78	7	134	2	97	1	
市政设施管理	781	2	14		17	1	
环境卫生管理	782		11		16		
城乡市容管理	783	1	4	1	8		
绿化管理	784	3	87	1	26		
公园和游览景区管理	785	1	18		30		

合作经营企业(港、澳、台资)	港、澳、台商独资经营企业	港、澳、台商投资股份有限公司	其他港、澳、台投资企业	外商投资企业	中外合资经营企业	中外合作经营企业	外资企业	外商投资股份有限公司	其他外商投资企业
3	7	2		19	4	1	6	1	7
				8	2		3	1	2
1									
	3	1		4		1	1		2
				1	1				
				2					2
2	4	1		4	1		2		1
1	**4**			**17**	**8**	**2**	**3**		**4**
	1			5	4		1		
				2	2				
				2	1		1		
	1								
				1	1				
	1			5	1	1			3
				1		1			
				2					2
	1			2	1				1
1	2			7	3	1	2		1
1	2			6	2	1	2		1
				1	1				
	2								
	1								
	1								
	1								
	1								

1-09 续表 20

行 业	代码	私营合伙企 业	私营有限责任公司	私营股份有限公司	其他企业	港、澳、台商投资企 业	合资经营企业(港、澳、台资)
居民服务、修理和其他服务业	O	**51**	**568**	**40**	**389**	**2**	**1**
居民服务业	79	29	251	24	249	2	1
家庭服务	791	5	53	1	30		
托儿所服务	792				28		
洗染服务	793	1	7	1	1		
理发及美容服务	794	9	58	10	23	1	
洗浴服务	795	3	47	6	17	1	1
保健服务	796	1	8	2	4		
婚姻服务	797		25	2	21		
殡葬服务	798	2	10	1	38		
其他居民服务业	799	8	43	1	87		
机动车、电子产品和日用产品修理业	80	15	216	12	98		
汽车、摩托车修理与维护	801	8	164	9	71		
计算机和办公设备维修	802	3	23	1	13		
家用电器修理	803	3	21	1	9		
其他日用产品修理业	809	1	8	1	5		
其他服务业	81	7	101	4	42		
清洁服务	811	3	69	3	20		
其他未列明服务业	819	4	32	1	22		
教育	P	**84**	**76**	**14**	**2245**	**1**	
教育	82	84	76	14	2245	1	
学前教育	821	9	2		709		
初等教育	822	2			199		
中等教育	823	5	2		233	1	
高等教育	824				27		
特殊教育	825	2	5	1	32		
技能培训、教育辅助及其他教育	829	66	67	13	1045		
卫生和社会工作	Q	**28**	**37**	**5**	**1400**	**2**	
卫生	83	18	30	5	900	1	
医院	831	11	16	2	126		
社区医疗与卫生院	832	2	5		248	1	
门诊部(所)	833	5	7	2	434		
计划生育技术服务活动	834				15		
妇幼保健院(所、站)	835				10		
专科疾病防治院(所、站)	836				13		
疾病预防控制中心	837		1		16		
其他卫生活动	839		1	1	38		
社会工作	84	10	7		500	1	
提供住宿社会工作	841	10	7		430	1	
不提供住宿社会工作	842				70		
文化、体育和娱乐业	R	**30**	**212**	**27**	**596**	**3**	
新闻和出版业	85		7	1	18		
新闻业	851		1		1		
出版业	852		6	1	17		
广播、电视、电影和影视录音制作业	86	3	26	8	13	1	
广播	861		1	1	4		

合作经营企业(港、澳、台资)	港、澳、台商独资经营企业	港、澳、台商投资股份有限公司	其他港、澳、台投资企业	外商投资企业	中外合资经营企业	中外合作经营企业	外资企业	外商投资股份有限公司	其他外商投资企业
	1			**1**	**1**				
	1								
	1								
				1	1				
				1	1				
			1	**2**		**1**			**1**
			1	2		1			1
				1					1
			1						
				1		1			
1			**1**	**2**	**1**	**1**			
			1	1	1				
				1	1				
			1						
1				1		1			
1				1		1			
2	**1**			**6**	**3**	**1**		**2**	
				1	1				
				1	1				
	1								

1-09 续表 21

行　业	代码						
		私营合伙企业	私营有限责任公司	私营股份有限公司	其他企业	港、澳、台商投资企业	合资经营企业(港、澳、台资)
电视	862			3	3		
电影和影视节目制作	863		15	1	1		
电影和影视节目发行	864	1					
电影放映	865		7	3	5	1	
录音制作	866	2	3				
文化艺术业	87	3	55	4	144		
文艺创作与表演	871	1	19	1	19		
艺术表演场馆	872				8		
图书馆与档案馆	873		2	1	12		
文物及非物质文化遗产保护	874		1		7		
博物馆	875		3		26		
烈士陵园、纪念馆	876				6		
群众文化活动	877		6		45		
其他文化艺术业	879	2	24	2	21		
体育	88	2	13	2	61		
体育组织	881			1	28		
体育场馆	882		1		4		
休闲健身活动	883	2	12	1	24		
其他体育	889				5		
娱乐业	89	22	111	12	360	2	
室内娱乐活动	891	19	91	12	342	2	
游乐园	892	2	3		2		
彩票活动	893				3		
文化、娱乐、体育经纪代理	894		14		5		
其他娱乐业	899	1	3		8		
公共管理、社会保障和社会组织	**S**	**26**	**7**	**2**	**16795**		
中国共产党机关	90				5		
中国共产党机关	900				5		
国家机构	91				588		
国家权力机构	911				7		
国家行政机构	912				551		
人民法院和人民检察院	913				5		
其他国家机构	919				25		
人民政协、民主党派	92				1		
人民政协	921						
民主党派	922				1		
社会保障	93				145		
社会保障	930				145		
群众团体、社会团体和其他成员组织	94	26	7	2	4193		
群众团体	941		2		189		
社会团体	942	26	5	2	3223		
基金会	943				31		
宗教组织	944				750		
基层群众自治组织	95				11863		
社区自治组织	951				2809		
村民自治组织	952				9054		

合作经营企业(港、澳、台资)	港、澳、台商独资经营企业	港、澳、台商投资股份有限公司	其他港、澳、台投资企业	外商投资企业	中外合资经营企业	中外合作经营企业	外资企业	外商投资股份有限公司	其他外商投资企业
	1								
				1				1	
				1				1	
				3	1	1		1	
				3	1	1		1	
2				1	1				
2				1	1				
				3			**2**		**1**
				3			2		1
				2			2		
				1					1

1−10 按行业(中类)、登记注册

行　　业	代码	从　业 人员数 (人)	内资企业	国有企业	集体企业	股份合作企　业	联营企业
总　　计	00	**6250317**	**6077017**	**2463223**	**113740**	**26389**	**13205**
农、林、牧、渔业	A	**721114**	**721076**	**599221**	**3650**	**120**	**151**
农业	01	381448	381448	376262	3477	20	
谷物种植	011	358590	358590	355036	3477		
豆类、油料和薯类种植	012	21738	21738	20136			
棉、麻、糖、烟草种植	013						
蔬菜、食用菌及园艺作物种植	014	1074	1074	1064			
水果种植	015						
坚果、含油果、香料和饮料作物种植	016						
中药材种植	017						
其他农业	019	46	46	26		20	
林业	02	173019	173019	172912			
林木育种和育苗	021	931	931	824			
造林和更新	022	10027	10027	10027			
森林经营和管护	023	49712	49712	49712			
木材和竹材采运	024	112349	112349	112349			
林产品采集	025						
畜牧业	03	19259	19259	19055			
牲畜饲养	031	18331	18331	18166			
家禽饲养	032	65	65	65			
狩猎和捕捉动物	033						
其他畜牧业	039	863	863	824			
渔业	04	102	102	96			
水产养殖	041	102	102	96			
水产捕捞	042						
农、林、牧、渔服务业	05	147286	147248	30896	173	100	151
农业服务业	051	107094	107056	6242	166	81	146
林业服务业	052	23924	23924	22586			
畜牧服务业	053	15017	15017	1914	7	19	5
渔业服务业	054	1251	1251	154			
采矿业	B	**594973**	**591948**	**135777**	**9391**	**1338**	**836**
煤炭开采和洗选业	06	427159	426788	126256	6879	593	642
烟煤和无烟煤开采洗选	061	417232	416876	125656	6879	592	642
褐煤开采洗选	062	3198	3198	600			
其他煤炭采选	069	6729	6714			1	
石油和天然气开采业	07	121458	121395	3142	26	175	
石油开采	071	121426	121363	3142		175	
天然气开采	072	32	32		26		
黑色金属矿采选业	08	5267	5267		62		
铁矿采选	081	5262	5262		62		
锰矿、铬矿采选	082						
其他黑色金属矿采选	089	5	5				
有色金属矿采选业	09	5314	4884	101		9	
常用有色金属矿采选	091	2641	2641	61			
贵金属矿采选	092	1401	1401	40		9	
稀有稀土金属矿采选	093	1272	842				

类型分组的法人单位从业人员数

国有联营企业	集体联营企业	国有与集体联营企业	其他联营企业	有限责任公司	国有独资公司	其他有限责任公司	股份有限公司	私营企业	私营独资企业
3418	**3431**	**1857**	**4499**	**1438591**	**239025**	**1199566**	**322312**	**1104971**	**334333**
	74	**20**	**57**	**6175**	**1730**	**4445**	**115**	**4218**	**1638**
				1597	1597			20	10
								10	10
				1597	1597				
								10	
								107	
								107	
				34		34		11	
				6		6		11	
				28		28			
				6		6			
				6		6			
	74	20	57	4538	133	4405	115	4080	1628
	69	20	57	2991	133	2858	45	3001	1020
				776		776		63	56
	5			751		751	70	951	513
				20		20		65	39
10	**826**			**319515**	**115459**	**204056**	**57378**	**62105**	**29727**
	642			193015	115143	77872	54985	42599	20511
	642			188214	110565	77649	54589	38690	18138
				82		82	351	2161	921
				4719	4578	141	45	1748	1452
				116572	70	116502	32	148	13
				116572	70	116502	32	142	7
								6	6
				2872		2872	5	2230	157
				2872		2872		2230	157
							5		
				2711	174	2537	743	1298	306
				906		906	743	909	243
				1110	174	936		242	63
				695		695		147	

1-10 续表 1

行业	代码	从业人员数(人)	内资企业	国有企业	集体企业	股份合作企业	联营企业
非金属矿采选业	10	21055	19790	690	611	531	100
土砂石开采	101	15491	15363	670	611	53	10
化学矿开采	102	8	8				
采盐	103						
石棉及其他非金属矿采选	109	5556	4419	20		478	90
开采辅助活动	11	14175	13279	5588	1813	30	94
煤炭开采和洗选辅助活动	111	762	762	21			
石油和天然气开采辅助活动	112	12654	11758	5567	1813	30	94
其他开采辅助活动	119	759	759				
其他采矿业	12	545	545				
其他采矿业	120	545	545				
制造业	C	**1372273**	**1260493**	**84829**	**38070**	**10085**	**3568**
农副食品加工业	13	229481	213816	1849	337	570	416
谷物磨制	131	96696	94348	474	65	290	6
饲料加工	132	17082	15847	60	123	47	5
植物油加工	133	21571	21562	141		20	192
制糖业	134	3263	1912				
屠宰及肉类加工	135	43500	37006	528	89	37	65
水产品加工	136	320	320	34			4
蔬菜、水果和坚果加工	137	17420	16565	128	30	55	128
其他农副食品加工	139	29629	26256	484	30	121	16
食品制造业	14	62909	47758	406	590	179	138
焙烤食品制造	141	7736	5322	48	3	21	6
糖果、巧克力及蜜饯制造	142	797	797	19			
方便食品制造	143	13319	11556	99	63	11	50
乳制品制造	144	23843	13888	3	24	105	
罐头食品制造	145	1458	1197		48		
调味品、发酵制品制造	146	6091	5964		54	4	
其他食品制造	149	9665	9034	237	398	38	82
酒、饮料和精制茶制造业	15	56505	41837	716	68	143	90
酒的制造	151	37859	27930	431	42	125	7
饮料制造	152	18304	13837	285	26	18	83
精制茶加工	153	342	70				
烟草制品业	16	8422	8175	6436	135		
烟叶复烤	161	1534	1287	40	135		
卷烟制造	162	6729	6729	6356			
其他烟草制品制造	169	159	159	40			
纺织业	17	41594	38051	711	309	291	
棉纺织及印染精加工	171	5128	5076	2	78	49	
毛纺织及染整精加工	172	535	535	4			
麻纺织及染整精加工	173	28284	25060	704	122	173	
丝绢纺织及印染精加工	174	188	188				
化纤织造及印染精加工	175	272	272		68		
针织或钩针编织物及其制品制造	176	1077	1077	1	15	41	
家用纺织制成品制造	177	4908	4641		15	20	
非家用纺织制成品制造	178	1202	1202		11	8	
纺织服装、服饰业	18	10806	10285	186	692	196	11
机织服装制造	181	6727	6206	42	626	144	11
针织或钩针编织服装制造	182	1773	1773	83	21		
服饰制造	183	2306	2306	61	45	52	

国有联营企业	集体联营企业	国有与集体联营企业	其他联营企业	有限责任公司	国有独资公司	其他有限责任公司	股份有限公司	私营企业	私营独资企业
10	90			2637	72	2565	360	13436	7902
10				1847	72	1775	175	10904	7686
	90			790		790	185	2532	216
	94			1542		1542	1247	2283	761
				16		16		439	390
	94			1359		1359	1247	1648	263
				167		167		196	108
				166		166	6	111	77
				166		166	6	111	77
371	**1048**	**311**	**1838**	**437096**	**24781**	**412315**	**123013**	**491982**	**145841**
216	20	128	52	75621	438	75183	9743	105421	28592
			6	22722	149	22573	3083	54874	15113
	2		3	5658		5658	1012	7621	2901
192				10245	93	10152	966	8804	1602
				801		801	9	1086	21
8	14		43	18755		18755	2939	13409	3357
	4			28		28		156	121
		128		4390	180	4210	258	10090	2443
16				13022	16	13006	1476	9381	3034
82	50		6	19357	401	18956	4546	19832	5559
			6	996		996	604	3311	1432
				217		217		526	378
	50			3273		3273	1039	6203	1411
				9876		9876	1868	1817	224
				104		104	277	576	392
				2029	240	1789	150	3591	626
82				2862	161	2701	608	3808	1096
5	55	23	7	16603		16603	3036	18269	6491
			7	10884		10884	1633	12527	4945
5	55	23		5719		5719	1403	5707	1546
								35	
				1206		1206	30	25	25
				744		744		25	25
				373		373			
				89		89	30		
				9257	6	9251	2132	21859	1444
				3058		3058		1654	101
				172		172	38	187	95
				4905		4905	2037	16959	571
				86		86		102	82
				137		137		61	45
				460		460		457	309
				43		43		1728	173
				396	6	390	57	711	68
			11	1974	14	1960	256	4432	1779
			11	1103		1103	256	3161	1327
				467		467		769	247
				404	14	390		502	205

1-10 续表 2

行　业	代码	从业人员数(人)	内资企业				
				国有企业	集体企业	股份合作企业	联营企业
皮革、毛皮、羽毛及其制品和制鞋业	19	6154	5985		93	23	
皮革鞣制加工	191	1643	1623				
皮革制品制造	192	473	473		20		
毛皮鞣制及制品加工	193	3198	3198		48		
羽毛(绒)加工及制品制造	194	130	70				
制鞋业	195	710	621		25	23	
木材加工和木、竹、藤、棕、草制品业	20	116264	112610	3779	1134	593	180
木材加工	201	62811	62191	1923	491	184	45
人造板制造	202	22522	21947	1507	109	137	
木制品制造	203	29085	26685	349	485	247	111
竹、藤、棕、草等制品制造	204	1846	1787		49	25	24
家具制造业	21	26852	24304	195	330	51	69
木质家具制造	211	23999	21552	189	142	36	69
竹、藤家具制造	212	40	40				
金属家具制造	213	1385	1385		39		
塑料家具制造	214	314	314		7	15	
其他家具制造	219	1114	1013	6	142		
造纸和纸制品业	22	20821	19384	195	1140	265	6
纸浆制造	221	228	228	5			
造纸	222	11447	10134	26	178	30	
纸制品制造	223	9146	9022	164	962	235	6
印刷和记录媒介复制业	23	17477	17181	1867	817	338	55
印刷	231	15001	14705	1605	782	313	53
装订及印刷相关服务	232	2434	2434	262	35	25	2
记录媒介复制	233	42	42				
文教、工美、体育和娱乐用品制造业	24	15895	13295	250	317	42	
文教办公用品制造	241	5302	5302	238	2	37	
乐器制造	242	444	311				
工艺美术品制造	243	9081	6772	12	286	5	
体育用品制造	244	603	445		29		
玩具制造	245	312	312				
游艺器材及娱乐用品制造	246	153	153				
石油加工、炼焦和核燃料加工业	25	56773	55990	100	48	7	
精炼石油产品制造	251	40450	40417	11	46	7	
炼焦	252	16229	15479	89	2		
核燃料加工	253	94	94				
化学原料和化学制品制造业	26	60288	59195	2718	7466	213	47
基础化学原料制造	261	15484	15195	1086	1753	69	
肥料制造	262	15352	15040	676	356		
农药制造	263	2732	2561	128	14		
涂料、油墨、颜料及类似产品制造	264	3632	3579	20	49	49	
合成材料制造	265	4542	4542	118	5		
专用化学产品制造	266	12962	12709	343	5264	78	21
炸药、火工及焰火产品制造	267	3767	3767	287			
日用化学产品制造	268	1817	1802	60	25	17	26

国有联营企业	集体联营企业	国有与集体联营企业	其他联营企业	有限责任公司	国有独资公司	其他有限责任公司	股份有限公司	私营企业	私营独资企业
				2681		2681	99	2173	1010
				1472		1472		147	12
				248		248	10	183	53
				701		701	89	1512	743
				58		58		12	12
				202		202		319	190
13	143		24	27056		27056	3067	70514	26362
12	33			12026		12026	931	42995	16653
				7274		7274	1242	10715	3346
1	110			7221		7221	876	16014	5650
			24	535		535	18	790	713
	69			6336	66	6270	1534	14929	4219
	69			5000	66	4934	1406	13943	3672
								40	40
				1028		1028		308	138
				64		64	4	194	153
				244		244	124	444	216
	6			8759	2441	6318	354	8201	2585
				146		146		52	28
				5485	2441	3044	57	4134	1601
	6			3128		3128	297	4015	956
7	20		28	6244	26	6218	596	6233	2836
7	18		28	5223	20	5203	554	5316	2450
	2			1021	6	1015	42	875	386
								42	
				3339		3339	1672	6699	2688
				1364		1364	370	2962	905
				15		15	41	255	84
				1735		1735	1261	2978	1599
				180		180		132	5
				45		45		267	
								105	95
				13916	3630	10286	33855	7906	389
				6028	6	6022	31652	2641	340
				7888	3624	4264	2203	5250	38
								15	11
26		21		22700	2717	19983	4077	19437	5468
				7110	759	6351	337	4269	547
				5099		5099	2089	6159	2135
				1330		1330	130	849	159
				1007		1007	77	2014	924
				2882		2882	736	740	398
		21		2210	26	2184	174	4043	826
				2748	1932	816	511	149	85
26				314		314	23	1214	394

1-10 续表 3

行业	代码	从业人员数（人）	内资企业	国有企业	集体企业	股份合作企业	联营企业
医药制造业	27	61714	35059	831	140	416	
化学药品原料药制造	271	2510	2475	64			
化学药品制剂制造	272	32918	11421	49		57	
中药饮片加工	273	1793	1793		25	216	
中成药生产	274	16833	12845	184		69	
兽用药品制造	275	1989	1989	534	78	35	
生物药品制造	276	4604	3619			2	
卫生材料及医药用品制造	277	1067	917		37	37	
化学纤维制造业	28	1239	1233	136	40		
纤维素纤维原料及纤维制造	281	145	145				
合成纤维制造	282	1094	1088	136	40		
橡胶和塑料制品业	29	37030	32940	237	1364	725	63
橡胶制品业	291	6794	3776	145	466	156	11
塑料制品业	292	30236	29164	92	898	569	52
非金属矿物制品业	30	127526	125829	2608	6034	1728	115
水泥、石灰和石膏制造	301	26168	25849	293	287		
石膏、水泥制品及类似制品制造	302	21689	21178	349	754	368	
砖瓦、石材等建筑材料制造	303	58745	58676	892	4182	1036	115
玻璃制造	304	1352	1352				
玻璃制品制造	305	4315	4315	27	32	265	
玻璃纤维和玻璃纤维增强塑料制品制造	306	1983	1529	461	3	28	
陶瓷制品制造	307	1715	1715		13		
耐火材料制品制造	308	1604	1604	55	51		
石墨及其他非金属矿物制品制造	309	9955	9611	531	712	31	
黑色金属冶炼和压延加工业	31	36773	33670	189	1132	52	1699
炼铁	311	3189	3186	113	39		1699
炼钢	312	7633	7633	47			
黑色金属铸造	313	4273	4273	28	871	30	
钢压延加工	314	21129	18029	1	222	22	
铁合金冶炼	315	549	549				
有色金属冶炼和压延加工业	32	11538	11091	1327	222	109	
常用有色金属冶炼	321	887	535	218	105		
贵金属冶炼	322	1168	1168	1109			
稀有稀土金属冶炼	323	423	423		70		
有色金属合金制造	324	593	578				
有色金属铸造	325	219	219		38	1	
有色金属压延加工	326	8248	8168		9	108	
金属制品业	33	38307	37740	812	1438	890	50
结构性金属制品制造	331	17078	16976	47	269	261	15
金属工具制造	332	4867	4715	321	325	134	
集装箱及金属包装容器制造	333	3745	3481		119	62	35
金属丝绳及其制品制造	334	700	700		34	2	
建筑、安全用金属制品制造	335	3635	3586	420	467	284	
金属表面处理及热处理加工	336	2700	2700	7	64	9	
搪瓷制品制造	337	217	217	16		4	
金属制日用品制造	338	701	701		53		
其他金属制品制造	339	4664	4664	1	107	134	

国有联营企业	集体联营企业	国有与集体联营企业	其他联营企业	有限责任公司	国有独资公司	其他有限责任公司	股份有限公司	私营企业	私营独资企业
				14438		14438	9145	9416	1434
				1393		1393	1	857	201
				4914		4914	4826	1575	377
				361		361	603	443	256
				5237		5237	3495	3777	117
				411		411	60	777	42
				1740		1740	160	1578	290
				382		382		409	151
				52		52	339	595	182
				13		13	34	97	
				39		39	305	498	182
	63			10656	82	10574	1146	16940	4208
	11			890		890	267	1525	413
	52			9766	82	9684	879	15415	3795
	115			37401	2986	34415	7539	60062	24761
				14918	1589	13329	2942	6650	1207
				6233	500	5733	444	11801	4097
	115			8751		8751	1895	33875	18086
				213		213	732	407	112
				1392		1392	460	2066	111
				540		540		437	70
				1193		1193		398	71
				563		563		857	448
				3598	897	2701	1066	3571	559
			1699	25019	686	24333	707	4207	1354
			1699	1143	686	457		144	14
				7271		7271		268	170
				912		912	358	1903	628
				15471		15471	349	1565	355
				222		222		327	187
				8024	6912	1112	39	1170	278
				9		9		132	64
								59	
				154		154		199	94
				303	157	146	39	226	1
				38		38		77	
				7520	6755	765		477	119
	50			13270	822	12448	771	17545	4849
	15			4413	10	4403	424	9870	2271
				2075		2075	103	1264	758
	35			1511		1511		1461	180
				432		432	1	222	32
				811		811	207	1280	437
				1526		1526		1094	446
				155		155		42	42
				203		203	10	355	175
				2144	812	1332	26	1957	508

1-10 续表 4

行　　业	代码	从业人员数(人)	内资企业	国有企业	集体企业	股份合作企业	联营企业
通用设备制造业	34	88057	87455	7048	4283	1331	139
锅炉及原动设备制造	341	26117	25927	187	792	341	
金属加工机械制造	342	15983	15731	38	497	179	
物料搬运设备制造	343	4101	4068	390	140	7	
泵、阀门、压缩机及类似机械制造	344	4604	4604	662	195	36	
轴承、齿轮和传动部件制造	345	15190	15072	4429	256	171	
烘炉、风机、衡器、包装等设备制造	346	3620	3620	72	327	24	130
文化、办公用机械制造	347	1804	1804	469		9	
通用零部件制造	348	13040	13040	544	2047	553	1
其他通用设备制造业	349	3598	3589	257	29	11	8
专用设备制造业	35	77900	72191	5575	1079	505	16
采矿、冶金、建筑专用设备制造	351	41825	38687	3594	559	173	
化工、木材、非金属加工专用设备制造	352	6524	6487	1225	76	100	
食品、饮料、烟草及饲料生产专用设备制造	353	2666	2657		22	3	
印刷、制药、日化及日用品生产专用设备制造	354	1059	1051		20	5	
纺织、服装和皮革加工专用设备制造	355	368	368		7	45	
电子和电工机械专用设备制造	356	3182	3132		200	25	
农、林、牧、渔专用机械制造	357	14554	12792	539	94	83	16
医疗仪器设备及器械制造	358	1740	1700		31	71	
环保、社会公共服务及其他专用设备制造	359	5982	5317	217	70		
汽车制造业	36	26705	24075	4996	404	198	1
汽车整车制造	361	15053	13430	4304			
改装汽车制造	362	1270	1270	33	288		
低速载货汽车制造	363	65	65		12		
电车制造	364	22	22				
汽车车身、挂车制造	365	574	574				
汽车零部件及配件制造	366	9721	8714	659	104	198	1
铁路、船舶、航空航天和其他运输设备制造业	37	32463	31733	6585	3820	102	227
铁路运输设备制造	371	23305	23305	5774	3803	102	227
城市轨道交通设备制造	372						
船舶及相关装置制造	373	752	752	326	1		
航空、航天器及设备制造	374	8291	7561	479			
摩托车制造	375	6	6				
自行车制造	376	71	71	6	5		
非公路休闲车及零配件制造	377						
潜水救捞及其他未列明运输设备制造	379	38	38		11		
电气机械和器材制造业	38	70935	68169	30338	2942	541	21
电机制造	381	42822	42822	26946	933	45	10
输配电及控制设备制造	382	12947	12947	1849	1482	290	11
电线、电缆、光缆及电工器材制造	383	6409	6409	1474	334	120	
电池制造	384	4000	1316		38		
家用电力器具制造	385	1629	1629		22	12	
非电力家用器具制造	386	433	433	1			
照明器具制造	387	1290	1210	35	103	25	
其他电气机械及器材制造	389	1405	1403	33	30	49	
计算机、通信和其他电子设备制造业	39	6836	6540	265	2	17	
计算机制造	391	956	935				

国有联营企业	集体联营企业	国有与集体联营企业	其他联营企业	有限责任公司	国有独资公司	其他有限责任公司	股份有限公司	私营企业	私营独资企业
	130	9		41906	403	41503	6870	23324	6689
				17512	3	17509	1428	5167	1228
				7143	9	7134	3007	4159	1480
				1609	10	1599	5	1720	266
				1700	31	1669	583	1348	403
				7755	190	7565	79	2377	291
	121	9		1537		1537	165	1236	358
				95		95	939	19	13
	1			3620	160	3460	476	5478	2042
	8			935		935	188	1820	608
	16			17967	525	17442	16958	26998	7043
				8138	525	7613	13802	11513	2197
				1542		1542	1235	1815	683
				365		365	25	2229	644
				376		376		456	126
				58		58		229	89
				1530		1530	241	1071	355
	16			4119		4119	177	7163	2078
				397		397	73	926	666
				1442		1442	1405	1596	205
1				10882		10882	3952	3322	524
				6116		6116	2959	51	40
				509		509	14	355	119
				53		53			
							22		
							340	234	
1				4204		4204	617	2682	365
	227			13933	2541	11392	4328	2503	202
	227			12643	1823	10820		553	149
				358		358		67	26
				927	718	209	4328	1827	
								6	
				5		5		23	
								27	27
	10		11	17852		17852	4533	10887	2546
	10			9921		9921	3264	1630	350
			11	3805		3805	761	4418	1024
				2016		2016	455	1942	470
				672		672		606	16
				723		723	3	571	216
				108		108	30	248	73
				254		254		666	232
				353		353	20	806	165
				1425	20	1405	843	3693	85
				220		220	495	210	5

1-10 续表 5

行业	代码	从业人员数(人)	内资企业	国有企业	集体企业	股份合作企业	联营企业
通信设备制造	392	801	789			17	
广播电视设备制造	393	65	65				
雷达及配套设备制造	394	23	23				
视听设备制造	395	10	10				
电子器件制造	396	1984	1946	152			
电子元件制造	397	1493	1476				
其他电子设备制造	399	1504	1296	113	2		
仪器仪表制造业	40	8878	8858	528	153	378	29
通用仪器仪表制造	401	6805	6801	59	130	192	29
专用仪器仪表制造	402	1230	1229	443			
钟表与计时仪器制造	403	34	34	26	8		
光学仪器及眼镜制造	404	221	206		5	174	
其他仪器仪表制造业	409	588	588		10	12	
其他制造业	41	7922	7921	3224	120	138	60
日用杂品制造	411	334	334		8	15	
煤制品制造	412	4616	4616	3175	5	18	
核辐射加工	413						
其他未列明制造业	419	2972	2971	49	107	105	60
废弃资源综合利用业	42	2327	2241	320		12	136
金属废料和碎屑加工处理	421	1614	1614	302			14
非金属废料和碎屑加工处理	422	713	627	18		12	122
金属制品、机械和设备修理业	43	5882	5882	402	1421	32	
金属制品修理	431	237	237		20		
通用设备修理	432	736	736		235		
专用设备修理	433	1962	1962	320	57	4	
铁路、船舶、航空航天等运输设备修理	434	965	965	49	378		
电气设备修理	435	815	815	6	597		
仪器仪表修理	436	152	152		102		
其他机械和设备修理业	439	1015	1015	27	32	28	
电力、热力、燃气及水生产和供应业	**D**	**193500**	**181835**	**82145**	**1189**	**1035**	**16**
电力、热力生产和供应业	44	162329	154956	71298	729	400	16
电力生产	441	64235	58867	31705	385	194	
电力供应	442	57426	57426	28413	285	3	
热力生产和供应	443	40668	38663	11180	59	203	16
燃气生产和供应业	45	10814	7044	1938	61	466	
燃气生产和供应业	450	10814	7044	1938	61	466	
水的生产和供应业	46	20357	19835	8909	399	169	
自来水生产和供应	461	18262	18015	8520	399	116	
污水处理及其再生利用	462	1875	1600	383		53	
其他水的处理、利用与分配	469	220	220	6			
建筑业	**E**	**501908**	**501487**	**71752**	**29084**	**1018**	**620**
房屋建筑业	47	250779	250674	35048	19868	439	255
房屋建筑业	470	250779	250674	35048	19868	439	255
土木工程建筑业	48	131010	130806	27702	6329	373	18
铁路、道路、隧道和桥梁工程建筑	481	51757	51575	10258	3467	113	
水利和内河港口工程建筑	482	13004	13004	3860	166	222	3
海洋工程建筑	483						

国有联营企业	集体联营企业	国有与集体联营企业	其他联营企业	有限责任公司	国有独资公司	其他有限责任公司	股份有限公司	私营企业	私营独资企业
				225		225	262	256	11
				3		3		62	
				23		23			
								3	
				283		283		1499	
				287		287		1047	5
				384	20	364	86	616	64
21		8		5101	65	5036	466	2192	543
21		8		4542		4542	57	1791	513
				406	65	341	147	223	
				14		14		13	
				139		139	262	165	30
	60			1512		1512	278	1804	1067
				71		71		193	37
				390		390	159	738	511
	60			1051		1051	119	873	519
	14	122		769		769	46	647	304
	14			665		665	31	309	183
		122		104		104	15	338	121
				1840		1840	56	747	325
				144		144	15	58	20
				61		61		107	4
				834		834	10	240	155
				294		294	26	72	13
				101		101		81	4
								50	48
				406		406	5	139	81
			16	**73279**	**35618**	**37661**	**5874**	**15292**	**5121**
			16	64076	32490	31586	5250	11328	3464
				20497	2867	17630	3246	1994	512
				27948	27222	726	81	396	141
			16	15631	2401	13230	1923	8938	2811
				1835		1835	381	1850	939
				1835		1835	381	1850	939
				7368	3128	4240	243	2114	718
				6670	3128	3542	203	1589	513
				599		599	40	418	108
				99		99		107	97
	415	**195**	**10**	**228270**	**34073**	**194197**	**22000**	**143902**	**9677**
	55	195	5	121199	2103	119096	11770	60333	3335
	55	195	5	121199	2103	119096	11770	60333	3335
	16		2	68770	28954	39816	5220	21407	2083
				22641	2585	20056	3547	11339	785
	3			5159		5159	1128	1985	515

1-10 续表 6

行业	代码	从业人员数(人)	内资企业	国有企业	集体企业	股份合作企业	联营企业
工矿工程建筑	484	43369	43369	8919	201		
架线和管道工程建筑	485	17669	17669	4095	2478	16	
其他土木工程建筑	489	5211	5189	570	17	22	15
建筑安装业	49	48271	48238	7837	1547	53	340
电气安装	491	15790	15790	2617	1147	16	
管道和设备安装	492	11178	11148	1061	129	6	340
其他建筑安装业	499	21303	21300	4159	271	31	
建筑装饰和其他建筑业	50	71848	71769	1165	1340	153	7
建筑装饰业	501	29008	28929	165	1142	58	4
工程准备活动	502	33663	33663	841	26	50	
提供施工设备服务	503	1048	1048		16		3
其他未列明建筑业	509	8129	8129	159	156	45	
批发和零售业	**F**	**526257**	**515965**	**35797**	**11153**	**5596**	**1588**
批发业	51	299928	297571	24373	4638	2645	817
农、林、牧产品批发	511	98817	98748	7947	322	872	125
食品、饮料及烟草制品批发	512	39401	38853	6862	81	189	128
纺织、服装及家庭用品批发	513	16107	15316	174	157	91	29
文化、体育用品及器材批发	514	4722	4722	533	76	36	
医药及医疗器材批发	515	13233	13214	163	33	115	20
矿产品、建材及化工产品批发	516	69774	69696	5597	3189	655	439
机械设备、五金产品及电子产品批发	517	35631	35544	2156	329	335	27
贸易经纪与代理	518	9166	8487	339	153	106	4
其他批发业	519	13077	12991	602	298	246	45
零售业	52	226329	218394	11424	6515	2951	771
综合零售	521	66764	59899	3245	3507	757	220
食品、饮料及烟草制品专门零售	522	15073	14970	1492	747	113	94
纺织、服装及日用品专门零售	523	24297	23928	265	308	99	86
文化、体育用品及器材专门零售	524	14548	14538	2779	276	656	29
医药及医疗器材专门零售	525	29006	28964	1447	285	431	150
汽车、摩托车、燃料及零配件专门零售	526	32047	31719	1139	477	369	151
家用电器及电子产品专门零售	527	21461	21294	100	47	192	17
五金、家具及室内装饰材料专门零售	528	12417	12417	168	243	165	6
货摊、无店铺及其他零售业	529	10716	10665	789	625	169	18
交通运输、仓储和邮政业	**G**	**179765**	**177672**	**102124**	**2308**	**657**	**391**
道路运输业	54	87029	86980	36887	1068	396	101
城市公共交通运输	541	25720	25705	11244	487	27	15
公路旅客运输	542	12121	12121	3893	80	68	59
道路货物运输	543	24624	24595	1715	281	225	23
道路运输辅助活动	544	24564	24559	20035	220	76	4
水上运输业	55	1687	1687	1023	52	39	6
水上旅客运输	551	449	449	232		27	
水上货物运输	552	616	616	385	48	12	6
水上运输辅助活动	553	622	622	406	4		
航空运输业	56	6619	4607	3965		20	
航空客货运输	561	2401	389	218		20	
通用航空服务	562	405	405	192			
航空运输辅助活动	563	3813	3813	3555			

国有联营企业	集体联营企业	国有与集体联营企业	其他联营企业	有限责任公司	国有独资公司	其他有限责任公司	股份有限公司	私营企业	私营独资企业
				33452	26287	7165	147	584	58
				5140	82	5058	318	5471	81
	13		2	2378		2378	80	2028	644
	340			19819	897	18922	3163	14693	1256
				6978	790	6188	816	3825	381
	340			2890	61	2829	1609	5029	370
				9951	46	9905	738	5839	505
	4		3	18482	2119	16363	1847	47469	3003
	4			13632	980	12652	763	12280	2242
				1000		1000	24	31623	262
			3	265		265	149	497	195
				3585	1139	2446	911	3069	304
367	**447**	**58**	**716**	**155395**	**3231**	**152164**	**37274**	**182379**	**61892**
253	285	22	257	79905	2779	77126	19698	92729	34251
6	51		68	15339	1694	13645	1233	24079	10565
63	32	22	11	8581	613	7968	1616	9080	3463
			29	5972	9	5963	2545	5551	1349
				2491		2491	179	1090	182
20				7743	8	7735	782	3458	696
154	169		116	18431	370	18061	11502	25143	11187
6	6		15	13705	43	13662	863	15303	3783
4				3078	40	3038	254	3783	924
	27		18	4565	2	4563	724	5242	2102
114	162	36	459	75490	452	75038	17576	89650	27641
25	36	5	154	21394	162	21232	6537	20787	6577
13	13	25	43	4372	17	4355	514	5342	2373
1	13		72	6174		6174	2187	13358	3255
11	3		15	4773	5	4768	97	5372	719
2	51	6	91	10894	6	10888	4610	9629	3926
47	44		60	11023	244	10779	1883	15487	4048
			17	9646		9646	921	9213	2671
	2		4	3671	18	3653	464	6332	2529
15			3	3543		3543	363	4130	1543
126	**179**	**36**	**50**	**32668**	**6160**	**26508**	**4680**	**28489**	**12178**
10	74	4	13	20984	3079	17905	3577	19445	9106
	15			5407	8	5399	914	6277	2494
	59			4414	2425	1989	1959	1490	545
10			13	9102	646	8456	524	10814	5613
		4		2061		2061	180	864	454
	6			205		205	213	125	85
				136		136	24	30	
	6			62		62	4	80	75
				7		7	185	15	10
				484		484	34	17	
				119		119	29	3	
				134		134	5	14	
				231		231			

1-10 续表 7

行 业	代码	从业人员数(人)					
			内资企业				
				国有企业	集体企业	股份合作企业	联营企业
管道运输业	57	484	484	101			
管道运输业	570	484	484	101			
装卸搬运和运输代理业	58	7290	7278	599	1017	62	134
装卸搬运	581	3919	3919	318	971	3	26
运输代理业	582	3371	3359	281	46	59	108
仓储业	59	21992	21972	10708	171	132	116
谷物、棉花等农产品仓储	591	18542	18542	9456	106	109	116
其他仓储业	599	3450	3430	1252	65	23	
邮政业	60	54664	54664	48841		8	34
邮政基本服务	601	49379	49379	48783			
快递服务	602	5285	5285	58		8	34
住宿和餐饮业	**H**	**73829**	**67716**	**11531**	**886**	**701**	**120**
住宿业	61	39920	37910	9324	687	604	82
旅游饭店	611	23169	21333	6331	306	495	12
一般旅馆	612	13308	13278	1958	315	98	35
其他住宿业	619	3443	3299	1035	66	11	35
餐饮业	62	33909	29806	2207	199	97	38
正餐服务	621	30163	26723	1902	171	73	20
快餐服务	622	1822	1167		18	24	18
饮料及冷饮服务	623	362	362	3			
其他餐饮业	629	1562	1554	302	10		
信息传输、软件和信息技术服务业	**I**	**76224**	**52431**	**12020**	**139**	**201**	**120**
电信、广播电视和卫星传输服务	63	47422	24505	9859	95	104	105
电信	631	41179	18262	6486	22	2	105
广播电视传输服务	632	6006	6006	3355	53	102	
卫星传输服务	633	237	237	18	20		
互联网和相关服务	64	4896	4685	240		34	
互联网接入及相关服务	641	2745	2603	72			
互联网信息服务	642	1422	1353	103		34	
其他互联网服务	649	729	729	65			
软件和信息技术服务业	65	23906	23241	1921	44	63	15
软件开发	651	15344	14856	225	34	27	3
信息系统集成服务	652	1499	1460	182	8		2
信息技术咨询服务	653	3526	3513	188	2	4	10
数据处理和存储服务	654	526	435	110			
集成电路设计	655	169	169				
其他信息技术服务业	659	2842	2808	1216		32	
房地产业	**K**	**127437**	**126255**	**8561**	**736**	**506**	**217**
房地产业	70	127437	126255	8561	736	506	217
房地产开发经营	701	55404	54454	1435	5	132	
物业管理	702	59046	58958	4870	251	226	157
房地产中介服务	703	6830	6825	383	47	67	25
自有房地产经营活动	704	3473	3389	480	433	73	35
其他房地产业	709	2684	2629	1393		8	
租赁和商务服务业	**L**	**184245**	**182816**	**42142**	**2447**	**787**	**935**
租赁业	71	10271	10167	189	63	71	31
机械设备租赁	711	9894	9885	189	63	71	31
文化及日用品出租	712	377	282				

国有联营企业	集体联营企业	国有与集体联营企业	其他联营企业	有限责任公司	国有独资公司	其他有限责任公司	股份有限公司	私营企业	私营独资企业
				40		40	287	21	15
				40		40	287	21	15
	99	32	3	2144		2144	190	2611	956
	9	17		1133		1133	94	1235	610
	90	15	3	1011		1011	96	1376	346
116				7091	3081	4010	115	2740	1477
116				6063	3021	3042	100	1783	1126
				1028	60	968	15	957	351
			34	1720		1720	264	3530	539
				456		456	27	69	28
			34	1264		1264	237	3461	511
31	**52**		**37**	**19881**	**292**	**19589**	**2277**	**28439**	**13129**
30	33		19	10977	292	10685	1563	12910	5433
12				7084	225	6859	878	5603	1625
18	3		14	2693	67	2626	601	6598	3339
	30		5	1200		1200	84	709	469
1	19		18	8904		8904	714	15529	7696
1	19			7962		7962	670	14151	7079
			18	453		453	19	482	166
				76		76	12	243	148
				413		413	13	653	303
79	**15**		**26**	**24025**	**2273**	**21752**	**4014**	**9713**	**1416**
79	3		23	9881	2255	7626	3018	343	109
79	3		23	8756	2255	6501	2453	210	68
				1082		1082	426	130	41
				43		43	139	3	
				2771		2771	284	1180	435
				2215		2215	190	112	69
				300		300	79	760	195
				256		256	15	308	171
	12		3	11373	18	11355	712	8190	872
			3	8106	6	8100	529	5371	606
	2			824		824	19	403	13
	10			1453	12	1441	102	1525	214
				104		104	8	203	10
				92		92		55	
				794		794	54	633	29
65	**36**	**31**	**85**	**61835**	**5690**	**56145**	**5914**	**43399**	**7247**
65	36	31	85	61835	5690	56145	5914	43399	7247
				28283	2250	26033	3777	19629	1146
27	36	31	63	28502	3225	25277	1433	20518	5209
3			22	3293	1	3292	296	2110	581
35				1300	213	1087	172	800	215
				457	1	456	236	342	96
31	**69**	**710**	**125**	**39775**	**4818**	**34957**	**52416**	**28659**	**9618**
	6		25	1955		1955	98	2569	1086
	6		25	1755		1755	98	2487	1074
				200		200		82	12

1-10 续表 8

行业	代码	从业人员数(人)	内资企业	国有企业	集体企业	股份合作企业	联营企业
商务服务业	72	173974	172649	41953	2384	716	904
企业管理服务	721	97203	96858	32777	573	100	44
法律服务	722	4514	4512	918	41	74	12
咨询与调查	723	12365	12304	852	41	60	37
广告业	724	11238	11238	873	79	58	147
知识产权服务	725	429	429	66	13	12	
人力资源服务	726	12366	12326	1409	1136	112	56
旅行社及相关服务	727	7111	7105	1110	47	97	5
安全保护服务	728	10743	10743	1783	87	8	575
其他商务服务业	729	18005	17134	2165	367	195	28
科学研究和技术服务业	M	**98962**	**98796**	**45879**	**1422**	**788**	**401**
研究和试验发展	73	13354	13300	9392	154	36	
自然科学研究和试验发展	731	1560	1552	1124	54		
工程和技术研究和试验发展	732	3820	3803	2214	61	28	
农业科学研究和试验发展	733	6138	6114	4683	39	6	
医学研究和试验发展	734	1040	1035	695		2	
社会人文科学研究	735	796	796	676			
专业技术服务业	74	57215	57184	29424	1116	703	138
气象服务	741	1911	1911	1772			
地震服务	742	285	285	244			
海洋服务	743						
测绘服务	744	2350	2350	620		23	72
质检技术服务	745	7707	7707	4712	27	32	15
环境与生态监测	746	1824	1824	1254			
地质勘查	747	8433	8430	6390	207	9	22
工程技术	748	24406	24394	11653	190	170	5
其他专业技术服务业	749	10299	10283	2779	692	469	24
科技推广和应用服务业	75	28393	28312	7063	152	49	263
技术推广服务	751	24828	24752	6116	147	33	263
科技中介服务	752	1275	1275	476		13	
其他科技推广和应用服务业	759	2290	2285	471	5	3	
水利、环境和公共设施管理业	N	**74287**	**74265**	**59218**	**848**	**29**	**32**
水利管理业	76	13620	13620	11073	267		
防洪除涝设施管理	761	3322	3322	3061			
水资源管理	762	5143	5143	4322	255		
天然水收集与分配	763	2118	2118	1894			
水文服务	764	299	299	248	7		
其他水利管理业	769	2738	2738	1548	5		
生态保护和环境治理业	77	5829	5814	5054			
生态保护	771	4805	4805	4531			
环境治理业	772	1024	1009	523			
公共设施管理业	78	54838	54831	43091	581	29	32
市政设施管理	781	8448	8441	7233	63	5	
环境卫生管理	782	24749	24749	21840	197	15	20
城乡市容管理	783	3217	3217	2471			
绿化管理	784	12096	12096	8570	123	9	12
公园和游览景区管理	785	6328	6328	2977	198		

国有联营企业	集体联营企业	国有与集体联营企业	其他联营企业	有限责任公司	国有独资公司	其他有限责任公司	股份有限公司	私营企业	私营独资企业
31	63	710	100	37820	4818	33002	52318	26090	8532
12	16	5	11	8219	3349	4870	49499	1762	461
		4	8	366	2	364	58	1428	371
	27		10	5744	41	5703	474	4126	1213
3		126	18	4519	40	4479	229	4563	1716
				246		246	6	72	
16			40	2638		2638	588	5221	1532
			5	2738	24	2714	183	2207	825
		575		6937	1252	5685	318	879	575
	20		8	6413	110	6303	963	5832	1839
320	**46**	**20**	**15**	**15704**	**275**	**15429**	**2056**	**14908**	**3635**
				1328	142	1186	33	1063	391
				107		107	24	130	10
				695	142	553	9	528	164
				363		363		249	166
				144		144		126	46
				19		19		30	5
106	2	20	10	10885	90	10795	1725	10093	2107
				82	53	29		5	
				3		3		3	3
72				455		455	196	919	102
5			10	1362	13	1349	202	967	222
				221	3	218	42	253	50
	2	20		1066	21	1045	67	202	89
5				5470		5470	915	4808	855
24				2226		2226	303	2936	786
214	44		5	3491	43	3448	298	3752	1137
214	44		5	2185	1	2184	239	2954	825
				406	42	364	5	210	78
				900		900	54	588	234
32				**3843**	**932**	**2911**	**219**	**3650**	**1154**
				700	489	211	30	423	72
				34		34	3	14	14
				90		90		64	12
							27	17	12
				24		24		18	
				552	489	63		310	34
				438	18	420	3	216	89
				193		193		47	1
				245	18	227	3	169	88
32				2705	425	2280	186	3011	993
				311	25	286	48	285	162
20				118		118	20	609	208
				48	2	46		58	
12				929		929	56	1452	385
				1299	398	901	62	607	238

1-10 续表 9

行业	代码	从业人员数（人）					
			内资企业				
				国有企业	集体企业	股份合作企业	联营企业
居民服务、修理和其他服务业	O	**40492**	**40242**	**7061**	**1208**	**237**	**151**
居民服务业	79	23228	23143	4400	606	87	124
家庭服务	791	3292	3292	280	55	8	54
托儿所服务	792	990	990	198			2
洗染服务	793	279	279		38		
理发及美容服务	794	3407	3367	14			
洗浴服务	795	4639	4594	10	49	20	10
保健服务	796	179	179	43			
婚姻服务	797	1240	1240	132		5	
殡葬服务	798	4710	4710	2724	111		41
其他居民服务业	799	4492	4492	999	353	54	17
机动车、电子产品和日用产品修理业	80	10893	10728	1085	250	125	23
汽车、摩托车修理与维护	801	8834	8669	807	207	109	23
计算机和办公设备维修	802	949	949	173	22		
家用电器修理	803	608	608	52			
其他日用产品修理业	809	502	502	53	21	16	
其他服务业	81	6371	6371	1576	352	25	4
清洁服务	811	4226	4226	1202	87	13	
其他未列明服务业	819	2145	2145	374	265	12	4
教育	P	**451355**	**451326**	**375507**	**2292**	**1308**	**1736**
教育	82	451355	451326	375507	2292	1308	1736
学前教育	821	19250	19250	8047	128		73
初等教育	822	120778	120758	108567	812	75	165
中等教育	823	190792	190791	169894	948	685	634
高等教育	824	71987	71987	60320		372	800
特殊教育	825	2754	2754	2274	12		
技能培训、教育辅助及其他教育	829	45794	45786	26405	392	176	64
卫生和社会工作	Q	**249304**	**248638**	**207532**	**6089**	**1420**	**1009**
卫生	83	236814	236176	201264	5839	1335	952
医院	831	172437	171803	150216	2801	1276	531
社区医疗与卫生院	832	36955	36951	30960	1559	54	159
门诊部(所)	833	5849	5849	2181	1203	5	159
计划生育技术服务活动	834	1623	1623	1540	6		
妇幼保健院(所、站)	835	5918	5918	5425	17		
专科疾病防治院(所、站)	836	2728	2728	2393	11		83
疾病预防控制中心	837	6915	6915	6010	4		13
其他卫生活动	839	4389	4389	2539	238		7
社会工作	84	12490	12462	6268	250	85	57
提供住宿社会工作	841	10733	10705	5111	235	85	52
不提供住宿社会工作	842	1757	1757	1157	15		5
文化、体育和娱乐业	R	**52209**	**51885**	**26725**	**255**	**393**	**91**
新闻和出版业	85	10856	10828	7509	28	71	20
新闻业	851	4193	4193	4066	10		
出版业	852	6663	6635	3443	18	71	20
广播、电视、电影和影视录音制作业	86	11579	11537	7159	84	260	15
广播	861	1800	1800	1413	43	130	

国有联营企业	集体联营企业	国有与集体联营企业	其他联营企业	有限责任公司	国有独资公司	其他有限责任公司	股份有限公司	私营企业	私营独资企业
54	**13**	**1**	**83**	**8377**	**163**	**8214**	**1072**	**16815**	**8680**
51	12		61	3622	3	3619	648	10810	6022
	5		49	638		638	6	1840	1101
			2	14		14	25	305	305
				45		45		189	149
				378		378	46	2688	1345
			10	779	3	776	203	3313	2032
				13		13		114	46
				303		303	29	637	346
41				430		430	262	553	281
10	7			1022		1022	77	1171	417
		1	22	3276		3276	199	4537	2166
		1	22	2699		2699	122	3781	1859
				281		281	46	313	159
				137		137	14	244	48
				159		159	17	199	100
3	1			1479	160	1319	225	1468	492
				817		817	79	931	339
3	1			662	160	502	146	537	153
1323	**49**	**2**	**362**	**2428**	**24**	**2404**	**1263**	**12635**	**9755**
1323	49	2	362	2428	24	2404	1263	12635	9755
	39		34	250		250	15	3694	3577
163		2						509	349
345			289	329		329		1086	932
800				4		4	1157	211	211
				10	8	2		157	107
15	10		39	1835	16	1819	91	6978	4579
176	**28**	**174**	**631**	**1986**		**1986**	**424**	**7349**	**5435**
176	23	165	588	1905		1905	424	5903	4245
	8	20	503	1551		1551	235	4459	2975
154		5		9		9	42	528	463
2	15	140	2	26		26	6	571	506
								16	16
			83	32		32	3	73	73
13								2	
7				287		287	138	254	212
	5	9	43	81		81		1446	1190
		9	43	81		81		1439	1183
	5							7	7
35	**11**	**9**	**36**	**7498**	**3505**	**3993**	**982**	**9416**	**7079**
20				2603	2094	509	65	149	9
				2		2	7	9	4
20				2601	2094	507	58	140	5
15				2133	1283	850	683	690	142
				20		20	79	12	4

1-10 续表 10

行业	代码	从业人员数(人)	内资企业				
				国有企业	集体企业	股份合作企业	联营企业
电视	862	6173	6173	3496	4	130	15
电影和影视节目制作	863	2215	2215	1746			
电影和影视节目发行	864	174	174	143			
电影放映	865	1019	977	361	35		
录音制作	866	198	198		2		
文化艺术业	87	14079	14075	9522	96	4	16
文艺创作与表演	871	3591	3591	2435	39		
艺术表演场馆	872	1546	1546	897	4		
图书馆与档案馆	873	2317	2317	1955	9	2	7
文物及非物质文化遗产保护	874	681	681	594			
博物馆	875	1517	1517	1054			9
烈士陵园、纪念馆	876	460	460	316			
群众文化活动	877	2854	2850	1986	35		
其他文化艺术业	879	1113	1113	285	9	2	
体育	88	3923	3681	1824	34	41	23
体育组织	881	1671	1671	1047			
体育场馆	882	656	656	532	26	25	
休闲健身活动	883	1412	1170	149	8	1	
其他体育	889	184	184	96		15	23
娱乐业	89	11772	11764	711	13	17	17
室内娱乐活动	891	9241	9233	214	13	17	17
游乐园	892	1077	1077	298			
彩票活动	893	211	211	85			
文化、娱乐、体育经纪代理	894	543	543	60			
其他娱乐业	899	700	700	54			
公共管理、社会保障和社会组织	S	**732183**	**732171**	**555402**	**2573**	**170**	**1223**
中国共产党机关	90	16805	16805	16765			
中国共产党机关	900	16805	16805	16765			
国家机构	91	527167	527167	513468	717	5	402
国家权力机构	911	8520	8520	8463	3		
国家行政机构	912	487092	487092	473939	714	5	402
人民法院和人民检察院	913	24191	24191	24072			
其他国家机构	919	7364	7364	6994			
人民政协、民主党派	92	2989	2989	2987			
人民政协	921	2515	2515	2515			
民主党派	922	474	474	472			
社会保障	93	7045	7045	6037	114		6
社会保障	930	7045	7045	6037	114		6
群众团体、社会团体和其他成员组织	94	96578	96566	16145	1742	165	815
群众团体	941	11317	11306	5899	425	6	7
社会团体	942	68839	68838	9874	935	149	794
基金会	943	323	323	118			
宗教组织	944	16099	16099	254	382	10	14
基层群众自治组织	95	81599	81599				
社区自治组织	951	25245	25245				
村民自治组织	952	56354	56354				

国有联营企业	集体联营企业	国有与集体联营企业	其他联营企业	有限责任公司	国有独资公司	其他有限责任公司	股份有限公司	私营企业	私营独资企业
15				1574	1283	291	476	184	
				207		207	24	153	17
				19		19		12	
				218		218	102	230	108
				95		95	2	99	13
	7	9		909	124	785	44	828	381
				321	105	216		321	157
				87	17	70		30	30
	7			14		14		31	
				9		9	18	1	
		9		4		4		76	19
				15		15			
				49		49		97	73
				410	2	408	26	272	102
			23	409		409	27	397	201
				3		3		6	2
				45		45		13	9
				349		349	27	368	180
			23	12		12		10	10
	4		13	1444	4	1440	163	7352	6346
	4		13	1031	4	1027	72	6122	5358
				62		62	49	647	517
				169		169	12	255	197
				182		182	30	328	274
398	**123**	**290**	**412**	**841**	**1**	**840**	**1341**	**1621**	**1111**
395	2	5							
395	2	5							
	6								
	6								
3	115	285	412	841	1	840	1341	1621	1111
	7			545		545	439	18	6
3	96	285	410	284	1	283	902	1452	954
	12		2	12		12		151	151

1-10 续表 11

行　　业	代码	私营合伙企　　业	私营有限责任公司	私营股份有限公司	其他企业	港、澳、台商投资企　　业	合资经营企业(港、澳、台资)
总　　计	00	**30527**	**687295**	**52816**	**594586**	**59939**	**26081**
农、林、牧、渔业	A	**595**	**1734**	**251**	**107426**		
农业	01		10		72		
谷物种植	011				67		
豆类、油料和薯类种植	012				5		
棉、麻、糖、烟草种植	013						
蔬菜、食用菌及园艺作物种植	014		10				
水果种植	015						
坚果、含油果、香料和饮料作物种植	016						
中药材种植	017						
其他农业	019						
林业	02		107				
林木育种和育苗	021		107				
造林和更新	022						
森林经营和管护	023						
木材和竹材采运	024						
林产品采集	025						
畜牧业	03		11		159		
牲畜饲养	031		11		148		
家禽饲养	032						
狩猎和捕捉动物	033						
其他畜牧业	039				11		
渔业	04						
水产养殖	041						
水产捕捞	042						
农、林、牧、渔服务业	05	595	1606	251	107195		
农业服务业	051	413	1347	221	94384		
林业服务业	052	6	1		499		
畜牧服务业	053	172	236	30	11300		
渔业服务业	054	4	22		1012		
采矿业	B	**1999**	**27024**	**3355**	**5608**	**2096**	**1078**
煤炭开采和洗选业	06	922	18395	2771	1819		
烟煤和无烟煤开采洗选	061	832	17029	2691	1614		
褐煤开采洗选	062	89	1071	80	4		
其他煤炭采选	069	1	295		201		
石油和天然气开采业	07		110	25	1300	63	
石油开采	071		110	25	1300	63	
天然气开采	072						
黑色金属矿采选业	08	21	1925	127	98		
铁矿采选	081	21	1925	127	98		
锰矿、铬矿采选	082						
其他黑色金属矿采选	089						
有色金属矿采选业	09		884	108	22		
常用有色金属矿采选	091		666		22		
贵金属矿采选	092		81	98			
稀有稀土金属矿采选	093		137	10			

合作经营企业(港、澳、台资)	港、澳、台商独资经营企业	港、澳、台商投资股份有限公司	其他港、澳、台投资企业	外商投资企业	中外合资经营企业	中外合作经营企业	外资企业	外商投资股份有限公司	其他外商投资企业
1681	**20898**	**8471**	**2808**	**113361**	**57455**	**2101**	**39018**	**14221**	**566**
				38	**3**				**35**
				38	3				35
				38	3				35
1018				**929**	**801**	**50**		**78**	
				371	371				
				356	356				
				15	15				
63									
63									
				430	430				
				430	430				

1-10 续表 12

行　业	代码	私营合伙企　业	私营有限责任公司	私营股份有限公司	其他企业	港、澳、台商投资企　业	合资经营企业(港、澳、台资)
非金属矿采选业	10	985	4477	72	1425	1137	1078
土砂石开采	101	935	2283		1093		
化学矿开采	102				8		
采盐	103						
石棉及其他非金属矿采选	109	50	2194	72	324	1137	1078
开采辅助活动	11	53	1217	252	682	896	
煤炭开采和洗选辅助活动	111		28	21	286		
石油和天然气开采辅助活动	112	50	1104	231		896	
其他开采辅助活动	119	3	85		396		
其他采矿业	12	18	16		262		
其他采矿业	120	18	16		262		
制造业	C	**10852**	**312184**	**23105**	**71850**	**25729**	**14964**
农副食品加工业	13	2041	68080	6708	19859	3557	381
谷物磨制	131	788	36688	2285	12834	1170	108
饲料加工	132	87	4255	378	1321	320	13
植物油加工	133	162	6562	478	1194		
制糖业	134	7	574	484	16		
屠宰及肉类加工	135	155	9693	204	1184	300	
水产品加工	136	10	25		98		
蔬菜、水果和坚果加工	137	596	5646	1405	1486	451	230
其他农副食品加工	139	236	4637	1474	1726	1316	30
食品制造业	14	375	13184	714	2710	2419	1498
焙烤食品制造	141	93	1786		333	1622	1262
糖果、巧克力及蜜饯制造	142		148		35		
方便食品制造	143	118	4348	326	818	453	
乳制品制造	144	53	1520	20	195	87	
罐头食品制造	145	13	171		192		
调味品、发酵制品制造	146	83	2733	149	136	127	127
其他食品制造	149	15	2478	219	1001	130	109
酒、饮料和精制茶制造业	15	868	10366	544	2912	1064	81
酒的制造	151	735	6414	433	2281	735	2
饮料制造	152	133	3917	111	596	329	79
精制茶加工	153		35		35		
烟草制品业	16				343	247	247
烟叶复烤	161				343	247	247
卷烟制造	162						
其他烟草制品制造	169						
纺织业	17	102	17646	2667	3492	1817	1111
棉纺织及印染精加工	171	8	1545		235	16	
毛纺织及染整精加工	172		92		134		
麻纺织及染整精加工	173	4	13738	2646	160	1801	1111
丝绢纺织及印染精加工	174		20				
化纤织造及印染精加工	175			16	6		
针织或钩针编织物及其制品制造	176	65	83		103		
家用纺织制成品制造	177	13	1537	5	2835		
非家用纺织制成品制造	178	12	631		19		
纺织服装、服饰业	18	52	2273	328	2538		
机织服装制造	181	7	1527	300	863		
针织或钩针编织服装制造	182	45	454	23	433		
服饰制造	183		292	5	1242		

	合作经营企业(港、澳、台资)	港、澳、台商独资经营企业	港、澳、台商投资股份有限公司	其他港、澳、台投资企业	外商投资企业	中外合资经营企业	中外合作经营企业	外资企业	外商投资股份有限公司	其他外商投资企业
	59				128		50		78	
					128		50		78	
	59									
	896									
	896									
	341	**9093**	**1175**	**156**	**86051**	**44787**	**1089**	**32033**	**8035**	**107**
		2914	262		12108	4240		6538	1330	
		800	262		1178	629		549		
		307			915	284		631		
					9	9				
					1351			346	1005	
		300			6194	2286		3908		
		221			404	137		267		
		1286			2057	895		837	325	
		921			12732	2264		5012	5456	
		360			792			725	67	
		453			1310	40		1270		
		87			9868	1785		2694	5389	
					261	261				
		21			501	178		323		
	62	188	733		13604	2984		9460	1160	
			733		9194	710		7324	1160	
	62	188			4138	2002		2136		
					272	272				
		706			1726	1704		22		
		16			36	36				
		690			1423	1401		22		
					267	267				
					521	518		3		
					521	518		3		

1–10 续表 13

行业	代码	私营合伙企业	私营有限责任公司	私营股份有限公司	其他企业	港、澳、台商投资企业	合资经营企业(港、澳、台资)
皮革、毛皮、羽毛及其制品和制鞋业	19	310	688	165	916	89	89
皮革鞣制加工	191		135		4		
皮革制品制造	192	70	40	20	12		
毛皮鞣制及制品加工	193	240	384	145	848		
羽毛(绒)加工及制品制造	194						
制鞋业	195		129		52	89	89
木材加工和木、竹、藤、棕、草制品业	20	1646	40515	1991	6287	1800	1342
木材加工	201	1048	24343	951	3596	67	22
人造板制造	202	35	7015	319	963		
木制品制造	203	563	9080	721	1382	1733	1320
竹、藤、棕、草等制品制造	204		77		346		
家具制造业	21	131	10129	450	860	1982	1972
木质家具制造	211	109	9775	387	767	1982	1972
竹、藤家具制造	212						
金属家具制造	213	10	158	2	10		
塑料家具制造	214	12	29		30		
其他家具制造	219		167	61	53		
造纸和纸制品业	22	112	5301	203	464	663	663
纸浆制造	221		24		25		
造纸	222	70	2454	9	224	663	663
纸制品制造	223	42	2823	194	215		
印刷和记录媒介复制业	23	236	2863	298	1031	43	43
印刷	231	116	2493	257	859	43	43
装订及印刷相关服务	232	120	328	41	172		
记录媒介复制	233		42				
文教、工美、体育和娱乐用品制造业	24	3	3981	27	976	124	
文教办公用品制造	241	2	2028	27	329		
乐器制造	242	1	170				
工艺美术品制造	243		1379		495		
体育用品制造	244		127		104	124	
玩具制造	245		267				
游艺器材及娱乐用品制造	246		10		48		
石油加工、炼焦和核燃料加工业	25	34	7421	62	158	750	750
精炼石油产品制造	251	34	2205	62	32		
炼焦	252		5212		47	750	750
核燃料加工	253		4		79		
化学原料和化学制品制造业	26	181	12515	1273	2537	296	181
基础化学原料制造	261	47	3215	460	571	67	17
肥料制造	262	32	3468	524	661	6	
农药制造	263		690		110	150	130
涂料、油墨、颜料及类似产品制造	264		865	225	363	34	34
合成材料制造	265		322	20	61		
专用化学产品制造	266	97	3091	29	576	24	
炸药、火工及焰火产品制造	267		64		72		
日用化学产品制造	268	5	800	15	123	15	

合作经营企业(港、澳、台资)	港、澳、台商独资经营企业	港、澳、台商投资股份有限公司	其他港、澳、台投资企业	外商投资企业	中外合资经营企业	中外合作经营企业	外资企业	外商投资股份有限公司	其他外商投资企业
				80	20		60		
				20	20				
				60			60		
100	217		141	1854	1561		293		
	45			553	492		61		
				575	402		173		
100	172		141	667	667				
				59			59		
	10			566	465		101		
	10			465	465				
				101			101		
				774	646	120	8		
				650	522	120	8		
				124	124				
				253	183		70		
				253	183		70		
	124			2476	109	832	1464	71	
				133	109		24		
				2309		832	1406	71	
	124			34			34		
				33	8		25		
				33	8		25		
24	91			797	417		380		
	50			222	128		94		
	6			306	60		246		
	20			21			21		
				19			19		
24				229	229				
	15								

1-10 续表 14

行业	代码	私营合伙企业	私营有限责任公司	私营股份有限公司	其他企业	港、澳、台商投资企业	合资经营企业(港、澳、台资)
医药制造业	27	236	6397	1349	673	3405	2399
化学药品原料药制造	271	41	540	75	160		
化学药品制剂制造	272		1198			43	22
中药饮片加工	273		187		145		
中成药生产	274	125	2816	719	83	2377	2377
兽用药品制造	275	70	529	136	94		
生物药品制造	276		869	419	139	985	
卫生材料及医药用品制造	277		258		52		
化学纤维制造业	28	15	321	77	71	6	6
纤维素纤维原料及纤维制造	281	15	5	77	1		
合成纤维制造	282		316		70	6	6
橡胶和塑料制品业	29	512	11359	861	1809	693	11
橡胶制品业	291	79	1033		316		
塑料制品业	292	433	10326	861	1493	693	11
非金属矿物制品业	30	2252	31191	1858	10342	686	15
水泥、石灰和石膏制造	301	72	5327	44	759		
石膏、水泥制品及类似制品制造	302	446	7012	246	1229	395	
砖瓦、石材等建筑材料制造	303	1414	13028	1347	7930	21	15
玻璃制造	304		295				
玻璃制品制造	305	27	1928		73		
玻璃纤维和玻璃纤维增强塑料制品制造	306		282	85	60		
陶瓷制品制造	307		300	27	111		
耐火材料制品制造	308	86	323		78		
石墨及其他非金属矿物制品制造	309	207	2696	109	102	270	
黑色金属冶炼和压延加工业	31	75	2564	214	665	3011	3011
炼铁	311		130		48	3	3
炼钢	312		98		47		
黑色金属铸造	313	75	986	214	171		
钢压延加工	314		1210		399	3008	3008
铁合金冶炼	315		140				
有色金属冶炼和压延加工业	32	15	877		200	352	352
常用有色金属冶炼	321		68		71	352	352
贵金属冶炼	322		59				
稀有稀土金属冶炼	323		105				
有色金属合金制造	324	15	210		10		
有色金属铸造	325		77		65		
有色金属压延加工	326		358		54		
金属制品业	33	434	11538	724	2964	299	299
结构性金属制品制造	331	232	6944	423	1677		
金属工具制造	332		500	6	493	35	35
集装箱及金属包装容器制造	333	43	995	243	293	264	264
金属丝绳及其制品制造	334		190		9		
建筑、安全用金属制品制造	335	48	773	22	117		
金属表面处理及热处理加工	336		638	10			
搪瓷制品制造	337						
金属制日用品制造	338	2	158	20	80		
其他金属制品制造	339	109	1340		295		

合作经营企业(港、澳、台资)	港、澳、台商独资经营企业	港、澳、台商投资股份有限公司	其他港、澳、台投资企业	外商投资企业	中外合资经营企业	中外合作经营企业	外资企业	外商投资股份有限公司	其他外商投资企业
	826	180		23250	22464		786		
				35			35		
	21			21454	21454				
				1611	1010		601		
	805	180							
				150			150		
	682			3397	379		3018		
				3018			3018		
	682			379	379				
155	516			1011	390		621		
				319	99		220		
155	240			116			116		
	6			48	48				
				454	210		244		
	270			74	33		41		
				92		87	5		
				92		87	5		
				95	95				
				15	15				
				80	80				
				268	122		78	18	50
				102	1		33	18	50
				117	117				
				49	4		45		

1-10 续表 15

行业	代码	私营合伙企业	私营有限责任公司	私营股份有限公司	其他企业	港、澳、台商投资企业	合资经营企业(港、澳、台资)
通用设备制造业	34	663	14850	1122	2554	174	64
锅炉及原动设备制造	341	170	3570	199	500	110	
金属加工机械制造	342	72	2056	551	708		
物料搬运设备制造	343		1454		197		
泵、阀门、压缩机及类似机械制造	344	31	698	216	80		
轴承、齿轮和传动部件制造	345	110	1976		5	64	64
烘炉、风机、衡器、包装等设备制造	346	5	829	44	129		
文化、办公用机械制造	347		6		273		
通用零部件制造	348	237	3087	112	321		
其他通用设备制造业	349	38	1174		341		
专用设备制造业	35	282	19118	555	3093	1702	
采矿、冶金、建筑专用设备制造	351	132	8793	391	908	1598	
化工、木材、非金属加工专用设备制造	352	27	1089	16	494		
食品、饮料、烟草及饲料生产专用设备制造	353		1585		13		
印刷、制药、日化及日用品生产专用设备制造	354		330		194		
纺织、服装和皮革加工专用设备制造	355		140		29		
电子和电工机械专用设备制造	356	4	653	59	65		
农、林、牧、渔专用机械制造	357	110	4914	61	601		
医疗仪器设备及器械制造	358	1	259		202		
环保、社会公共服务及其他专用设备制造	359	8	1355	28	587	104	
汽车制造业	36	1	2777	20	320		
汽车整车制造	361		11				
改装汽车制造	362		236		71		
低速载货汽车制造	363						
电车制造	364						
汽车车身、挂车制造	365		214	20			
汽车零部件及配件制造	366	1	2316		249		
铁路、船舶、航空航天和其他运输设备制造业	37		2292	9	235	313	313
铁路运输设备制造	371		404		203		
城市轨道交通设备制造	372						
船舶及相关装置制造	373		41				
航空、航天器及设备制造	374		1818	9		313	313
摩托车制造	375		6				
自行车制造	376		23		32		
非公路休闲车及零配件制造	377						
潜水救捞及其他未列明运输设备制造	379						
电气机械和器材制造业	38	185	7656	500	1055	42	42
电机制造	381	24	1182	74	73		
输配电及控制设备制造	382	132	2876	386	331		
电线、电缆、光缆及电工器材制造	383	23	1411	38	68		
电池制造	384		590				
家用电力器具制造	385		355		298		
非电力家用器具制造	386	6	169		46		
照明器具制造	387		434		127	42	42
其他电气机械及器材制造	389		639	2	112		
计算机、通信和其他电子设备制造业	39	20	3380	208	295	90	90
计算机制造	391	12	193		10		

合作经营企业(港、澳、台资)	港、澳、台商独资经营企业	港、澳、台商投资股份有限公司	其他港、澳、台投资企业	外商投资企业	中外合资经营企业	中外合作经营企业	外资企业	外商投资股份有限公司	其他外商投资企业
	110			428	151		277		
	110			80	80				
				252	8		244		
				33			33		
				54	54				
				9	9				
	1702			4007	466	50	3446		45
	1598			1540	63		1477		
				37	37				
				9			9		
				8			8		
				50		50			
				1762	89		1628		45
				40			40		
	104			561	277		284		
				2630	2285		345		
				1623	1623				
				1007	662		345		
				417	417				
				417	417				
				2724	2722		2		
				2684	2684				
				38	38				
				2			2		
				206	176		18		12
				21	21				

1-10 续表 16

行　业	代码	私营合伙企业	私营有限责任公司	私营股份有限公司	其他企业	港、澳、台商投资企业	合资经营企业(港、澳、台资)
通信设备制造	392		245		29		
广播电视设备制造	393		24	38			
雷达及配套设备制造	394						
视听设备制造	395		3		7		
电子器件制造	396		1496	3	12	3	3
电子元件制造	397		1042		142		
其他电子设备制造	399	8	377	167	95	87	87
仪器仪表制造业	40	5	1594	50	11	19	4
通用仪器仪表制造	401	5	1223	50	1	4	4
专用仪器仪表制造	402		223		10		
钟表与计时仪器制造	403						
光学仪器及眼镜制造	404		13			15	
其他仪器仪表制造业	409		135				
其他制造业	41	55	646	36	785		
日用杂品制造	411		156		47		
煤制品制造	412	7	220		131		
核辐射加工	413						
其他未列明制造业	419	48	270	36	607		
废弃资源综合利用业	42	3	260	80	311	86	
金属废料和碎屑加工处理	421	3	123		293		
非金属废料和碎屑加工处理	422		137	80	18	86	
金属制品、机械和设备修理业	43	8	402	12	1384		
金属制品修理	431		38				
通用设备修理	432		103		333		
专用设备修理	433		85		497		
铁路、船舶、航空航天等运输设备修理	434	5	54		146		
电气设备修理	435		77		30		
仪器仪表修理	436		2				
其他机械和设备修理业	439	3	43	12	378		
电力、热力、燃气及水生产和供应业	D	**119**	**8894**	**1158**	**3005**	**5473**	**5301**
电力、热力生产和供应业	44	94	7574	196	1859	1371	1340
电力生产	441	34	1448		846	1371	1340
电力供应	442		255		300		
热力生产和供应	443	60	5871	196	713		
燃气生产和供应业	45	2	786	123	513	3750	3736
燃气生产和供应业	450	2	786	123	513	3750	3736
水的生产和供应业	46	23	534	839	633	352	225
自来水生产和供应	461	23	214	839	518	127	
污水处理及其再生利用	462		310		107	225	225
其他水的处理、利用与分配	469		10		8		
建筑业	E	**1128**	**122378**	**10719**	**4841**	**45**	**45**
房屋建筑业	47	368	49588	7042	1762	4	4
房屋建筑业	470	368	49588	7042	1762	4	4
土木工程建筑业	48	118	17939	1267	987	6	6
铁路、道路、隧道和桥梁工程建筑	481	20	9592	942	210	6	6
水利和内河港口工程建筑	482	4	1432	34	481		
海洋工程建筑	483						

合作经营企业(港、澳、台资)	港、澳、台商独资经营企业	港、澳、台商投资股份有限公司	其他港、澳、台投资企业	外商投资企业	中外合资经营企业	中外合作经营企业	外资企业	外商投资股份有限公司	其他外商投资企业
				12					12
				35	34		1		
				17			17		
				121	121				
			15	1	1				
				1	1				
			15						
				1			1		
				1			1		
	86								
	86								
	172			**6192**	**3048**	**714**	**604**	**1826**	
	31			6002	3028	664	484	1826	
	31			3997	2171			1826	
				2005	857	664	484		
	14			20	20				
	14			20	20				
	127			170		50	120		
	127			120		50	70		
				50			50		
				376	**252**	**20**	**104**		
				101			101		
				101			101		
				198	198				
				176	176				

1-10 续表 17

行　　业	代码						
		私营合伙企　　业	私营有限责任公司	私营股份有限公司	其他企业	港、澳、台商投资企　　业	合资经营企业(港、澳、台资)
工矿工程建筑	484	4	522		66		
架线和管道工程建筑	485	43	5223	124	151		
其他土木工程建筑	489	47	1170	167	79		
建筑安装业	49	288	11561	1588	786		
电气安装	491	29	3142	273	391		
管道和设备安装	492	249	3252	1158	84		
其他建筑安装业	499	10	5167	157	311		
建筑装饰和其他建筑业	50	354	43290	822	1306	35	35
建筑装饰业	501	293	9311	434	885	35	35
工程准备活动	502	11	31329	21	99		
提供施工设备服务	503	19	205	78	118		
其他未列明建筑业	509	31	2445	289	204		
批发和零售业	**F**	**6720**	**107376**	**6391**	**86783**	**5656**	**1631**
批发业	51	4583	51039	2856	72766	929	364
农、林、牧产品批发	511	1847	10905	762	48831	10	10
食品、饮料及烟草制品批发	512	494	4872	251	12316	36	7
纺织、服装及家庭用品批发	513	183	3907	112	797	742	333
文化、体育用品及器材批发	514	40	842	26	317		
医药及医疗器材批发	515	243	2337	182	900	4	
矿产品、建材及化工产品批发	516	697	12448	811	4740	29	11
机械设备、五金产品及电子产品批发	517	357	10785	378	2826	58	3
贸易经纪与代理	518	450	2222	187	770	50	
其他批发业	519	272	2721	147	1269		
零售业	52	2137	56337	3535	14017	4727	1267
综合零售	521	430	11973	1807	3452	4079	709
食品、饮料及烟草制品专门零售	522	177	2735	57	2296	10	
纺织、服装及日用品专门零售	523	565	9088	450	1451	235	224
文化、体育用品及器材专门零售	524	57	4536	60	556	10	10
医药及医疗器材专门零售	525	288	5111	304	1518	42	
汽车、摩托车、燃料及零配件专门零售	526	306	10735	398	1190	328	324
家用电器及电子产品专门零售	527	88	6195	259	1158	20	
五金、家具及室内装饰材料专门零售	528	115	3571	117	1368		
货摊、无店铺及其他零售业	529	111	2393	83	1028	3	
交通运输、仓储和邮政业	**G**	**1018**	**14848**	**445**	**6355**	**63**	**29**
道路运输业	54	757	9353	229	4522	49	29
城市公共交通运输	541	495	3204	84	1334	15	
公路旅客运输	542	67	845	33	158		
道路货物运输	543	117	4980	104	1911	29	29
道路运输辅助活动	544	78	324	8	1119	5	
水上运输业	55	29	11		24		
水上旅客运输	551	24	6				
水上货物运输	552		5		19		
水上运输辅助活动	553	5			5		
航空运输业	56		17		87		
航空客货运输	561		3				
通用航空服务	562		14		60		
航空运输辅助活动	563				27		

合作经营企业(港、澳、台资)	港、澳、台商独资经营企业	港、澳、台商投资股份有限公司	其他港、澳、台投资企业	外商投资企业	中外合资经营企业	中外合作经营企业	外资企业	外商投资股份有限公司	其他外商投资企业
				22	22				
				33	30		3		
				30	30				
				3			3		
				44	24	20			
				44	24	20			
32	**1845**	**1517**	**631**	**4636**	**716**	**16**	**3729**	**80**	**95**
8	160	397		1428	42	12	1287	70	17
				59			59		
	29			512			474	35	3
	12	397		49			47		2
	4			15				15	
8	10			49	19		30		
	55			29	19		10		
	50			629		12	585	20	12
				86	4		82		
24	1685	1120	631	3208	674	4	2442	10	78
	1619	1120	631	2786	582		2204		
	10			93	15		40		38
	11			134	3	4	85	5	37
4	38								
	4								
20				147	74		73		
	3			48			40	5	3
13	**14**		**7**	**2030**	**2011**	**15**		**4**	
13			7						
8			7						
5									
				2012	2008			4	
				2012	2008			4	

1-10 续表 18

行业	代码	私营合伙企业	私营有限责任公司	私营股份有限公司	其他企业	港、澳、台商投资企业	合资经营企业(港、澳、台资)
管道运输业	57		6		35		
管道运输业	570		6		35		
装卸搬运和运输代理业	58	116	1427	112	521	9	
装卸搬运	581	90	516	19	139		
运输代理业	582	26	911	93	382	9	
仓储业	59	116	1078	69	899	5	
谷物、棉花等农产品仓储	591	50	538	69	809		
其他仓储业	599	66	540		90	5	
邮政业	60		2956	35	267		
邮政基本服务	601		41		44		
快递服务	602		2915	35	223		
住宿和餐饮业	**H**	**995**	**13403**	**912**	**3881**	**2706**	**830**
住宿业	61	370	6495	612	1763	1144	489
旅游饭店	611	79	3335	564	624	1000	349
一般旅馆	612	269	2945	45	980		
其他住宿业	619	22	215	3	159	144	140
餐饮业	62	625	6908	300	2118	1562	341
正餐服务	621	587	6185	300	1774	1084	341
快餐服务	622	9	307		153	478	
饮料及冷饮服务	623		95		28		
其他餐饮业	629	29	321		163		
信息传输、软件和信息技术服务业	**I**	**210**	**7893**	**194**	**2199**	**16208**	**1803**
电信、广播电视和卫星传输服务	63	63	168	3	1100	15853	1636
电信	631	1	138	3	228	15853	1636
广播电视传输服务	632	62	27		858		
卫星传输服务	633		3		14		
互联网和相关服务	64	12	643	90	176	142	
互联网接入及相关服务	641		43		14	142	
互联网信息服务	642	4	495	66	77		
其他互联网服务	649	8	105	24	85		
软件和信息技术服务业	65	135	7082	101	923	213	167
软件开发	651	90	4588	87	561	210	164
信息系统集成服务	652	20	365	5	22		
信息技术咨询服务	653	16	1291	4	229	3	3
数据处理和存储服务	654		191	2	10		
集成电路设计	655	9	46		22		
其他信息技术服务业	659		601	3	79		
房地产业	**K**	**520**	**32960**	**2672**	**5087**	**817**	**302**
房地产业	70	520	32960	2672	5087	817	302
房地产开发经营	701	74	16756	1653	1193	693	288
物业管理	702	293	14255	761	3001	20	14
房地产中介服务	703	123	1277	129	604		
自有房地产经营活动	704	20	479	86	96	84	
其他房地产业	709	10	193	43	193	20	
租赁和商务服务业	**L**	**2033**	**15795**	**1213**	**15655**	**913**	**51**
租赁业	71	104	1307	72	5191	104	
机械设备租赁	711	104	1237	72	5191	9	
文化及日用品出租	712		70			95	

合作经营企业(港、澳、台资)	港、澳、台商独资经营企业	港、澳、台商投资股份有限公司	其他港、澳、台投资企业	外商投资企业	中外合资经营企业	中外合作经营企业	外资企业	外商投资股份有限公司	其他外商投资企业
	9			3	3				
	9			3	3				
	5			15		15			
	5			15		15			
41	**1705**	**130**		**3407**	**1751**	**30**	**1468**	**106**	**52**
	551	104		866	105	30	701	30	
	547	104		836	105		701	30	
				30		30			
	4								
41	1154	26		2541	1646		767	76	52
41	676	26		2356	1596		685	23	52
	478			177	50		82	45	
				8				8	
4	**7192**	**5200**	**2009**	**7585**	**2815**		**786**	**3981**	**3**
4	7146	5058	2009	7064	2486		597	3981	
4	7146	5058	2009	7064	2486		597	3981	
		142		69			69		
		142							
				69			69		
	46			452	329		120		3
	46			278	204		74		
				39	34		5		
				10			10		
				91	91				
				34			31		3
37	**446**	**32**		**365**	**77**	**7**	**216**	**65**	
37	446	32		365	77	7	216	65	
37	336	32		257	72	7	178		
	6			68			38	30	
				5	5				
	84								
	20			35				35	
159	**286**	**417**		**516**	**213**	**14**	**49**	**12**	**228**
	104								
	9								
	95								

1-10 续表 19

行　　业	代码	私营合伙企业	私营有限责任公司	私营股份有限公司	其他企业	港、澳、台商投资企业	合资经营企业(港、澳、台资)
商务服务业	72	1929	14488	1141	10464	809	51
企业管理服务	721	50	1201	50	3884	29	29
法律服务	722	897	145	15	1615	2	
咨询与调查	723	477	2361	75	970	34	
广告业	724	164	2526	157	770		
知识产权服务	725	28	44		14		
人力资源服务	726	62	3318	309	1166		
旅行社及相关服务	727	71	1164	147	718		
安全保护服务	728	45	259		156		
其他商务服务业	729	135	3470	388	1171	744	22
科学研究和技术服务业	M	**605**	**10288**	**380**	**17638**	**52**	**2**
研究和试验发展	73		636	36	1294	24	
自然科学研究和试验发展	731		120		113		
工程和技术研究和试验发展	732		336	28	268		
农业科学研究和试验发展	733		75	8	774	24	
医学研究和试验发展	734		80		68		
社会人文科学研究	735		25		71		
专业技术服务业	74	286	7432	268	3100	7	
气象服务	741		5		52		
地震服务	742				35		
海洋服务	743						
测绘服务	744	19	781	17	65		
质检技术服务	745	29	676	40	390		
环境与生态监测	746	1	202		54		
地质勘查	747	4	109		467		
工程技术	748	165	3663	125	1183		
其他专业技术服务业	749	68	1996	86	854	7	
科技推广和应用服务业	75	319	2220	76	13244	21	2
技术推广服务	751	231	1854	44	12815	21	2
科技中介服务	752	13	91	28	165		
其他科技推广和应用服务业	759	75	275	4	264		
水利、环境和公共设施管理业	N	**110**	**2363**	**23**	**6426**	**22**	
水利管理业	76	40	311		1127		
防洪除涝设施管理	761				210		
水资源管理	762		52		412		
天然水收集与分配	763		5		180		
水文服务	764		18		2		
其他水利管理业	769	40	236		323		
生态保护和环境治理业	77	3	116	8	103	15	
生态保护	771		46		34		
环境治理业	772	3	70	8	69	15	
公共设施管理业	78	67	1936	15	5196	7	
市政设施管理	781	15	108		496	7	
环境卫生管理	782		401		1930		
城乡市容管理	783	8	47	3	640		
绿化管理	784	39	1016	12	945		
公园和游览景区管理	785	5	364		1185		

合作经营企业(港、澳、台资)	港、澳、台商独资经营企业	港、澳、台商投资股份有限公司	其他港、澳、台投资企业	外商投资企业	中外合资经营企业	中外合作经营企业	外资企业	外商投资股份有限公司	其他外商投资企业
159	182	417		516	213	14	49	12	228
				316	81		22	12	201
2									
	22	12		27		14	4		9
				40	40				
				6					6
157	160	405		127	92		23		12
9	**41**			**114**	**60**	**11**	**18**		**25**
	24			30	21		9		
				8	8				
				17	8		9		
	24								
				5	5				
	7			24	6	3			15
				3		3			
				12					12
	7			9	6				3
9	10			60	33	8	9		10
9	10			55	28	8	9		10
				5	5				
	22								
	15								
	15								
	7								
	7								

1-10 续表 20

行业	代码	私营合伙企业	私营有限责任公司	私营股份有限公司	其他企业	港、澳、台商投资企业	合资经营企业(港、澳、台资)
居民服务、修理和其他服务业	**O**	**731**	**6436**	**968**	**5321**	**85**	**45**
居民服务业	79	436	3603	749	2846	85	45
家庭服务	791	32	658	49	411		
托儿所服务	792				446		
洗染服务	793	4	35	1	7		
理发及美容服务	794	235	756	352	241	40	
洗浴服务	795	48	1021	212	210	45	45
保健服务	796	5	51	12	9		
婚姻服务	797		216	75	134		
殡葬服务	798	13	249	10	589		
其他居民服务业	799	99	617	38	799		
机动车、电子产品和日用产品修理业	80	216	2014	141	1233		
汽车、摩托车修理与维护	801	150	1652	120	921		
计算机和办公设备维修	802	20	127	7	114		
家用电器修理	803	36	148	12	161		
其他日用产品修理业	809	10	87	2	37		
其他服务业	81	79	819	78	1242		
清洁服务	811	17	500	75	1097		
其他未列明服务业	819	62	319	3	145		
教育	**P**	**1438**	**988**	**454**	**54157**	**1**	
教育	82	1438	988	454	54157	1	
学前教育	821	87	30		7043		
初等教育	822	160			10630		
中等教育	823	141	13		17215	1	
高等教育	824				9123		
特殊教育	825	10	36	4	301		
技能培训、教育辅助及其他教育	829	1040	909	450	9845		
卫生和社会工作	**Q**	**846**	**952**	**116**	**22829**	**25**	
卫生	83	748	794	116	18554	4	
医院	831	713	700	71	10734		
社区医疗与卫生院	832	6	59		3640	4	
门诊部(所)	833	29	31	5	1698		
计划生育技术服务活动	834				77		
妇幼保健院(所、站)	835				460		
专科疾病防治院(所、站)	836				133		
疾病预防控制中心	837		2		886		
其他卫生活动	839		2	40	926		
社会工作	84	98	158		4275	21	
提供住宿社会工作	841	98	158		3702	21	
不提供住宿社会工作	842				573		
文化、体育和娱乐业	**R**	**255**	**1702**	**380**	**6525**	**48**	
新闻和出版业	85		118	22	383		
新闻业	851		5		99		
出版业	852		113	22	284		
广播、电视、电影和影视录音制作业	86	18	319	211	513	42	
广播	861		6	2	103		

合作经营企业(港、澳、台资)	港、澳、台商独资经营企业	港、澳、台商投资股份有限公司	其他港、澳、台投资企业	外商投资企业	中外合资经营企业	中外合作经营企业	外资企业	外商投资股份有限公司	其他外商投资企业
	40			**165**	**165**				
	40								
	40								
				165	165				
				165	165				
			1	**28**		**8**			**20**
			1	28		8			20
				20					20
			1						
				8		8			
21			**4**	**641**	**634**	**7**			
			4	634	634				
				634	634				
			4						
21				7		7			
21				7		7			
6	**42**			**276**	**122**	**120**		**34**	
				28	28				
				28	28				
	42								

1-10 续表 21

行　　业	代码	私营合伙企　　业	私营有限责任公司	私营股份有限公司	其他企业	港、澳、台商投资企　　业	合资经营企业(港、澳、台资)
电视	862			184	294		
电影和影视节目制作	863		134	2	85		
电影和影视节目发行	864	12					
电影放映	865		99	23	31	42	
录音制作	866	6	80				
文化艺术业	87	32	388	27	2656		
文艺创作与表演	871	26	125	13	475		
艺术表演场馆	872				528		
图书馆与档案馆	873		20	11	299		
文物及非物质文化遗产保护	874		1		59		
博物馆	875		57		374		
烈士陵园、纪念馆	876				129		
群众文化活动	877		24		683		
其他文化艺术业	879	6	161	3	109		
体育	88	10	117	69	926		
体育组织	881			4	615		
体育场馆	882		4		15		
休闲健身活动	883	10	113	65	268		
其他体育	889				28		
娱乐业	89	195	760	51	2047	6	
室内娱乐活动	891	91	622	51	1747	6	
游乐园	892	90	40		21		
彩票活动	893				126		
文化、娱乐、体育经纪代理	894		58		47		
其他娱乐业	899	14	40		106		
公共管理、社会保障和社会组织	**S**	**353**	**77**	**80**	**169000**		
中国共产党机关	90				40		
中国共产党机关	900				40		
国家机构	91				12575		
国家权力机构	911				54		
国家行政机构	912				12032		
人民法院和人民检察院	913				119		
其他国家机构	919				370		
人民政协、民主党派	92				2		
人民政协	921						
民主党派	922				2		
社会保障	93				888		
社会保障	930				888		
群众团体、社会团体和其他成员组织	94	353	77	80	73896		
群众团体	941		12		3967		
社会团体	942	353	65	80	54448		
基金会	943				205		
宗教组织	944				15276		
基层群众自治组织	95				81599		
社区自治组织	951				25245		
村民自治组织	952				56354		

合作经营企业(港、澳、台资)	港、澳、台商独资经营企业	港、澳、台商投资股份有限公司	其他港、澳、台投资企业	外商投资企业	中外合资经营企业	中外合作经营企业	外资企业	外商投资股份有限公司	其他外商投资企业
	42								
				4				4	
				4				4	
				242	92	120		30	
				242	92	120		30	
6				2	2				
6				2	2				
				12			**11**		**1**
				12			11		1
				11			11		
				1					1

1-11 按行业(门类)分组的有证照个体经营户数和从业人员数

行业	有证照户数 (万户)	有证照从业人员数 (万人)
总计	**61.91**	**156.74**
农、林、牧、渔业	0.07	0.19
采矿业	0.01	0.11
制造业	2.50	9.40
电力、热力、燃气及水生产和供应业		0.02
建筑业	0.11	0.49
批发和零售业	39.17	89.20
交通运输、仓储和邮政业	3.05	6.01
住宿和餐饮业	7.93	27.78
信息传输、软件和信息技术服务业	0.04	0.08
金融业		
房地产业	0.11	0.35
租赁和商务服务业	0.50	1.23
科学研究和技术服务业	0.29	0.81
水利、环境和公共设施管理业		
居民服务、修理和其他服务业	6.93	17.15
教育	0.26	1.05
卫生和社会工作	0.42	1.29
文化、体育和娱乐业	0.53	1.58

第2篇

小微企业篇

2-01 按地区、开业(成立)时间

地区	法人单位数(个)	1949年及以前	1950-1977年	1978-1991年	1992-1995年
全省	**103678**	**149**	**1008**	**2481**	**2377**
哈尔滨	46452	46	293	1014	1276
齐齐哈尔	7706	23	131	231	172
鸡西	3062	9	40	108	63
鹤岗	1734		17	41	37
双鸭山	2377	2	44	64	38
大庆	9986	4	39	140	134
伊春	2179	2	34	50	50
佳木斯	4008	4	45	110	89
七台河	1943	1	10	54	43
牡丹江	10918	23	91	218	193
黑河	2897	11	53	60	50
绥化	5007	24	146	266	151
大兴安岭	1243		24	38	22
农垦总局	2551		38	78	45
绥芬河	1354		1	4	10
抚远	261		2	5	4

2-01 续表

地区	2003年	2004年	2005年	2006年	2007年
全省	**3405**	**3514**	**4480**	**4863**	**5045**
哈尔滨	1496	1564	1988	2110	2226
齐齐哈尔	299	257	298	395	355
鸡西	105	97	148	164	151
鹤岗	76	88	94	87	85
双鸭山	93	84	120	95	113
大庆	317	390	460	520	612
伊春	102	96	106	108	101
佳木斯	115	105	156	187	186
七台河	77	56	74	87	66
牡丹江	309	334	449	509	556
黑河	76	84	103	129	129
绥化	171	169	200	200	226
大兴安岭	46	34	55	46	46
农垦总局	74	102	149	154	114
绥芬河	44	49	75	59	72
抚远	5	5	5	13	7

分组的小微企业法人单位数

1996年	1997年	1998年	1999年	2000年	2001年	2002年
831	**731**	**1563**	**1512**	**2600**	**2690**	**2815**
385	323	732	731	1103	1180	1193
63	62	114	129	213	242	246
30	18	58	35	84	71	66
17	14	27	19	55	45	72
8	12	24	19	39	50	79
83	87	139	159	202	212	316
9	21	25	36	46	114	81
29	25	62	68	148	105	103
20	20	27	28	56	57	51
80	67	134	124	337	307	289
15	17	34	33	54	43	54
71	45	119	72	182	143	123
5	5	18	22	22	30	44
12	11	40	29	45	70	67
4	3	9	7	10	19	28
	1	1	1	4	2	3

2008年	2009年	2010年	2011年	2012年	2013年	无开业年份
6921	**8775**	**10953**	**11831**	**12631**	**12347**	**156**
3012	3904	5039	5724	5514	5573	26
530	632	796	723	890	866	39
233	274	305	295	367	338	3
128	133	163	177	180	177	2
166	195	253	278	327	269	5
677	795	951	1139	1208	1395	7
119	174	222	189	248	244	2
272	336	440	429	452	542	
130	145	189	211	241	298	2
778	1061	1271	1339	1516	933	
201	267	340	321	399	419	5
293	423	438	381	496	616	52
74	75	121	145	175	188	8
191	211	217	247	364	290	3
88	135	186	200	216	135	
29	15	22	33	38	64	2

2-02 按地区、开业(成立)时间

地 区	从业人员数(人)	1949年及以前	1950-1977年	1978-1991年	1992-1995年
全 省	**2049924**	**13707**	**75320**	**97660**	**79554**
哈尔滨	800518	3123	17675	38857	39849
齐齐哈尔	131934	1220	5618	8128	4090
鸡 西	63466	324	2091	3564	2495
鹤 岗	44966		1714	3341	1794
双鸭山	56351	31	3631	2691	1297
大 庆	142949	42	1493	6383	4187
伊 春	81696	220	22553	2712	2319
佳木斯	90940	183	2070	5513	4093
七台河	33345	200	688	1500	963
牡丹江	317836	5231	5255	9287	7433
黑 河	51942	1150	3025	3259	1381
绥 化	124821	1983	4567	6587	6959
大兴安岭	23616		1416	1196	614
农垦总局	65441		3417	4299	1778
绥芬河	17195		27	192	145
抚 远	2908		80	151	157

2-02 续表

地 区	2003年	2004年	2005年	2006年	2007年
全 省	**82944**	**91590**	**98195**	**98043**	**102171**
哈尔滨	32147	35296	39786	38333	37150
齐齐哈尔	5998	6344	5827	5548	5944
鸡 西	2496	2878	3219	3562	4341
鹤 岗	1493	3291	2943	1732	2426
双鸭山	3917	4719	2756	2355	3684
大 庆	5121	6942	7794	8366	7365
伊 春	3642	4061	3227	3170	3403
佳木斯	2947	4192	4428	6062	4580
七台河	2323	1042	1882	1093	1719
牡丹江	12414	12454	13717	14744	18546
黑 河	2098	1353	2729	2315	2692
绥 化	4586	4240	4046	5135	4553
大兴安岭	749	1387	1766	991	1384
农垦总局	2097	2390	2959	3465	3361
绥芬河	859	939	1073	1098	929
抚 远	57	62	43	74	94

分组的小微企业法人单位从业人员数

1996年	1997年	1998年	1999年	2000年	2001年	2002年
23904	**21895**	**48830**	**47050**	**66055**	**75224**	**71540**
9989	8769	20879	20271	27553	29158	25716
1509	2044	3432	3102	5318	6313	7453
766	360	1120	701	1813	1330	1549
1103	698	1581	569	1860	1622	2013
85	312	1263	629	1244	2583	2479
1688	2318	5195	3648	4992	4211	6242
288	799	578	747	2207	5593	3590
1956	603	1453	1648	3010	2941	2923
395	746	569	611	778	1024	1363
2873	2920	5365	3686	9913	9486	10160
247	377	600	628	2039	905	1457
1850	1417	4751	2032	2768	6174	2483
65	138	637	433	358	799	774
923	225	1310	8188	1831	2270	2826
167	129	87	153	126	808	402
	40	10	4	245	7	110

2008年	2009年	2010年	2011年	2012年	2013年	无开业年份
133858	**152575**	**177129**	**173783**	**172161**	**144550**	**2186**
52287	59530	65062	71845	65905	61034	304
7284	8813	10792	8943	9317	8364	533
6254	6487	5931	4216	4597	3336	36
3152	1930	3967	3146	2491	2094	6
3832	3862	3922	4686	3745	2511	117
10427	9644	14473	12167	10100	9818	333
2370	3590	5021	3429	4498	3670	9
5192	7889	8222	7212	6869	6954	
2245	2641	3511	2651	2506	2791	104
24534	28449	32949	33039	36327	19054	
2807	3254	5841	3998	5629	4120	38
5417	9402	9265	9421	11102	15518	565
2145	805	1948	2864	1887	1151	109
4673	4412	4067	3709	4475	2754	12
984	1714	1889	2242	2270	962	
255	153	269	215	443	419	20

2−03 按地区、登记注册类型

地区	法人单位数(个)	内资企业	国有企业	集体企业	股份合作企业	联营企业	国有联营企业
全省	**103678**	**103067**	**3362**	**2267**	**1230**	**325**	**61**
哈尔滨	46452	46098	1120	930	631	153	32
齐齐哈尔	7706	7673	269	224	162	20	1
鸡西	3062	3050	176	159	32	19	3
鹤岗	1734	1727	83	61	13	6	1
双鸭山	2377	2370	124	59	16	9	1
大庆	9986	9944	185	194	49	19	2
伊春	2179	2158	132	32	29	7	4
佳木斯	4008	3991	139	82	61	14	3
七台河	1943	1939	47	29	32	6	
牡丹江	10918	10858	246	225	100	21	1
黑河	2897	2885	177	46	19	10	1
绥化	5007	4981	297	196	44	28	9
大兴安岭	1243	1240	117	24	13	5	1
农垦总局	2551	2544	226	5	23	6	2
绥芬河	1354	1350	9	1		1	
抚远	261	259	15		6	1	

2−03 续表

地区	私营合伙企业	私营有限责任公司	私营股份有限公司	其他企业	港、澳、台商投资企业	合资经营企业(港、澳、台资)	合作经营企业(港、澳、台资)
全省	**1664**	**26787**	**1338**	**12512**	**220**	**89**	**20**
哈尔滨	685	10710	461	5488	123	56	9
齐齐哈尔	126	1570	117	901	10	5	2
鸡西	35	444	56	525	4	1	
鹤岗	29	316	45	107	4	2	2
双鸭山	48	531	44	224	3	1	
大庆	83	5864	126	305	18	8	1
伊春	28	497	28	165	8	3	1
佳木斯	93	926	63	761	5	2	
七台河	42	409	36	525	3	1	1
牡丹江	333	2337	152	2041	23	6	2
黑河	46	688	43	404	5	2	
绥化	59	638	79	701	11	2	1
大兴安岭	20	204	18	75			
农垦总局	26	1003	38	195			
绥芬河	7	631	31	77	2		
抚远	4	19	1	18	1		1

分组的小微企业法人单位数

集体联营企业	国有与集体联营企业	其他联营企业	有限责任公司	国有独资公司	其他有限责任公司	股份有限公司	私营企业	私营独资企业
130	**22**	**112**	**31468**	**266**	**31202**	**2906**	**48997**	**19208**
48	8	65	18789	96	18693	1224	17763	5907
10	2	7	1999	27	1972	292	3806	1993
10	2	4	646	17	629	86	1407	872
4		1	658	6	652	64	735	345
5		3	505	12	493	93	1340	717
16		1	1713	19	1694	110	7369	1296
	2	1	692	7	685	62	1039	486
6		5	623	13	610	91	2220	1138
4		2	243	6	237	47	1010	523
10	2	8	1856	22	1834	330	6039	3217
3	2	4	725	10	715	128	1376	599
9	4	6	1604	16	1588	165	1946	1170
3		1	319	3	316	43	644	402
1		3	507	7	500	64	1518	451
		1	434		434	99	729	60
1			155	5	150	8	56	32

港、澳、台商独资经营企业	港、澳、台商投资股份有限公司	其他港、澳、台投资企业	外商投资企业	中外合资经营企业	中外合作经营企业	外资企业	外商投资股份有限公司	其他外商投资企业
98	**8**	**5**	**391**	**159**	**14**	**166**	**24**	**28**
52	4	2	231	88	10	99	17	17
3			23	8	1	13	1	
3			8	4	1	1	1	1
			3	2		1		
2			4	2		1		1
9			24	9		12	2	1
3		1	13	8		5		
3			12	4		8		
1			1		1			
13	1	1	37	17		16	1	3
1	1	1	7	4		3		
6	2		15	4		5	1	5
			3	1	1	1		
			7	6		1		
2			2	1			1	
			1	1				

2-04 按地区、登记注册类型分组的

地区	从业人员数（人）	内资企业					
			国有企业	集体企业	股份合作企业	联营企业	
							国有联营企业
全省	**2049924**	**2016985**	**177198**	**68373**	**20743**	**6657**	**1067**
哈尔滨	800518	781266	51176	26231	8765	2561	441
齐齐哈尔	131934	130016	8899	6001	1374	477	6
鸡西	63466	62965	6885	2617	1304	862	64
鹤岗	44966	44842	4705	4799	150	44	10
双鸭山	56351	56254	7702	1356	356	630	4
大庆	142949	141122	7818	5293	1137	272	23
伊春	81696	80129	25220	1873	944	249	103
佳木斯	90940	90248	7434	3539	902	253	91
七台河	33345	33235	1788	1132	714	231	
牡丹江	317836	314413	15265	7956	2883	352	11
黑河	51942	51297	7138	1802	180	82	23
绥化	124821	122968	13084	5076	965	389	88
大兴安岭	23616	23331	4275	554	355	34	7
农垦总局	65441	65022	15197	128	660	215	196
绥芬河	17195	16991	202	16		2	
抚远	2908	2886	410		54	4	

2-04 续表

地区	私营合伙企业	私营有限责任公司	私营股份有限公司	其他企业	港、澳、台商投资企业	合资经营企业(港、澳、台资)	合作经营企业(港、澳、台资)
全省	**25638**	**498239**	**34575**	**192519**	**10522**	**4257**	**762**
哈尔滨	10492	170045	10612	90595	5275	2554	427
齐齐哈尔	1179	28082	3064	8573	475	140	125
鸡西	424	9390	1870	6204	197	11	
鹤岗	346	7505	1774	1753	87	25	62
双鸭山	512	16641	1477	1997	70	10	
大庆	987	65612	1681	2630	735	407	4
伊春	369	18393	565	2432	527	405	8
佳木斯	1175	32688	1633	8394	228	186	
七台河	735	7741	807	6119	60	30	5
牡丹江	7535	77351	4826	45107	1315	261	120
黑河	293	10023	1496	6265	412	105	
绥化	820	21693	2519	9015	961	123	3
大兴安岭	258	3501	338	521			
农垦总局	416	21843	1585	2138			
绥芬河	39	7143	305	584	172		
抚远	58	588	23	192	8		8

小微企业法人单位从业人员数

集体联营企业	国有与集体联营企业	其他联营企业	有限责任公司	国有独资公司	其他有限责任公司	股份有限公司	私营企业	私营独资企业
3134	**1358**	**1098**	**609100**	**18233**	**590867**	**82056**	**860339**	**301887**
1184	268	668	272353	6853	265500	36154	293431	102282
320	125	26	46528	1400	45128	7869	50295	17970
200	580	18	15447	550	14897	1973	27673	15989
28		6	18636	224	18412	2005	12750	3125
610		16	12979	3063	9916	3606	27628	8998
246		3	42064	1492	40572	2669	79239	10959
	143	3	20058	224	19834	2301	27052	7725
51		111	17689	603	17086	3491	48546	13050
209		22	7077	232	6845	1067	15107	5824
124	143	74	61018	2208	58810	9985	171847	82135
9	26	24	15503	176	15327	2805	17522	5710
121	73	107	49622	473	49149	3621	41196	16164
24		3	8271	29	8242	876	8445	4348
4		15	14102	579	13523	2055	30527	6683
		2	6497		6497	1537	8153	666
4			1256	127	1129	42	928	259

港、澳、台商独资经营企业	港、澳、台商投资股份有限公司	其他港、澳、台投资企业	外商投资企业	中外合资经营企业	中外合作经营企业	外资企业	外商投资股份有限公司	其他外商投资企业
4724	**616**	**163**	**22417**	**11706**	**470**	**8938**	**954**	**349**
2052	227	15	13977	7690	314	5359	465	149
210			1443	419	87	872	65	
186			304	269	4	12	15	4
			37	25		12		
60			27	11		13		3
324			1092	463		347	280	2
109		5	1040	616		424		
42			464	135		329		
25			50		50			
796	2	136	2108	1046		1038	5	19
270	30	7	233	124		109		
478	357		892	228		398	94	172
			285	266	15	4		
			419	398		21		
172			32	2			30	
			14	14				

2-05 按地区、营业状态分组的小微企业法人单位数

地区	法人单位数(个)						
		营业	停业(歇业)	筹建	当年关闭	当年破产	其他
全 省	**103678**	**92460**	**7189**	**1573**	**1214**	**248**	**994**
哈尔滨	46452	41896	2877	429	510	89	651
齐齐哈尔	7706	6489	781	206	140	24	66
鸡 西	3062	2554	284	62	95	48	19
鹤 岗	1734	1472	169	56	20	5	12
双鸭山	2377	1930	300	46	62	12	27
大 庆	9986	9103	588	134	123	8	30
伊 春	2179	1914	168	59	19	2	17
佳木斯	4008	3709	181	51	36	14	17
七台河	1943	1481	347	68	30	1	16
牡丹江	10918	10594	234	46	14	6	24
黑 河	2897	2543	246	76	16	2	14
绥 化	5007	4137	512	188	70	34	66
大兴安岭	1243	928	203	74	21	1	16
农垦总局	2551	2201	231	49	58	2	10
绥芬河	1354	1308	22	16			8
抚 远	261	201	46	13			1

2-06　按地区、营业状态分组的小微企业法人单位从业人员数

地　区	从业人员数(人)						
		营业	停业(歇业)	筹建	当年关闭	当年破产	其他
全　省	**2049924**	**1923906**	**76470**	**23593**	**9469**	**2126**	**14360**
哈尔滨	800518	748750	30144	8595	3565	805	8659
齐齐哈尔	131934	121187	6109	3214	498	256	670
鸡　西	63466	58414	2665	716	1228	110	333
鹤　岗	44966	40960	2187	838	136	11	834
双鸭山	56351	51621	2704	596	537	385	508
大　庆	142949	137094	3370	1531	722	75	157
伊　春	81696	76831	2683	1771	152	4	255
佳木斯	90940	86838	2413	548	791	113	237
七台河	33345	27604	4571	826	115	3	226
牡丹江	317836	310348	6006	708	91	140	543
黑　河	51942	49257	1890	507	195	6	87
绥　化	124821	112861	6911	2510	782	211	1546
大兴安岭	23616	20863	1874	669	28	5	177
农垦总局	65441	61909	2511	343	629	2	47
绥芬河	17195	16921	143	56			75
抚　远	2908	2448	289	165			6

2-07 按行业(中类)、开业(成立)

行业	代码	法人单位数(个)	1949年及以前	1950-1977年	1978-1991年
总　　计	00	**103678**	**149**	**1008**	**2481**
农、林、牧、渔业	A	**2198**	**4**	**25**	**25**
农业	01	11		6	1
谷物种植	011	9		5	1
豆类、油料和薯类种植	012	1		1	
棉、麻、糖、烟草种植	013				
蔬菜、食用菌及园艺作物种植	014	1			
水果种植	015				
坚果、含油果、香料和饮料作物种植	016				
中药材种植	017				
其他农业	019				
林业	02	8		6	
林木育种和育苗	021	3		1	
造林和更新	022				
森林经营和管护	023	5		5	
木材和竹材采运	024				
林产品采集	025				
畜牧业	03	2			
牲畜饲养	031	2			
家禽饲养	032				
狩猎和捕捉动物	033				
其他畜牧业	039				
渔业	04	1			
水产养殖	041	1			
水产捕捞	042				
农、林、牧、渔服务业	05	2176	4	13	24
农业服务业	051	1815	2	5	16
林业服务业	052	47		3	4
畜牧服务业	053	283	1	3	4
渔业服务业	054	31	1	2	
采矿业	B	**1791**	**1**	**8**	**64**
煤炭开采和洗选业	06	824		2	40
烟煤和无烟煤开采洗选	061	745		2	38
褐煤开采洗选	062	25			
其他煤炭采选	069	54			2
石油和天然气开采业	07	20			
石油开采	071	18			
天然气开采	072	2			
黑色金属矿采选业	08	52			
铁矿采选	081	51			
锰矿、铬矿采选	082				
其他黑色金属矿采选	089	1			
有色金属矿采选业	09	55	1		
常用有色金属矿采选	091	26	1		
贵金属矿采选	092	24			
稀有稀土金属矿采选	093	5			

时间分组的小微企业法人单位数

1992—1995年	1996年	1997年	1998年	1999年	2000年	2001年	2002年
2377	**831**	**731**	**1563**	**1512**	**2600**	**2690**	**2815**
28	**8**	**3**	**10**	**13**	**24**	**22**	**18**
				1			
				1			
							1
							1
							1
							1
28	8	3	10	12	24	22	16
19	3	3	5	7	16	15	11
5	1		1			1	1
4	2		3	2	7	6	3
	2		1	3	1		1
50	**36**	**20**	**53**	**30**	**52**	**52**	**61**
29	21	15	25	11	30	23	47
28	20	15	22	10	29	21	43
			1		1	1	2
1	1		2	1		1	2
	1				3	1	1
					3	1	1
	1						
							1
							1
	1		1	1	3	1	
				1	2		
	1		1		1	1	

2-07 续表 1

行　业	代码	法人单位数(个)	1949年及以前	1950-1977年	1978-1991年
非金属矿采选业	10	696		6	23
土砂石开采	101	622		6	21
化学矿开采	102	1			
采盐	103				
石棉及其他非金属矿采选	109	73			2
开采辅助活动	11	117			1
煤炭开采和洗选辅助活动	111	15			
石油和天然气开采辅助活动	112	89			
其他开采辅助活动	119	13			1
其他采矿业	12	27			
其他采矿业	120	27			
制造业	**C**	**23919**	**9**	**261**	**771**
农副食品加工业	13	4718	1	16	53
谷物磨制	131	2537		3	19
饲料加工	132	473			7
植物油加工	133	333	1	2	5
制糖业	134	18			2
屠宰及肉类加工	135	464		5	12
水产品加工	136	24		1	
蔬菜、水果和坚果加工	137	355			3
其他农副食品加工	139	514		5	5
食品制造业	14	876		7	24
焙烤食品制造	141	133		3	2
糖果、巧克力及蜜饯制造	142	24			1
方便食品制造	143	233		1	5
乳制品制造	144	91			6
罐头食品制造	145	35			1
调味品、发酵制品制造	146	107		3	5
其他食品制造	149	253			4
酒、饮料和精制茶制造业	15	909	1	7	28
酒的制造	151	524	1	7	26
饮料制造	152	379			2
精制茶加工	153	6			
烟草制品业	16	11			1
烟叶复烤	161	7			
卷烟制造	162	1			
其他烟草制品制造	169	3			1
纺织业	17	299		10	16
棉纺织及印染精加工	171	44		4	1
毛纺织及染整精加工	172	12			1
麻纺织及染整精加工	173	115		2	7
丝绢纺织及印染精加工	174	6			1
化纤织造及印染精加工	175	11			1
针织或钩针编织物及其制品制造	176	30		2	1
家用纺织制成品制造	177	54			2
非家用纺织制成品制造	178	27		2	2
纺织服装、服饰业	18	239		11	9
机织服装制造	181	148		5	8
针织或钩针编织服装制造	182	32		2	
服饰制造	183	59		4	1

1992–1995年	1996年	1997年	1998年	1999年	2000年	2001年	2002年
17	10	3	24	14	14	20	11
15	10	3	23	13	14	17	10
2			1	1		3	1
4	3	2	3	4	1	6	1
1					1	1	
3	3	2	3	4		5	1
					1	1	
					1	1	
781	**272**	**257**	**515**	**460**	**748**	**778**	**808**
63	27	27	67	50	140	130	127
21	11	8	26	24	56	50	68
7	1	10	11	9	17	19	5
7	3	3	8	3	11	16	4
2			1	1		1	
11	6	3	8	5	23	15	18
							1
8	2	1	3	4	13	15	12
7	4	2	10	4	20	14	19
24	13	5	16	25	30	31	27
5	3	1	2	6	4	3	3
1			1			1	1
2			2	4	7	4	4
4	1		5	5	6	8	4
		1		1	2		1
6	5		1	2	3	3	6
6	4	3	5	7	8	12	8
32	16	6	32	35	44	46	37
24	10	6	23	21	30	27	17
8	6		9	14	14	19	18
							2
1				1			2
1				1			1
							1
9	4	3	7	5	11	7	8
	1	2	1	2	1	2	3
							2
3	1	1	2	3	6	3	
							1
2							
	1				1		1
1	1		2		1	1	1
3			2		2	1	
5	3	9	6	4	5	7	5
5	2	6	6	3	4	6	4
		1			1		1
	1	2		1		1	

2-07 续表 2

行　　业	代码	法人单位数(个)			
			1949年及以前	1950–1977年	1978–1991年
皮革、毛皮、羽毛及其制品和制鞋业	19	156	1	3	6
皮革鞣制加工	191	40			
皮革制品制造	192	21			1
毛皮鞣制及制品加工	193	56	1	1	1
羽毛(绒)加工及制品制造	194	4			
制鞋业	195	35		2	4
木材加工和木、竹、藤、棕、草制品业	20	2415	1	12	52
木材加工	201	1444	1	7	33
人造板制造	202	283		2	6
木制品制造	203	629		3	11
竹、藤、棕、草等制品制造	204	59			2
家具制造业	21	438		1	14
木质家具制造	211	337			6
竹、藤家具制造	212	1			1
金属家具制造	213	30		1	2
塑料家具制造	214	22			1
其他家具制造	219	48			4
造纸和纸制品业	22	354		3	11
纸浆制造	221	8			
造纸	222	142		2	3
纸制品制造	223	204		1	8
印刷和记录媒介复制业	23	722	1	16	44
印刷	231	593	1	11	39
装订及印刷相关服务	232	128		5	5
记录媒介复制	233	1			
文教、工美、体育和娱乐用品制造业	24	291		3	8
文教办公用品制造	241	104		1	1
乐器制造	242	14			2
工艺美术品制造	243	152		1	2
体育用品制造	244	13			3
玩具制造	245	4			
游艺器材及娱乐用品制造	246	4		1	
石油加工、炼焦和核燃料加工业	25	164			2
精炼石油产品制造	251	145			2
炼焦	252	16			
核燃料加工	253	3			
化学原料和化学制品制造业	26	1195	2	12	19
基础化学原料制造	261	169	1		3
肥料制造	262	394		3	2
农药制造	263	41			2
涂料、油墨、颜料及类似产品制造	264	168			1
合成材料制造	265	62		1	3
专用化学产品制造	266	273		3	6
炸药、火工及焰火产品制造	267	22		2	
日用化学产品制造	268	66	1	3	2
医药制造业	27	310		1	10
化学药品原料药制造	271	30			2

1992—1995年	1996年	1997年	1998年	1999年	2000年	2001年	2002年
5		1	1	1	3	7	1
1		1			1	1	
2					1	3	1
2			1	1	1	3	
64	18	18	30	26	68	79	79
32	8	5	16	18	27	43	46
13	2	1	5	2	15	11	8
18	7	12	8	6	23	23	25
1	1		1		3	2	
13	5	7	6	10	10	11	22
11	5	7	3	8	4	10	15
				1	2	1	1
1			2		2		2
1			1	1	2		4
18	9	6	12	5	8	13	18
1						1	1
4	1	2	2	1	3	4	9
13	8	4	10	4	5	8	8
45	14	15	23	13	24	29	31
37	12	10	21	12	19	26	25
8	2	4	2	1	5	3	6
		1					
9	2	3	8	7	10	8	14
2	1	2	6	5	4	3	4
1	1				1		1
6			2	2	5	3	7
						1	2
		1					
						1	
8	1	3	8	7	5	6	16
8	1	2	7	7	5	6	15
		1	1				1
48	14	12	28	36	45	41	44
11	2	1	5	5	8	3	4
6	3	3	5	6	15	12	10
2	2	2	3	4	1	4	3
12	1	1	5	5	4	7	9
2	1	1	2	4	1	1	2
11	4	4	7	9	9	13	12
			1		3	1	1
4	1			3	4		3
12	12	5	17	8	14	13	10
1	1	1	2	1	1		

2-07 续表 3

行　业	代码	法人单位数（个）	1949年及以前	1950-1977年	1978-1991年
化学药品制剂制造	272	47			2
中药饮片加工	273	37			2
中成药生产	274	75			3
兽用药品制造	275	31		1	
生物药品制造	276	64			1
卫生材料及医药用品制造	277	26			
化学纤维制造业	28	29		1	1
纤维素纤维原料及纤维制造	281	8			
合成纤维制造	282	21		1	1
橡胶和塑料制品业	29	961		11	27
橡胶制品业	291	137		5	6
塑料制品业	292	824		6	21
非金属矿物制品业	30	2851		60	200
水泥、石灰和石膏制造	301	242		7	5
石膏、水泥制品及类似制品制造	302	702		6	21
砖瓦、石材等建筑材料制造	303	1525		42	163
玻璃制造	304	26			
玻璃制品制造	305	78		2	4
玻璃纤维和玻璃纤维增强塑料制品制造	306	45			2
陶瓷制品制造	307	36			2
耐火材料制品制造	308	64			1
石墨及其他非金属矿物制品制造	309	133		3	2
黑色金属冶炼和压延加工业	31	244		1	10
炼铁	311	25		1	2
炼钢	312	13			
黑色金属铸造	313	78			2
钢压延加工	314	111			5
铁合金冶炼	315	17			1
有色金属冶炼和压延加工业	32	95		2	5
常用有色金属冶炼	321	14			2
贵金属冶炼	322	3			
稀有稀土金属冶炼	323	7			
有色金属合金制造	324	12		1	
有色金属铸造	325	11			
有色金属压延加工	326	48		1	3
金属制品业	33	1267	1	12	32
结构性金属制品制造	331	722		2	5
金属工具制造	332	133		3	10
集装箱及金属包装容器制造	333	59		1	2
金属丝绳及其制品制造	334	18		1	2
建筑、安全用金属制品制造	335	142		4	5
金属表面处理及热处理加工	336	39			1
搪瓷制品制造	337	6			
金属制日用品制造	338	38	1		2
其他金属制品制造	339	110		1	5
通用设备制造业	34	1859		28	71
锅炉及原动设备制造	341	330		3	10
金属加工机械制造	342	328		4	11

1992–1995年	1996年	1997年	1998年	1999年	2000年	2001年	2002年
3	1	1	8	3	1	1	4
1	1				2	1	1
5	4	2	4	2	4	6	1
	1	1	2	1	1	5	1
2	3		1	1	2		2
	1				3		1
4			1	1	1	1	1
1			1		1	1	
3				1			1
23	17	8	21	18	37	33	33
4	3	2	6	2	5	10	5
19	14	6	15	16	32	23	28
94	41	33	70	60	71	67	68
7	2	2	13	7	11	10	9
12	6	8	11	11	13	15	16
58	24	15	36	33	34	31	30
1	1	1	3				
3	1			2	2	2	1
3	1			1			6
1	1	1		1	4	1	
3	1	3	3	1	1		1
6	4	3	4	4	6	8	5
10	3	6	5	2	8	11	16
1			1	1	1		1
3	1		1				3
5		2	1			5	5
1	2	2	2	1	7	5	7
		2				1	
10	1	1	3	2	4	1	12
					1		1
	1	1		1			1
2						1	1
3			1		1		2
5			2	1	2		7
42	14	14	24	20	41	45	44
17	2	6	11	11	21	24	19
9	2	2	3		9	3	9
2	1	1	2	2	3	4	1
		1	1				1
5	5	3	4	1	7	5	7
2	1		1	2		2	4
1						1	
3	1	1		2			
3	2		2	2	1	6	3
101	20	27	61	48	56	61	66
22	6	9	15	6	14	12	14
11	4	1	12	6	8	5	12

2-07 续表 4

行业	代码	法人单位数(个)			
			1949年及以前	1950—1977年	1978—1991年
物料搬运设备制造	343	65		2	
泵、阀门、压缩机及类似机械制造	344	94		2	6
轴承、齿轮和传动部件制造	345	104		2	6
烘炉、风机、衡器、包装等设备制造	346	140		3	4
文化、办公用机械制造	347	22			
通用零部件制造	348	666		11	31
其他通用设备制造业	349	110		1	3
专用设备制造业	35	1571		12	45
采矿、冶金、建筑专用设备制造	351	566		3	7
化工、木材、非金属加工专用设备制造	352	190		1	11
食品、饮料、烟草及饲料生产专用设备制造	353	65			2
印刷、制药、日化及日用品生产专用设备制造	354	55			3
纺织、服装和皮革加工专用设备制造	355	18		1	1
电子和电工机械专用设备制造	356	126		1	2
农、林、牧、渔专用机械制造	357	309		5	9
医疗仪器设备及器械制造	358	72			4
环保、社会公共服务及其他专用设备制造	359	170		1	6
汽车制造业	36	251		4	10
汽车整车制造	361	7			
改装汽车制造	362	22			1
低速载货汽车制造	363	5			
电车制造	364	1			
汽车车身、挂车制造	365	3			
汽车零部件及配件制造	366	213		4	9
铁路、船舶、航空航天和其他运输设备制造业	37	95	1	7	11
铁路运输设备制造	371	61	1	6	8
城市轨道交通设备制造	372				
船舶及相关装置制造	373	14			2
航空、航天器及设备制造	374	11			
摩托车制造	375	1			
自行车制造	376	6		1	
非公路休闲车及零配件制造	377				
潜水救捞及其他未列明运输设备制造	379	2			1
电气机械和器材制造业	38	719		9	33
电机制造	381	143		2	3
输配电及控制设备制造	382	286		3	18
电线、电缆、光缆及电工器材制造	383	124			7
电池制造	384	24		1	3
家用电力器具制造	385	46		1	
非电力家用器具制造	386	24			
照明器具制造	387	36		1	2
其他电气机械及器材制造	389	36		1	
计算机、通信和其他电子设备制造业	39	143		1	3
计算机制造	391	28			
通信设备制造	392	24			1
广播电视设备制造	393	4			
雷达及配套设备制造	394	4			
视听设备制造	395	2			

1992—1995年	1996年	1997年	1998年	1999年	2000年	2001年	2002年
		2	1		3	4	2
7	3	2	4	1	5	4	3
8	1	2	3	4	3	5	6
11	1	2	5	6	5	6	1
2			2		2		1
32	5	9	14	23	15	18	22
8			5	2	1	7	5
46	11	16	24	33	44	49	55
10	4	5	7	8	9	14	19
5	2		4	6	4	5	11
2	1	1	1	2	3	2	2
		1		2	2	4	4
4			3			2	
9	1	2	2	4	3	5	5
11		2	1	4	11	11	9
	2	3	1		4	1	
5	1	2	5	7	8	5	5
17	5	4	8	7	6	17	12
				1		1	
4	2		1				
			1	1		1	
13	3	4	6	5	6	15	12
4	1	3	2	3	4	3	6
2	1	2	1	1	2	1	6
2				1	1		
			1	1		1	
		1			1	1	
36	9	14	14	16	22	23	25
9	2	1	3	5	2	5	4
13	3	5	3	6	11	15	8
8	3	1	5	3	5		8
		1					1
3		3	2	1	1		2
				1		1	1
3		1	1				1
	1	2			3	2	
8	5	2	3	4	8	10	7
1		1		1	1		1
3	1		2			4	1
	1					1	
						1	

2-07 续表 5

行　　业	代码	法人单位数（个）	1949年及以前	1950-1977年	1978-1991年
电子器件制造	396	19		1	
电子元件制造	397	17			1
其他电子设备制造	399	45			1
仪器仪表制造业	40	198		8	8
通用仪器仪表制造	401	131		2	5
专用仪器仪表制造	402	35		1	3
钟表与计时仪器制造	403	3		2	
光学仪器及眼镜制造	404	6		1	
其他仪器仪表制造业	409	23		2	
其他制造业	41	221		2	6
日用杂品制造	411	16			1
煤制品制造	412	91			
核辐射加工	413				
其他未列明制造业	419	114		2	5
废弃资源综合利用业	42	82			1
金属废料和碎屑加工处理	421	44			
非金属废料和碎屑加工处理	422	38			1
金属制品、机械和设备修理业	43	236		1	11
金属制品修理	431	13			3
通用设备修理	432	34			1
专用设备修理	433	76			2
铁路、船舶、航空航天等运输设备修理	434	27		1	2
电气设备修理	435	25			2
仪器仪表修理	436	4			
其他机械和设备修理业	439	57			1
电力、热力、燃气及水生产和供应业	**D**	**1206**	**5**	**64**	**102**
电力、热力生产和供应业	44	803	2	45	52
电力生产	441	226		2	6
电力供应	442	157	2	40	28
热力生产和供应	443	420		3	18
燃气生产和供应业	45	151			5
燃气生产和供应业	450	151			5
水的生产和供应业	46	252	3	19	45
自来水生产和供应	461	173	3	19	45
污水处理及其再生利用	462	70			
其他水的处理、利用与分配	469	9			
建筑业	**E**	**5793**	**10**	**79**	**250**
房屋建筑业	47	1570	7	53	118
房屋建筑业	470	1570	7	53	118
土木工程建筑业	48	931	1	16	61
铁路、道路、隧道和桥梁工程建筑	481	375		9	32
水利和内河港口工程建筑	482	158		5	7
海洋工程建筑	483				
工矿工程建筑	484	28			
架线和管道工程建筑	485	142	1	1	18
其他土木工程建筑	489	228		1	4
建筑安装业	49	1050	2	5	43
电气安装	491	318		1	18
管道和设备安装	492	274	1	1	9
其他建筑安装业	499	458	1	3	16

1992-1995年	1996年	1997年	1998年	1999年	2000年	2001年	2002年
1					1	2	
1	1			1	2	2	
2	2	1	1	2	4		5
9		2	7	4	9	10	8
7		2	4	4	6	7	6
					1	2	1
1							
1							
			3		2	1	1
6	2	5	2	4	9	8	8
			2			3	1
		1		1	2	2	3
6	2	4		3	7	3	4
	1		1	2	3	4	2
	1		1	1	1	3	1
				1	2	1	1
15	4	2	8	3	8	7	4
1		1				1	
2		1	1	1			2
1	2		3	1	2	2	
1	1		1	1		2	
3	1		1		3	1	
1							
6			2		3	1	2
42	**9**	**16**	**17**	**15**	**19**	**39**	**31**
26	5	11	13	10	12	28	21
8	1	2	4	5	3	6	2
14	2	6	2		4	6	9
4	2	3	7	5	5	16	10
4		1	3	1	3	1	3
4		1	3	1	3	1	3
12	4	4	1	4	4	10	7
10	3	3	1	1	3	8	4
	1			3	1	2	3
2		1					
263	**74**	**67**	**164**	**118**	**159**	**247**	**179**
100	36	22	51	32	45	86	54
100	36	22	51	32	45	86	54
60	10	18	27	19	36	37	28
23	2	11	18	4	12	15	8
11	4	3	3	5	7	12	5
3	1		1		2		
16		2	3	6	8		5
7	3	2	2	4	7	10	10
59	13	12	41	29	32	69	36
15	6	1	17	9	7	24	8
24	2	3	7	5	5	17	12
20	5	8	17	15	20	28	16

2-07 续表 6

行　　业	代码	法人单位数（个）			
			1949年及以前	1950—1977年	1978—1991年
建筑装饰和其他建筑业	50	2242		5	28
建筑装饰业	501	1606		3	22
工程准备活动	502	264		1	2
提供施工设备服务	503	68			1
其他未列明建筑业	509	304		1	3
批发和零售业	**F**	**37540**	**76**	**368**	**749**
批发业	51	22796	19	155	330
农、林、牧产品批发	511	4857	4	58	71
食品、饮料及烟草制品批发	512	2137	1	19	50
纺织、服装及家庭用品批发	513	1485		3	9
文化、体育用品及器材批发	514	439	1	6	5
医药及医疗器材批发	515	794	1	4	5
矿产品、建材及化工产品批发	516	6274	8	46	136
机械设备、五金产品及电子产品批发	517	4184	3	6	16
贸易经纪与代理	518	1132		3	5
其他批发业	519	1494	1	10	33
零售业	52	14744	57	213	419
综合零售	521	1329	20	138	184
食品、饮料及烟草制品专门零售	522	1444	1	9	25
纺织、服装及日用品专门零售	523	1142	2	6	22
文化、体育用品及器材专门零售	524	591	30	29	21
医药及医疗器材专门零售	525	2654	1	9	49
汽车、摩托车、燃料及零配件专门零售	526	2491	2	9	64
家用电器及电子产品专门零售	527	2037		3	9
五金、家具及室内装饰材料专门零售	528	1765		2	25
货摊、无店铺及其他零售业	529	1291	1	8	20
交通运输、仓储和邮政业	**G**	**3795**	**26**	**119**	**141**
道路运输业	54	2219	6	32	58
城市公共交通运输	541	420	1	6	7
公路旅客运输	542	177	2	11	15
道路货物运输	543	1387		3	16
道路运输辅助活动	544	235	3	12	20
水上运输业	55	60		1	7
水上旅客运输	551	22			1
水上货物运输	552	21			4
水上运输辅助活动	553	17		1	2
航空运输业	56	44		1	1
航空客货运输	561	13			
通用航空服务	562	15			
航空运输辅助活动	563	16		1	1
管道运输业	57	8			
管道运输业	570	8			
装卸搬运和运输代理业	58	528	1	8	14
装卸搬运	581	164	1	8	12
运输代理业	582	364			2

1992—1995年	1996年	1997年	1998年	1999年	2000年	2001年	2002年
44	15	15	45	38	46	55	61
34	11	13	34	25	32	42	38
4			3	3	5	4	9
				1	2	2	2
6	4	2	8	9	7	7	12
648	**254**	**206**	**508**	**497**	**895**	**852**	**948**
342	125	110	250	262	506	489	561
38	8	16	28	39	69	85	93
54	12	9	22	19	31	34	39
14	8	7	9	15	56	18	36
3	6	3	5	4	6	12	7
15	5	8	15	15	17	30	25
112	48	34	85	90	179	186	167
63	21	19	47	52	81	77	116
11	2	1	10	13	41	23	28
32	15	13	29	15	26	24	50
306	129	96	258	235	389	363	387
50	16	12	39	36	35	28	28
22	9	10	23	28	40	39	29
32	12	3	17	9	37	27	31
9	2		7	13	16	12	13
64	29	24	49	45	84	60	64
65	24	20	57	36	64	69	80
15	7	8	26	21	43	49	47
28	11	9	15	22	36	39	50
21	19	10	25	25	34	40	45
95	**45**	**27**	**53**	**43**	**81**	**84**	**81**
51	32	12	31	31	54	60	59
13	11	6	8	10	16	16	8
11	6	4	9	4	6	6	9
16	7	1	10	11	27	28	37
11	8	1	4	6	5	10	5
6	2	1	1			1	
	1	1	1			1	
1	1						
5							
2		1			1	4	
		1				1	
1						2	
1					1	1	
9	4	4	7	6	10	12	11
3	2	2	4	3	3	4	4
6	2	2	3	3	7	8	7

2-07 续表 7

行业	代码	法人单位数(个)	1949年及以前	1950-1977年	1978-1991年
仓储业	59	691	19	77	58
谷物、棉花等农产品仓储	591	500	18	73	54
其他仓储业	599	191	1	4	4
邮政业	60	245			3
邮政基本服务	601	20			2
快递服务	602	225			1
住宿和餐饮业	**H**	**2533**	**6**	**24**	**126**
住宿业	61	1184	2	11	82
旅游饭店	611	362		2	27
一般旅馆	612	711	1	9	40
其他住宿业	619	111	1		15
餐饮业	62	1349	4	13	44
正餐服务	621	1142	2	12	39
快餐服务	622	89		1	
饮料及冷饮服务	623	26	2		1
其他餐饮业	629	92			4
信息传输、软件和信息技术服务业	**I**	**2458**	**2**	**3**	**8**
电信、广播电视和卫星传输服务	63	178		1	4
电信	631	111			1
广播电视传输服务	632	62		1	3
卫星传输服务	633	5			
互联网和相关服务	64	250	2	1	
互联网接入及相关服务	641	49		1	
互联网信息服务	642	130	1		
其他互联网服务	649	71	1		
软件和信息技术服务业	65	2030		1	4
软件开发	651	1442			2
信息系统集成服务	652	117			
信息技术咨询服务	653	271		1	1
数据处理和存储服务	654	28			
集成电路设计	655	16			
其他信息技术服务业	659	156			1
房地产业	**K**	**5150**	**2**	**5**	**50**
房地产业	70	5150	2	5	50
房地产开发经营	701	2117	2		29
物业管理	702	2014			14
房地产中介服务	703	906			3
自有房地产经营活动	704				
其他房地产业	709	113		5	4
租赁和商务服务业	**L**	**8104**	**6**	**18**	**72**
租赁业	71	759		1	2
机械设备租赁	711	743		1	2
文化及日用品出租	712	16			
商务服务业	72	7345	6	17	70
企业管理服务	721	775	4	6	19
法律服务	722	191			4
咨询与调查	723	1725	1	1	8
广告业	724	1616			4
知识产权服务	725	53			

1992—1995年	1996年	1997年	1998年	1999年	2000年	2001年	2002年
24	7	9	8	4	13	5	10
17	6	8	6	2	9	4	4
7	1	1	2	2	4	1	6
3			6	2	3	2	1
2			5	1			
1			1	1	3	2	1
78	**23**	**24**	**23**	**37**	**66**	**53**	**72**
43	17	9	16	20	37	29	37
11	8	5	8	7	15	14	9
24	7	4	6	11	18	11	24
8	2		2	2	4	4	4
35	6	15	7	17	29	24	35
31	6	14	7	15	23	19	27
2		1		2		4	2
					1		3
2					5	1	3
16	**8**	**8**	**20**	**17**	**46**	**36**	**48**
6	1	3	3		7	5	4
3	1	1	3		5	5	4
3		2			2		
1	2		5	3	6	1	5
1			1				
	2			1	3	1	5
			4	2	3		
9	5	5	12	14	33	30	39
6	4	3	8	9	20	23	28
		1	1	1	4	1	2
3	1	1	1	1	4	3	8
						1	
					1		
			2	3	4	2	1
131	**27**	**35**	**56**	**74**	**147**	**157**	**155**
131	27	35	56	74	147	157	155
107	10	18	25	35	62	76	71
17	13	17	26	32	64	64	57
5	3		3	2	17	13	26
2	1		2	5	4	4	1
118	**22**	**27**	**69**	**117**	**158**	**149**	**161**
5		2	4	7	7	8	7
5		2	4	7	6	8	7
					1		
113	22	25	65	110	151	141	154
16	4	7	10	8	10	16	18
15	3		3	8	5	7	10
14	3	3	8	28	47	29	35
16	3	3	9	21	37	29	16
3		1			1	2	2

2-07 续表 8

行 业	代码	法人单位数(个)	1949年及以前	1950-1977年	1978-1991年
人力资源服务	726	769		2	5
旅行社及相关服务	727	684		1	8
安全保护服务	728	112			2
其他商务服务业	729	1420	1	7	20
科学研究和技术服务业	**M**	**3761**	**1**	**9**	**48**
研究和试验发展	73	302		2	1
自然科学研究和试验发展	731	30			
工程和技术研究和试验发展	732	143		2	
农业科学研究和试验发展	733	95			
医学研究和试验发展	734	29			1
社会人文科学研究	735	5			
专业技术服务业	74	2061		5	36
气象服务	741	13			
地震服务	742	4			1
海洋服务	743				
测绘服务	744	153			4
质检技术服务	745	286			5
环境与生态监测	746	45			
地质勘查	747	78			3
工程技术	748	755		2	11
其他专业技术服务业	749	727		3	12
科技推广和应用服务业	75	1398	1	2	11
技术推广服务	751	1089		2	7
科技中介服务	752	81	1		2
其他科技推广和应用服务业	759	228			2
水利、环境和公共设施管理业	**N**	**568**	**1**	**5**	**14**
水利管理业	76	65		3	4
防洪除涝设施管理	761	8			
水资源管理	762	17		1	2
天然水收集与分配	763	7		1	1
水文服务	764	5			
其他水利管理业	769	28		1	1
生态保护和环境治理业	77	59	1	1	2
生态保护	771	11		1	
环境治理业	772	48	1		2
公共设施管理业	78	444		1	8
市政设施管理	781	63		1	4
环境卫生管理	782	42			1
城乡市容管理	783	15			
绿化管理	784	233			
公园和游览景区管理	785	91			3
居民服务、修理和其他服务业	**O**	**2231**		**10**	**40**
居民服务业	79	1051		6	16
家庭服务	791	186			3
托儿所服务	792	14			
洗染服务	793	37			2
理发及美容服务	794	192			1
洗浴服务	795	203			1

1992–1995年	1996年	1997年	1998年	1999年	2000年	2001年	2002年
5	1		3	2	6	12	8
12	3	4	16	23	14	14	16
2	2	1	3	2		3	2
30	3	6	13	18	31	29	47
72	**22**	**21**	**27**	**38**	**80**	**89**	**90**
5	4	4		3	10	11	13
						1	3
5	3	1		2	4	3	5
	1	2			5	3	5
		1		1	1	3	
						1	
57	13	13	19	30	51	58	65
			1	1			
2				1		5	8
4	2	1	3	4	7	5	11
		1					1
2		1		2	2	2	2
32	10	4	11	14	30	28	30
17	1	6	4	8	12	18	13
10	5	4	8	5	19	20	12
9	2	3	5	5	14	17	10
			2		2		
1	3	1	1		3	3	2
11	**3**	**3**	**15**	**6**	**17**	**21**	**20**
3	2	1	3		4	2	1
			1		1		
					1	1	1
					1	1	
1	1						
2	1	1	2		1		
		1	5			1	1
		1	2			1	
			3				1
8	1	1	7	6	13	18	18
3			1		3	2	3
1	1		1			4	1
				1			
1			3	4	4	8	12
3		1	2	1	6	4	2
33	**25**	**12**	**22**	**32**	**54**	**57**	**60**
13	8	3	7	15	30	23	32
2					1	3	3
	1		1			1	1
1				2	1	1	
2	1			3	3	4	6
2	3	1	2	4	9	4	10

2-07 续表 9

行业	代码	法人单位数（个）	1949年及以前	1950-1977年	1978-1991年
保健服务	796	19			
婚姻服务	797	99			1
殡葬服务	798	91		2	2
其他居民服务业	799	210		4	6
机动车、电子产品和日用产品修理业	80	830		4	20
汽车、摩托车修理与维护	801	643		2	17
计算机和办公设备维修	802	80			1
家用电器修理	803	54		1	2
其他日用产品修理业	809	53		1	
其他服务业	81	350			4
清洁服务	811	224			
其他未列明服务业	819	126			4
卫生和社会工作	**Q**	**60**			**2**
社会工作	84	60			2
提供住宿社会工作	841	58			1
不提供住宿社会工作	842	2			1
文化、体育和娱乐业	**R**	**2571**		**10**	**19**
新闻和出版业	85	61		1	5
新闻业	851	6			
出版业	852	55		1	5
广播、电视、电影和影视录音制作业	86	142		6	7
广播	861	12			1
电视	862	13			2
电影和影视节目制作	863	48			
电影和影视节目发行	864	4		3	
电影放映	865	43		3	4
录音制作	866	22			
文化艺术业	87	227		2	3
文艺创作与表演	871	55			
艺术表演场馆	872	6			1
图书馆与档案馆	873	10			
文物及非物质文化遗产保护	874	4			
博物馆	875	7		1	
烈士陵园、纪念馆	876	2			
群众文化活动	877	21			
其他文化艺术业	879	122		1	2
体育	88	80			2
体育组织	881	2			
体育场馆	882	6			
休闲健身活动	883	69			2
其他体育	889	3			
娱乐业	89	2061		1	2
室内娱乐活动	891	1946		1	1
游乐园	892	16			
彩票活动	893				
文化、娱乐、体育经纪代理	894	62			
其他娱乐业	899	37			1

1992-1995年	1996年	1997年	1998年	1999年	2000年	2001年	2002年
			1		1	3	2
2	3	1	2	2	8	1	4
4		1	1	4	7	6	6
15	15	5	12	15	17	26	21
12	11	4	12	12	13	24	17
	1	1			2		2
	1				2		1
3	2			3		2	1
5	2	4	3	2	7	8	7
3	2	1	1	1	4	2	3
2		3	2	1	3	6	4
1			**1**	**2**			**2**
1			1	2			2
1			1	2			2
10	**3**	**5**	**10**	**13**	**54**	**54**	**81**
2				2	2	2	2
1					1		
1				2	1	2	2
3			1	2	5		1
1				1			
1					1		1
1			1	1	4		
1		1	1	2	2	1	
						1	
1					1		
				1	1		
		1	1	1			
2		1	1		1	1	1
2		1	1		1	1	1
2	3	3	7	7	44	50	77
	3	3	6	6	44	48	74
			1	1		2	1
1							1
1							1

2-07 续表 10

行　　业	代码	2003年	2004年	2005年	2006年
总　　计	00	**3405**	**3514**	**4480**	**4863**
农、林、牧、渔业	A	**19**	**11**	**21**	**29**
农业	01			1	
谷物种植	011				
豆类、油料和薯类种植	012				
棉、麻、糖、烟草种植	013				
蔬菜、食用菌及园艺作物种植	014			1	
水果种植	015				
坚果、含油果、香料和饮料作物种植	016				
中药材种植	017				
其他农业	019				
林业	02				
林木育种和育苗	021				
造林和更新	022				
森林经营和管护	023				
木材和竹材采运	024				
林产品采集	025				
畜牧业	03				
牲畜饲养	031				
家禽饲养	032				
狩猎和捕捉动物	033				
其他畜牧业	039				
渔业	04				
水产养殖	041				
水产捕捞	042				
农、林、牧、渔服务业	05	19	11	20	29
农业服务业	051	12	7	17	21
林业服务业	052	1			1
畜牧服务业	053	6	3	3	6
渔业服务业	054		1		1
采矿业	B	**94**	**63**	**105**	**100**
煤炭开采和洗选业	06	60	34	70	52
烟煤和无烟煤开采洗选	061	54	31	66	49
褐煤开采洗选	062	1		3	1
其他煤炭采选	069	5	3	1	2
石油和天然气开采业	07	1	1	1	
石油开采	071	1	1	1	
天然气开采	072				
黑色金属矿采选业	08	3	2	6	3
铁矿采选	081	3	2	6	3
锰矿、铬矿采选	082				
其他黑色金属矿采选	089				
有色金属矿采选业	09	1	3	5	4
常用有色金属矿采选	091	1	2	3	1
贵金属矿采选	092		1	2	1
稀有稀土金属矿采选	093				2

2007年	2008年	2009年	2010年	2011年	2012年	2013年	无开业年份
5045	**6921**	**8775**	**10953**	**11831**	**12631**	**12347**	**156**
44	**100**	**201**	**257**	**296**	**457**	**579**	**4**
1	1						
1	1						
1							
1							
1							
1							
			1				
			1				
41	99	201	256	296	457	579	4
30	71	165	209	243	397	537	4
	6	4	6	3	5	5	
11	22	31	38	45	48	35	
		1	3	5	7	2	
97	**157**	**166**	**172**	**140**	**153**	**111**	**6**
40	79	65	52	60	36	33	
36	68	59	46	49	30	29	
2	3	2	3	2	1	2	
2	8	4	3	9	5	2	
3	1	1		2	1	3	
3		1		2	1	3	
	1						
8	10	6	5	3	5		
8	10	6	5	3	4		
					1		
4	5	3	5	2	6	5	4
3	2	1	2	2	2	3	
1	3	2	3		3	1	3
					1	1	1

2-07 续表 11

行　业	代码				
		2003年	2004年	2005年	2006年
非金属矿采选业	10	23	19	18	35
土砂石开采	101	20	14	14	26
化学矿开采	102				
采盐	103				
石棉及其他非金属矿采选	109	3	5	4	9
开采辅助活动	11	6	2	4	5
煤炭开采和洗选辅助活动	111			1	1
石油和天然气开采辅助活动	112	6	2	3	3
其他开采辅助活动	119				1
其他采矿业	12		2	1	1
其他采矿业	120		2	1	1
制造业	C	**1032**	**1099**	**1313**	**1332**
农副食品加工业	13	202	223	247	252
谷物磨制	131	109	137	126	124
饲料加工	132	17	23	25	31
植物油加工	133	22	15	24	16
制糖业	134	1		1	1
屠宰及肉类加工	135	22	23	30	26
水产品加工	136				4
蔬菜、水果和坚果加工	137	13	13	18	22
其他农副食品加工	139	18	12	23	28
食品制造业	14	36	34	53	60
焙烤食品制造	141	3	2	11	12
糖果、巧克力及蜜饯制造	142		1	1	3
方便食品制造	143	8	10	14	15
乳制品制造	144	7	2	6	4
罐头食品制造	145		1	3	6
调味品、发酵制品制造	146	6	4	5	4
其他食品制造	149	12	14	13	16
酒、饮料和精制茶制造业	15	48	41	56	36
酒的制造	151	33	22	34	19
饮料制造	152	15	19	21	17
精制茶加工	153			1	
烟草制品业	16				
烟叶复烤	161				
卷烟制造	162				
其他烟草制品制造	169				
纺织业	17	10	12	16	25
棉纺织及印染精加工	171	1	3	3	1
毛纺织及染整精加工	172			1	
麻纺织及染整精加工	173	6	2	9	16
丝绢纺织及印染精加工	174		1		
化纤织造及印染精加工	175				2
针织或钩针编织物及其制品制造	176		1		2
家用纺织制成品制造	177	3	4	2	4
非家用纺织制成品制造	178		1	1	
纺织服装、服饰业	18	7	3	14	8
机织服装制造	181	5		9	6
针织或钩针编织服装制造	182	2	1	2	
服饰制造	183		2	3	2

2007年	2008年	2009年	2010年	2011年	2012年	2013年	无开业年份
31	50	73	94	60	88	61	2
30	42	70	88	51	78	55	2
					1		
1	8	3	6	9	9	6	
9	12	13	7	11	15	8	
3	2	2	2	1			
5	8	7	5	9	13	7	
1	2	4		1	2	1	
2		5	9	2	2	1	
2		5	9	2	2	1	
1322	**1805**	**1930**	**2198**	**2148**	**2185**	**1811**	**84**
278	461	490	424	434	502	494	10
150	287	275	249	229	270	291	4
22	33	50	39	55	58	32	2
25	33	32	22	23	34	24	
5	1	1			1		
29	40	40	30	34	33	49	2
	1	2	3	5	3	4	
26	26	32	32	38	37	37	
21	40	58	49	50	66	57	2
49	74	72	70	63	89	71	3
7	11	9	9	11	13	13	
	4	4	3		2	1	
16	23	25	22	20	27	22	2
5	6	8	3	5	4	2	
2	1	2	2	2	6	4	
4	7	7	9	6	12	9	
15	22	17	22	19	25	20	1
42	69	50	75	67	70	70	1
25	43	26	40	29	31	30	
16	24	24	35	38	39	40	1
1	2						
	2	1			3		
	1	1			2		
	1						
					1		
21	20	21	25	23	23	23	
1	2	1	3	6	3	3	
1	1	1		1	1	3	
8	4	8	10	5	11	8	
	2				1		
	1	2		1		2	
5	6	1	4	1	2	2	
5	3	6	7	5	3	3	
1	1	2	1	4	2	2	
8	15	18	25	28	20	27	2
5	11	7	15	13	15	13	
2	1	5	3	4	2	5	
1	3	6	7	11	3	9	2

2-07 续表 12

行 业	代码	2003年	2004年	2005年	2006年
皮革、毛皮、羽毛及其制品和制鞋业	19	1	3	9	7
皮革鞣制加工	191			4	2
皮革制品制造	192	1		2	
毛皮鞣制及制品加工	193			2	2
羽毛(绒)加工及制品制造	194			1	
制鞋业	195		3		3
木材加工和木、竹、藤、棕、草制品业	20	97	134	172	175
木材加工	201	57	82	106	105
人造板制造	202	16	17	22	20
木制品制造	203	24	34	40	47
竹、藤、棕、草等制品制造	204		1	4	3
家具制造业	21	19	21	30	24
木质家具制造	211	14	20	24	19
竹、藤家具制造	212				
金属家具制造	213		1	3	1
塑料家具制造	214				1
其他家具制造	219	5		3	3
造纸和纸制品业	22	27	15	26	24
纸浆制造	221	2	1		
造纸	222	8	6	13	15
纸制品制造	223	17	8	13	9
印刷和记录媒介复制业	23	33	36	38	37
印刷	231	25	31	30	28
装订及印刷相关服务	232	8	5	8	9
记录媒介复制	233				
文教、工美、体育和娱乐用品制造业	24	12	15	13	12
文教办公用品制造	241	3	4	8	5
乐器制造	242	3			
工艺美术品制造	243	5	10	4	7
体育用品制造	244			1	
玩具制造	245	1			
游艺器材及娱乐用品制造	246		1		
石油加工、炼焦和核燃料加工业	25	7	9	6	15
精炼石油产品制造	251	5	7	6	14
炼焦	252	2	2		
核燃料加工	253				1
化学原料和化学制品制造业	26	46	57	70	66
基础化学原料制造	261	3	6	12	11
肥料制造	262	13	12	20	15
农药制造	263	1	2	3	1
涂料、油墨、颜料及类似产品制造	264	11	10	7	11
合成材料制造	265	1	2	4	3
专用化学产品制造	266	14	17	21	20
炸药、火工及焰火产品制造	267	1	3		
日用化学产品制造	268	2	5	3	5
医药制造业	27	21	28	12	19
化学药品原料药制造	271	2	3	1	2

2007年	2008年	2009年	2010年	2011年	2012年	2013年	无开业年份
5	10	15	10	18	21	28	
2	4	6	6	3	1	12	
	4	1		2	4	2	
1	2	5	1	6	14	13	
				2		1	
2		3	3	5	2		
167	199	209	260	201	211	139	4
107	120	125	157	139	136	73	1
24	23	16	30	11	21	17	1
32	52	57	69	46	49	41	2
4	4	11	4	5	5	8	
27	32	30	49	41	31	34	1
20	20	19	42	34	27	28	1
4	7	2	1	2		1	
1	1	4	2	3	2		
2	4	5	4	2	2	5	
22	21	28	21	21	20	25	1
	1				1		
9	11	16	5	10	9	8	1
13	9	12	16	11	10	17	
30	54	41	49	71	45	32	1
23	46	32	43	59	35	27	1
7	8	9	6	12	10	5	
16	20	24	30	23	37	15	2
6	6	9	15	7	7	4	1
	1			3			1
8	12	14	13	12	28	11	
1		1	2	1	1		
	1				1		
1							
8	3	15	11	11	14	8	1
6	1	13	9	9	14	8	
2	2	2	1	1			1
			1	1			
58	83	91	89	106	124	92	12
9	17	15	12	12	11	12	6
17	28	41	46	44	46	44	3
1	2		1	4	1	2	
4	11	12	7	15	21	12	2
3	5	5	6	2	6	6	1
19	16	13	14	23	30	8	
1	1	2		1	4	1	
4	3	3	3	5	5	7	
11	13	23	20	19	19	23	
3	1	1	1	3	4		

2-07 续表 13

行业	代码				
		2003年	2004年	2005年	2006年
化学药品制剂制造	272	4	4	1	
中药饮片加工	273	3	7	1	2
中成药生产	274	7	7	2	2
兽用药品制造	275	3	3	1	4
生物药品制造	276		4	5	5
卫生材料及医药用品制造	277	2		1	4
化学纤维制造业	28		1	2	
纤维素纤维原料及纤维制造	281			1	
合成纤维制造	282		1	1	
橡胶和塑料制品业	29	47	46	60	42
橡胶制品业	291	10	8	13	6
塑料制品业	292	37	38	47	36
非金属矿物制品业	30	79	74	99	134
水泥、石灰和石膏制造	301	9	9	12	6
石膏、水泥制品及类似制品制造	302	17	15	15	28
砖瓦、石材等建筑材料制造	303	35	39	53	81
玻璃制造	304			2	2
玻璃制品制造	305	2	4	5	4
玻璃纤维和玻璃纤维增强塑料制品制造	306	3	2	3	2
陶瓷制品制造	307				2
耐火材料制品制造	308	4		5	2
石墨及其他非金属矿物制品制造	309	9	5	4	7
黑色金属冶炼和压延加工业	31	13	9	21	14
炼铁	311	3			1
炼钢	312			2	
黑色金属铸造	313	7	5	10	5
钢压延加工	314	3	2	8	6
铁合金冶炼	315		2	1	2
有色金属冶炼和压延加工业	32		4	3	2
常用有色金属冶炼	321		1		1
贵金属冶炼	322				
稀有稀土金属冶炼	323			2	
有色金属合金制造	324				1
有色金属铸造	325				
有色金属压延加工	326		3	1	
金属制品业	33	61	58	62	62
结构性金属制品制造	331	27	19	26	31
金属工具制造	332	7	10	8	8
集装箱及金属包装容器制造	333	4	5	6	3
金属丝绳及其制品制造	334	1	2	2	
建筑、安全用金属制品制造	335	10	7	8	6
金属表面处理及热处理加工	336	2	1	3	2
搪瓷制品制造	337		1	1	
金属制日用品制造	338	1	2	1	3
其他金属制品制造	339	9	11	7	9
通用设备制造业	34	94	100	122	109
锅炉及原动设备制造	341	14	29	17	17
金属加工机械制造	342	19	13	26	15

2007年	2008年	2009年	2010年	2011年	2012年	2013年	无开业年份
	1	5	3	3	1	1	
1	3	1	2	4	1	4	
3	2	6	5	5	1	4	
	1	1	3	1	1		
3	2	8	5	2	7	11	
1	3	1	1	1	4	3	
	3	1	5		2	3	1
	1		1			1	
	2	1	4		2	2	1
62	78	67	81	85	86	71	8
10	8	6	6	7	3	12	
52	70	61	75	78	83	59	8
110	163	225	344	352	292	202	13
10	14	15	29	27	19	19	
19	42	65	92	112	101	72	5
63	83	119	180	177	138	83	8
		1	1	3	5	6	
4	7	7	14	3	6	5	
2	4	2	1	7	4	2	
3	3	2	2	2	6	5	
3	2	5	12	9	4	4	
6	8	9	13	12	9	6	
19	20	17	14	13	19	13	
1	2	1	3	1	2	3	
	1				1	1	
4	7	8	3	4	3	2	
10	8	8	8	8	12	6	
4	2				1	1	
6	10	6	5	7	8	3	
1		1	2	3	1		
	2			1			
1							
1		3		1		1	
	3		1				
3	5	2	2	2	7	2	
65	100	84	157	134	115	79	1
41	65	49	118	95	77	55	1
4	10	12	3	7	10	4	
4	2	2	6	3	3	2	
2	1		1		1	2	
4	10	9	11	15	10	6	
3	1	3	5	2	1	3	
1		1					
3	2	2	4	4	2	4	
3	9	6	9	8	11	3	
111	125	136	163	121	133	101	5
17	20	26	28	24	18	9	
23	33	33	27	23	20	20	2

2-07 续表 14

行　业	代码	2003年	2004年	2005年	2006年
物料搬运设备制造	343	3	2	4	9
泵、阀门、压缩机及类似机械制造	344	1	5	6	7
轴承、齿轮和传动部件制造	345	11	3	4	5
烘炉、风机、衡器、包装等设备制造	346	11	8	9	3
文化、办公用机械制造	347	1			2
通用零部件制造	348	27	31	49	46
其他通用设备制造业	349	7	9	7	5
专用设备制造业	35	70	99	86	96
采矿、冶金、建筑专用设备制造	351	30	33	36	39
化工、木材、非金属加工专用设备制造	352	5	14	7	23
食品、饮料、烟草及饲料生产专用设备制造	353	2	3	6	6
印刷、制药、日化及日用品生产专用设备制造	354	6	2	3	2
纺织、服装和皮革加工专用设备制造	355	1	2		
电子和电工机械专用设备制造	356	8	13	8	6
农、林、牧、渔专用机械制造	357	6	16	12	8
医疗仪器设备及器械制造	358	3	6	4	4
环保、社会公共服务及其他专用设备制造	359	9	10	10	8
汽车制造业	36	20	16	8	14
汽车整车制造	361			1	1
改装汽车制造	362	1		1	
低速载货汽车制造	363				
电车制造	364				
汽车车身、挂车制造	365		1		
汽车零部件及配件制造	366	19	15	6	13
铁路、船舶、航空航天和其他运输设备制造业	37	5	1	4	6
铁路运输设备制造	371	4	1	4	2
城市轨道交通设备制造	372				
船舶及相关装置制造	373				1
航空、航天器及设备制造	374	1			2
摩托车制造	375				1
自行车制造	376				
非公路休闲车及零配件制造	377				
潜水救捞及其他未列明运输设备制造	379				
电气机械和器材制造业	38	41	30	41	50
电机制造	381	9	7	9	7
输配电及控制设备制造	382	10	12	18	26
电线、电缆、光缆及电工器材制造	383	10	8	10	9
电池制造	384	1		1	1
家用电力器具制造	385	2	2	1	1
非电力家用器具制造	386		1	2	
照明器具制造	387	5			1
其他电气机械及器材制造	389	4			5
计算机、通信和其他电子设备制造业	39	8	8	2	4
计算机制造	391	2	2		1
通信设备制造	392		1		
广播电视设备制造	393	1			
雷达及配套设备制造	394			1	
视听设备制造	395				

2007年	2008年	2009年	2010年	2011年	2012年	2013年	无开业年份
2	5	5	8	3	4	6	
9	6	5	5	1	10	2	
4	5	4	4	7	10	7	
13	6	10	12	9	5	10	
1	1	4	1	1	2	2	
38	43	42	67	47	53	40	3
4	6	7	11	6	11	5	
106	108	128	134	140	145	119	5
40	36	47	54	60	67	34	4
12	14	15	14	11	13	13	
7	6	3	7	2	1	6	
2	2	8	4	6		4	
		1		1	1	1	
10	8	11	7	9	11	1	
22	23	28	29	31	33	37	1
2	7	4	4	5	6	12	
11	12	11	15	15	13	11	
13	16	13	14	13	11	21	2
1						2	
1	1		2	2	3	3	
			1	1			
	1						
						2	
11	14	13	11	10	8	14	2
3	5	3	4	8	6	5	
3	4	1	3	4	2	2	
		1	1		4	1	
	1			2		2	
		1		1			
				1			
42	48	55	53	69	52	29	8
15	14	15	9	10	10	2	
11	21	23	19	29	21	8	3
7	5	6	6	7	8	7	1
	1	2	4	3	2	1	2
2	2	4	5	6	4	3	1
1	1	2	3	5	3	2	1
	2	2	4	6	3	4	
6	2	1	3	3	1	2	
10	7	8	9	11	15	8	2
4	2	3	2	3	3	1	
1		2	2		5		1
							1
1						2	
	1						

2-07 续表 15

行 业	代码	2003年	2004年	2005年	2006年
电子器件制造	396		1		
电子元件制造	397	1	2		
其他电子设备制造	399	4	2	1	3
仪器仪表制造业	40	12	6	22	12
通用仪器仪表制造	401	6	3	16	8
专用仪器仪表制造	402	4	2	3	3
钟表与计时仪器制造	403				
光学仪器及眼镜制造	404				1
其他仪器仪表制造业	409	2	1	3	
其他制造业	41	6	3	7	13
日用杂品制造	411			1	
煤制品制造	412	1		3	4
核辐射加工	413				
其他未列明制造业	419	5	3	3	9
废弃资源综合利用业	42	2	6	3	5
金属废料和碎屑加工处理	421		4	1	3
非金属废料和碎屑加工处理	422	2	2	2	2
金属制品、机械和设备修理业	43	8	7	9	9
金属制品修理	431	1		1	
通用设备修理	432	2	1	2	2
专用设备修理	433	1	3	2	2
铁路、船舶、航空航天等运输设备修理	434	1	1	1	2
电气设备修理	435	2		1	1
仪器仪表修理	436			1	
其他机械和设备修理业	439	1	2	1	2
电力、热力、燃气及水生产和供应业	D	**39**	**33**	**51**	**46**
电力、热力生产和供应业	44	26	24	31	23
电力生产	441	2	3	9	10
电力供应	442	5	2	5	3
热力生产和供应	443	19	19	17	10
燃气生产和供应业	45	7	4	7	9
燃气生产和供应业	450	7	4	7	9
水的生产和供应业	46	6	5	13	14
自来水生产和供应	461	5	2	9	9
污水处理及其再生利用	462		3	3	4
其他水的处理、利用与分配	469	1		1	1
建筑业	E	**244**	**280**	**295**	**263**
房屋建筑业	47	49	71	83	88
房屋建筑业	470	49	71	83	88
土木工程建筑业	48	35	55	48	44
铁路、道路、隧道和桥梁工程建筑	481	13	23	22	17
水利和内河港口工程建筑	482	2	3	9	6
海洋工程建筑	483				
工矿工程建筑	484	1		1	1
架线和管道工程建筑	485	8	12	3	4
其他土木工程建筑	489	11	17	13	16
建筑安装业	49	56	46	45	48
电气安装	491	13	12	11	9
管道和设备安装	492	18	15	10	17
其他建筑安装业	499	25	19	24	22

2007年	2008年	2009年	2010年	2011年	2012年	2013年	无开业年份
		1		4	3	5	
1	2		2		1		
3	2	2	3	4	3		
13	15	11	11	14	9	8	
9	11	7	8	11	4	5	
2	3	2	2		4	2	
	1	1		1			
2		1	1	2	1	1	
6	11	23	23	16	21	39	1
1	1	3	1		1	1	
3	2	8	10	14	11	26	
2	8	12	12	2	9	12	1
5	4	7	5	8	13	10	
4	1	5	2	5	6	5	
1	3	2	3	3	7	5	
9	16	18	18	31	29	19	
	2	2		1			
2	1	1	5	4	3	3	
3	4	10	6	8	16	8	
2	1	1	1	3	3	2	
1	1			3	2	3	
1				1			
	7	4	6	11	5	3	
64	**80**	**95**	**124**	**117**	**102**	**90**	**6**
54	52	62	88	81	74	60	3
25	19	31	24	29	18	15	2
2	4	4	7	4	2	6	
27	29	27	57	48	54	39	1
7	10	15	23	18	12	16	2
7	10	15	23	18	12	16	2
3	18	18	13	18	16	14	1
1	7	7	6	11	8	8	
2	11	10	7	7	7	5	1
		1			1	1	
269	**341**	**379**	**512**	**565**	**511**	**519**	**5**
79	94	107	115	120	92	67	1
79	94	107	115	120	92	67	1
50	47	52	69	74	81	61	2
22	21	20	26	26	33	18	
6	6	11	20	8	13	12	
4	3	1	3	1	6		
6	8	9	5	13	5	9	
12	9	11	15	26	24	22	2
52	61	59	89	89	84	79	1
16	24	21	29	26	23	28	
13	9	16	28	21	23	18	
23	28	22	32	42	38	33	1

2-07 续表 16

行业	代码	2003年	2004年	2005年	2006年
建筑装饰和其他建筑业	50	104	108	119	83
建筑装饰业	501	59	62	69	43
工程准备活动	502	26	27	22	16
提供施工设备服务	503	1	4	4	7
其他未列明建筑业	509	18	15	24	17
批发和零售业	**F**	**1082**	**1108**	**1574**	**1722**
批发业	51	639	636	991	1050
农、林、牧产品批发	511	103	106	140	162
食品、饮料及烟草制品批发	512	40	54	68	68
纺织、服装及家庭用品批发	513	27	37	59	74
文化、体育用品及器材批发	514	9	6	77	21
医药及医疗器材批发	515	28	34	30	25
矿产品、建材及化工产品批发	516	214	191	313	363
机械设备、五金产品及电子产品批发	517	141	118	193	186
贸易经纪与代理	518	32	32	48	59
其他批发业	519	45	58	63	92
零售业	52	443	472	583	672
综合零售	521	33	29	38	39
食品、饮料及烟草制品专门零售	522	39	35	42	64
纺织、服装及日用品专门零售	523	28	42	48	50
文化、体育用品及器材专门零售	524	13	11	16	33
医药及医疗器材专门零售	525	100	128	119	134
汽车、摩托车、燃料及零配件专门零售	526	74	56	101	111
家用电器及电子产品专门零售	527	77	65	89	91
五金、家具及室内装饰材料专门零售	528	40	46	73	81
货摊、无店铺及其他零售业	529	39	60	57	69
交通运输、仓储和邮政业	**G**	**97**	**96**	**127**	**165**
道路运输业	54	70	64	79	109
城市公共交通运输	541	12	21	16	17
公路旅客运输	542	8	8	5	6
道路货物运输	543	35	34	48	80
道路运输辅助活动	544	15	1	10	6
水上运输业	55			1	4
水上旅客运输	551			1	2
水上货物运输	552				2
水上运输辅助活动	553				
航空运输业	56	2	3	3	3
航空客货运输	561			2	1
通用航空服务	562		2		1
航空运输辅助活动	563	2	1	1	1
管道运输业	57	2	2		
管道运输业	570	2	2		
装卸搬运和运输代理业	58	7	12	20	25
装卸搬运	581	4	2	6	3
运输代理业	582	3	10	14	22

2007年	2008年	2009年	2010年	2011年	2012年	2013年	无开业年份
88	139	161	239	282	254	312	1
61	86	108	172	212	212	267	1
10	30	21	31	25	14	11	
1	5	10	5	11	5	7	
16	18	22	31	34	23	27	
1763	**2531**	**3319**	**4092**	**4426**	**4961**	**4939**	**22**
1093	1542	2125	2586	2765	3114	3089	17
167	327	563	526	616	798	836	4
78	156	182	230	259	347	362	3
66	88	140	216	201	205	197	
18	24	32	47	45	48	54	
43	56	77	70	87	102	101	1
309	402	601	703	679	691	710	7
265	289	343	468	571	559	549	1
64	81	75	165	135	167	137	
83	119	112	161	172	197	143	1
670	989	1194	1506	1661	1847	1850	5
39	71	88	89	96	115	105	1
60	80	118	142	165	235	229	
51	74	88	116	147	148	151	1
31	37	36	49	66	77	70	
124	191	233	301	286	276	284	
93	135	208	248	286	335	352	2
100	165	192	236	248	263	283	
110	154	137	212	212	244	219	
62	82	94	113	155	154	157	1
209	**264**	**341**	**431**	**433**	**457**	**376**	**4**
99	157	209	233	282	266	223	2
15	27	46	30	48	49	37	
7	9	7	8	12	16	8	
71	113	145	177	191	179	157	1
6	8	11	18	31	22	21	1
7	2	3	7	5	9	3	
4			5	2	2	1	
3	1	1	1	2	3	2	
	1	2	1	1	4		
1	3	2	4	5	5	3	
	3	2		1	2		
1			3	3		2	
			1	1	3	1	
		1	1		1	1	
		1	1		1	1	
26	41	39	66	64	77	65	
4	17	8	14	21	21	18	
22	24	31	52	43	56	47	

2-07 续表 17

行　业	代码	2003年	2004年	2005年	2006年
仓储业	59	12	13	18	18
谷物、棉花等农产品仓储	591	9	8	5	9
其他仓储业	599	3	5	13	9
邮政业	60	4	2	6	6
邮政基本服务	601		1	2	
快递服务	602	4	1	4	6
住宿和餐饮业	H	**80**	**75**	**75**	**94**
住宿业	61	39	37	31	39
旅游饭店	611	17	20	14	17
一般旅馆	612	20	12	12	19
其他住宿业	619	2	5	5	3
餐饮业	62	41	38	44	55
正餐服务	621	33	32	38	48
快餐服务	622	2	4	3	4
饮料及冷饮服务	623		1		
其他餐饮业	629	6	1	3	3
信息传输、软件和信息技术服务业	I	**57**	**54**	**93**	**116**
电信、广播电视和卫星传输服务	63	5	6	8	7
电信	631	4	5	4	5
广播电视传输服务	632	1	1	3	2
卫星传输服务	633			1	
互联网和相关服务	64	6	5	10	7
互联网接入及相关服务	641	1	1	2	1
互联网信息服务	642	5	3	5	4
其他互联网服务	649		1	3	2
软件和信息技术服务业	65	46	43	75	102
软件开发	651	29	34	51	83
信息系统集成服务	652	6	2	5	5
信息技术咨询服务	653	7	3	6	8
数据处理和存储服务	654		1	1	1
集成电路设计	655			1	2
其他信息技术服务业	659	4	3	11	3
房地产业	K	**237**	**233**	**243**	**278**
房地产业	70	237	233	243	278
房地产开发经营	701	134	96	101	125
物业管理	702	78	97	109	115
房地产中介服务	703	22	35	31	33
自有房地产经营活动	704				
其他房地产业	709	3	5	2	5
租赁和商务服务业	L	**167**	**204**	**248**	**296**
租赁业	71	16	8	21	16
机械设备租赁	711	16	8	20	15
文化及日用品出租	712			1	1
商务服务业	72	151	196	227	280
企业管理服务	721	9	10	18	25
法律服务	722	6	6	11	11
咨询与调查	723	25	53	58	69
广告业	724	32	39	58	53
知识产权服务	725	6	5		2

2007年	2008年	2009年	2010年	2011年	2012年	2013年	无开业年份
61	45	56	55	52	68	57	2
54	36	43	29	20	45	39	2
7	9	13	26	32	23	18	
15	16	31	65	25	31	24	
		1	2	1	2	1	
15	16	30	63	24	29	23	
93	**132**	**166**	**278**	**413**	**337**	**253**	**5**
42	68	81	129	184	133	95	3
20	21	29	32	26	29	29	2
17	43	46	90	146	90	60	1
5	4	6	7	12	14	6	
51	64	85	149	229	204	158	2
41	58	75	125	205	170	120	2
7	4	8	12	5	17	11	
	1	1	2	3	5	6	
3	1	1	10	16	12	21	
129	**166**	**229**	**275**	**349**	**343**	**434**	**1**
8	25	13	25	22	11	14	
4	18	8	9	13	7	11	
3	6	4	16	8	4	3	
1	1	1		1			
10	15	44	18	26	36	47	
4	4	6	4	6	5	12	
6	8	25	10	15	15	21	
	3	13	4	5	16	14	
111	126	172	232	301	296	373	1
83	93	130	161	210	208	257	
7	5	7	16	22	15	17	
14	13	17	32	43	44	59	1
1	2	1	2	2	6	10	
2	2	2	1	2	1	2	
4	11	15	20	22	22	28	
286	**342**	**462**	**657**	**675**	**436**	**461**	**1**
286	342	462	657	675	436	461	1
151	142	191	321	262	86	73	
91	127	204	216	267	220	185	1
39	67	58	107	130	123	189	
5	6	9	13	16	7	14	
333	**439**	**594**	**928**	**1092**	**1335**	**1544**	**7**
23	25	44	91	127	142	203	
23	24	43	91	124	141	196	
	1	1		3	1	7	
310	414	550	837	965	1193	1341	7
34	23	49	82	108	122	176	1
6	10	31	13	14	12	16	
58	75	103	186	195	314	412	
62	106	118	188	233	291	297	1
4	3	2	4	5	8	5	

2-07 续表 18

行业	代码	2003年	2004年	2005年	2006年
人力资源服务	726	10	21	17	30
旅行社及相关服务	727	21	36	32	38
安全保护服务	728	2	1		4
其他商务服务业	729	40	25	33	48
科学研究和技术服务业	M	**107**	**98**	**141**	**206**
研究和试验发展	73	9	7	10	17
自然科学研究和试验发展	731		2	1	1
工程和技术研究和试验发展	732	6	3	3	9
农业科学研究和试验发展	733	3	2	6	2
医学研究和试验发展	734				5
社会人文科学研究	735				
专业技术服务业	74	73	71	93	137
气象服务	741	4			
地震服务	742			1	
海洋服务	743				
测绘服务	744	10	15	16	11
质检技术服务	745	5	5	11	32
环境与生态监测	746			3	2
地质勘查	747	2		2	7
工程技术	748	32	32	38	49
其他专业技术服务业	749	20	19	22	36
科技推广和应用服务业	75	25	20	38	52
技术推广服务	751	19	11	28	37
科技中介服务	752	2	4		4
其他科技推广和应用服务业	759	4	5	10	11
水利、环境和公共设施管理业	N	**18**	**21**	**18**	**16**
水利管理业	76	2	1	2	3
防洪除涝设施管理	761				
水资源管理	762	1	1	1	1
天然水收集与分配	763				1
水文服务	764	1			
其他水利管理业	769			1	1
生态保护和环境治理业	77		3	1	
生态保护	771				
环境治理业	772		3	1	
公共设施管理业	78	16	17	15	13
市政设施管理	781	1	2	1	
环境卫生管理	782	2		1	
城乡市容管理	783	1	1		
绿化管理	784	9	13	11	9
公园和游览景区管理	785	3	1	2	4
居民服务、修理和其他服务业	O	**53**	**74**	**87**	**102**
居民服务业	79	25	37	44	33
家庭服务	791	2	4	2	4
托儿所服务	792			1	
洗染服务	793			1	
理发及美容服务	794		4	6	4
洗浴服务	795	11	12	13	11

2007年	2008年	2009年	2010年	2011年	2012年	2013年	无开业年份
45	66	61	103	136	127	109	
22	50	65	81	69	76	79	4
3	3	6	28	23	5	20	
76	78	115	152	182	238	227	1
188	**231**	**298**	**413**	**495**	**544**	**540**	**3**
4	14	21	37	40	47	42	1
	2	2	3	6	4	4	1
3	4	11	17	21	21	20	
1	7	7	14	9	17	11	
		1	2	2	5	7	
	1		1	2			
143	133	140	190	233	247	252	2
3		2	1	1			
						2	
9	8	8	13	12	21	10	
26	25	16	35	21	31	35	2
7	5	4	5	4	8	5	
12	5	4	8	9	9	6	
44	37	55	67	79	73	77	
42	53	51	61	107	105	117	
41	84	137	186	222	250	246	
32	69	104	142	179	192	202	
2	5	3	10	16	18	10	
7	10	30	34	27	40	34	
33	**36**	**48**	**55**	**62**	**73**	**68**	**4**
6	2	5	5	6	8	2	
		2	1	1	2		
1			2	2	1	1	
			1	1			
		1			1		
5	2	2	1	2	4	1	
1	5	4	7	8	7	11	
			3	2	1		
1	5	4	4	6	6	11	
26	29	39	43	48	58	55	4
3	3	6	8	9	5	7	1
1	3	5	3	5	4	7	2
1		3	4	2		2	
17	19	17	21	24	33	28	
4	4	8	7	8	16	11	1
92	**129**	**178**	**232**	**328**	**344**	**265**	**2**
40	57	75	114	173	178	121	1
6	7	15	28	39	31	36	
1	1	1	2		2	2	
1	2	6	12	4	2	2	
7	6	15	18	48	51	13	
6	16	15	19	31	22	11	

2-07 续表 19

行　业	代码				
		2003年	2004年	2005年	2006年
保健服务	796	1		1	
婚姻服务	797	2	1	4	2
殡葬服务	798	3	6	8	8
其他居民服务业	799	6	10	8	4
机动车、电子产品和日用产品修理业	80	20	26	28	52
汽车、摩托车修理与维护	801	13	21	23	36
计算机和办公设备维修	802	3	1	2	6
家用电器修理	803	4	3	2	7
其他日用产品修理业	809		1	1	3
其他服务业	81	8	11	15	17
清洁服务	811	4	8	9	10
其他未列明服务业	819	4	3	6	7
卫生和社会工作	**Q**	**1**		**3**	**2**
社会工作	84	1		3	2
提供住宿社会工作	841			3	2
不提供住宿社会工作	842	1			
文化、体育和娱乐业	**R**	**78**	**65**	**86**	**96**
新闻和出版业	85	1		1	1
新闻业	851				
出版业	852	1		1	1
广播、电视、电影和影视录音制作业	86	1	2	1	3
广播	861				
电视	862				1
电影和影视节目制作	863	1		1	2
电影和影视节目发行	864				
电影放映	865		1		
录音制作	866		1		
文化艺术业	87	3	5	6	8
文艺创作与表演	871	1	2	2	1
艺术表演场馆	872				1
图书馆与档案馆	873	1			1
文物及非物质文化遗产保护	874				
博物馆	875		1		1
烈士陵园、纪念馆	876				1
群众文化活动	877			1	
其他文化艺术业	879	1	2	3	3
体育	88	3	7	5	5
体育组织	881				
体育场馆	882		1		
休闲健身活动	883	3	6	5	4
其他体育	889				1
娱乐业	89	70	51	73	79
室内娱乐活动	891	66	46	71	73
游乐园	892		1		1
彩票活动	893				
文化、娱乐、体育经纪代理	894	1	4	1	3
其他娱乐业	899	3		1	2

2007年	2008年	2009年	2010年	2011年	2012年	2013年	无开业年份
1	1	2	1	4	1	7	
3	3	4	6	21	29	16	
7	9	4	8	3	3	5	
8	12	13	20	23	37	29	1
36	52	69	90	107	116	83	1
23	41	53	62	87	95	64	1
8	5	4	11	10	9	14	
1	1	6	8	7	6	2	
4	5	6	9	3	6	3	
16	20	34	28	48	50	61	
12	15	26	15	32	33	43	
4	5	8	13	16	17	18	
1	**9**	**4**	**15**	**5**	**8**	**4**	
1	9	4	15	5	8	4	
1	9	4	15	5	8	4	
122	**159**	**365**	**314**	**287**	**385**	**353**	**2**
4	6	9	2	5	10	6	
	1				2	1	
4	5	9	2	5	8	5	
9	9	5	25	22	22	18	
1			2	4	3	1	
1	1		3		2	1	
3	6	4	5	7	7	9	
			1				
3	1		5	8	6	5	
1	1	1	9	3	4	2	
10	6	12	27	27	53	57	
3	3	6	3	9	7	17	
1		1			2		
2			1		2	1	
				3	1		
			2		1	1	
			1				
1			4	3	6	4	
3	3	5	16	12	34	34	
4	9	6	8	9	6	9	
			1		1		
	3			1		1	
3	5	6	7	8	5	8	
1	1						
95	129	333	252	224	294	263	2
90	123	323	241	214	274	239	
1		1	3	2	2		
3	3	5	4	7	13	16	
1	3	4	4	1	5	8	2

2-08 按行业(中类)、开业(成立)时间

行　　业	代码	从业人员数(人)	1949年及以前	1950-1977年	1978-1991年
总　　计	00	**2049924**	**13707**	**75320**	**97660**
农、林、牧、渔业	A	**54467**	**404**	**23290**	**375**
农业	01	8890		2309	7
谷物种植	011	8409		1838	7
豆类、油料和薯类种植	012	471		471	
棉、麻、糖、烟草种植	013				
蔬菜、食用菌及园艺作物种植	014	10			
水果种植	015				
坚果、含油果、香料和饮料作物种植	016				
中药材种植	017				
其他农业	019				
林业	02	20699		20283	
林木育种和育苗	021	931		515	
造林和更新	022				
森林经营和管护	023	19768		19768	
木材和竹材采运	024				
林产品采集	025				
畜牧业	03	17			
牲畜饲养	031	17			
家禽饲养	032				
狩猎和捕捉动物	033				
其他畜牧业	039				
渔业	04	6			
水产养殖	041	6			
水产捕捞	042				
农、林、牧、渔服务业	05	24855	404	698	368
农业服务业	051	20098	34	49	296
林业服务业	052	624		80	28
畜牧服务业	053	3839	368	464	44
渔业服务业	054	294	2	105	
采矿业	B	**80993**	**6**	**496**	**4445**
煤炭开采和洗选业	06	49784		55	3657
烟煤和无烟煤开采洗选	061	45242		55	3558
褐煤开采洗选	062	2257			
其他煤炭采选	069	2285			99
石油和天然气开采业	07	1221			
石油开采	071	1189			
天然气开采	072	32			
黑色金属矿采选业	08	2727			
铁矿采选	081	2722			
锰矿、铬矿采选	082				
其他黑色金属矿采选	089	5			
有色金属矿采选业	09	3184	6		
常用有色金属矿采选	091	1430	6		
贵金属矿采选	092	912			
稀有稀土金属矿采选	093	842			

分组的小微企业法人单位从业人员数

1992−1995年	1996年	1997年	1998年	1999年	2000年	2001年	2002年
79554	**23904**	**21895**	**48830**	**47050**	**66055**	**75224**	**71540**
553	**104**	**20**	**134**	**6718**	**643**	**232**	**468**
				6542			
				6542			
							309
							309
							11
							11
553	104	20	134	176	643	232	148
238	48	20	95	118	588	167	81
245	12		1			15	10
70	35		32	42	40	50	50
	9		6	16	15		7
1562	**1210**	**813**	**2624**	**1858**	**1755**	**2093**	**3862**
724	775	649	1360	751	925	916	3327
709	710	649	1264	740	815	740	3164
			65		110	128	126
15	65		31	11		48	37
	26				279	190	175
					279	190	175
	26						
							72
							72
	40		174	240	38	68	
				240	12		
	40		174		26	68	

2-08 续表 1

行 业	代码	从业人员数（人）	1949年及以前	1950—1977年	1978—1991年
非金属矿采选业	10	19270		441	743
土砂石开采	101	15139		441	630
化学矿开采	102	8			
采盐	103				
石棉及其他非金属矿采选	109	4123			113
开采辅助活动	11	4262			45
煤炭开采和洗选辅助活动	111	762			
石油和天然气开采辅助活动	112	2741			
其他开采辅助活动	119	759			45
其他采矿业	12	545			
其他采矿业	120	545			
制造业	**C**	**844312**	**2274**	**17879**	**32714**
农副食品加工业	13	163978	73	492	1999
谷物磨制	131	79122		98	982
饲料加工	132	16113			122
植物油加工	133	15472	73	60	313
制糖业	134	986			19
屠宰及肉类加工	135	19901		61	268
水产品加工	136	320		34	
蔬菜、水果和坚果加工	137	14474			100
其他农副食品加工	139	17590		239	195
食品制造业	14	33591		148	790
焙烤食品制造	141	4048		23	107
糖果、巧克力及蜜饯制造	142	797			22
方便食品制造	143	8452		17	134
乳制品制造	144	5818			161
罐头食品制造	145	1458			8
调味品、发酵制品制造	146	4135		108	147
其他食品制造	149	8883			211
酒、饮料和精制茶制造业	15	37439	26	724	1594
酒的制造	151	24404	26	724	1547
饮料制造	152	12693			47
精制茶加工	153	342			
烟草制品业	16	2808			89
烟叶复烤	161	965			
卷烟制造	162	1684			
其他烟草制品制造	169	159			89
纺织业	17	13141		848	433
棉纺织及印染精加工	171	1925		309	3
毛纺织及染整精加工	172	535			4
麻纺织及染整精加工	173	4727		466	338
丝绢纺织及印染精加工	174	188			20
化纤织造及印染精加工	175	272			38
针织或钩针编织物及其制品制造	176	1077		6	3
家用纺织制成品制造	177	3215			23
非家用纺织制成品制造	178	1202		67	4
纺织服装、服饰业	18	9976		194	167
机织服装制造	181	5897		88	142
针织或钩针编织服装制造	182	1773		6	
服饰制造	183	2306		100	25

1992–1995年	1996年	1997年	1998年	1999年	2000年	2001年	2002年
488	242	69	640	536	492	562	279
303	242	69	517	468	492	497	239
185			123	68		65	40
350	127	95	450	331	5	349	9
102					5	78	
248	127	95	450	331		271	9
					16	8	
					16	8	
33050	**10691**	**10206**	**20090**	**21217**	**28839**	**28859**	**33286**
2073	1485	1371	2076	1999	5159	4945	5954
611	606	227	857	1040	1686	1572	2788
147	78	529	290	224	482	457	144
188	212	62	176	226	471	1060	319
123			9	2		90	
322	311	111	401	156	753	374	1135
							6
342	155	250	21	307	1065	534	644
340	123	192	322	44	702	858	918
994	393	238	480	1497	1213	1446	1135
103	130	133	51	164	46	149	111
20			19			3	10
70			57	264	117	216	72
215	30		122	613	691	521	130
		13		231	21		12
289	69		18	63	48	57	331
297	164	92	213	162	290	500	469
1017	802	308	1440	1384	2215	2114	1828
928	679	308	883	1109	1834	1354	1173
89	123		557	275	381	760	646
							9
247				25			80
247				25			40
							40
433	70	288	87	93	385	73	386
	38	268	3	53	2	23	44
							210
78	8	20	41	40	312	18	
							52
50							
	6				35		24
15	18		34		13	20	56
290			9		23	12	
55	159	285	315	393	143	305	411
55	107	186	315	323	130	290	143
		15			13		268
	52	84		70		15	

2-08 续表 2

行　业	代码	从业人员数(人)			
			1949年及以前	1950-1977年	1978-1991年
皮革、毛皮、羽毛及其制品和制鞋业	19	6154	25	35	190
皮革鞣制加工	191	1643			
皮革制品制造	192	473			20
毛皮鞣制及制品加工	193	3198	25	18	48
羽毛(绒)加工及制品制造	194	130			
制鞋业	195	710		17	122
木材加工和木、竹、藤、棕、草制品业	20	103345	122	989	3023
木材加工	201	58486	122	493	2080
人造板制造	202	18122		293	296
木制品制造	203	25372		203	618
竹、藤、棕、草等制品制造	204	1365			29
家具制造业	21	16584		19	685
木质家具制造	211	14581			345
竹、藤家具制造	212	40			40
金属家具制造	213	535		19	55
塑料家具制造	214	314			30
其他家具制造	219	1114			215
造纸和纸制品业	22	13355		171	538
纸浆制造	221	228			
造纸	222	5679		51	41
纸制品制造	223	7448		120	497
印刷和记录媒介复制业	23	16624	125	936	1260
印刷	231	14148	125	781	1198
装订及印刷相关服务	232	2434		155	62
记录媒介复制	233	42			
文教、工美、体育和娱乐用品制造业	24	12468		372	339
文教办公用品制造	241	4902		197	91
乐器制造	242	444			25
工艺美术品制造	243	6054		80	136
体育用品制造	244	603			87
玩具制造	245	312			
游艺器材及娱乐用品制造	246	153		95	
石油加工、炼焦和核燃料加工业	25	4441			40
精炼石油产品制造	251	3579			40
炼焦	252	768			
核燃料加工	253	94			
化学原料和化学制品制造业	26	37423	54	502	654
基础化学原料制造	261	6919	28		214
肥料制造	262	12813		45	43
农药制造	263	2372			149
涂料、油墨、颜料及类似产品制造	264	3632			25
合成材料制造	265	1344		5	18
专用化学产品制造	266	7526		82	140
炸药、火工及焰火产品制造	267	1325		330	
日用化学产品制造	268	1492	26	40	65
医药制造业	27	20768		28	760
化学药品原料药制造	271	1565			40

1992—1995年	1996年	1997年	1998年	1999年	2000年	2001年	2002年
87		10	51	16	182	301	58
4		10			55	4	
57					120	233	58
26			51	16	7	64	
2986	563	920	1228	998	2670	3601	3773
1140	244	209	561	401	754	1941	1946
689	19	262	242	232	1136	610	769
989	241	449	403	365	773	977	1058
168	59		22		7	73	
1111	122	169	293	398	276	758	712
1068	122	169	164	307	98	733	608
				8	38	25	6
3			126		16		7
40			3	83	124		91
521	356	305	398	159	330	332	1205
20						22	14
70	76	107	97	22	101	151	869
431	280	198	301	137	229	159	322
1020	507	191	356	441	519	518	675
949	490	109	349	418	470	409	601
71	17	40	7	23	49	109	74
		42					
558	165	97	446	442	645	529	908
31	90	51	426	241	179	127	225
109	75				37		30
418			20	201	429	240	554
						124	99
		46					
						38	
83	5	48	89	666	174	306	230
83	5	46	87	666	174	306	146
		2	2				84
1300	605	814	1536	865	2154	1771	1728
285	82	37	189	34	1048	50	141
109	24	388	368	337	397	442	275
34	371	181	472	208	21	258	76
491	8	80	50	31	156	403	262
45	12	22	60	53	30	3	136
279	94	106	325	160	273	595	472
			72		181	20	252
57	14			42	48		114
1424	1093	401	1620	633	725	931	894
25	36	50	42	22	58		

2-08 续表 3

行业	代码	从业人员数（人）	1949年及以前	1950-1977年	1978-1991年
化学药品制剂制造	272	4793			84
中药饮片加工	273	1793			46
中成药生产	274	7198			565
兽用药品制造	275	1455		28	
生物药品制造	276	2897			25
卫生材料及医药用品制造	277	1067			
化学纤维制造业	28	1239		107	19
纤维素纤维原料及纤维制造	281	145			
合成纤维制造	282	1094		107	19
橡胶和塑料制品业	29	29315		555	1087
橡胶制品业	291	3776		192	413
塑料制品业	292	25539		363	674
非金属矿物制品业	30	107014		4267	8923
水泥、石灰和石膏制造	301	13200		1021	253
石膏、水泥制品及类似制品制造	302	20866		319	685
砖瓦、石材等建筑材料制造	303	56522		2127	7676
玻璃制造	304	625			
玻璃制品制造	305	3475		76	122
玻璃纤维和玻璃纤维增强塑料制品制造	306	1525			65
陶瓷制品制造	307	1715			23
耐火材料制品制造	308	1604			50
石墨及其他非金属矿物制品制造	309	7482		724	49
黑色金属冶炼和压延加工业	31	9143		38	737
炼铁	311	845		38	113
炼钢	312	528			
黑色金属铸造	313	3402			30
钢压延加工	314	3819			582
铁合金冶炼	315	549			12
有色金属冶炼和压延加工业	32	3667		11	187
常用有色金属冶炼	321	535			105
贵金属冶炼	322	59			
稀有稀土金属冶炼	323	423			
有色金属合金制造	324	593		8	
有色金属铸造	325	219			
有色金属压延加工	326	1838		3	82
金属制品业	33	32562	46	548	1254
结构性金属制品制造	331	16778		22	138
金属工具制造	332	3507		160	390
集装箱及金属包装容器制造	333	2543		1	278
金属丝绳及其制品制造	334	700		1	36
建筑、安全用金属制品制造	335	3635		324	125
金属表面处理及热处理加工	336	1395			9
搪瓷制品制造	337	217			
金属制日用品制造	338	701	46		7
其他金属制品制造	339	3086		40	271
通用设备制造业	34	53128		1503	2698
锅炉及原动设备制造	341	10973		123	577
金属加工机械制造	342	7736		44	224

1992–1995年	1996年	1997年	1998年	1999年	2000年	2001年	2002年
537	70	143	1074	414	34	130	568
3	255				68	6	18
668	351	72	480	71	468	629	108
	28	136	19	61	4	166	70
191	336		5	65	36		70
	17				57		60
68			32	8	9	1	53
2			32		9	1	
66				8			53
1229	599	407	482	511	1302	647	1412
55	33	141	201	38	248	152	95
1174	566	266	281	473	1054	495	1317
3696	1374	1190	2869	2204	3296	2811	2884
333	18	135	677	405	162	785	813
227	122	119	268	207	438	570	329
2306	1077	508	1718	1237	1304	1003	1045
34	1	1	134				
34	2			162	13	115	6
368	16			28			324
168	35	72		15	277	45	
61	15	69	44	45	1		7
165	88	286	28	105	1101	293	360
248	53	56	219	56	131	436	651
32			1	41	4		138
67	50		150				71
127		25	40			332	246
22	3	23	28	15	127	66	196
		8				38	
312	33	70	106	26	143	15	721
					38		3
	33	70		21			38
211						15	39
61			3		26		73
40			103	5	79		568
1401	601	383	644	439	1296	1304	1087
595	116	139	272	279	691	601	534
361	87	80	81		293	128	212
137	18	92	21	50	109	220	6
		4	7				5
121	300	33	187	3	193	134	101
32	37		43	54		47	118
16						4	
36	7	35		8			
103	36		33	45	10	170	111
5912	638	711	2146	1344	1539	1773	1956
816	348	186	601	131	508	395	278
289	107	10	535	209	267	69	215

2-08 续表 4

行业	代码	从业人员数（人）	1949年及以前	1950—1977年	1978—1991年
物料搬运设备制造	343	2830		141	
泵、阀门、压缩机及类似机械制造	344	3295		218	361
轴承、齿轮和传动部件制造	345	8863		22	617
烘炉、风机、衡器、包装等设备制造	346	3278		290	134
文化、办公用机械制造	347	503			
通用零部件制造	348	12052		648	772
其他通用设备制造业	349	3598		17	13
专用设备制造业	35	46660		619	1495
采矿、冶金、建筑专用设备制造	351	16197		40	331
化工、木材、非金属加工专用设备制造	352	4821		23	448
食品、饮料、烟草及饲料生产专用设备制造	353	2346			23
印刷、制药、日化及日用品生产专用设备制造	354	1059			56
纺织、服装和皮革加工专用设备制造	355	368		7	3
电子和电工机械专用设备制造	356	3182		39	137
农、林、牧、渔专用机械制造	357	12232		336	190
医疗仪器设备及器械制造	358	1740			217
环保、社会公共服务及其他专用设备制造	359	4715		174	90
汽车制造业	36	10268		556	471
汽车整车制造	361	191			
改装汽车制造	362	931			30
低速载货汽车制造	363	65			
电车制造	364	22			
汽车车身、挂车制造	365	234			
汽车零部件及配件制造	366	8825		556	441
铁路、船舶、航空航天和其他运输设备制造业	37	14993	1803	3579	481
铁路运输设备制造	371	8831	1803	3574	204
城市轨道交通设备制造	372				
船舶及相关装置制造	373	752			266
航空、航天器及设备制造	374	5295			
摩托车制造	375	6			
自行车制造	376	71		5	
非公路休闲车及零配件制造	377				
潜水救捞及其他未列明运输设备制造	379	38			11
电气机械和器材制造业	38	22756		131	1909
电机制造	381	4143		10	79
输配电及控制设备制造	382	8569		22	1216
电线、电缆、光缆及电工器材制造	383	5336			326
电池制造	384	859		30	160
家用电力器具制造	385	1261		16	
非电力家用器具制造	386	433			
照明器具制造	387	1290		20	128
其他电气机械及器材制造	389	865		33	
计算机、通信和其他电子设备制造业	39	4057		152	146
计算机制造	391	563			
通信设备制造	392	801			28
广播电视设备制造	393	65			
雷达及配套设备制造	394	23			
视听设备制造	395	10			

1992-1995年	1996年	1997年	1998年	1999年	2000年	2001年	2002年
		13	59		53	102	148
229	51	241	117	15	116	46	170
3041	48	26	140	209	327	352	466
532	5	72	117	67	52	82	50
121			14		8		3
519	79	163	277	672	196	417	388
365			286	41	12	310	238
1864	509	544	1123	911	1475	1332	1943
351	122	93	312	165	369	336	885
395	51		74	63	357	138	195
43	241	60	4	87	171	61	21
		120		10	24	208	66
72			170			60	
193	25	52	67	111	67	146	168
545		42	44	378	346	329	482
	27	88	32		25	20	
265	43	89	420	97	116	34	126
747	25	177	468	169	213	760	475
				5		3	
357	8		1				
			12	23		21	
390	17	177	455	141	213	736	475
52	154	35	84	4382	416	345	575
32	154	29	38	25	166	85	575
20				29	232		
			46	4328		228	
		6			18	32	
2436	247	696	405	499	784	584	857
477	29	282	29	131	270	270	110
296	124	178	46	291	267	258	344
1551	91	10	158	21	137		284
		6					47
37		178	75	41	21		24
				15		46	6
75		7	97				42
	3	35			89	10	
161	38	103	321	101	249	207	135
46		48		13	8		12
34	2		235			53	15
	4					20	
						7	

2-08 续表 5

行业	代码	从业人员数（人）			
			1949年及以前	1950-1977年	1978-1991年
电子器件制造	396	551		152	
电子元件制造	397	540			60
其他电子设备制造	399	1504			58
仪器仪表制造业	40	5475		316	279
通用仪器仪表制造	401	3402		43	98
专用仪器仪表制造	402	1230		65	181
钟表与计时仪器制造	403	34		26	
光学仪器及眼镜制造	404	221		174	
其他仪器仪表制造业	409	588		8	
其他制造业	41	4747		36	85
日用杂品制造	411	334			2
煤制品制造	412	1441			
核辐射加工	413				
其他未列明制造业	419	2972		36	83
废弃资源综合利用业	42	2025			5
金属废料和碎屑加工处理	421	1312			
非金属废料和碎屑加工处理	422	713			5
金属制品、机械和设备修理业	43	5168		3	377
金属制品修理	431	237			14
通用设备修理	432	736			8
专用设备修理	433	1568			27
铁路、船舶、航空航天等运输设备修理	434	965		3	305
电气设备修理	435	495			19
仪器仪表修理	436	152			
其他机械和设备修理业	439	1015			4
电力、热力、燃气及水生产和供应业	**D**	**61959**	**935**	**7430**	**7299**
电力、热力生产和供应业	44	44448	537	5745	4562
电力生产	441	10428		67	488
电力供应	442	12104	537	5393	2230
热力生产和供应	443	21916		285	1844
燃气生产和供应业	45	6295			60
燃气生产和供应业	450	6295			60
水的生产和供应业	46	11216	398	1685	2677
自来水生产和供应	461	9252	398	1685	2677
污水处理及其再生利用	462	1815			
其他水的处理、利用与分配	469	149			
建筑业	**E**	**229752**	**2353**	**11529**	**27089**
房屋建筑业	47	119511	2246	8935	17496
房屋建筑业	470	119511	2246	8935	17496
土木工程建筑业	48	46392	95	1387	6044
铁路、道路、隧道和桥梁工程建筑	481	22377		1081	3547
水利和内河港口工程建筑	482	8224		284	426
海洋工程建筑	483				
工矿工程建筑	484	1976			
架线和管道工程建筑	485	8961	95	10	2006
其他土木工程建筑	489	4854		12	65
建筑安装业	49	32091	12	1100	2039
电气安装	491	10611		63	998
管道和设备安装	492	9781	10	3	364
其他建筑安装业	499	11699	2	1034	677

1992–1995年	1996年	1997年	1998年	1999年	2000年	2001年	2002年
34					9	24	
19	7			41	16	103	
28	25	55	86	47	216		108
237		26	163	175	769	280	163
224		26	118	175	491	231	150
					3	11	7
8							
5							
			45		275	38	6
420	28	187	23	31	218	320	162
			23			33	3
		5		2	131	146	22
420	28	182		29	87	141	137
	21		10	35	91	16	106
	21		10	1	63	16	20
				34	28		86
358	46	176	580	317	118	98	129
12		3				35	
27		173	20	12			122
4	22		15	300	12	14	
81	15		8	5		35	
68	9		233		71	11	
102							
64			304		35	3	7
2813	**478**	**967**	**639**	**763**	**939**	**1261**	**1707**
1726	380	719	573	594	605	997	1325
611	15	107	238	423	41	226	56
825	320	504	98		29	106	490
290	45	108	237	171	535	665	779
86		64	20	14	119	8	92
86		64	20	14	119	8	92
1001	98	184	46	155	215	256	290
941	83	137	46	102	148	234	230
	15			53	67	22	60
60		47					
20141	**5131**	**4858**	**10663**	**5347**	**9225**	**21402**	**10812**
11269	3214	1112	5628	2141	4958	13756	5003
11269	3214	1112	5628	2141	4958	13756	5003
4526	787	2495	2005	1572	2448	2661	1990
2077	22	1815	1475	195	859	905	383
1311	351	506	32	660	189	1234	717
221	336		12		186		
669		56	400	684	984		791
248	78	118	86	33	230	522	99
3311	609	375	1835	910	971	3911	1655
1088	193	60	905	183	174	1461	721
1334	161	67	310	201	81	1759	646
889	255	248	620	526	716	691	288

2-08 续表 6

行　业	代码	从业人员数（人）			
			1949年及以前	1950-1977年	1978-1991年
建筑装饰和其他建筑业	50	31758		107	1510
建筑装饰业	501	21870		58	836
工程准备活动	502	3458			621
提供施工设备服务	503	1048			4
其他未列明建筑业	509	5382		49	49
批发和零售业	**F**	**354544**	**1811**	**6709**	**10167**
批发业	51	232086	603	4243	6087
农、林、牧产品批发	511	75357	245	2582	1307
食品、饮料及烟草制品批发	512	24435	7	376	1139
纺织、服装及家庭用品批发	513	14183		61	118
文化、体育用品及器材批发	514	3983	21	108	61
医药及医疗器材批发	515	7930	18	54	50
矿产品、建材及化工产品批发	516	53555	272	712	2822
机械设备、五金产品及电子产品批发	517	31536	12	82	137
贸易经纪与代理	518	8528		83	18
其他批发业	519	12579	28	185	435
零售业	52	122458	1208	2466	4080
综合零售	521	18982	406	1561	1933
食品、饮料及烟草制品专门零售	522	12153	26	86	352
纺织、服装及日用品专门零售	523	10284	57	77	294
文化、体育用品及器材专门零售	524	9047	679	483	276
医药及医疗器材专门零售	525	16270	3	43	200
汽车、摩托车、燃料及零配件专门零售	526	20497	11	39	350
家用电器及电子产品专门零售	527	14664		52	132
五金、家具及室内装饰材料专门零售	528	11099		43	247
货摊、无店铺及其他零售业	529	9462	26	82	296
交通运输、仓储和邮政业	**G**	**79022**	**1346**	**6302**	**5170**
道路运输业	54	46493	580	3317	2379
城市公共交通运输	541	12512	14	1627	458
公路旅客运输	542	6759	279	987	729
道路货物运输	543	21199		26	287
道路运输辅助活动	544	6023	287	677	905
水上运输业	55	1224		18	372
水上旅客运输	551	427			185
水上货物运输	552	298			114
水上运输辅助活动	553	499		18	73
航空运输业	56	3490		15	6
航空客货运输	561	2383			
通用航空服务	562	389			
航空运输辅助活动	563	718		15	6
管道运输业	57	484			
管道运输业	570	484			
装卸搬运和运输代理业	58	7138	10	469	640
装卸搬运	581	3914	10	469	629
运输代理业	582	3224			11

1992−1995年	1996年	1997年	1998年	1999年	2000年	2001年	2002年
1035	521	876	1195	724	848	1074	2164
762	350	872	967	369	568	789	1960
22			35	144	62	82	61
				4	13	9	45
251	171	4	193	207	205	194	98
8438	**2274**	**2055**	**6163**	**4681**	**11588**	**9063**	**8857**
4901	1120	1064	2912	2786	7358	5862	5334
663	179	160	359	572	1221	1169	1134
757	113	87	371	227	358	365	399
208	69	50	143	150	2485	240	377
28	51	17	27	31	155	99	150
136	84	115	204	117	247	442	465
1424	318	294	831	813	1649	1942	1270
1248	120	213	628	606	661	734	893
111	11	15	49	159	367	366	211
326	175	113	300	111	215	505	435
3537	1154	991	3251	1895	4230	3201	3523
801	194	238	597	338	572	264	416
201	66	104	815	173	384	298	205
399	165	64	333	109	567	214	274
212	11		68	99	213	85	141
464	151	128	294	292	659	684	458
594	241	155	569	305	692	548	789
304	58	93	238	223	424	461	446
236	118	87	78	177	354	262	405
326	150	122	259	179	365	385	389
3626	**1080**	**492**	**2114**	**564**	**2420**	**1448**	**1420**
2021	874	246	913	453	1876	981	1026
106	317	38	370	49	543	238	366
1045	238	164	246	95	321	77	170
419	92	12	92	142	973	433	447
451	227	32	205	167	39	233	43
210	30	16	10			2	
	23	16	10			2	
2	7						
208							
39		13			105	34	
		13				5	
14						27	
25					105	2	
361	51	22	300	56	138	134	171
84	39	11	278	45	101	9	85
277	12	11	22	11	37	125	86

2-08 续表 7

行　　业	代码	从业人员数（人）			
			1949年及以前	1950-1977年	1978-1991年
仓储业	59	16226	756	2483	1752
谷物、棉花等农产品仓储	591	13774	721	2271	1660
其他仓储业	599	2452	35	212	92
邮政业	60	3967			21
邮政基本服务	601	1238			13
快递服务	602	2729			8
住宿和餐饮业	**H**	**54548**	**156**	**471**	**3716**
住宿业	61	28507	27	226	2898
旅游饭店	611	14448		34	1867
一般旅馆	612	11807	23	192	823
其他住宿业	619	2252	4		208
餐饮业	62	26041	129	245	818
正餐服务	621	23066	53	243	786
快餐服务	622	1424		2	
饮料及冷饮服务	623	344	76		10
其他餐饮业	629	1207			22
信息传输、软件和信息技术服务业	**I**	**25534**	**42**	**50**	**186**
电信、广播电视和卫星传输服务	63	4036		34	151
电信	631	2091			17
广播电视传输服务	632	1879		34	134
卫星传输服务	633	66			
互联网和相关服务	64	2070	42	6	
互联网接入及相关服务	641	483		6	
互联网信息服务	642	936	2		
其他互联网服务	649	651	40		
软件和信息技术服务业	65	19428		10	35
软件开发	651	13981			7
信息系统集成服务	652	1106			
信息技术咨询服务	653	2358		10	12
数据处理和存储服务	654	404			
集成电路设计	655	166			
其他信息技术服务业	659	1413			16
房地产业	**K**	**86638**	**18**	**24**	**1749**
房地产业	70	86638	18	24	1749
房地产开发经营	701	37105	18		1142
物业管理	702	42718			427
房地产中介服务	703	5713			107
自有房地产经营活动	704				
其他房地产业	709	1102		24	73
租赁和商务服务业	**L**	**88194**	**4347**	**562**	**2571**
租赁业	71	6605		3	57
机械设备租赁	711	6413		3	57
文化及日用品出租	712	192			
商务服务业	72	81589	4347	559	2514
企业管理服务	721	16755	4333	404	627
法律服务	722	1314			39
咨询与调查	723	11150	8	54	111
广告业	724	10307			31
知识产权服务	725	330			

1992–1995年	1996年	1997年	1998年	1999年	2000年	2001年	2002年
773	125	195	258	22	273	159	212
624	118	187	189	8	215	144	144
149	7	8	69	14	58	15	68
222			633	33	28	138	11
192			628	26			
30			5	7	28	138	11
2052	**938**	**538**	**583**	**1201**	**1498**	**1550**	**1762**
990	664	264	480	746	908	937	1065
540	547	237	227	574	482	555	616
318	100	27	224	103	345	280	422
132	17		29	69	81	102	27
1062	274	274	103	455	590	613	697
955	274	254	103	430	519	521	590
51		20		25		86	26
					46		41
56					25	6	40
216	**177**	**64**	**258**	**234**	**458**	**699**	**714**
87	5	15	30		61	173	211
53	5	5	30		29	173	211
34		10			32		
26	50		92	21	31	3	36
26			13				
	50			14	17	3	36
			79	7	14		
103	122	49	136	213	366	523	467
73	111	21	118	148	240	393	330
		20	6	25	45	32	5
30	11	8	3	5	30	61	129
						1	
					8		
			9	35	43	36	3
2292	**472**	**644**	**1185**	**1431**	**4032**	**3410**	**3688**
2292	472	644	1185	1431	4032	3410	3688
1511	94	146	375	634	1158	1078	1179
639	322	498	760	717	2651	2181	2246
122	53		31	23	158	111	259
20	3		19	57	65	40	4
2338	**317**	**578**	**3237**	**1816**	**2257**	**2793**	**2318**
105		29	11	84	208	96	109
105		29	11	84	113	96	109
					95		
2233	317	549	3226	1732	2049	2697	2209
356	44	160	226	192	386	453	153
145	12		16	86	26	35	79
205	52	17	96	458	458	284	369
187	25	21	74	183	332	291	112
37		3			5	18	6

2-08 续表 8

行 业	代码	从业人员数（人）			
			1949年及以前	1950-1977年	1978-1991年
人力资源服务	726	10587		25	108
旅行社及相关服务	727	6304		13	125
安全保护服务	728	9747			1183
其他商务服务业	729	15095	6	63	290
科学研究和技术服务业	**M**	**38454**	**14**	**173**	**764**
研究和试验发展	73	2939		65	5
自然科学研究和试验发展	731	343			
工程和技术研究和试验发展	732	1375		65	
农业科学研究和试验发展	733	948			
医学研究和试验发展	734	227			5
社会人文科学研究	735	46			
专业技术服务业	74	22320		86	586
气象服务	741	127			
地震服务	742	23			3
海洋服务	743				
测绘服务	744	1497			34
质检技术服务	745	3144			80
环境与生态监测	746	517			
地质勘查	747	1072			95
工程技术	748	10154		36	203
其他专业技术服务业	749	5786		50	171
科技推广和应用服务业	75	13195	14	22	173
技术推广服务	751	10676		22	121
科技中介服务	752	746	14		45
其他科技推广和应用服务业	759	1773			7
水利、环境和公共设施管理业	**N**	**7236**	**1**	**147**	**385**
水利管理业	76	937		63	103
防洪除涝设施管理	761	46			
水资源管理	762	331		51	32
天然水收集与分配	763	57		2	7
水文服务	764	44			
其他水利管理业	769	459		10	64
生态保护和环境治理业	77	733	1	38	52
生态保护	771	179		38	
环境治理业	772	554	1		52
公共设施管理业	78	5566		46	230
市政设施管理	781	876		46	116
环境卫生管理	782	555			18
城乡市容管理	783	118			
绿化管理	784	2213			
公园和游览景区管理	785	1804			96
居民服务、修理和其他服务业	**O**	**28512**		**135**	**684**
居民服务业	79	15780		88	325
家庭服务	791	2879			34
托儿所服务	792	159			
洗染服务	793	268			43
理发及美容服务	794	3270			5
洗浴服务	795	4254			6

1992–1995年	1996年	1997年	1998年	1999年	2000年	2001年	2002年
73	23		8	14	19	99	126
152	44	33	290	442	228	89	267
40	13	36	2374	62		922	30
1038	104	279	142	295	595	506	1067
1575	**549**	**382**	**565**	**466**	**1150**	**1136**	**1270**
74	57	31		9	78	78	141
						19	47
74	50	8		7	61	18	48
	7	13			14	10	46
		10		2	3	6	
						25	
1374	415	317	419	390	891	842	993
			4	20			
56				5		60	176
52	32	30	26	25	98	104	142
		40					5
31		49		15	30	78	24
1025	377	138	327	223	620	469	566
210	6	60	62	102	143	131	80
127	77	34	146	67	181	216	136
117	50	30	74	67	114	202	128
			34		54		
10	27	4	38		13	14	8
264	**18**	**73**	**201**	**119**	**291**	**271**	**225**
80	15	11	44		28	35	45
			1		15		
					5	15	45
					6	20	
6	7						
74	8	11	43		2		
		53	41			6	8
		53	21			6	
			20				8
184	3	9	116	119	263	230	172
68			8		79	15	64
48	3		1			78	3
				6			
7			47	102	24	71	90
61		9	60	11	160	66	15
476	**459**	**178**	**265**	**446**	**688**	**789**	**821**
201	92	100	82	231	424	290	500
59					34	61	54
	18		26			25	3
18				48	4	8	
14	18			25	50	29	63
32	29	12	35	47	147	90	214

2-08 续表 9

行 业	代码	从业人员数（人）			
			1949年及以前	1950–1977年	1978–1991年
保健服务	796	120			
婚姻服务	797	1024			2
殡葬服务	798	1573		24	62
其他居民服务业	799	2233		64	173
机动车、电子产品和日用产品修理业	80	9166		47	253
汽车、摩托车修理与维护	801	7362		10	200
计算机和办公设备维修	802	733			6
家用电器修理	803	596		34	47
其他日用产品修理业	809	475		3	
其他服务业	81	3566			106
清洁服务	811	2097			
其他未列明服务业	819	1469			106
卫生和社会工作	**Q**	**538**			**15**
社会工作	84	538			15
提供住宿社会工作	841	535			13
不提供住宿社会工作	842	3			2
文化、体育和娱乐业	**R**	**15221**		**123**	**331**
新闻和出版业	85	1341		56	200
新闻业	851	100			
出版业	852	1241		56	200
广播、电视、电影和影视录音制作业	86	1827		49	99
广播	861	154			43
电视	862	331			26
电影和影视节目制作	863	402			
电影和影视节目发行	864	54		35	
电影放映	865	688		14	30
录音制作	866	198			
文化艺术业	87	1732		14	15
文艺创作与表演	871	460			
艺术表演场馆	872	138			10
图书馆与档案馆	873	71			
文物及非物质文化遗产保护	874	27			
博物馆	875	65		2	
烈士陵园、纪念馆	876	80			
群众文化活动	877	115			
其他文化艺术业	879	776		12	5
体育	88	1184			9
体育组织	881	7			
体育场馆	882	109			
休闲健身活动	883	1035			9
其他体育	889	33			
娱乐业	89	9137		4	8
室内娱乐活动	891	7858		4	3
游乐园	892	428			
彩票活动	893				
文化、娱乐、体育经纪代理	894	353			
其他娱乐业	899	498			5

1992-1995年	1996年	1997年	1998年	1999年	2000年	2001年	2002年
			1		10	22	34
16	27	46	13	31	128	1	95
62		42	7	80	51	54	37
213	316	41	110	159	163	291	223
201	209	33	110	146	136	271	195
	9	8			12		6
	38				15		9
12	60			13		20	13
62	51	37	73	56	101	208	98
52	51	4	8	51	30	26	56
10		33	65	5	71	182	42
7			**5**	**8**			**16**
7			5	8			16
7			5	8			16
151	**6**	**27**	**104**	**181**	**272**	**218**	**314**
46				40	20	30	10
3					10		
43				40	10	30	10
39			15	82	53		12
10				65			
20					24		12
9			15	17	29		
6		12	4	23	16	3	
						3	
6					13		
				4	3		
		12	4	19			
45		2	38		4	15	10
45		2	38		4	15	10
15	6	13	47	36	179	170	282
	6	13	34	13	179	139	250
			13	23		31	23
2							2
13							7

2-08 续表 10

行　　业	代码	2003年	2004年	2005年	2006年
总　　计	**00**	**82944**	**91590**	**98195**	**98043**
农、林、牧、渔业	**A**	**131**	**127**	**162**	**311**
农业	01			10	
谷物种植	011				
豆类、油料和薯类种植	012				
棉、麻、糖、烟草种植	013				
蔬菜、食用菌及园艺作物种植	014			10	
水果种植	015				
坚果、含油果、香料和饮料作物种植	016				
中药材种植	017				
其他农业	019				
林业	02				
林木育种和育苗	021				
造林和更新	022				
森林经营和管护	023				
木材和竹材采运	024				
林产品采集	025				
畜牧业	03				
牲畜饲养	031				
家禽饲养	032				
狩猎和捕捉动物	033				
其他畜牧业	039				
渔业	04				
水产养殖	041				
水产捕捞	042				
农、林、牧、渔服务业	05	131	127	152	311
农业服务业	051	81	49	121	235
林业服务业	052	1			20
畜牧服务业	053	49	56	31	52
渔业服务业	054		22		4
采矿业	**B**	**5185**	**3632**	**5703**	**3647**
煤炭开采和洗选业	06	3581	2381	4275	2048
烟煤和无烟煤开采洗选	061	3399	2277	3920	1970
褐煤开采洗选	062	50		279	12
其他煤炭采选	069	132	104	76	66
石油和天然气开采业	07	70	21	4	
石油开采	071	70	21	4	
天然气开采	072				
黑色金属矿采选业	08	214	212	297	134
铁矿采选	081	214	212	297	134
锰矿、铬矿采选	082				
其他黑色金属矿采选	089				
有色金属矿采选业	09	181	164	399	230
常用有色金属矿采选	091	181	162	203	20
贵金属矿采选	092		2	196	98
稀有稀土金属矿采选	093				112

2007年	2008年	2009年	2010年	2011年	2012年	2013年	无开业年份
102171	**133858**	**152575**	**177129**	**173783**	**172161**	**144550**	**2186**
493	**1078**	**2134**	**2991**	**3403**	**4398**	**6283**	**15**
12	10						
12	10						
107							
107							
6							
6							
			6				
			6				
368	1068	2134	2985	3403	4398	6283	15
289	788	1921	2634	2693	3906	5632	15
	45	13	31	15	28	80	
79	235	196	302	676	414	554	
		4	18	19	50	17	
4788	**8558**	**7434**	**7333**	**5868**	**5054**	**2953**	**114**
2701	6183	3964	4807	3701	1658	1346	
2552	5498	3865	3626	3225	1474	1032	
4	115	33	1022	77	1	235	
145	570	66	159	399	183	79	
154	6	2		14	3	277	
154		2		14	3	277	
	6						
569	190	335	73	184	447		
569	190	335	73	184	442		
					5		
252	120	33	174	23	629	308	105
112	56	16	109	23	21	269	
140	64	17	65		8	4	10
					600	35	95

2-08 续表 11

行业	代码				
		2003年	2004年	2005年	2006年
非金属矿采选业	10	761	777	687	1071
土砂石开采	101	533	465	489	526
化学矿开采	102				
采盐	103				
石棉及其他非金属矿采选	109	228	312	198	545
开采辅助活动	11	378	53	39	162
煤炭开采和洗选辅助活动	111			16	74
石油和天然气开采辅助活动	112	378	53	23	85
其他开采辅助活动	119				3
其他采矿业	12		24	2	2
其他采矿业	120		24	2	2
制造业	C	**41591**	**46655**	**48156**	**46125**
农副食品加工业	13	8441	9737	9649	9444
谷物磨制	131	4419	4221	4583	4384
饲料加工	132	921	1123	951	928
植物油加工	133	993	1162	934	668
制糖业	134	99		9	260
屠宰及肉类加工	135	719	1566	1746	1093
水产品加工	136				76
蔬菜、水果和坚果加工	137	378	1086	354	903
其他农副食品加工	139	912	579	1072	1132
食品制造业	14	2032	2159	2535	2517
焙烤食品制造	141	145	342	262	474
糖果、巧克力及蜜饯制造	142		3	150	87
方便食品制造	143	437	630	684	496
乳制品制造	144	544	146	634	178
罐头食品制造	145		50	131	220
调味品、发酵制品制造	146	557	203	211	222
其他食品制造	149	349	785	463	840
酒、饮料和精制茶制造业	15	1929	1921	3216	1705
酒的制造	151	1416	1005	1865	1191
饮料制造	152	513	916	1085	514
精制茶加工	153			266	
烟草制品业	16				
烟叶复烤	161				
卷烟制造	162				
其他烟草制品制造	169				
纺织业	17	747	600	469	724
棉纺织及印染精加工	171	33	102	141	12
毛纺织及染整精加工	172			9	
麻纺织及染整精加工	173	412	190	295	404
丝绢纺织及印染精加工	174		23		
化纤织造及印染精加工	175				6
针织或钩针编织物及其制品制造	176		10		82
家用纺织制成品制造	177	302	125	19	220
非家用纺织制成品制造	178		150	5	
纺织服装、服饰业	18	281	308	649	283
机织服装制造	181	175		449	211
针织或钩针编织服装制造	182	106	151	124	
服饰制造	183		157	76	72

2007年	2008年	2009年	2010年	2011年	2012年	2013年	无开业年份
745	1826	2366	2013	1753	1823	947	9
685	1403	2249	1711	940	1384	847	9
					8		
60	423	117	302	813	431	100	
353	233	536	160	79	463	45	
201	88	43	136	19			
151	141	153	24	55	107	40	
1	4	340		5	356	5	
14		198	106	114	31	30	
14		198	106	114	31	30	
47405	**60837**	**62710**	**72737**	**65645**	**65510**	**46490**	**1346**
10339	13811	17519	14325	14874	14257	13872	84
4780	7274	8994	8231	7305	6965	7457	42
682	1098	1521	1453	2316	1669	959	19
1260	1766	1914	711	1133	1164	607	
272	30	16			57		
1424	2126	2108	665	1667	929	1963	3
	4	12	31	49	55	53	
1025	693	1218	1245	1238	1649	1267	
896	820	1736	1989	1166	1769	1566	20
1872	2729	2842	2089	2429	2605	1407	41
308	293	339	322	157	269	120	
	190	85	120		53	35	
463	721	930	545	1068	1117	398	16
201	736	638	45	121	83	9	
43	35	121	39	23	411	100	
146	384	331	139	406	191	215	
711	370	398	879	654	481	530	25
1523	2814	1562	2561	2308	2167	2278	3
864	1667	730	1521	1343	1110	1127	
644	1095	832	1040	965	1057	1151	3
15	52						
	1819	23			525		
	135	23			495		
	1684						
					30		
1201	1269	898	1431	894	993	819	
4	154	2	325	245	34	130	
125	6	36		3	26	116	
344	87	232	383	120	677	262	
	63				30		
	79	18		25		56	
122	455	26	120	50	54	84	
588	422	529	558	133	101	39	
18	3	55	45	318	71	132	
199	392	648	1684	1333	613	1156	3
114	366	316	777	497	563	650	
65	12	190	365	192	28	238	
20	14	142	542	644	22	268	3

2–08 续表 12

行 业	代码	2003年	2004年	2005年	2006年
皮革、毛皮、羽毛及其制品和制鞋业	19	30	18	394	383
皮革鞣制加工	191			111	165
皮革制品制造	192	30		8	
毛皮鞣制及制品加工	193			215	200
羽毛(绒)加工及制品制造	194			60	
制鞋业	195		18		18
木材加工和木、竹、藤、棕、草制品业	20	4882	7089	7696	8230
木材加工	201	2560	3761	4346	4462
人造板制造	202	1173	1728	1432	1449
木制品制造	203	1149	1566	1754	2274
竹、藤、棕、草等制品制造	204		34	164	45
家具制造业	21	1028	1247	993	461
木质家具制造	211	900	1237	955	425
竹、藤家具制造	212				
金属家具制造	213		10	25	10
塑料家具制造	214				5
其他家具制造	219	128		13	21
造纸和纸制品业	22	961	1017	704	1446
纸浆制造	221	30	132		
造纸	222	391	175	349	851
纸制品制造	223	540	710	355	595
印刷和记录媒介复制业	23	889	642	448	452
印刷	231	691	549	360	388
装订及印刷相关服务	232	198	93	88	64
记录媒介复制	233				
文教、工美、体育和娱乐用品制造业	24	528	973	804	410
文教办公用品制造	241	177	351	518	86
乐器制造	242	90			
工艺美术品制造	243	258	612	252	324
体育用品制造	244			34	
玩具制造	245	3			
游艺器材及娱乐用品制造	246		10		
石油加工、炼焦和核燃料加工业	25	107	290	392	233
精炼石油产品制造	251	69	80	392	154
炼焦	252	38	210		
核燃料加工	253				79
化学原料和化学制品制造业	26	1910	1490	1987	2331
基础化学原料制造	261	98	131	751	599
肥料制造	262	897	392	496	816
农药制造	263	12	116	170	11
涂料、油墨、颜料及类似产品制造	264	317	83	151	116
合成材料制造	265	5	26	101	121
专用化学产品制造	266	561	351	280	591
炸药、火工及焰火产品制造	267	5	256		
日用化学产品制造	268	15	135	38	77
医药制造业	27	952	2392	531	1252
化学药品原料药制造	271	60	342	126	83

2007年	2008年	2009年	2010年	2011年	2012年	2013年	无开业年份
102	684	789	377	614	1126	682	
68	433	200	219	134	110	203	
	46	9		27	246	14	
20	205	465	80	295	716	443	
				48		22	
14		115	78	110	54		
9229	8953	7670	10821	7072	6774	4041	15
5251	5488	5122	6074	5207	4115	2208	1
2072	1522	609	1694	422	948	523	2
1799	1843	1788	2972	1335	1661	1143	12
107	100	151	81	108	50	167	
974	1031	1259	1605	1480	1316	642	5
751	884	1121	1498	1417	1245	529	5
210	89	20	5	12		3	
6	13	37	17	23	31		
7	45	81	85	28	40	110	
633	685	875	1279	220	652	498	70
	8				2		
363	489	506	273	87	370	170	70
270	188	369	1006	133	280	328	
1235	1308	774	1133	1768	761	665	1
1083	1026	482	1089	1422	609	549	1
152	282	292	44	346	152	116	
472	557	920	1120	581	1112	488	2
212	165	568	487	166	366	147	1
	5			72			1
185	345	349	462	333	515	341	
65		3	171	10	10		
	42				221		
10							
117	60	441	43	305	716	64	32
87	2	220	37	205	716	64	
30	58	221	2	89			32
			4	11			
1261	2237	2777	2482	2836	3347	2689	93
172	400	670	292	606	631	400	61
379	1040	1108	1403	1151	1224	1464	15
21	28		28	119	35	62	
45	228	381	91	247	300	152	15
124	125	108	44	12	137	155	2
351	322	393	593	463	865	230	
121	1	9		17	34	27	
48	93	108	31	221	121	199	
1099	753	1441	1221	911	870	837	
165	136	54	76	65	185		

2-08 续表 13

行业	代码				
		2003年	2004年	2005年	2006年
化学药品制剂制造	272	298	314	1	
中药饮片加工	273	41	298	2	37
中成药生产	274	359	1260	173	211
兽用药品制造	275	140	79	2	377
生物药品制造	276		99	159	445
卫生材料及医药用品制造	277	54		68	99
化学纤维制造业	28		67	33	
纤维素纤维原料及纤维制造	281			13	
合成纤维制造	282		67	20	
橡胶和塑料制品业	29	1083	1526	2185	949
橡胶制品业	291	273	454	259	82
塑料制品业	292	810	1072	1926	867
非金属矿物制品业	30	3389	2921	3477	4438
水泥、石灰和石膏制造	301	570	710	1009	223
石膏、水泥制品及类似制品制造	302	399	591	354	910
砖瓦、石材等建筑材料制造	303	1385	1323	1522	2471
玻璃制造	304			25	26
玻璃制品制造	305	246	118	279	365
玻璃纤维和玻璃纤维增强塑料制品制造	306	58	7	43	33
陶瓷制品制造	307				20
耐火材料制品制造	308	76		52	183
石墨及其他非金属矿物制品制造	309	655	172	193	207
黑色金属冶炼和压延加工业	31	877	474	741	423
炼铁	311	93			39
炼钢	312			80	
黑色金属铸造	313	537	343	335	139
钢压延加工	314	247	62	290	125
铁合金冶炼	315		69	36	120
有色金属冶炼和压延加工业	32		19	256	177
常用有色金属冶炼	321		1		20
贵金属冶炼	322				
稀有稀土金属冶炼	323			156	
有色金属合金制造	324				157
有色金属铸造	325				
有色金属压延加工	326		18	100	
金属制品业	33	1511	1738	1612	1757
结构性金属制品制造	331	717	813	591	642
金属工具制造	332	155	117	92	81
集装箱及金属包装容器制造	333	115	117	450	285
金属丝绳及其制品制造	334	2	300	85	
建筑、安全用金属制品制造	335	129	61	141	343
金属表面处理及热处理加工	336	47	13	120	19
搪瓷制品制造	337		84	8	
金属制日用品制造	338	4	5	4	50
其他金属制品制造	339	342	228	121	337
通用设备制造业	34	3377	3195	3416	2923
锅炉及原动设备制造	341	361	1058	984	715
金属加工机械制造	342	586	304	594	352

2007年	2008年	2009年	2010年	2011年	2012年	2013年	无开业年份
	140	273	413	202	20	78	
118	237	130	57	224	75	178	
448	9	525	332	309	21	139	
	28	60	148	15	94		
273	16	397	193	81	188	318	
95	187	2	2	15	287	124	
	91	50	471		72	152	6
	77		5			6	
	14	50	466		72	146	6
1782	2248	1735	2494	2640	2694	1459	289
198	219	137	90	150	61	285	
1584	2029	1598	2404	2490	2633	1174	289
3896	6257	8211	13190	11573	10744	5286	118
630	546	768	1608	1512	549	473	
374	1390	2185	2544	3704	3350	1706	75
1945	3344	4485	7025	5387	5205	2386	43
		6	6	52	211	129	
263	377	148	667	103	291	88	
18	135	38	1	132	218	41	
90	75	69	311	4	302	209	
87	21	216	104	389	79	105	
489	369	296	924	290	539	149	
543	839	416	656	448	888	213	
1	129	4	130	21	36	25	
	32				60	18	
215	318	294	108	222	55	36	
191	275	118	418	205	697	129	
136	85				40	5	
381	455	164	124	135	174	158	
218		23	61	54	12		
	54			5			
105							
2		38		10		113	
	31		25				
56	370	103	38	66	162	45	
1617	2513	2717	2797	2896	2646	1747	8
1045	1581	1220	1589	2025	1901	1259	8
47	303	261	159	113	328	59	
169	33	138	45	56	90	113	
55	1		160		11	33	
82	180	178	419	290	196	95	
30	16	466	145	124	12	63	
63		42					
23	98	37	102	120	22	97	
103	301	375	178	168	86	28	
2473	2635	3554	2870	2488	3632	2287	58
473	507	927	698	528	598	161	
282	748	753	482	235	703	679	49

2–08 续表 14

行　业	代码	2003年	2004年	2005年	2006年
物料搬运设备制造	343	240	10	209	335
泵、阀门、压缩机及类似机械制造	344	4	289	124	192
轴承、齿轮和传动部件制造	345	1072	294	276	430
烘炉、风机、衡器、包装等设备制造	346	304	93	167	85
文化、办公用机械制造	347	6			88
通用零部件制造	348	563	1027	935	664
其他通用设备制造业	349	241	120	127	62
专用设备制造业	35	2218	4034	3463	2119
采矿、冶金、建筑专用设备制造	351	795	1584	1652	823
化工、木材、非金属加工专用设备制造	352	164	607	193	523
食品、饮料、烟草及饲料生产专用设备制造	353	79	172	216	65
印刷、制药、日化及日用品生产专用设备制造	354	36	12	15	8
纺织、服装和皮革加工专用设备制造	355	5	31		
电子和电工机械专用设备制造	356	358	221	237	52
农、林、牧、渔专用机械制造	357	340	784	693	147
医疗仪器设备及器械制造	358	26	216	73	74
环保、社会公共服务及其他专用设备制造	359	415	407	384	427
汽车制造业	36	835	1414	314	677
汽车整车制造	361			3	8
改装汽车制造	362	160		20	
低速载货汽车制造	363				
电车制造	364				
汽车车身、挂车制造	365		205		
汽车零部件及配件制造	366	675	1209	291	669
铁路、船舶、航空航天和其他运输设备制造业	37	773	27	107	650
铁路运输设备制造	371	557	27	107	460
城市轨道交通设备制造	372				
船舶及相关装置制造	373				15
航空、航天器及设备制造	374	216			169
摩托车制造	375				6
自行车制造	376				
非公路休闲车及零配件制造	377				
潜水救捞及其他未列明运输设备制造	379				
电气机械和器材制造业	38	1469	559	1325	1219
电机制造	381	440	196	137	129
输配电及控制设备制造	382	461	196	491	596
电线、电缆、光缆及电工器材制造	383	114	136	306	208
电池制造	384	36		260	63
家用电力器具制造	385	77	16	103	3
非电力家用器具制造	386		15	28	
照明器具制造	387	209			121
其他电气机械及器材制造	389	132			99
计算机、通信和其他电子设备制造业	39	436	122	11	85
计算机制造	391	8	24		32
通信设备制造	392		7		
广播电视设备制造	393	38			
雷达及配套设备制造	394			8	
视听设备制造	395				

2007年	2008年	2009年	2010年	2011年	2012年	2013年	无开业年份
198	207	298	246	104	185	282	
259	138	319	116	6	269	15	
188	101	181	32	269	615	157	
252	116	180	158	138	95	289	
7	3	146	2	50	42	13	
680	513	493	809	853	768	607	9
134	302	257	327	305	357	84	
3281	2691	2701	3875	4104	3758	2559	42
1443	1006	965	1063	1998	1450	374	40
211	209	301	210	125	261	273	
149	96	110	287	41	40	380	
21	38	182	75	120		68	
		4		8	3	5	
288	104	176	189	178	369	5	
923	963	807	1663	1395	1047	776	2
35	112	29	64	90	242	370	
211	163	127	324	149	346	308	
322	569	94	373	189	360	752	308
40						132	
75	32		69	14	147	18	
			1	8			
	22						
						29	
207	515	94	303	167	213	573	308
96	342	71	273	535	155	58	
96	323	10	237	246	66	17	
		56	36		89	9	
	19			257		32	
		5		5			
				27			
1643	1739	1062	2027	1465	1124	418	158
347	282	171	283	240	170	61	
615	847	478	643	669	340	136	55
410	323	111	572	166	351	56	5
	9	73	115	19	14	4	23
8	59	117	230	124	78	24	30
71	5	21	16	78	52	35	45
	98	42	139	136	114	62	
192	116	49	29	33	5	40	
418	206	298	165	358	241	99	5
77	19	76	10	134	24	32	
12		194	124		95		2
							3
10						5	
	3						

2-08 续表 15

行 业	代码	2003年	2004年	2005年	2006年
电子器件制造	396		15		
电子元件制造	397	87	21		
其他电子设备制造	399	303	55	3	53
仪器仪表制造业	40	588	134	457	118
通用仪器仪表制造	401	345	14	318	71
专用仪器仪表制造	402	206	108	19	34
钟表与计时仪器制造	403				
光学仪器及眼镜制造	404				13
其他仪器仪表制造业	409	37	12	120	
其他制造业	41	119	136	111	342
日用杂品制造	411			26	
煤制品制造	412	42		70	62
核辐射加工	413				
其他未列明制造业	419	77	136	15	280
废弃资源综合利用业	42	32	174	109	313
金属废料和碎屑加工处理	421		158	75	175
非金属废料和碎屑加工处理	422	32	16	34	138
金属制品、机械和设备修理业	43	167	232	72	64
金属制品修理	431	24		15	
通用设备修理	432	30	7	20	16
专用设备修理	433	5	90	19	8
铁路、船舶、航空航天等运输设备修理	434	94	110	10	28
电气设备修理	435	9		2	5
仪器仪表修理	436			3	
其他机械和设备修理业	439	5	25	3	7
电力、热力、燃气及水生产和供应业	D	**1906**	**2368**	**3231**	**2081**
电力、热力生产和供应业	44	1528	1766	2237	1389
电力生产	441	55	149	538	701
电力供应	442	210	78	209	105
热力生产和供应	443	1263	1539	1490	583
燃气生产和供应业	45	283	133	529	212
燃气生产和供应业	450	283	133	529	212
水的生产和供应业	46	95	469	465	480
自来水生产和供应	461	92	188	318	317
污水处理及其再生利用	462		281	139	148
其他水的处理、利用与分配	469	3		8	15
建筑业	E	**8980**	**9668**	**9756**	**10771**
房屋建筑业	47	3301	3946	3795	6282
房屋建筑业	470	3301	3946	3795	6282
土木工程建筑业	48	1905	2473	2734	1564
铁路、道路、隧道和桥梁工程建筑	481	1373	1699	1329	630
水利和内河港口工程建筑	482	52	28	455	165
海洋工程建筑	483				
工矿工程建筑	484	55		450	5
架线和管道工程建筑	485	141	331	144	199
其他土木工程建筑	489	284	415	356	565
建筑安装业	49	2254	1619	1239	1144
电气安装	491	327	382	168	127
管道和设备安装	492	1423	508	227	522
其他建筑安装业	499	504	729	844	495

2007年	2008年	2009年	2010年	2011年	2012年	2013年	无开业年份
		7		167	81	62	
106	58		19		3		
213	126	21	12	57	38		
317	246	307	541	151	81	127	
286	168	262	190	126	28	38	
20	63	35	347		50	81	
	15	3		11			
11		7	4	14	3	8	
139	425	458	371	156	309	666	5
35	5	146	35		19	7	
56	8	107	150	117	129	394	
48	412	205	186	39	161	265	5
182	33	192	31	231	235	209	
180	15	177	5	163	125	108	
2	18	15	26	68	110	101	
59	446	242	308	651	563	162	
	12	20		102			
10	203	3	36	14	28	7	
24	67	171	200	127	368	95	
21	8	5	6	108	82	41	
2	3			43	11	9	
2				45			
	153	43	66	212	74	10	
3867	**3662**	**4487**	**5401**	**3996**	**2982**	**2619**	**128**
3169	2183	3186	4321	2710	2200	1873	123
1430	856	1350	1226	700	482	558	111
69	133	385	133	57	7	186	
1670	1194	1451	2962	1953	1711	1129	12
571	963	968	914	502	363	390	4
571	963	968	914	502	363	390	4
127	516	333	166	784	419	356	1
33	307	141	42	646	226	261	
94	209	190	124	138	189	85	1
		2			4	10	
8244	**11008**	**10214**	**9445**	**10297**	**6776**	**6006**	**37**
3660	4262	5518	4568	4714	2546	1160	1
3660	4262	5518	4568	4714	2546	1160	1
2306	3115	1557	1751	1053	1115	788	21
1210	826	1069	660	494	475	253	
290	248	176	583	122	160	235	
134	309	22	134	18	94		
297	1500	155	218	93	63	125	
375	232	135	156	326	323	175	21
1202	1899	1479	1032	1673	900	912	10
368	1067	747	342	559	312	366	
350	153	436	338	461	213	214	
484	679	296	352	653	375	332	10

2-08 续表 16

行　　业	代码	2003年	2004年	2005年	2006年
建筑装饰和其他建筑业	50	1520	1630	1988	1781
建筑装饰业	501	1038	1162	837	640
工程准备活动	502	243	213	168	397
提供施工设备服务	503	15	30	42	80
其他未列明建筑业	509	224	225	941	664
批发和零售业	F	**10335**	**11726**	**13100**	**15346**
批发业	51	6281	7352	8213	9664
农、林、牧产品批发	511	1260	1276	1970	2639
食品、饮料及烟草制品批发	512	508	651	547	620
纺织、服装及家庭用品批发	513	288	300	439	638
文化、体育用品及器材批发	514	136	27	533	223
医药及医疗器材批发	515	320	608	221	246
矿产品、建材及化工产品批发	516	1992	2650	2341	2853
机械设备、五金产品及电子产品批发	517	1141	1065	1142	1268
贸易经纪与代理	518	330	233	421	459
其他批发业	519	306	542	599	718
零售业	52	4054	4374	4887	5682
综合零售	521	679	470	402	776
食品、饮料及烟草制品专门零售	522	265	402	487	787
纺织、服装及日用品专门零售	523	431	495	393	423
文化、体育用品及器材专门零售	524	107	142	120	254
医药及医疗器材专门零售	525	804	970	830	903
汽车、摩托车、燃料及零配件专门零售	526	555	617	1036	979
家用电器及电子产品专门零售	527	609	506	574	661
五金、家具及室内装饰材料专门零售	528	330	259	632	454
货摊、无店铺及其他零售业	529	274	513	413	445
交通运输、仓储和邮政业	G	**2873**	**1585**	**4672**	**2838**
道路运输业	54	2234	1219	2161	1972
城市公共交通运输	541	566	357	219	746
公路旅客运输	542	234	426	43	166
道路货物运输	543	763	352	1503	998
道路运输辅助活动	544	671	84	396	62
水上运输业	55			2	23
水上旅客运输	551			2	8
水上货物运输	552				15
水上运输辅助活动	553				
航空运输业	56	186	13	2015	323
航空客货运输	561			2011	2
通用航空服务	562		11		162
航空运输辅助活动	563	186	2	4	159
管道运输业	57	85	56		
管道运输业	570	85	56		
装卸搬运和运输代理业	58	194	161	183	217
装卸搬运	581	63	62	76	37
运输代理业	582	131	99	107	180

2007年	2008年	2009年	2010年	2011年	2012年	2013年	无开业年份
1076	1732	1660	2094	2857	2215	3146	5
705	994	1147	1484	1969	1886	2472	5
195	258	150	233	335	105	134	
45	69	161	67	210	81	173	
131	411	202	310	343	143	367	
14489	**22569**	**31476**	**34431**	**37471**	**45815**	**45775**	**205**
9285	15186	21760	23751	25869	32679	29601	175
2565	5729	8756	7382	9657	12617	11906	9
827	1834	2529	2511	2447	4275	3384	103
662	717	878	1618	1491	1885	1366	
102	355	279	401	218	448	513	
290	480	559	639	718	1056	860	1
2176	2708	4771	5316	4879	5931	5531	60
1688	1799	2623	3511	4151	3746	4067	1
445	723	484	1308	957	956	822	
530	841	881	1065	1351	1765	1152	1
5204	7383	9716	10680	11602	13136	16174	30
477	911	1101	1013	1491	1967	2350	25
599	658	1076	1037	1044	1559	1529	
481	790	746	886	1008	1018	1059	1
253	176	328	341	666	421	3972	
773	975	1527	1581	1485	1491	1555	
805	1177	2052	2237	2024	2429	2291	2
644	1183	1334	1711	1708	1722	1581	
697	953	852	1203	1153	1519	1040	
475	560	700	671	1023	1010	797	2
4894	**4799**	**6869**	**6729**	**6680**	**6960**	**4120**	**21**
1654	2790	4921	3772	4528	3987	2579	10
296	1201	1867	1027	865	685	557	
126	316	134	270	122	468	103	
1100	1193	2732	2340	3164	2466	1663	2
132	80	188	135	377	368	256	8
83	42	46	167	34	154	15	
44			53	22	61	1	
39	17	19	7	10	54	14	
	25	27	107	2	39		
74	173	146	27	184	122	15	
	173	146		4	29		
74			21	70		10	
			6	110	93	5	
		15	287		6	35	
		15	287		6	35	
236	483	469	651	793	908	491	
52	274	127	190	506	504	263	
184	209	342	461	287	404	228	

2–08 续表 17

行业	代码				
		2003年	2004年	2005年	2006年
仓储业	59	150	122	260	236
谷物、棉花等农产品仓储	591	106	76	144	151
其他仓储业	599	44	46	116	85
邮政业	60	24	14	51	67
邮政基本服务	601		12	21	
快递服务	602	24	2	30	67
住宿和餐饮业	H	**1611**	**1820**	**2047**	**2690**
住宿业	61	848	1038	873	1232
旅游饭店	611	477	767	514	747
一般旅馆	612	342	223	250	465
其他住宿业	619	29	48	109	20
餐饮业	62	763	782	1174	1458
正餐服务	621	704	743	986	1345
快餐服务	622	12	33	104	96
饮料及冷饮服务	623		3		
其他餐饮业	629	47	3	84	17
信息传输、软件和信息技术服务业	I	**848**	**766**	**1146**	**1570**
电信、广播电视和卫星传输服务	63	164	38	67	73
电信	631	156	35	31	51
广播电视传输服务	632	8	3	26	22
卫星传输服务	633			10	
互联网和相关服务	64	50	79	154	55
互联网接入及相关服务	641	2	2	43	3
互联网信息服务	642	48	73	70	17
其他互联网服务	649		4	41	35
软件和信息技术服务业	65	634	649	925	1442
软件开发	651	453	448	612	1128
信息系统集成服务	652	61	28	72	128
信息技术咨询服务	653	76	29	47	125
数据处理和存储服务	654		91	2	5
集成电路设计	655			6	39
其他信息技术服务业	659	44	53	186	17
房地产业	K	**4747**	**5290**	**3984**	**5297**
房地产业	70	4747	5290	3984	5297
房地产开发经营	701	2301	2096	1309	2029
物业管理	702	2259	2910	2407	2976
房地产中介服务	703	167	271	257	221
自有房地产经营活动	704				
其他房地产业	709	20	13	11	71
租赁和商务服务业	L	**1806**	**4671**	**2730**	**2816**
租赁业	71	167	100	337	108
机械设备租赁	711	167	100	291	102
文化及日用品出租	712			46	6
商务服务业	72	1639	4571	2393	2708
企业管理服务	721	147	2501	293	234
法律服务	722	38	39	78	111
咨询与调查	723	210	455	379	452
广告业	724	261	346	520	374
知识产权服务	725	15	12		17

2007年	2008年	2009年	2010年	2011年	2012年	2013年	无开业年份
2669	1097	1022	831	884	1173	763	11
2535	1024	816	495	564	952	619	11
134	73	206	336	320	221	144	
178	214	250	994	257	610	222	
		26	191	8	115	6	
178	214	224	803	249	495	216	
3632	**3448**	**3654**	**5133**	**6275**	**5193**	**4531**	**49**
1962	1651	1798	2939	2626	2320	1987	28
1505	684	814	1242	447	753	795	24
364	652	828	1534	1980	1267	1041	4
93	315	156	163	199	300	151	
1670	1797	1856	2194	3649	2873	2544	21
1373	1616	1749	1886	3280	2448	2187	21
134	124	65	205	44	291	106	
	12	22	21	30	47	36	
163	45	20	82	295	87	215	
1608	**2342**	**2555**	**3523**	**3195**	**2414**	**2467**	**2**
179	913	140	1097	408	125	65	
62	838	42	143	119	51	40	
97	72	78	954	276	74	25	
20	3	20		13			
69	168	272	245	148	228	295	
16	21	48	163	33	50	57	
53	113	100	57	67	84	132	
	34	124	25	48	94	106	
1360	1261	2143	2181	2639	2061	2107	2
1076	973	1695	1472	1805	1417	1461	
69	30	79	106	265	60	75	
129	126	152	280	359	395	339	2
3	32	12	108	13	65	72	
12	6	15	24	12	15	29	
71	94	190	191	185	109	131	
4608	**5120**	**7596**	**9801**	**9683**	**6743**	**4819**	**5**
4608	5120	7596	9801	9683	6743	4819	5
2361	2264	3221	5400	4843	2545	1401	
1913	2370	3969	3524	4007	3539	2398	5
276	416	333	694	734	581	899	
58	70	73	183	99	78	121	
3624	**4386**	**5371**	**10446**	**10448**	**8864**	**9729**	**169**
240	179	376	1310	894	1017	1175	
240	178	374	1310	877	1010	1157	
	1	2		17	7	18	
3384	4207	4995	9136	9554	7847	8554	169
580	238	713	1006	999	861	1845	4
34	78	204	77	82	62	73	
404	538	710	1099	1181	1671	1939	
353	721	923	1044	1468	1658	1353	30
23	44	11	20	15	41	63	

2-08 续表 18

行业	代码	2003年	2004年	2005年	2006年
人力资源服务	726	126	515	211	485
旅行社及相关服务	727	170	302	251	348
安全保护服务	728	49	16		42
其他商务服务业	729	623	385	661	645
科学研究和技术服务业	M	**1293**	**1344**	**1462**	**2272**
研究和试验发展	73	173	113	153	111
自然科学研究和试验发展	731		40	8	14
工程和技术研究和试验发展	732	124	44	51	63
农业科学研究和试验发展	733	49	29	94	7
医学研究和试验发展	734				27
社会人文科学研究	735				
专业技术服务业	74	953	939	893	1739
气象服务	741	53			
地震服务	742			5	
海洋服务	743				
测绘服务	744	119	219	112	101
质检技术服务	745	40	120	186	458
环境与生态监测	746			14	24
地质勘查	747	63		10	144
工程技术	748	537	407	423	609
其他专业技术服务业	749	141	193	143	403
科技推广和应用服务业	75	167	292	416	422
技术推广服务	751	114	144	317	259
科技中介服务	752	34	62		44
其他科技推广和应用服务业	759	19	86	99	119
水利、环境和公共设施管理业	N	**383**	**219**	**150**	**221**
水利管理业	76	54	2	17	70
防洪除涝设施管理	761				
水资源管理	762	36	2	13	46
天然水收集与分配	763				12
水文服务	764	18			
其他水利管理业	769			4	12
生态保护和环境治理业	77		44	5	
生态保护	771				
环境治理业	772		44	5	
公共设施管理业	78	329	173	128	151
市政设施管理	781	84	26	3	
环境卫生管理	782	22		2	
城乡市容管理	783	30	22		
绿化管理	784	103	117	75	117
公园和游览景区管理	785	90	8	48	34
居民服务、修理和其他服务业	O	**725**	**1208**	**1400**	**1396**
居民服务业	79	415	709	768	422
家庭服务	791	66	77	38	50
托儿所服务	792			11	
洗染服务	793			2	
理发及美容服务	794		80	81	79
洗浴服务	795	243	245	302	138

2007年	2008年	2009年	2010年	2011年	2012年	2013年	无开业年份
884	1413	724	1538	1923	1179	1094	
169	357	469	592	693	599	544	127
9	17	37	2736	1979	97	105	
928	801	1204	1024	1214	1679	1538	8
1924	**2739**	**3188**	**3818**	**3983**	**4521**	**3808**	**58**
25	141	247	338	335	463	290	12
	24	30	47	63	24	15	12
20	21	60	156	146	230	129	
5	94	145	76	108	138	113	
		12	47	11	71	33	
	2		12	7			
1477	1680	1536	1706	1712	1949	1377	46
16		23	6	5			
						15	
52	47	65	75	85	245	46	
211	293	158	351	159	242	291	46
88	120	87	65	33	31	10	
126	66	34	102	119	57	29	
635	529	738	592	670	644	386	
349	625	431	515	641	730	600	
422	918	1405	1774	1936	2109	2141	
350	814	1124	1447	1608	1746	1828	
8	13	31	109	116	101	81	
64	91	250	218	212	262	232	
619	**350**	**653**	**610**	**649**	**719**	**649**	**19**
118	12	24	49	70	92	5	
		10	3	6	11		
3			22	35	23	3	
			5	5			
		2			11		
115	12	12	19	24	47	2	
15	61	53	52	144	58	102	
			18	22	21		
15	61	53	34	122	37	102	
486	277	576	509	435	569	542	19
16	34	51	162	44	16	42	2
33	34	63	30	124	18	74	4
5		20	17	8		10	
279	148	212	230	113	268	210	
153	61	230	70	146	267	206	13
1089	**1808**	**2428**	**2759**	**4157**	**4092**	**2501**	**8**
538	1010	1118	1665	2809	2618	1370	5
82	177	257	452	698	402	338	
3	13	2	40		11	7	
5	7	36	67	20	7	3	
76	61	240	319	791	1054	285	
168	330	325	469	757	463	202	

2-08 续表 19

行　　业	代码	2003年	2004年	2005年	2006年
保健服务	796	3		2	
婚姻服务	797	12	43	29	4
殡葬服务	798	43	113	244	121
其他居民服务业	799	48	151	59	30
机动车、电子产品和日用产品修理业	80	275	348	430	716
汽车、摩托车修理与维护	801	220	319	246	558
计算机和办公设备维修	802	27	2	116	59
家用电器修理	803	28	16	61	85
其他日用产品修理业	809		11	7	14
其他服务业	81	35	151	202	258
清洁服务	811	14	106	107	123
其他未列明服务业	819	21	45	95	135
卫生和社会工作	**Q**	**1**		**10**	**9**
社会工作	84	1		10	9
提供住宿社会工作	841			10	9
不提供住宿社会工作	842	1			
文化、体育和娱乐业	**R**	**529**	**511**	**486**	**653**
新闻和出版业	85	42		12	15
新闻业	851				
出版业	852	42		12	15
广播、电视、电影和影视录音制作业	86	9	56	5	11
广播	861				
电视	862				4
电影和影视节目制作	863	9		5	7
电影和影视节目发行	864				
电影放映	865		50		
录音制作	866		6		
文化艺术业	87	28	84	68	139
文艺创作与表演	871	20	50	12	2
艺术表演场馆	872				30
图书馆与档案馆	873	2			10
文物及非物质文化遗产保护	874				
博物馆	875		2		5
烈士陵园、纪念馆	876				70
群众文化活动	877			5	
其他文化艺术业	879	6	32	51	22
体育	88	61	134	145	104
体育组织	881				
体育场馆	882		26		
休闲健身活动	883	61	108	145	98
其他体育	889				6
娱乐业	89	389	237	256	384
室内娱乐活动	891	251	142	247	278
游乐园	892		75		44
彩票活动	893				
文化、娱乐、体育经纪代理	894	5	20	7	20
其他娱乐业	899	133		2	42

2007年	2008年	2009年	2010年	2011年	2012年	2013年	无开业年份
7	4	20	4	50	10	20	
12	27	25	41	281	300	181	
102	255	62	120	31	19	20	
83	136	151	153	181	352	314	5
378	576	922	889	999	1100	714	3
224	487	786	708	834	897	569	3
121	37	40	50	72	57	111	
3	25	28	44	64	84	15	
30	27	68	87	29	62	19	
173	222	388	205	349	374	417	
158	149	263	106	253	262	278	
15	73	125	99	96	112	139	
22	**127**	**21**	**120**	**45**	**118**	**14**	
22	127	21	120	45	118	14	
22	127	21	120	45	118	14	
865	**1027**	**1785**	**1852**	**1988**	**2002**	**1786**	**10**
26	132	238	52	181	205	36	
	4				78	5	
26	128	238	52	181	127	31	
201	83	24	271	418	270	130	
3			4	87	15	2	
9	13		101		73	30	
40	61	14	38	44	69	59	
			19				
79	6		51	266	90	32	
70	3	10	58	21	23	7	
80	20	119	209	266	328	298	
15	9	29	31	104	30	155	
19		70			9		
15			11		12	2	
				12	15		
			52		2	2	
			10				
7			31	18	35	12	
24	11	20	74	132	225	127	
58	148	53	108	105	55	90	
			3		4		
	39			25		19	
43	97	53	105	80	51	71	
15	12						
500	644	1351	1212	1018	1144	1232	10
427	596	1202	1058	920	973	1123	
49		4	79	42	45		
16	15	57	10	44	80	75	
8	33	88	65	12	46	34	10

2-09 按行业(中类)、登记注册

行业	代码	法人单位数(个)					
			内资企业	国有企业	集体企业	股份合作企业	联营企业
总计	00	**103678**	**103067**	**3362**	**2267**	**1230**	**325**
农、林、牧、渔业	A	**2198**	**2196**	**56**	**8**	**9**	**5**
农业	01	11	11	8			
谷物种植	011	9	9	7			
豆类、油料和薯类种植	012	1	1	1			
棉、麻、糖、烟草种植	013						
蔬菜、食用菌及园艺作物种植	014	1	1				
水果种植	015						
坚果、含油果、香料和饮料作物种植	016						
中药材种植	017						
其他农业	019						
林业	02	8	8	7			
林木育种和育苗	021	3	3	2			
造林和更新	022						
森林经营和管护	023	5	5	5			
木材和竹材采运	024						
林产品采集	025						
畜牧业	03	2	2				
牲畜饲养	031	2	2				
家禽饲养	032						
狩猎和捕捉动物	033						
其他畜牧业	039						
渔业	04	1	1				
水产养殖	041	1	1				
水产捕捞	042						
农、林、牧、渔服务业	05	2176	2174	41	8	9	5
农业服务业	051	1815	1813	19	8	7	4
林业服务业	052	47	47	11			
畜牧服务业	053	283	283	8		2	1
渔业服务业	054	31	31	3			
采矿业	B	**1791**	**1784**	**46**	**68**	**26**	**6**
煤炭开采和洗选业	06	824	823	22	49	14	2
烟煤和无烟煤开采洗选	061	745	745	22	49	13	2
褐煤开采洗选	062	25	25				
其他煤炭采选	069	54	53			1	
石油和天然气开采业	07	20	19	3	1	1	
石油开采	071	18	17	3		1	
天然气开采	072	2	2		1		
黑色金属矿采选业	08	52	52		1		
铁矿采选	081	51	51		1		
锰矿、铬矿采选	082						
其他黑色金属矿采选	089	1	1				
有色金属矿采选业	09	55	55	4		1	
常用有色金属矿采选	091	26	26	3			
贵金属矿采选	092	24	24	1		1	
稀有稀土金属矿采选	093	5	5				

类型分组的小微企业法人单位数

国有联营企业	集体联营企业	国有与集体联营企业	其他联营企业	有限责任公司	国有独资公司	其他有限责任公司	股份有限公司	私营企业	私营独资企业
61	**130**	**22**	**112**	**31468**	**266**	**31202**	**2906**	**48997**	**19208**
	4	**1**		**82**		**82**	**8**	**247**	**112**
								2	1
								1	1
								1	
								1	
								1	
				1		1		1	
				1		1		1	
				1		1			
				1		1			
	4	1		80		80	8	243	111
	3	1		59		59	5	168	69
				5		5		12	11
	1			12		12	3	58	28
				4		4		5	3
1	**5**			**271**	**5**	**266**	**27**	**1171**	**787**
	2			124	1	123	15	521	370
	2			116		116	13	463	320
				3		3	1	20	16
				5	1	4	1	38	34
				3	1	2	1	10	3
				3	1	2	1	9	2
								1	1
				22		22	1	24	8
				22		22		24	8
							1		
				28	1	27		19	6
				15		15		5	3
				11	1	10		11	3
				2		2		3	

2-09 续表 1

行业	代码	法人单位数(个)	内资企业				
				国有企业	集体企业	股份合作企业	联营企业
非金属矿采选业	10	696	691	11	12	9	2
土砂石开采	101	622	620	10	12	5	1
化学矿开采	102	1	1				
采盐	103						
石棉及其他非金属矿采选	109	73	70	1		4	1
开采辅助活动	11	117	117	6	5	1	2
煤炭开采和洗选辅助活动	111	15	15	2			
石油和天然气开采辅助活动	112	89	89	4	5	1	2
其他开采辅助活动	119	13	13				
其他采矿业	12	27	27				
其他采矿业	120	27	27				
制造业	**C**	**23919**	**23639**	**403**	**756**	**415**	**61**
农副食品加工业	13	4718	4672	62	19	29	12
谷物磨制	131	2537	2528	21	4	13	1
饲料加工	132	473	462	4	3	3	3
植物油加工	133	333	332	5		1	1
制糖业	134	18	17				
屠宰及肉类加工	135	464	457	18	7	3	4
水产品加工	136	24	24	1			1
蔬菜、水果和坚果加工	137	355	347	1	2	2	1
其他农副食品加工	139	514	505	12	3	7	1
食品制造业	14	876	852	14	12	10	3
焙烤食品制造	141	133	129	3	1	1	1
糖果、巧克力及蜜饯制造	142	24	24	1			
方便食品制造	143	233	232	3	2	2	1
乳制品制造	144	91	86	1	3	4	
罐头食品制造	145	35	34		2		
调味品、发酵制品制造	146	107	105		3	1	
其他食品制造	149	253	242	6	1	2	1
酒、饮料和精制茶制造业	15	909	890	15	8	8	4
酒的制造	151	524	520	6	6	5	1
饮料制造	152	379	366	9	2	3	3
精制茶加工	153	6	4				
烟草制品业	16	11	10	3	1		
烟叶复烤	161	7	6	1	1		
卷烟制造	162	1	1	1			
其他烟草制品制造	169	3	3	1			
纺织业	17	299	294	10	14	13	
棉纺织及印染精加工	171	44	42	1	3	3	
毛纺织及染整精加工	172	12	12	1			
麻纺织及染整精加工	173	115	113	7	3	6	
丝绢纺织及印染精加工	174	6	6				
化纤织造及印染精加工	175	11	11		2		
针织或钩针编织物及其制品制造	176	30	30	1	2	2	
家用纺织制成品制造	177	54	53		1	1	
非家用纺织制成品制造	178	27	27		3	1	
纺织服装、服饰业	18	239	238	6	24	6	1
机织服装制造	181	148	147	2	20	5	1
针织或钩针编织服装制造	182	32	32	2	2		
服饰制造	183	59	59	2	2	1	

国有联营企业	集体联营企业	国有与集体联营企业	其他联营企业	有限责任公司	国有独资公司	其他有限责任公司	股份有限公司	私营企业	私营独资企业
1	1			70	2	68	8	508	373
1				61	2	59	6	464	363
	1			9		9	2	44	10
	2			16		16	1	79	21
				1		1		7	4
	2			10		10	1	66	14
				5		5		6	3
				8		8	1	10	6
				8		8	1	10	6
11	**32**	**6**	**12**	**5792**	**45**	**5747**	**671**	**13123**	**5386**
3	3	1	5	954	9	945	124	2646	1175
			1	423	5	418	49	1481	647
	1		2	147		147	19	236	96
1				89	2	87	12	177	73
				5		5	1	10	2
1	1		2	100		100	16	250	115
	1			3		3		11	6
		1		62	1	61	9	211	99
1				125	1	124	18	270	137
1	1		1	222	2	220	24	465	210
			1	23		23	1	85	50
				7		7		15	11
	1			56		56	4	135	51
				35		35	4	32	7
				4		4	4	16	10
				28	1	27	2	63	25
1				69	1	68	9	119	56
1	1	1	1	239		239	46	485	236
			1	128		128	29	290	168
1	1	1		111		111	17	192	68
								3	
				2		2	1	1	1
				1		1		1	1
				1		1	1		
				60	1	59	6	141	66
				10		10		18	5
				1		1	1	7	5
				24		24	3	63	26
				3		3		3	2
				4		4		3	2
				7		7		16	12
				5		5		18	8
				6	1	5	2	13	6
			1	44	1	43	4	119	55
			1	24		24	4	78	36
				7		7		15	8
				13	1	12		26	11

2-09 续表 2

行业	代码	法人单位数(个)					
			内资企业				
				国有企业	集体企业	股份合作企业	联营企业
皮革、毛皮、羽毛及其制品和制鞋业	19	156	153		5	2	
皮革鞣制加工	191	40	39				
皮革制品制造	192	21	21		1		
毛皮鞣制及制品加工	193	56	56		1		
羽毛(绒)加工及制品制造	194	4	3				
制鞋业	195	35	34		3	2	
木材加工和木、竹、藤、棕、草制品业	20	2415	2390	39	31	18	5
木材加工	201	1444	1436	24	11	8	2
人造板制造	202	283	279	7	5	5	
木制品制造	203	629	617	8	13	4	2
竹、藤、棕、草等制品制造	204	59	58		2	1	1
家具制造业	21	438	432	4	10	5	1
木质家具制造	211	337	332	3	5	4	1
竹、藤家具制造	212	1	1				
金属家具制造	213	30	30		2		
塑料家具制造	214	22	22		1	1	
其他家具制造	219	48	47	1	2		
造纸和纸制品业	22	354	350	6	19	9	1
纸浆制造	221	8	8	1			
造纸	222	142	139	2	4	1	
纸制品制造	223	204	203	3	15	8	1
印刷和记录媒介复制业	23	722	715	28	52	17	6
印刷	231	593	586	20	46	13	5
装订及印刷相关服务	232	128	128	8	6	4	1
记录媒介复制	233	1	1				
文教、工美、体育和娱乐用品制造业	24	291	285	4	9	3	
文教办公用品制造	241	104	104	2	1	2	
乐器制造	242	14	12				
工艺美术品制造	243	152	150	2	6	1	
体育用品制造	244	13	11		2		
玩具制造	245	4	4				
游艺器材及娱乐用品制造	246	4	4				
石油加工、炼焦和核燃料加工业	25	164	162	2	5	2	
精炼石油产品制造	251	145	143	1	4	2	
炼焦	252	16	16	1	1		
核燃料加工	253	3	3				
化学原料和化学制品制造业	26	1195	1175	23	35	17	2
基础化学原料制造	261	169	164	5	10	4	
肥料制造	262	394	389	5	6		
农药制造	263	41	38	2	1		
涂料、油墨、颜料及类似产品制造	264	168	165	3	5	4	
合成材料制造	265	62	62	2	1		
专用化学产品制造	266	273	270	4	9	6	1
炸药、火工及焰火产品制造	267	22	22	1			
日用化学产品制造	268	66	65	1	3	3	1
医药制造业	27	310	298	4	5	9	
化学药品原料药制造	271	30	29	2			

国有联营企业	集体联营企业	国有与集体联营企业	其他联营企业	有限责任公司	国有独资公司	其他有限责任公司	股份有限公司	私营企业	私营独资企业
				70		70	3	54	27
				35		35		3	2
				6		6	1	10	4
				18		18	2	22	12
				2		2		1	1
				9		9		18	8
2	2		1	465		465	52	1567	770
1	1			230		230	31	1011	501
				63		63	6	165	74
1	1			166		166	14	362	171
			1	6		6	1	29	24
	1			98	1	97	12	268	125
	1			75	1	74	9	208	94
								1	1
				9		9		16	7
				5		5	1	13	7
				9		9	2	30	16
	1			75		75	10	208	92
				2		2		4	2
				27		27	2	92	48
	1			46		46	8	112	42
1	4		1	187	3	184	16	359	162
1	3		1	159	2	157	14	291	133
	1			28	1	27	2	67	29
								1	
				79		79	12	153	72
				23		23	5	64	26
				2		2	1	9	4
				49		49	6	72	40
				3		3		4	1
				2		2		2	
								2	1
				28	1	27	8	111	25
				26	1	25	6	101	22
				2		2	2	8	2
								2	1
1		1		300	1	299	35	671	235
				47		47	7	74	21
				115		115	13	219	88
				10		10	1	21	6
				31		31	5	100	43
				13		13	1	41	17
		1		62	1	61	6	166	35
				9		9	1	10	8
1				13		13	1	40	17
				102		102	24	130	36
				7		7	1	14	3

2-09 续表 3

行业	代码	法人单位数(个)					
			内资企业				
				国有企业	集体企业	股份合作企业	联营企业
化学药品制剂制造	272	47	45	1		1	
中药饮片加工	273	37	37		1	3	
中成药生产	274	75	69	1		2	
兽用药品制造	275	31	31		2	1	
生物药品制造	276	64	63			1	
卫生材料及医药用品制造	277	26	24		2	1	
化学纤维制造业	28	29	28	2	3		
纤维素纤维原料及纤维制造	281	8	8				
合成纤维制造	282	21	20	2	3		
橡胶和塑料制品业	29	961	958	8	40	21	3
橡胶制品业	291	137	137	3	11	4	1
塑料制品业	292	824	821	5	29	17	2
非金属矿物制品业	30	2851	2834	45	127	49	4
水泥、石灰和石膏制造	301	242	240	5	9		
石膏、水泥制品及类似制品制造	302	702	697	7	24	10	
砖瓦、石材等建筑材料制造	303	1525	1521	26	84	32	4
玻璃制造	304	26	26				
玻璃制品制造	305	78	78	2	4	4	
玻璃纤维和玻璃纤维增强塑料制品制造	306	45	42	1	1	1	
陶瓷制品制造	307	36	36		1		
耐火材料制品制造	308	64	64	2	1		
石墨及其他非金属矿物制品制造	309	133	130	2	3	2	
黑色金属冶炼和压延加工业	31	244	241	6	6	3	1
炼铁	311	25	24	2	2		1
炼钢	312	13	13	2			
黑色金属铸造	313	78	78	1		2	
钢压延加工	314	111	109	1	4	1	
铁合金冶炼	315	17	17				
有色金属冶炼和压延加工业	32	95	93	1	12	3	
常用有色金属冶炼	321	14	14	1	2		
贵金属冶炼	322	3	3				
稀有稀土金属冶炼	323	7	7		1		
有色金属合金制造	324	12	11				
有色金属铸造	325	11	11		2	1	
有色金属压延加工	326	48	47		7	2	
金属制品业	33	1267	1256	12	50	42	2
结构性金属制品制造	331	722	718	1	13	14	1
金属工具制造	332	133	130	4	10	6	
集装箱及金属包装容器制造	333	59	57		4	1	1
金属丝绳及其制品制造	334	18	18		2	1	
建筑、安全用金属制品制造	335	142	140	4	12	12	
金属表面处理及热处理加工	336	39	39	1	3	1	
搪瓷制品制造	337	6	6	1		1	
金属制日用品制造	338	38	38		3		
其他金属制品制造	339	110	110	1	3	6	
通用设备制造业	34	1859	1850	33	102	76	5
锅炉及原动设备制造	341	330	328	6	19	11	
金属加工机械制造	342	328	325	3	12	10	

国有联营企业	集体联营企业	国有与集体联营企业	其他联营企业	有限责任公司	国有独资公司	其他有限责任公司	股份有限公司	私营企业	私营独资企业
				20		20	7	16	6
				12		12	5	11	6
				26		26	7	29	5
				10		10	1	14	2
				16		16	3	38	10
				11		11		8	4
				4		4	3	14	4
				1		1	2	4	
				3		3	1	10	4
	3			243	1	242	33	533	192
	1			31		31	9	65	21
	2			212	1	211	24	468	171
	4			641	10	631	65	1610	819
				85	2	83	9	110	40
				175		175	13	409	174
	4			258		258	35	895	532
				12		12	1	13	5
				18		18		45	12
				16		16		22	3
				14		14		16	6
				16		16		36	22
				47	8	39	7	64	25
			1	65		65	7	132	45
			1	8		8		8	3
				4		4		5	2
				19		19	4	44	18
				30		30	3	62	15
				4		4		13	7
				29	3	26	1	39	15
				1		1		8	5
								3	
				3		3		3	2
				3	1	2	1	6	1
				3		3		4	
				19	2	17		15	7
	2			326	2	324	23	703	214
	1			171	1	170	14	444	121
				42		42	2	58	29
	1			19		19		28	4
				6		6	1	7	5
				35		35	3	63	17
				5		5		29	10
				3		3		1	1
				7		7	1	24	10
				38	1	37	2	49	17
	4	1		567	7	560	61	911	279
				115	2	113	13	144	51
				108	1	107	13	157	53

2-09 续表 4

行业	代码	法人单位数(个)	内资企业				
				国有企业	集体企业	股份合作企业	联营企业
物料搬运设备制造	343	65	64	1	1	2	
泵、阀门、压缩机及类似机械制造	344	94	94	1	5	4	
轴承、齿轮和传动部件制造	345	104	102	6	3	9	
烘炉、风机、衡器、包装等设备制造	346	140	140	4	7	3	3
文化、办公用机械制造	347	22	22	1		1	
通用零部件制造	348	666	666	7	53	34	1
其他通用设备制造业	349	110	109	4	2	2	1
专用设备制造业	35	1571	1550	20	51	26	1
采矿、冶金、建筑专用设备制造	351	566	561	7	20	6	
化工、木材、非金属加工专用设备制造	352	190	189	3	6	7	
食品、饮料、烟草及饲料生产专用设备制造	353	65	64		1	2	
印刷、制药、日化及日用品生产专用设备制造	354	55	54		2	1	
纺织、服装和皮革加工专用设备制造	355	18	18		1	1	
电子和电工机械专用设备制造	356	126	125		6	1	
农、林、牧、渔专用机械制造	357	309	301	6	5	4	1
医疗仪器设备及器械制造	358	72	71		4	4	
环保、社会公共服务及其他专用设备制造	359	170	167	4	6		
汽车制造业	36	251	240	5	6	10	1
汽车整车制造	361	7	6				
改装汽车制造	362	22	22	2	1		
低速载货汽车制造	363	5	5		1		
电车制造	364	1	1				
汽车车身、挂车制造	365	3	3				
汽车零部件及配件制造	366	213	203	3	4	10	1
铁路、船舶、航空航天和其他运输设备制造业	37	95	92	14	19	1	1
铁路运输设备制造	371	61	61	8	16	1	1
城市轨道交通设备制造	372						
船舶及相关装置制造	373	14	14	5	1		
航空、航天器及设备制造	374	11	8				
摩托车制造	375	1	1				
自行车制造	376	6	6	1	1		
非公路休闲车及零配件制造	377						
潜水救捞及其他未列明运输设备制造	379	2	2		1		
电气机械和器材制造业	38	719	715	15	48	19	2
电机制造	381	143	143	4	5	4	1
输配电及控制设备制造	382	286	286	5	25	8	1
电线、电缆、光缆及电工器材制造	383	124	124	2	13	4	
电池制造	384	24	23		2		
家用电力器具制造	385	46	46		1	1	
非电力家用器具制造	386	24	24	1			
照明器具制造	387	36	34	2	1	1	
其他电气机械及器材制造	389	36	35	1	1	1	
计算机、通信和其他电子设备制造业	39	143	134	3	1	2	
计算机制造	391	28	26				
通信设备制造	392	24	23			2	
广播电视设备制造	393	4	4				
雷达及配套设备制造	394	4	4				
视听设备制造	395	2	2				

国有联营企业	集体联营企业	国有与集体联营企业	其他联营企业	有限责任公司	国有独资公司	其他有限责任公司	股份有限公司	私营企业	私营独资企业
				17	1	16	1	36	8
				28	1	27	9	45	15
				31	1	30	2	50	12
	2	1		36		36	6	74	26
				10		10	1	5	3
	1			184	1	183	12	350	96
	1			38		38	4	50	15
	1			379	1	378	44	941	275
				88	1	87	16	399	83
				48		48	7	102	30
				17		17	1	41	16
				17		17		28	8
				5		5		10	5
				48		48	6	62	18
	1			77		77	5	184	85
				16		16	4	37	18
				63		63	5	78	12
1				87		87	10	113	21
				3		3		3	1
				7		7	1	9	4
				4		4			
							1		
								3	
1				73		73	8	98	16
	1			25		25	1	23	7
	1			16		16		12	5
				5		5		3	1
				3		3	1	4	
								1	
				1		1		2	
								1	1
	1		1	248		248	17	325	89
	1			62		62	4	57	12
			1	89		89	7	135	37
				40		40	3	58	15
				13		13		8	2
				13		13	1	22	9
				7		7	1	14	4
				11		11		17	6
				13		13	1	14	4
				58	1	57	7	53	7
				13		13	3	8	1
				5		5	3	11	2
				1		1		3	
				4		4			
								1	

2-09 续表 5

行　　业	代码	法人单位数(个)	内资企业	国有企业	集体企业	股份合作企业	联营企业
电子器件制造	396	19	16	1			
电子元件制造	397	17	16				
其他电子设备制造	399	45	43	2	1		
仪器仪表制造业	40	198	195	6	10	5	2
通用仪器仪表制造	401	131	130	2	7	3	2
专用仪器仪表制造	402	35	34	2			
钟表与计时仪器制造	403	3	3	2	1		
光学仪器及眼镜制造	404	6	5		1	1	
其他仪器仪表制造业	409	23	23		1	1	
其他制造业	41	221	220	4	9	5	2
日用杂品制造	411	16	16		2	1	
煤制品制造	412	91	91		1	1	
核辐射加工	413						
其他未列明制造业	419	114	113	4	6	3	2
废弃资源综合利用业	42	82	81	1		1	2
金属废料和碎屑加工处理	421	44	44				1
非金属废料和碎屑加工处理	422	38	37	1		1	1
金属制品、机械和设备修理业	43	236	236	8	23	4	
金属制品修理	431	13	13		2		
通用设备修理	432	34	34		6		
专用设备修理	433	76	76	2	4	1	
铁路、船舶、航空航天等运输设备修理	434	27	27	3	3		
电气设备修理	435	25	25	1	4		
仪器仪表修理	436	4	4		1		
其他机械和设备修理业	439	57	57	2	3	3	
电力、热力、燃气及水生产和供应业	D	**1206**	**1185**	**286**	**28**	**15**	**2**
电力、热力生产和供应业	44	803	791	184	17	7	2
电力生产	441	226	215	33	11	2	
电力供应	442	157	157	122	4	1	
热力生产和供应	443	420	419	29	2	4	2
燃气生产和供应业	45	151	147	7	2	4	
燃气生产和供应业	450	151	147	7	2	4	
水的生产和供应业	46	252	247	95	9	4	
自来水生产和供应	461	173	170	80	9	3	
污水处理及其再生利用	462	70	68	15		1	
其他水的处理、利用与分配	469	9	9				
建筑业	E	**5793**	**5783**	**204**	**192**	**46**	**11**
房屋建筑业	47	1570	1568	55	90	4	5
房屋建筑业	470	1570	1568	55	90	4	5
土木工程建筑业	48	931	928	81	44	15	3
铁路、道路、隧道和桥梁工程建筑	481	375	373	39	16	7	
水利和内河港口工程建筑	482	158	158	20	1	5	1
海洋工程建筑	483						
工矿工程建筑	484	28	28	2	3		
架线和管道工程建筑	485	142	142	15	21	1	
其他土木工程建筑	489	228	227	5	3	2	2
建筑安装业	49	1050	1048	53	33	8	1
电气安装	491	318	318	21	19	2	
管道和设备安装	492	274	273	14	6	2	1
其他建筑安装业	499	458	457	18	8	4	

国有联营企业	集体联营企业	国有与集体联营企业	其他联营企业	有限责任公司	国有独资公司	其他有限责任公司	股份有限公司	私营企业	私营独资企业
				7		7		7	
				7		7		7	2
				21	1	20	1	16	2
1		1		65	1	64	7	98	15
1		1		42		42	3	70	14
				10	1	9	3	18	
				2		2		1	
				11		11	1	9	1
	2			49		49	8	112	65
				3		3		7	3
				8		8	3	66	41
	2			38		38	5	39	21
	1	1		19		19	3	44	17
	1			11		11	2	22	11
		1		8		8	1	22	6
				62		62	4	94	35
				4		4	1	6	2
				9		9		16	2
				13		13	1	32	16
				10		10	1	6	2
				10		10		9	1
								3	2
				16		16	1	22	10
			2	**328**	**18**	**310**	**57**	**387**	**178**
			2	243	16	227	33	256	114
				95	10	85	9	47	21
				10	2	8	2	10	5
			2	138	4	134	22	199	88
				38		38	14	67	35
				38		38	14	67	35
				47	2	45	10	64	29
				23	2	21	6	37	20
				22		22	4	21	5
				2		2		6	4
	6	**2**	**3**	**2243**	**18**	**2225**	**204**	**2621**	**580**
	2	2	1	624	4	620	55	665	113
	2	2	1	624	4	620	55	665	113
	2		1	336	8	328	38	377	101
				151	7	144	15	131	25
	1			42		42	9	73	29
				10		10	2	9	3
				41	1	40	8	52	10
	1		1	92		92	4	112	34
	1			390	4	386	39	485	96
				98	1	97	13	152	31
	1			98	2	96	12	131	26
				194	1	193	14	202	39

2-09 续表 6

行业	代码	法人单位数(个)					
			内资企业				
				国有企业	集体企业	股份合作企业	联营企业
建筑装饰和其他建筑业	50	2242	2239	15	25	19	2
建筑装饰业	501	1606	1603	8	16	12	1
工程准备活动	502	264	264	3	3	1	
提供施工设备服务	503	68	68		2		1
其他未列明建筑业	509	304	304	4	4	6	
批发和零售业	**F**	**37540**	**37447**	**1008**	**836**	**472**	**134**
批发业	51	22796	22746	566	346	231	57
农、林、牧产品批发	511	4857	4853	196	36	47	10
食品、饮料及烟草制品批发	512	2137	2130	114	14	21	8
纺织、服装及家庭用品批发	513	1485	1477	15	12	11	2
文化、体育用品及器材批发	514	439	439	10	9	7	
医药及医疗器材批发	515	794	792	9	2	10	1
矿产品、建材及化工产品批发	516	6274	6265	133	184	55	26
机械设备、五金产品及电子产品批发	517	4184	4176	36	29	34	4
贸易经纪与代理	518	1132	1125	19	11	13	1
其他批发业	519	1494	1489	34	49	33	5
零售业	52	14744	14701	442	490	241	77
综合零售	521	1329	1325	95	283	19	19
食品、饮料及烟草制品专门零售	522	1444	1437	52	25	8	9
纺织、服装及日用品专门零售	523	1142	1128	13	16	14	3
文化、体育用品及器材专门零售	524	591	589	81	10	16	3
医药及医疗器材专门零售	525	2654	2651	38	60	84	22
汽车、摩托车、燃料及零配件专门零售	526	2491	2490	102	50	43	13
家用电器及电子产品专门零售	527	2037	2031	10	7	15	3
五金、家具及室内装饰材料专门零售	528	1765	1765	15	15	18	2
货摊、无店铺及其他零售业	529	1291	1285	36	24	24	3
交通运输、仓储和邮政业	**G**	**3795**	**3785**	**432**	**72**	**40**	**20**
道路运输业	54	2219	2215	140	35	22	9
城市公共交通运输	541	420	418	21	11	3	2
公路旅客运输	542	177	177	31	4	5	2
道路货物运输	543	1387	1386	22	15	12	5
道路运输辅助活动	544	235	234	66	5	2	
水上运输业	55	60	60	14	3	2	1
水上旅客运输	551	22	22	3		1	
水上货物运输	552	21	21	4	2	1	1
水上运输辅助活动	553	17	17	7	1		
航空运输业	56	44	42	8		1	
航空客货运输	561	13	11	2		1	
通用航空服务	562	15	15	2			
航空运输辅助活动	563	16	16	4			
管道运输业	57	8	8	3			
管道运输业	570	8	8	3			
装卸搬运和运输代理业	58	528	526	21	22	6	5
装卸搬运	581	164	164	4	20	1	2
运输代理业	582	364	362	17	2	5	3

国有联营企业	集体联营企业	国有与集体联营企业	其他联营企业	有限责任公司	国有独资公司	其他有限责任公司	股份有限公司	私营企业	私营独资企业
	1		1	893	2	891	72	1094	270
	1			643	1	642	58	782	211
				109		109	3	138	19
			1	18		18	5	35	12
				123	1	122	6	139	28
28	**53**	**5**	**48**	**11537**	**52**	**11485**	**936**	**17420**	**6493**
12	25	1	19	6901	42	6859	534	10450	3589
1	4		5	742	23	719	84	1758	805
3	2	1	2	645	2	643	53	856	308
			2	653	2	651	33	646	159
				245		245	7	143	26
1				376	1	375	28	316	79
5	14		7	1776	7	1769	146	3344	1368
1	2		1	1555	2	1553	75	2184	474
1				442	4	438	46	494	134
	3		2	467	1	466	62	709	236
16	28	4	29	4636	10	4626	402	6970	2904
4	10	1	4	234	1	233	31	481	271
2	2	1	4	453	2	451	40	661	269
1	2			417		417	28	513	210
1	1		1	166	1	165	15	244	95
1	9	2	10	894	2	892	93	1218	683
5	3		5	687	3	684	68	1358	528
			3	873		873	50	871	310
	1		1	534	1	533	32	959	294
2			1	378		378	45	665	244
5	**7**	**2**	**6**	**1184**	**44**	**1140**	**128**	**1606**	**638**
2	4		3	715	4	711	79	1028	412
	2			139	1	138	24	192	73
	2			64	2	62	16	47	17
2			3	444	1	443	30	729	291
				68		68	9	60	31
	1			17		17	7	15	8
				12		12	2	4	
	1			5		5	1	6	4
							4	5	4
				23		23	3	3	
				5		5	2	1	
				8		8	1	2	
				10		10			
				1		1	1	2	1
				1		1	1	2	1
	2	2	1	163		163	19	253	70
	1	1		42		42	2	83	28
	1	1	1	121		121	17	170	42

2-09 续表 7

行　　业	代码	法　人 单位数 (个)	内资企业	国有企业	集体企业	股份合作企业	联营企业
仓储业	59	691	689	230	12	8	3
谷物、棉花等农产品仓储	591	500	500	214	8	5	3
其他仓储业	599	191	189	16	4	3	
邮政业	60	245	245	16		1	2
邮政基本服务	601	20	20	10			
快递服务	602	225	225	6		1	2
住宿和餐饮业	**H**	**2533**	**2471**	**155**	**54**	**13**	**10**
住宿业	61	1184	1172	120	41	7	7
旅游饭店	611	362	351	50	6	3	1
一般旅馆	612	711	710	54	26	3	4
其他住宿业	619	111	111	16	9	1	2
餐饮业	62	1349	1299	35	13	6	3
正餐服务	621	1142	1104	29	11	4	2
快餐服务	622	89	78		1	2	1
饮料及冷饮服务	623	26	26	1			
其他餐饮业	629	92	91	5	1		
信息传输、软件和信息技术服务业	**I**	**2458**	**2434**	**63**	**10**	**12**	**8**
电信、广播电视和卫星传输服务	63	178	176	37	4	3	5
电信	631	111	109	18	2	1	5
广播电视传输服务	632	62	62	19	1	2	
卫星传输服务	633	5	5		1		
互联网和相关服务	64	250	249	6		3	
互联网接入及相关服务	641	49	49	3			
互联网信息服务	642	130	129	2		3	
其他互联网服务	649	71	71	1			
软件和信息技术服务业	65	2030	2009	20	6	6	3
软件开发	651	1442	1428	8	4	4	1
信息系统集成服务	652	117	115	3	1		1
信息技术咨询服务	653	271	269	3	1	1	1
数据处理和存储服务	654	28	27	1			
集成电路设计	655	16	16				
其他信息技术服务业	659	156	154	5		1	
房地产业	**K**	**5150**	**5117**	**139**	**20**	**29**	**13**
房地产业	70	5150	5117	139	20	29	13
房地产开发经营	701	2117	2091	46	1	6	
物业管理	702	2014	2009	73	13	15	9
房地产中介服务	703	906	906	4	6	7	4
自有房地产经营活动	704						
其他房地产业	709	113	111	16		1	
租赁和商务服务业	**L**	**8104**	**8071**	**234**	**95**	**78**	**28**
租赁业	71	759	757	6	3	6	3
机械设备租赁	711	743	742	6	3	6	3
文化及日用品出租	712	16	15				
商务服务业	72	7345	7314	228	92	72	25
企业管理服务	721	775	767	82	24	6	5
法律服务	722	191	191	2	3	4	2
咨询与调查	723	1725	1717	16	5	8	4
广告业	724	1616	1616	20	8	10	5
知识产权服务	725	53	53		1	1	

国有联营企业	集体联营企业	国有与集体联营企业	其他联营企业	有限责任公司	国有独资公司	其他有限责任公司	股份有限公司	私营企业	私营独资企业
3				193	40	153	7	187	89
3				123	38	85	5	104	61
				70	2	68	2	83	28
			2	72		72	12	118	58
				1		1	2	4	2
			2	71		71	10	114	56
2	**4**		**4**	**518**	**3**	**515**	**59**	**1445**	**803**
2	2		3	267	3	264	29	607	333
1				100	2	98	15	149	76
1	1		2	137	1	136	11	420	232
	1		1	30		30	3	38	25
	2		1	251		251	30	838	470
	2			192		192	25	746	424
			1	22		22	2	40	14
				6		6	2	15	9
				31		31	1	37	23
3	**3**		**2**	**1199**	**3**	**1196**	**72**	**948**	**195**
3	1		1	52	1	51	16	35	12
3	1		1	28	1	27	10	23	8
				21		21	6	11	4
				3		3		1	
				76		76	12	129	79
				19		19	5	18	11
				41		41	5	64	42
				16		16	2	47	26
	2		1	1071	2	1069	44	784	104
			1	779	1	778	24	556	68
	1			50		50	2	54	
	1			150	1	149	8	91	27
				8		8	2	15	3
				8		8		6	
				76		76	8	62	6
3	**1**	**1**	**8**	**2250**	**22**	**2228**	**248**	**2173**	**517**
3	1	1	8	2250	22	2228	248	2173	517
				970	11	959	129	903	44
2	1	1	5	822	9	813	78	865	358
1			3	409	1	408	39	371	106
				49	1	48	2	34	9
1	**8**	**4**	**15**	**3437**	**32**	**3405**	**256**	**3274**	**1039**
	1		2	252		252	13	351	102
	1		2	247		247	13	341	101
				5		5		10	1
1	7	4	13	3185	32	3153	243	2923	937
	3	1	1	349	17	332	28	212	54
		1	1	22		22	8	96	26
	3		1	874	1	873	55	644	174
		1	4	712	4	708	37	729	243
				34		34	1	12	

2-09 续表 8

行业	代码	法人单位数（个）	内资企业				
				国有企业	集体企业	股份合作企业	联营企业
人力资源服务	726	769	768	15	11	8	4
旅行社及相关服务	727	684	682	41	6	9	2
安全保护服务	728	112	112	10	3	1	1
其他商务服务业	729	1420	1408	42	31	25	2
科学研究和技术服务业	M	**3761**	**3738**	**162**	**37**	**40**	**8**
研究和试验发展	73	302	296	9	2	8	
自然科学研究和试验发展	731	30	28	1			
工程和技术研究和试验发展	732	143	141	6	2	6	
农业科学研究和试验发展	733	95	94	2		1	
医学研究和试验发展	734	29	28			1	
社会人文科学研究	735	5	5				
专业技术服务业	74	2061	2055	130	26	23	5
气象服务	741	13	13	5			
地震服务	742	4	4				
海洋服务	743						
测绘服务	744	153	153	16		1	
质检技术服务	745	286	286	31	5	1	3
环境与生态监测	746	45	45				
地质勘查	747	78	77	7	1	2	1
工程技术	748	755	753	57	9	9	1
其他专业技术服务业	749	727	724	14	11	10	
科技推广和应用服务业	75	1398	1387	23	9	9	3
技术推广服务	751	1089	1079	18	8	7	3
科技中介服务	752	81	81	4		1	
其他科技推广和应用服务业	759	228	227	1	1	1	
水利、环境和公共设施管理业	N	**568**	**566**	**63**	**12**	**2**	**1**
水利管理业	76	65	65	15			
防洪除涝设施管理	761	8	8				
水资源管理	762	17	17	4			
天然水收集与分配	763	7	7	1			
水文服务	764	5	5				
其他水利管理业	769	28	28	10			
生态保护和环境治理业	77	59	58	13			
生态保护	771	11	11	2			
环境治理业	772	48	47	11			
公共设施管理业	78	444	443	35	12	2	1
市政设施管理	781	63	62	8	4		
环境卫生管理	782	42	42	4	5	1	
城乡市容管理	783	15	15	1			
绿化管理	784	233	233	7	2	1	1
公园和游览景区管理	785	91	91	15	1		
居民服务、修理和其他服务业	O	**2231**	**2229**	**57**	**60**	**25**	**10**
居民服务业	79	1051	1049	25	22	10	6
家庭服务	791	186	186	3	2	1	2
托儿所服务	792	14	14				
洗染服务	793	37	37		1		
理发及美容服务	794	192	191	2			
洗浴服务	795	203	202	1	3	1	1

国有联营企业	集体联营企业	国有与集体联营企业	其他联营企业	有限责任公司	国有独资公司	其他有限责任公司	股份有限公司	私营企业	私营独资企业
1			3	289		289	24	363	121
			2	286	2	284	30	241	97
		1		48	1	47	3	40	15
	1		1	571	7	564	57	586	207
2	**3**		**3**	**1465**	**10**	**1455**	**116**	**1351**	**320**
				110	1	109	5	118	34
				12		12	2	9	1
				46	1	45	3	67	13
				35		35		28	13
				15		15		12	6
				2		2		2	1
2	1		2	888	7	881	73	792	190
				6	4	2		1	
				1		1		1	1
				62		62	10	59	15
1			2	113	1	112	10	110	23
				23	1	22	3	17	2
	1			35	1	34	4	24	6
1				346		346	31	255	58
				302		302	15	325	85
	2		1	467	2	465	38	441	96
	2		1	299	1	298	27	349	75
				41	1	40	2	24	4
				127		127	9	68	17
1				**196**	**7**	**189**	**21**	**218**	**54**
				17		17	3	18	6
				3		3	1	2	2
				4		4		5	1
							2	2	1
				3		3		1	
				7		7		8	2
				23	2	21	1	20	4
				5		5		4	1
				18	2	16	1	16	3
1				156	5	151	17	180	44
				23	3	20	4	19	3
				12		12	1	14	4
				7	1	6		6	
1				85		85	7	112	25
				29	1	28	5	29	12
2	**2**	**1**	**5**	**602**	**1**	**601**	**66**	**1218**	**572**
2	1		3	231	1	230	31	634	338
			2	49		49	3	107	50
				3		3	1	6	6
				7		7		28	19
				24		24	3	144	68
			1	29	1	28	4	150	97

2-09 续表 9

行业	代码	法人单位数(个)	内资企业				
				国有企业	集体企业	股份合作企业	联营企业
保健服务	796	19	19	1			
婚姻服务	797	99	99	1		1	
殡葬服务	798	91	91	12	4		1
其他居民服务业	799	210	210	5	12	7	2
机动车、电子产品和日用产品修理业	80	830	830	23	27	12	3
汽车、摩托车修理与维护	801	643	643	17	22	11	3
计算机和办公设备维修	802	80	80	1	2		
家用电器修理	803	54	54	3			
其他日用产品修理业	809	53	53	2	3	1	
其他服务业	81	350	350	9	11	3	1
清洁服务	811	224	224	1	6	2	
其他未列明服务业	819	126	126	8	5	1	1
卫生和社会工作	**Q**	**60**	**59**	**3**	**1**		**1**
社会工作	84	60	59	3	1		1
提供住宿社会工作	841	58	57	2	1		1
不提供住宿社会工作	842	2	2	1			
文化、体育和娱乐业	**R**	**2571**	**2563**	**51**	**18**	**8**	**7**
新闻和出版业	85	61	60	16	3		1
新闻业	851	6	6	2	1		
出版业	852	55	54	14	2		1
广播、电视、电影和影视录音制作业	86	142	141	17	5		1
广播	861	12	12		1		
电视	862	13	13	7			1
电影和影视节目制作	863	48	48	1			
电影和影视节目发行	864	4	4	2			
电影放映	865	43	42	7	3		
录音制作	866	22	22		1		
文化艺术业	87	227	226	12	5	2	
文艺创作与表演	871	55	55	2			
艺术表演场馆	872	6	6	2			
图书馆与档案馆	873	10	10	2	2	1	
文物及非物质文化遗产保护	874	4	4				
博物馆	875	7	7	1			
烈士陵园、纪念馆	876	2	2	2			
群众文化活动	877	21	20				
其他文化艺术业	879	122	122	3	3	1	
体育	88	80	78	3	2	3	
体育组织	881	2	2				
体育场馆	882	6	6		1	1	
休闲健身活动	883	69	67	3	1	1	
其他体育	889	3	3			1	
娱乐业	89	2061	2058	3	3	3	5
室内娱乐活动	891	1946	1943		3	3	5
游乐园	892	16	16	1			
彩票活动	893						
文化、娱乐、体育经纪代理	894	62	62				
其他娱乐业	899	37	37	2			

国有联营企业	集体联营企业	国有与集体联营企业	其他联营企业	有限责任公司	国有独资公司	其他有限责任公司	股份有限公司	私营企业	私营独资企业
				3		3		14	3
				31		31	4	58	31
1				23		23	7	32	19
1	1			62		62	9	95	45
		1	2	239		239	23	425	184
		1	2	180		180	16	338	159
				29		29	3	36	9
				11		11	2	30	5
				19		19	2	21	11
	1			132		132	12	159	50
				89		89	6	105	31
	1			43		43	6	54	19
			1	**9**		**9**		**24**	**22**
			1	9		9		24	22
			1	9		9		24	22
2	**2**		**3**	**355**	**6**	**349**	**37**	**1771**	**1512**
1				22	2	20	3	11	3
							1	2	1
1				22	2	20	2	9	2
1				52		52	11	52	16
				5		5	2	4	2
1				2		2		2	
				25		25	4	18	2
				1		1		1	
				6		6	4	20	10
				13		13	1	7	2
				111	3	108	7	72	17
				25		25		23	4
				3	2	1		1	1
				2		2		3	
				2		2	2		
				2		2		3	
				9		9		10	4
				68	1	67	5	32	8
				27		27	2	30	13
				1		1		1	
				2		2		2	1
				23		23	2	26	11
				1		1		1	1
	2		3	143	1	142	14	1606	1463
	2		3	94	1	93	6	1557	1437
				2		2	1	11	6
				34		34	4	21	7
				13		13	3	17	13

2-09 续表 10

行业	代码	私营合伙企业	私营有限责任公司	私营股份有限公司	其他企业	港、澳、台商投资企业	合资经营企业(港、澳、台资)
总　　计	**00**	**1664**	**26787**	**1338**	**12512**	**220**	**89**
农、林、牧、渔业	**A**	**43**	**86**	**6**	**1781**		
农业	01		1		1		
谷物种植	011				1		
豆类、油料和薯类种植	012						
棉、麻、糖、烟草种植	013						
蔬菜、食用菌及园艺作物种植	014		1				
水果种植	015						
坚果、含油果、香料和饮料作物种植	016						
中药材种植	017						
其他农业	019						
林业	02		1				
林木育种和育苗	021		1				
造林和更新	022						
森林经营和管护	023						
木材和竹材采运	024						
林产品采集	025						
畜牧业	03		1				
牲畜饲养	031		1				
家禽饲养	032						
狩猎和捕捉动物	033						
其他畜牧业	039						
渔业	04						
水产养殖	041						
水产捕捞	042						
农、林、牧、渔服务业	05	43	83	6	1780		
农业服务业	051	32	63	4	1543		
林业服务业	052		1		19		
畜牧服务业	053	10	18	2	199		
渔业服务业	054	1	1		19		
采矿业	**B**	**66**	**299**	**19**	**169**	**4**	**2**
煤炭开采和洗选业	06	17	125	9	76		
烟煤和无烟煤开采洗选	061	15	120	8	67		
褐煤开采洗选	062	1	2	1	1		
其他煤炭采选	069	1	3		8		
石油和天然气开采业	07		6	1		1	
石油开采	071		6	1		1	
天然气开采	072						
黑色金属矿采选业	08	1	13	2	4		
铁矿采选	081	1	13	2	4		
锰矿、铬矿采选	082						
其他黑色金属矿采选	089						
有色金属矿采选业	09		11	2	3		
常用有色金属矿采选	091		2		3		
贵金属矿采选	092		7	1			
稀有稀土金属矿采选	093		2	1			

合作经营企业(港、澳、台资)	港、澳、台商独资经营企业	港、澳、台商投资股份有限公司	其他港、澳、台投资企业	外商投资企业	中外合资经营企业	中外合作经营企业	外资企业	外商投资股份有限公司	其他外商投资企业
20	**98**	**8**	**5**	**391**	**159**	**14**	**166**	**24**	**28**
				2	**1**				**1**
				2	1				1
				2	1				1
2				**3**	**1**	**1**		**1**	
				1	1				
				1	1				
1									
1									

2-09 续表 11

行　　业	代码	私营合伙企　　业	私营有限责任公司	私营股份有限公司	其他企业	港、澳、台商投资企业	合资经营企业(港、澳、台资)
非金属矿采选业	10	44	89	2	71	3	2
土砂石开采	101	43	58		61		
化学矿开采	102				1		
采盐	103						
石棉及其他非金属矿采选	109	1	31	2	9	3	2
开采辅助活动	11	3	52	3	7		
煤炭开采和洗选辅助活动	111		1	2	5		
石油和天然气开采辅助活动	112	2	49	1			
其他开采辅助活动	119	1	2		2		
其他采矿业	12	1	3		8		
其他采矿业	120	1	3		8		
制造业	**C**	**391**	**7013**	**333**	**2418**	**85**	**40**
农副食品加工业	13	86	1316	69	826	18	5
谷物磨制	131	44	756	34	536	6	2
饲料加工	132	7	126	7	47	4	1
植物油加工	133	7	87	10	47		
制糖业	134	1	7		1		
屠宰及肉类加工	135	2	125	8	59	2	
水产品加工	136	1	4		8		
蔬菜、水果和坚果加工	137	10	97	5	59	4	1
其他农副食品加工	139	14	114	5	69	2	1
食品制造业	14	14	228	13	102	7	5
焙烤食品制造	141	3	32		14	1	1
糖果、巧克力及蜜饯制造	142		4		1		
方便食品制造	143	4	75	5	29		
乳制品制造	144	2	22	1	7	1	
罐头食品制造	145	1	5		8		
调味品、发酵制品制造	146	2	32	4	8	2	2
其他食品制造	149	2	58	3	35	3	2
酒、饮料和精制茶制造业	15	24	212	13	85	5	2
酒的制造	151	14	101	7	55	1	1
饮料制造	152	10	108	6	29	4	1
精制茶加工	153		3		1		
烟草制品业	16				2	1	1
烟叶复烤	161				2	1	1
卷烟制造	162						
其他烟草制品制造	169						
纺织业	17	5	65	5	50	2	1
棉纺织及印染精加工	171	1	12		7	1	
毛纺织及染整精加工	172		2		2		
麻纺织及染整精加工	173	1	33	3	7	1	1
丝绢纺织及印染精加工	174		1				
化纤织造及印染精加工	175			1	2		
针织或钩针编织物及其制品制造	176	1	3		2		
家用纺织制成品制造	177	1	8	1	28		
非家用纺织制成品制造	178	1	6		2		
纺织服装、服饰业	18	2	58	4	34		
机织服装制造	181	1	39	2	13		
针织或钩针编织服装制造	182	1	5	1	6		
服饰制造	183		14	1	15		

合作经营企业(港、澳、台资)	港、澳、台商独资经营企业	港、澳、台商投资股份有限公司	其他港、澳、台投资企业	外商投资企业	中外合资经营企业	中外合作经营企业	外资企业	外商投资股份有限公司	其他外商投资企业
1				2		1		1	
				2		1		1	
1									
5	**35**	**2**	**3**	**195**	**97**	**3**	**87**	**5**	**3**
	12	1		28	15		11	2	
	3	1		3	1		2		
	3			7	3		4		
				1	1				
				1			1		
	2			5	3		2		
	3			4	3		1		
	1			7	4		1	2	
	2			17	5		11	1	
				3			2	1	
				1	1				
	1			4	1		3		
				1	1				
	1			8	2		6		
1	2			14	7		7		
				3	1		2		
1	2			9	4		5		
				2	2				
	1			3	2		1		
	1			1	1				
				1			1		
				1	1				
				1			1		
				1			1		

2-09 续表 12

行　业	代码	私营合伙企　业	私营有限责任公司	私营股份有限公司	其他企业	港、澳、台商投资企业	合资经营企业(港、澳、台资)
皮革、毛皮、羽毛及其制品和制鞋业	19	4	21	2	19	1	1
皮革鞣制加工	191		1		1		
皮革制品制造	192	2	3	1	3		
毛皮鞣制及制品加工	193	2	7	1	13		
羽毛(绒)加工及制品制造	194						
制鞋业	195		10		2	1	1
木材加工和木、竹、藤、棕、草制品业	20	43	726	28	213	9	2
木材加工	201	28	466	16	119	2	1
人造板制造	202	1	86	4	28		
木制品制造	203	14	169	8	48	7	1
竹、藤、棕、草等制品制造	204		5		18		
家具制造业	21	6	126	11	34	2	1
木质家具制造	211	4	102	8	27	2	1
竹、藤家具制造	212						
金属家具制造	213	1	7	1	3		
塑料家具制造	214	1	5		1		
其他家具制造	219		12	2	3		
造纸和纸制品业	22	7	102	7	22		
纸浆制造	221		2		1		
造纸	222	4	38	2	11		
纸制品制造	223	3	62	5	10		
印刷和记录媒介复制业	23	10	177	10	50	1	1
印刷	231	7	143	8	38	1	1
装订及印刷相关服务	232	3	33	2	12		
记录媒介复制	233		1				
文教、工美、体育和娱乐用品制造业	24	2	78	1	25	1	
文教办公用品制造	241	1	36	1	7		
乐器制造	242	1	4				
工艺美术品制造	243		32		14		
体育用品制造	244		3		2	1	
玩具制造	245		2				
游艺器材及娱乐用品制造	246		1		2		
石油加工、炼焦和核燃料加工业	25	2	82	2	6		
精炼石油产品制造	251	2	75	2	3		
炼焦	252		6		2		
核燃料加工	253		1		1		
化学原料和化学制品制造业	26	14	398	24	92	9	4
基础化学原料制造	261	2	43	8	17	2	1
肥料制造	262	6	116	9	31	1	
农药制造	263		15		3	2	1
涂料、油墨、颜料及类似产品制造	264		55	2	17	2	2
合成材料制造	265		23	1	4		
专用化学产品制造	266	5	124	2	16	1	
炸药、火工及焰火产品制造	267		2		1		
日用化学产品制造	268	1	20	2	3	1	
医药制造业	27	3	81	10	24	6	4
化学药品原料药制造	271	1	8	2	5		

合作经营企业(港、澳、台资)	港、澳、台商独资经营企业	港、澳、台商投资股份有限公司	其他港、澳、台投资企业	外商投资企业	中外合资经营企业	中外合作经营企业	外资企业	外商投资股份有限公司	其他外商投资企业
				2	1		1		
				1	1				
				1			1		
1	4		2	16	10		6		
	1			6	3		3		
				4	2		2		
1	3		2	5	5				
				1			1		
	1			4	3		1		
	1			3	3				
				1			1		
				4	2	1	1		
				3	1	1	1		
				1	1				
				6	2		4		
				6	2		4		
	1			5	1		3	1	
				2	1		1		
				2			1	1	
	1			1			1		
				2	1		1		
				2	1		1		
1	4			11	5		6		
	1			3	1		2		
	1			4	2		2		
	1			1			1		
				1			1		
1				2	2				
	1								
	1	1		6	2		4		
				1			1		

2-09 续表 13

行　　业	代码						
		私营合伙企　　业	私营有限责任公司	私营股份有限公司	其他企业	港、澳、台商投资企业	合资经营企业(港、澳、台资)
化学药品制剂制造	272		10			2	1
中药饮片加工	273		5		5		
中成药生产	274	1	20	3	4	3	3
兽用药品制造	275	1	10	1	3		
生物药品制造	276		24	4	5	1	
卫生材料及医药用品制造	277		4		2		
化学纤维制造业	28	2	7	1	2	1	1
纤维素纤维原料及纤维制造	281	2	1	1	1		
合成纤维制造	282		6		1	1	1
橡胶和塑料制品业	29	17	310	14	77	1	1
橡胶制品业	291	4	40		13		
塑料制品业	292	13	270	14	64	1	1
非金属矿物制品业	30	63	696	32	293	6	1
水泥、石灰和石膏制造	301	3	66	1	22		
石膏、水泥制品及类似制品制造	302	14	212	9	59	3	
砖瓦、石材等建筑材料制造	303	38	309	16	187	2	1
玻璃制造	304		8				
玻璃制品制造	305	2	31		5		
玻璃纤维和玻璃纤维增强塑料制品制造	306		17	2	1		
陶瓷制品制造	307		8	2	5		
耐火材料制品制造	308	1	13		9		
石墨及其他非金属矿物制品制造	309	5	32	2	5	1	
黑色金属冶炼和压延加工业	31	3	82	2	21	1	1
炼铁	311		5		3	1	1
炼钢	312		3		2		
黑色金属铸造	313	3	21	2	8		
钢压延加工	314		47		8		
铁合金冶炼	315		6				
有色金属冶炼和压延加工业	32	1	23		8		
常用有色金属冶炼	321		3		2		
贵金属冶炼	322		3				
稀有稀土金属冶炼	323		1				
有色金属合金制造	324	1	4		1		
有色金属铸造	325		4		1		
有色金属压延加工	326		8		4		
金属制品业	33	17	456	16	98	3	3
结构性金属制品制造	331	11	303	9	60		
金属工具制造	332		28	1	8	1	1
集装箱及金属包装容器制造	333	1	22	1	4	2	2
金属丝绳及其制品制造	334		2		1		
建筑、安全用金属制品制造	335	3	40	3	11		
金属表面处理及热处理加工	336		18	1			
搪瓷制品制造	337						
金属制日用品制造	338	1	12	1	3		
其他金属制品制造	339	1	31		11		
通用设备制造业	34	23	588	21	95	2	1
锅炉及原动设备制造	341	4	83	6	20	1	
金属加工机械制造	342	4	94	6	22		

合作经营企业(港、澳、台资)	港、澳、台商独资经营企业	港、澳、台商投资股份有限公司	其他港、澳、台投资企业	外商投资企业	中外合资经营企业	中外合作经营企业	外资企业	外商投资股份有限公司	其他外商投资企业
	1								
				3	2		1		
		1							
				2			2		
				2	2				
				2	2				
2	3			11	5		6		
				2	1		1		
2	1			2			2		
	1			2	2				
				3	1		2		
	1			2	1		1		
				2		1	1		
				2		1	1		
				2	2				
				1	1				
				1	1				
				8	4		2	1	1
				4	1		1	1	1
				2	2				
				2	1		1		
	1			7	4		3		
	1			1	1				
				3	1		2		

2-09 续表 14

行业	代码	私营合伙企业	私营有限责任公司	私营股份有限公司	其他企业	港、澳、台商投资企业	合资经营企业(港、澳、台资)
物料搬运设备制造	343		28		6		
泵、阀门、压缩机及类似机械制造	344	1	25	4	2		
轴承、齿轮和传动部件制造	345	1	37		1	1	1
烘炉、风机、衡器、包装等设备制造	346	1	45	2	7		
文化、办公用机械制造	347		2		4		
通用零部件制造	348	11	240	3	25		
其他通用设备制造业	349	1	34		8		
专用设备制造业	35	22	621	23	88	2	
采矿、冶金、建筑专用设备制造	351	8	296	12	25	1	
化工、木材、非金属加工专用设备制造	352	2	67	3	16		
食品、饮料、烟草及饲料生产专用设备制造	353		25		2		
印刷、制药、日化及日用品生产专用设备制造	354		20		6		
纺织、服装和皮革加工专用设备制造	355		5		1		
电子和电工机械专用设备制造	356	1	39	4	2		
农、林、牧、渔专用机械制造	357	8	88	3	19		
医疗仪器设备及器械制造	358	1	18		6		
环保、社会公共服务及其他专用设备制造	359	2	63	1	11	1	
汽车制造业	36	1	90	1	8		
汽车整车制造	361		2				
改装汽车制造	362		5		2		
低速载货汽车制造	363						
电车制造	364						
汽车车身、挂车制造	365		2	1			
汽车零部件及配件制造	366	1	81		6		
铁路、船舶、航空航天和其他运输设备制造业	37		15	1	8	1	1
铁路运输设备制造	371		7		7		
城市轨道交通设备制造	372						
船舶及相关装置制造	373		2				
航空、航天器及设备制造	374		3	1		1	1
摩托车制造	375		1				
自行车制造	376		2		1		
非公路休闲车及零配件制造	377						
潜水救捞及其他未列明运输设备制造	379						
电气机械和器材制造业	38	11	213	12	41	1	1
电机制造	381	1	43	1	6		
输配电及控制设备制造	382	6	83	9	16		
电线、电缆、光缆及电工器材制造	383	3	39	1	4		
电池制造	384		6				
家用电力器具制造	385		13		8		
非电力家用器具制造	386	1	9		1		
照明器具制造	387		11		2	1	1
其他电气机械及器材制造	389		9	1	4		
计算机、通信和其他电子设备制造业	39	2	41	3	10	2	2
计算机制造	391	1	6		2		
通信设备制造	392		9		2		
广播电视设备制造	393		2	1			
雷达及配套设备制造	394						
视听设备制造	395		1		1		

合作经营企业(港、澳、台资)	港、澳、台商独资经营企业	港、澳、台商投资股份有限公司	其他港、澳、台投资企业	外商投资企业	中外合资经营企业	中外合作经营企业	外资企业	外商投资股份有限公司	其他外商投资企业
				1			1		
				1	1				
				1	1				
	2			19	8	1	9		1
	1			4	3		1		
				1	1				
				1			1		
				1			1		
				1		1			
				8	3		4		1
				1			1		
	1			2	1		1		
				11	7		4		
				1	1				
				10	6		4		
				2	2				
				2	2				
				3	2		1		
				1	1				
				1	1				
				1			1		
				7	4		2		1
				2	2				
				1					1

2-09 续表 15

行业	代码	私营合伙企业	私营有限责任公司	私营股份有限公司	其他企业	港、澳、台商投资企业	合资经营企业(港、澳、台资)
电子器件制造	396		6	1	1	1	1
电子元件制造	397		5		2		
其他电子设备制造	399	1	12	1	2	1	1
仪器仪表制造业	40	1	80	2	2	2	1
通用仪器仪表制造	401	1	53	2	1	1	1
专用仪器仪表制造	402		18		1		
钟表与计时仪器制造	403						
光学仪器及眼镜制造	404		1			1	
其他仪器仪表制造业	409		8				
其他制造业	41	3	42	2	31		
日用杂品制造	411		4		3		
煤制品制造	412	2	23		12		
核辐射加工	413						
其他未列明制造业	419	1	15	2	16		
废弃资源综合利用业	42	1	24	2	11	1	
金属废料和碎屑加工处理	421	1	10		8		
非金属废料和碎屑加工处理	422		14	2	3	1	
金属制品、机械和设备修理业	43	2	55	2	41		
金属制品修理	431		4				
通用设备修理	432		14		3		
专用设备修理	433		16		23		
铁路、船舶、航空航天等运输设备修理	434	1	3		4		
电气设备修理	435		8		1		
仪器仪表修理	436		1				
其他机械和设备修理业	439	1	9	2	10		
电力、热力、燃气及水生产和供应业	D	**11**	**188**	**10**	**82**	**9**	**5**
电力、热力生产和供应业	44	7	130	5	49	4	2
电力生产	441	2	24		18	4	2
电力供应	442		5		8		
热力生产和供应	443	5	101	5	23		
燃气生产和供应业	45	1	28	3	15	3	2
燃气生产和供应业	450	1	28	3	15	3	2
水的生产和供应业	46	3	30	2	18	2	1
自来水生产和供应	461	3	12	2	12	1	
污水处理及其再生利用	462		16		5	1	1
其他水的处理、利用与分配	469		2		1		
建筑业	E	**61**	**1851**	**129**	**262**	**3**	**3**
房屋建筑业	47	13	485	54	70	1	1
房屋建筑业	470	13	485	54	70	1	1
土木工程建筑业	48	9	248	19	34	1	1
铁路、道路、隧道和桥梁工程建筑	481	1	96	9	14	1	1
水利和内河港口工程建筑	482	2	40	2	7		
海洋工程建筑	483						
工矿工程建筑	484	1	5		2		
架线和管道工程建筑	485	3	37	2	4		
其他土木工程建筑	489	2	70	6	7		
建筑安装业	49	9	367	13	39		
电气安装	491	2	115	4	13		
管道和设备安装	492	5	97	3	9		
其他建筑安装业	499	2	155	6	17		

合作经营企业(港、澳、台资)	港、澳、台商独资经营企业	港、澳、台商投资股份有限公司	其他港、澳、台投资企业	外商投资企业	中外合资经营企业	中外合作经营企业	外资企业	外商投资股份有限公司	其他外商投资企业
				2	1		1		
				1			1		
				1	1				
			1	1	1				
				1	1				
			1						
				1			1		
				1			1		
	1								
	1								
	4			**12**	**8**	**1**	**3**		
	2			8	7		1		
	2			7	7				
				1			1		
	1			1	1				
	1			1	1				
	1			3		1	2		
	1			2		1	1		
				1			1		
				7	**4**	**1**	**2**		
				1			1		
				1			1		
				2	2				
				1	1				
				1	1				
				2	1		1		
				1	1				
				1			1		

2–09 续表 16

行业	代码	私营合伙企业	私营有限责任公司	私营股份有限公司	其他企业	港、澳、台商投资企业	合资经营企业(港、澳、台资)
建筑装饰和其他建筑业	50	30	751	43	119	1	1
建筑装饰业	501	19	520	32	83	1	1
工程准备活动	502	4	111	4	7		
提供施工设备服务	503	3	17	3	7		
其他未列明建筑业	509	4	103	4	22		
批发和零售业	**F**	**560**	**9949**	**418**	**5104**	**30**	**12**
批发业	51	354	6248	259	3661	16	7
农、林、牧产品批发	511	107	799	47	1980	1	1
食品、饮料及烟草制品批发	512	34	490	24	419	2	1
纺织、服装及家庭用品批发	513	14	457	16	105	4	2
文化、体育用品及器材批发	514	6	105	6	18		
医药及医疗器材批发	515	14	211	12	50	1	
矿产品、建材及化工产品批发	516	85	1822	69	601	4	2
机械设备、五金产品及电子产品批发	517	47	1613	50	259	3	1
贸易经纪与代理	518	22	321	17	99	1	
其他批发业	519	25	430	18	130		
零售业	52	206	3701	159	1443	14	5
综合零售	521	19	176	15	163	1	1
食品、饮料及烟草制品专门零售	522	20	358	14	189	1	
纺织、服装及日用品专门零售	523	23	271	9	124	4	2
文化、体育用品及器材专门零售	524	12	129	8	54	2	2
医药及医疗器材专门零售	525	50	455	30	242	3	
汽车、摩托车、燃料及零配件专门零售	526	35	765	30	169	1	
家用电器及电子产品专门零售	527	9	532	20	202	1	
五金、家具及室内装饰材料专门零售	528	23	625	17	190		
货摊、无店铺及其他零售业	529	15	390	16	110	1	
交通运输、仓储和邮政业	**G**	**51**	**876**	**41**	**303**	**6**	**1**
道路运输业	54	28	561	27	187	4	1
城市公共交通运输	541	9	102	8	26	2	
公路旅客运输	542	5	23	2	8		
道路货物运输	543	12	410	16	129	1	1
道路运输辅助活动	544	2	26	1	24	1	
水上运输业	55	3	4		1		
水上旅客运输	551	2	2				
水上货物运输	552		2		1		
水上运输辅助活动	553	1					
航空运输业	56		3		4		
航空客货运输	561		1				
通用航空服务	562		2		2		
航空运输辅助活动	563				2		
管道运输业	57		1		1		
管道运输业	570		1		1		
装卸搬运和运输代理业	58	10	165	8	37	1	
装卸搬运	581	6	48	1	10		
运输代理业	582	4	117	7	27	1	

合作经营企业(港、澳、台资)	港、澳、台商独资经营企业	港、澳、台商投资股份有限公司	其他港、澳、台投资企业	外商投资企业	中外合资经营企业	中外合作经营企业	外资企业	外商投资股份有限公司	其他外商投资企业
				2	1	1			
				2	1	1			
3	**15**			**63**	**10**	**2**	**33**	**6**	**12**
1	8			34	6	1	18	4	5
				3			3		
	1			5			2	2	1
	2			4			3		1
	1			1				1	
1	1			5	2		3		
	2			5	3		2		
	1			6		1	1	1	3
				5	1		4		
2	7			29	4	1	15	2	7
				3			3		
	1			6	1		2		3
	2			10	1	1	4	1	3
1	2								
	1								
1				5	2		3		
	1			5			3	1	1
2	**2**		**1**	**4**	**2**	**1**		**1**	
2			1						
1			1						
1									
				2	1			1	
				2	1			1	
	1			1	1				
	1			1	1				

2-09 续表 17

行业	代码	私营合伙企业	私营有限责任公司	私营股份有限公司	其他企业	港、澳、台商投资企业	合资经营企业(港、澳、台资)
仓储业	59	10	87	1	49	1	
谷物、棉花等农产品仓储	591	3	39	1	38		
其他仓储业	599	7	48		11	1	
邮政业	60		55	5	24		
邮政基本服务	601		2		3		
快递服务	602		53	5	21		
住宿和餐饮业	**H**	**68**	**550**	**24**	**217**	**23**	**7**
住宿业	61	29	231	14	94	7	2
旅游饭店	611	5	58	10	27	7	2
一般旅馆	612	22	163	3	55		
其他住宿业	619	2	10	1	12		
餐饮业	62	39	319	10	123	16	5
正餐服务	621	35	277	10	95	13	5
快餐服务	622	2	24		10	3	
饮料及冷饮服务	623		6		2		
其他餐饮业	629	2	12		16		
信息传输、软件和信息技术服务业	**I**	**24**	**712**	**17**	**122**	**7**	**3**
电信、广播电视和卫星传输服务	63	4	18	1	24	1	
电信	631	1	13	1	22	1	
广播电视传输服务	632	3	4		2		
卫星传输服务	633		1				
互联网和相关服务	64	3	45	2	23		
互联网接入及相关服务	641		7		4		
互联网信息服务	642	2	19	1	14		
其他互联网服务	649	1	19	1	5		
软件和信息技术服务业	65	17	649	14	75	6	3
软件开发	651	12	467	9	52	5	2
信息系统集成服务	652	2	51	1	4		
信息技术咨询服务	653	1	62	1	14	1	1
数据处理和存储服务	654		11	1	1		
集成电路设计	655	2	4		2		
其他信息技术服务业	659		54	2	2		
房地产业	**K**	**56**	**1475**	**125**	**245**	**25**	**11**
房地产业	70	56	1475	125	245	25	11
房地产开发经营	701	9	772	78	36	22	10
物业管理	702	24	455	28	134	2	1
房地产中介服务	703	21	226	18	66		
自有房地产经营活动	704						
其他房地产业	709	2	22	1	9	1	
租赁和商务服务业	**L**	**196**	**1931**	**108**	**669**	**15**	**3**
租赁业	71	12	225	12	123	2	
机械设备租赁	711	12	216	12	123	1	
文化及日用品出租	712		9			1	
商务服务业	72	184	1706	96	546	13	3
企业管理服务	721	11	140	7	61	1	1
法律服务	722	55	14	1	54		
咨询与调查	723	52	398	20	111	4	
广告业	724	22	438	26	95		
知识产权服务	725	4	8		4		

合作经营企业(港、澳、台资)	港、澳、台商独资经营企业	港、澳、台商投资股份有限公司	其他港、澳、台投资企业	外商投资企业	中外合资经营企业	中外合作经营企业	外资企业	外商投资股份有限公司	其他外商投资企业
	1			1		1			
	1			1		1			
1	**12**	**3**		**39**	**12**	**1**	**20**	**5**	**1**
	3	2		5	2	1	1	1	
	3	2		4	2		1	1	
				1		1			
1	9	1		34	10		19	4	1
1	6	1		25	8		15	1	1
	3			8	2		4	2	
				1				1	
1	**3**			**17**	**6**		**9**	**1**	**1**
1				1				1	
1				1				1	
				1			1		
				1			1		
	3			15	6		8		1
	3			9	4		5		
				2	1		1		
				1			1		
				1	1				
				2			1		1
1	**10**	**2**	**1**	**8**	**3**		**3**	**2**	
1	10	2	1	8	3		3	2	
1	8	2	1	4	3		1		
	1			3			2	1	
	1			1				1	
2	**9**	**1**		**18**	**4**	**1**	**6**	**1**	**6**
	2								
	1								
	1								
2	7	1		18	4	1	6	1	6
				7	2		3	1	1
	3	1		4		1	1		2

2-09 续表 18

行　业	代码	私营合伙企业	私营有限责任公司	私营股份有限公司	其他企业	港、澳、台商投资企业	合资经营企业(港、澳、台资)
人力资源服务	726	12	222	8	54		
旅行社及相关服务	727	5	127	12	67		
安全保护服务	728	1	24		6		
其他商务服务业	729	22	335	22	94	8	2
科学研究和技术服务业	**M**	**54**	**935**	**42**	**559**	**6**	**1**
研究和试验发展	73		81	3	44	1	
自然科学研究和试验发展	731		8		4		
工程和技术研究和试验发展	732		52	2	11		
农业科学研究和试验发展	733		14	1	28	1	
医学研究和试验发展	734		6				
社会人文科学研究	735		1		1		
专业技术服务业	74	32	540	30	118	1	
气象服务	741		1		1		
地震服务	742				2		
海洋服务	743						
测绘服务	744	2	38	4	5		
质检技术服务	745	5	78	4	13		
环境与生态监测	746	1	14		2		
地质勘查	747	1	17		3		
工程技术	748	11	178	8	45		
其他专业技术服务业	749	12	214	14	47	1	
科技推广和应用服务业	75	22	314	9	397	4	1
技术推广服务	751	17	251	6	368	4	1
科技中介服务	752	1	17	2	9		
其他科技推广和应用服务业	759	4	46	1	20		
水利、环境和公共设施管理业	**N**	**8**	**153**	**3**	**53**	**2**	
水利管理业	76	1	11		12		
防洪除涝设施管理	761				2		
水资源管理	762		4		4		
天然水收集与分配	763		1		2		
水文服务	764		1		1		
其他水利管理业	769	1	5		3		
生态保护和环境治理业	77	1	14	1	1	1	
生态保护	771		3				
环境治理业	772	1	11	1	1	1	
公共设施管理业	78	6	128	2	40	1	
市政设施管理	781	2	14		4	1	
环境卫生管理	782		10		5		
城乡市容管理	783	1	4	1	1		
绿化管理	784	3	83	1	18		
公园和游览景区管理	785		17		12		
居民服务、修理和其他服务业	**O**	**49**	**559**	**38**	**191**	**2**	**1**
居民服务业	79	28	245	23	90	2	1
家庭服务	791	4	52	1	19		
托儿所服务	792				4		
洗染服务	793	1	7	1	1		
理发及美容服务	794	9	57	10	18	1	
洗浴服务	795	3	45	5	13	1	1

合作经营企业(港、澳、台资)	港、澳、台商独资经营企业	港、澳、台商投资股份有限公司	其他港、澳、台投资企业	外商投资企业	中外合资经营企业	中外合作经营企业	外资企业	外商投资股份有限公司	其他外商投资企业
				1	1				
				2					2
2	4			4	1		2		1
1	**4**			**17**	**8**	**2**	**3**		**4**
	1			5	4		1		
				2	2				
				2	1		1		
	1								
				1	1				
	1			5	1	1			3
				1		1			
				2					2
	1			2	1				1
1	2			7	3	1	2		1
1	2			6	2	1	2		1
				1	1				
	2								
	1								
	1								
	1								
	1								
	1								
	1								
	1								

2-09 续表 19

行业	代码	私营合伙企业	私营有限责任公司	私营股份有限公司	其他企业	港、澳、台商投资企业	合资经营企业(港、澳、台资)
保健服务	796	1	8	2	1		
婚姻服务	797		25	2	4		
殡葬服务	798	2	10	1	12		
其他居民服务业	799	8	41	1	18		
机动车、电子产品和日用产品修理业	80	15	214	12	78		
汽车、摩托车修理与维护	801	8	162	9	56		
计算机和办公设备维修	802	3	23	1	9		
家用电器修理	803	3	21	1	8		
其他日用产品修理业	809	1	8	1	5		
其他服务业	81	6	100	3	23		
清洁服务	811	3	69	2	15		
其他未列明服务业	819	3	31	1	8		
卫生和社会工作	**Q**		**2**		**21**		
社会工作	84		2		21		
提供住宿社会工作	841		2		20		
不提供住宿社会工作	842				1		
文化、体育和娱乐业	**R**	**26**	**208**	**25**	**316**	**3**	
新闻和出版业	85		7	1	4		
新闻业	851		1				
出版业	852		6	1	4		
广播、电视、电影和影视录音制作业	86	3	26	7	3	1	
广播	861		1	1			
电视	862			2	1		
电影和影视节目制作	863		15	1			
电影和影视节目发行	864	1					
电影放映	865		7	3	2	1	
录音制作	866	2	3				
文化艺术业	87		52	3	17		
文艺创作与表演	871		18	1	5		
艺术表演场馆	872						
图书馆与档案馆	873		2	1			
文物及非物质文化遗产保护	874						
博物馆	875		3		1		
烈士陵园、纪念馆	876						
群众文化活动	877		6		1		
其他文化艺术业	879		23	1	10		
体育	88	2	13	2	11		
体育组织	881			1			
体育场馆	882		1				
休闲健身活动	883	2	12	1	11		
其他体育	889						
娱乐业	89	21	110	12	281	2	
室内娱乐活动	891	18	90	12	275	2	
游乐园	892	2	3		1		
彩票活动	893						
文化、娱乐、体育经纪代理	894		14		3		
其他娱乐业	899	1	3		2		

合作经营企业(港、澳、台资)	港、澳、台商独资经营企业	港、澳、台商投资股份有限公司	其他港、澳、台投资企业	外商投资企业	中外合资经营企业	中外合作经营企业	外资企业	外商投资股份有限公司	其他外商投资企业
				1		**1**			
				1		1			
				1		1			
2	**1**			**5**	**3**			**2**	
				1	1				
				1	1				
	1								
	1								
				1				1	
				1				1	
				2	1			1	
				2	1			1	
2				1	1				
2				1	1				

2-10 按行业(中类)、登记注册类型

行业	代码	从业人员数（人）	内资企业				
				国有企业	集体企业	股份合作企业	联营企业
总　计	**00**	**2049924**	**2016985**	**177198**	**68373**	**20743**	**6657**
农、林、牧、渔业	**A**	**54467**	**54429**	**30813**	**72**	**71**	**42**
农业	01	8890	8890	8852			
谷物种植	011	8409	8409	8381			
豆类、油料和薯类种植	012	471	471	471			
棉、麻、糖、烟草种植	013						
蔬菜、食用菌及园艺作物种植	014	10	10				
水果种植	015						
坚果、含油果、香料和饮料作物种植	016						
中药材种植	017						
其他农业	019						
林业	02	20699	20699	20592			
林木育种和育苗	021	931	931	824			
造林和更新	022						
森林经营和管护	023	19768	19768	19768			
木材和竹材采运	024						
林产品采集	025						
畜牧业	03	17	17				
牲畜饲养	031	17	17				
家禽饲养	032						
狩猎和捕捉动物	033						
其他畜牧业	039						
渔业	04	6	6				
水产养殖	041	6	6				
水产捕捞	042						
农、林、牧、渔服务业	05	24855	24817	1369	72	71	42
农业服务业	051	20098	20060	384	72	52	37
林业服务业	052	624	624	313			
畜牧服务业	053	3839	3839	565		19	5
渔业服务业	054	294	294	107			
采矿业	**B**	**80993**	**80703**	**2794**	**5871**	**1338**	**836**
煤炭开采和洗选业	06	49784	49769	1469	4989	593	642
烟煤和无烟煤开采洗选	061	45242	45242	1469	4989	592	642
褐煤开采洗选	062	2257	2257				
其他煤炭采选	069	2285	2270			1	
石油和天然气开采业	07	1221	1158	297	26	175	
石油开采	071	1189	1126	297		175	
天然气开采	072	32	32		26		
黑色金属矿采选业	08	2727	2727		62		
铁矿采选	081	2722	2722		62		
锰矿、铬矿采选	082						
其他黑色金属矿采选	089	5	5				
有色金属矿采选业	09	3184	3184	101		9	
常用有色金属矿采选	091	1430	1430	61			
贵金属矿采选	092	912	912	40		9	
稀有稀土金属矿采选	093	842	842				

分组的小微企业法人单位从业人员数

国有联营企业	集体联营企业	国有与集体联营企业	其他联营企业	有限责任公司	国有独资公司	其他有限责任公司	股份有限公司	私营企业	私营独资企业
1067	**3134**	**1358**	**1098**	**609100**	**18233**	**590867**	**82056**	**860339**	**301887**
	22	**20**		**1434**		**1434**	**101**	**2601**	**998**
								20	10
								10	10
								10	
								107	
								107	
				6		6		11	
				6		6		11	
				6		6			
				6		6			
	22	20		1422		1422	101	2463	988
	17	20		674		674	31	1832	664
				35		35		51	50
	5			693		693	70	533	253
				20		20		47	21
10	**826**			**15623**	**450**	**15173**	**1665**	**48268**	**28534**
	642			7780	134	7646	1248	31229	19318
	642			7423		7423	1193	27320	16945
				82		82	10	2161	921
				275	134	141	45	1748	1452
				480	70	410	32	148	13
				480	70	410	32	142	7
								6	6
				1599		1599	5	963	157
				1599		1599		963	157
							5		
				2222	174	2048		830	306
				906		906		441	243
				621	174	447		242	63
				695		695		147	

2-10 续表 1

行　　业	代码	从业人员数(人)					
			内资企业	国有企业	集体企业	股份合作企业	联营企业
非金属矿采选业	10	19270	19058	690	611	531	100
土砂石开采	101	15139	15011	670	611	53	10
化学矿开采	102	8	8				
采盐	103						
石棉及其他非金属矿采选	109	4123	4039	20		478	90
开采辅助活动	11	4262	4262	237	183	30	94
煤炭开采和洗选辅助活动	111	762	762	21			
石油和天然气开采辅助活动	112	2741	2741	216	183	30	94
其他开采辅助活动	119	759	759				
其他采矿业	12	545	545				
其他采矿业	120	545	545				
制造业	C	**844312**	**821641**	**33617**	**25523**	**10085**	**1910**
农副食品加工业	13	163978	159364	1849	337	570	416
谷物磨制	131	79122	78405	474	65	290	6
饲料加工	132	16113	14878	60	123	47	5
植物油加工	133	15472	15463	141		20	192
制糖业	134	986	986				
屠宰及肉类加工	135	19901	18952	528	89	37	65
水产品加工	136	320	320	34			4
蔬菜、水果和坚果加工	137	14474	13619	128	30	55	128
其他农副食品加工	139	17590	16741	484	30	121	16
食品制造业	14	33591	31408	396	194	179	138
焙烤食品制造	141	4048	3395	48	3	21	6
糖果、巧克力及蜜饯制造	142	797	797	19			
方便食品制造	143	8452	8412	99	63	11	50
乳制品制造	144	5818	5347	3	24	105	
罐头食品制造	145	1458	1197		48		
调味品、发酵制品制造	146	4135	4008		54	4	
其他食品制造	149	8883	8252	227	2	38	82
酒、饮料和精制茶制造业	15	37439	35042	716	68	143	90
酒的制造	151	24404	23612	431	42	125	7
饮料制造	152	12693	11360	285	26	18	83
精制茶加工	153	342	70				
烟草制品业	16	2808	2561	1764	135		
烟叶复烤	161	965	718	40	135		
卷烟制造	162	1684	1684	1684			
其他烟草制品制造	169	159	159	40			
纺织业	17	13141	12776	711	309	291	
棉纺织及印染精加工	171	1925	1873	2	78	49	
毛纺织及染整精加工	172	535	535	4			
麻纺织及染整精加工	173	4727	4681	704	122	173	
丝绢纺织及印染精加工	174	188	188				
化纤织造及印染精加工	175	272	272		68		
针织或钩针编织物及其制品制造	176	1077	1077	1	15	41	
家用纺织制成品制造	177	3215	2948		15	20	
非家用纺织制成品制造	178	1202	1202		11	8	
纺织服装、服饰业	18	9976	9973	186	692	196	11
机织服装制造	181	5897	5894	42	626	144	11
针织或钩针编织服装制造	182	1773	1773	83	21		
服饰制造	183	2306	2306	61	45	52	

国有联营企业	集体联营企业	国有与集体联营企业	其他联营企业	有限责任公司	国有独资公司	其他有限责任公司	股份有限公司	私营企业	私营独资企业
10	90			2637	72	2565	360	12704	7902
10				1847	72	1775	175	10552	7686
	90			790		790	185	2152	216
	94			739		739	14	2283	761
				16		16		439	390
	94			556		556	14	1648	263
				167		167		196	108
				166		166	6	111	77
				166		166	6	111	77
371	**1048**	**311**	**180**	**223723**	**3245**	**220478**	**37208**	**419520**	**142091**
216	20	128	52	39052	438	38614	6355	91704	26812
			6	14368	149	14219	1768	49293	13739
	2		3	5066		5066	689	7605	2901
192				4834	93	4741	966	8133	1602
				359		359	9	602	21
8	14		43	5789		5789	1548	9712	2951
	4			28		28		156	121
		128		3385	180	3205	258	8179	2443
16				5223	16	5207	1117	8024	3034
82	50		6	10348	401	9947	1534	15976	5559
			6	666		666	10	2316	1432
				217		217		526	378
	50			2435		2435	134	4852	1411
				2857		2857	355	1817	224
				104		104	277	576	392
				1583	240	1343	150	2081	626
82				2486	161	2325	608	3808	1096
5	55	23	7	12464		12464	2303	16346	6491
			7	8049		8049	1633	11044	4945
5	55	23		4415		4415	670	5267	1546
								35	
				264		264	30	25	25
				175		175		25	25
				89		89	30		
				3148	6	3142	176	5099	1444
				458		458		1051	101
				172		172	38	187	95
				1396		1396	81	2045	571
				86		86		102	82
				137		137		61	45
				460		460		457	309
				43		43		485	173
				396	6	390	57	711	68
			11	1662	14	1648	256	4432	1779
			11	791		791	256	3161	1327
				467		467		769	247
				404	14	390		502	205

2-10 续表 2

行　　业	代码	从　业 人员数 （人）	内资企业				
				国有企业	集体企业	股份合作企业	联营企业
皮革、毛皮、羽毛及其制品和制鞋业	19	6154	5985		93	23	
皮革鞣制加工	191	1643	1623				
皮革制品制造	192	473	473		20		
毛皮鞣制及制品加工	193	3198	3198		48		
羽毛(绒)加工及制品制造	194	130	70				
制鞋业	195	710	621		25	23	
木材加工和木、竹、藤、棕、草制品业	20	103345	101651	3055	1134	593	180
木材加工	201	58486	58180	1923	491	184	45
人造板制造	202	18122	17547	783	109	137	
木制品制造	203	25372	24618	349	485	247	111
竹、藤、棕、草等制品制造	204	1365	1306		49	25	24
家具制造业	21	16584	15832	195	330	51	69
木质家具制造	211	14581	13930	189	142	36	69
竹、藤家具制造	212	40	40				
金属家具制造	213	535	535		39		
塑料家具制造	214	314	314		7	15	
其他家具制造	219	1114	1013	6	142		
造纸和纸制品业	22	13355	13026	195	1140	265	6
纸浆制造	221	228	228	5			
造纸	222	5679	5474	26	178	30	
纸制品制造	223	7448	7324	164	962	235	6
印刷和记录媒介复制业	23	16624	16328	1856	817	338	55
印刷	231	14148	13852	1594	782	313	53
装订及印刷相关服务	232	2434	2434	262	35	25	2
记录媒介复制	233	42	42				
文教、工美、体育和娱乐用品制造业	24	12468	12094	250	317	42	
文教办公用品制造	241	4902	4902	238	2	37	
乐器制造	242	444	311				
工艺美术品制造	243	6054	5971	12	286	5	
体育用品制造	244	603	445		29		
玩具制造	245	312	312				
游艺器材及娱乐用品制造	246	153	153				
石油加工、炼焦和核燃料加工业	25	4441	4408	100	48	7	
精炼石油产品制造	251	3579	3546	11	46	7	
炼焦	252	768	768	89	2		
核燃料加工	253	94	94				
化学原料和化学制品制造业	26	37423	36330	2718	1078	213	47
基础化学原料制造	261	6919	6630	1086	305	69	
肥料制造	262	12813	12501	676	356		
农药制造	263	2372	2201	128	14		
涂料、油墨、颜料及类似产品制造	264	3632	3579	20	49	49	
合成材料制造	265	1344	1344	118	5		
专用化学产品制造	266	7526	7273	343	324	78	21
炸药、火工及焰火产品制造	267	1325	1325	287			
日用化学产品制造	268	1492	1477	60	25	17	26
医药制造业	27	20768	19634	297	140	416	
化学药品原料药制造	271	1565	1530	64			

国有联营企业	集体联营企业	国有与集体联营企业	其他联营企业	有限责任公司	国有独资公司	其他有限责任公司	股份有限公司	私营企业	私营独资企业
				2681		2681	99	2173	1010
				1472		1472		147	12
				248		248	10	183	53
				701		701	89	1512	743
				58		58		12	12
				202		202		319	190
13	143		24	22116		22116	2469	65942	25987
12	33			9790		9790	931	41220	16653
				5283		5283	644	9628	2971
1	110			6864		6864	876	14304	5650
			24	179		179	18	790	713
	69			3752	66	3686	714	9861	3019
	69			3266	66	3200	586	8875	2472
								40	40
				178		178		308	138
				64		64	4	194	153
				244		244	124	444	216
	6			3209		3209	354	7393	2585
				146		146		52	28
				1245		1245	57	3714	1601
	6			1818		1818	297	3627	956
7	20		28	5402	26	5376	596	6233	2836
7	18		28	4381	20	4361	554	5316	2450
	2			1021	6	1015	42	875	386
								42	
				2939		2939	871	6699	2688
				964		964	370	2962	905
				15		15	41	255	84
				1735		1735	460	2978	1599
				180		180		132	5
				45		45		267	
								105	95
				1132	6	1126	425	2538	389
				1093	6	1087	391	1966	340
				39		39	34	557	38
								15	11
26		21		11457	26	11431	1161	17494	5468
				1986		1986	337	2651	547
				4255		4255	394	6159	2135
				970		970	130	849	159
				1007		1007	77	2014	924
				395		395	25	740	398
		21		1714	26	1688	174	4043	826
				816		816	1	149	85
26				314		314	23	889	394
				7782		7782	2362	7964	1434
				448		448	1	857	201

2-10 续表 3

行　　业	代码	从　业人员数（人）	内资企业	国有企业	集体企业	股份合作企　　业	联营企业
化学药品制剂制造	272	4793	4750	49		57	
中药饮片加工	273	1793	1793		25	216	
中成药生产	274	7198	6472	184		69	
兽用药品制造	275	1455	1455		78	35	
生物药品制造	276	2897	2717			2	
卫生材料及医药用品制造	277	1067	917		37	37	
化学纤维制造业	28	1239	1233	136	40		
纤维素纤维原料及纤维制造	281	145	145				
合成纤维制造	282	1094	1088	136	40		
橡胶和塑料制品业	29	29315	28925	237	1364	725	63
橡胶制品业	291	3776	3776	145	466	156	11
塑料制品业	292	25539	25149	92	898	569	52
非金属矿物制品业	30	107014	105317	1675	6034	1728	115
水泥、石灰和石膏制造	301	13200	12881	293	287		
石膏、水泥制品及类似制品制造	302	20866	20355	349	754	368	
砖瓦、石材等建筑材料制造	303	56522	56453	892	4182	1036	115
玻璃制造	304	625	625				
玻璃制品制造	305	3475	3475	27	32	265	
玻璃纤维和玻璃纤维增强塑料制品制造	306	1525	1071	3	3	28	
陶瓷制品制造	307	1715	1715		13		
耐火材料制品制造	308	1604	1604	55	51		
石墨及其他非金属矿物制品制造	309	7482	7138	56	712	31	
黑色金属冶炼和压延加工业	31	9143	9048	189	261	52	41
炼铁	311	845	842	113	39		41
炼钢	312	528	528	47			
黑色金属铸造	313	3402	3402	28		30	
钢压延加工	314	3819	3727	1	222	22	
铁合金冶炼	315	549	549				
有色金属冶炼和压延加工业	32	3667	3572	218	222	109	
常用有色金属冶炼	321	535	535	218	105		
贵金属冶炼	322	59	59				
稀有稀土金属冶炼	323	423	423		70		
有色金属合金制造	324	593	578				
有色金属铸造	325	219	219		38	1	
有色金属压延加工	326	1838	1758		9	108	
金属制品业	33	32562	31995	812	1438	890	50
结构性金属制品制造	331	16778	16676	47	269	261	15
金属工具制造	332	3507	3355	321	325	134	
集装箱及金属包装容器制造	333	2543	2279		119	62	35
金属丝绳及其制品制造	334	700	700		34	2	
建筑、安全用金属制品制造	335	3635	3586	420	467	284	
金属表面处理及热处理加工	336	1395	1395	7	64	9	
搪瓷制品制造	337	217	217	16		4	
金属制日用品制造	338	701	701		53		
其他金属制品制造	339	3086	3086	1	107	134	
通用设备制造业	34	53128	52526	4706	3015	1331	139
锅炉及原动设备制造	341	10973	10783	187	428	341	
金属加工机械制造	342	7736	7484	38	178	179	

国有联营企业	集体联营企业	国有与集体联营企业	其他联营企业	有限责任公司	国有独资公司	其他有限责任公司	股份有限公司	私营企业	私营独资企业
				2365		2365	704	1575	377
				361		361	603	443	256
				2977		2977	834	2325	117
				411		411	60	777	42
				838		838	160	1578	290
				382		382		409	151
				52		52	339	595	182
				13		13	34	97	
				39		39	305	498	182
	63			7971	82	7889	1146	15610	4208
	11			890		890	267	1525	413
	52			7081	82	6999	879	14085	3795
	115			27721	1007	26714	3211	54491	24366
				6828	110	6718	439	4275	1207
				5733		5733	444	11478	4097
	115			8751		8751	1895	31652	17691
				213		213	5	407	112
				1012		1012		2066	111
				540		540		437	70
				1193		1193		398	71
				563		563		857	448
				2888	897	1991	428	2921	559
			41	2926		2926	707	4207	1354
			41	457		457		144	14
				166		166		268	170
				912		912	358	1903	628
				1169		1169	349	1565	355
				222		222		327	187
				1614	502	1112	39	1170	278
				9		9		132	64
								59	
				154		154		199	94
				303	157	146	39	226	1
				38		38		77	
				1110	345	765		477	119
	50			8463	126	8337	771	16607	4849
	15			4113	10	4103	424	9870	2271
				715		715	103	1264	758
	35			707		707		1063	180
				432		432	1	222	32
				811		811	207	1280	437
				221		221		1094	446
				155		155		42	42
				203		203	10	355	175
				1106	116	990	26	1417	508
	130	9		16305	403	15902	2326	22150	6689
				4098	3	4095	416	4813	1228
				2631	9	2622	411	3339	1480

2-10 续表 4

行业	代码	从业人员数(人)	内资企业	国有企业	集体企业	股份合作企业	联营企业
物料搬运设备制造	343	2830	2797	1	140	7	
泵、阀门、压缩机及类似机械制造	344	3295	3295	217	195	36	
轴承、齿轮和传动部件制造	345	8863	8745	3286	256	171	
烘炉、风机、衡器、包装等设备制造	346	3278	3278	72	327	24	130
文化、办公用机械制造	347	503	503	104		9	
通用零部件制造	348	12052	12052	544	1462	553	1
其他通用设备制造业	349	3598	3589	257	29	11	8
专用设备制造业	35	46660	45159	1699	1079	505	16
采矿、冶金、建筑专用设备制造	351	16197	16047	607	559	173	
化工、木材、非金属加工专用设备制造	352	4821	4784	336	76	100	
食品、饮料、烟草及饲料生产专用设备制造	353	2346	2337		22	3	
印刷、制药、日化及日用品生产专用设备制造	354	1059	1051		20	5	
纺织、服装和皮革加工专用设备制造	355	368	368		7	45	
电子和电工机械专用设备制造	356	3182	3132		200	25	
农、林、牧、渔专用机械制造	357	12232	11690	539	94	83	16
医疗仪器设备及器械制造	358	1740	1700		31	71	
环保、社会公共服务及其他专用设备制造	359	4715	4050	217	70		
汽车制造业	36	10268	9141	692	404	198	1
汽车整车制造	361	191	71				
改装汽车制造	362	931	931	33	288		
低速载货汽车制造	363	65	65		12		
电车制造	364	22	22				
汽车车身、挂车制造	365	234	234				
汽车零部件及配件制造	366	8825	7818	659	104	198	1
铁路、船舶、航空航天和其他运输设备制造业	37	14993	14574	5685	1039	102	227
铁路运输设备制造	371	8831	8831	5353	1022	102	227
城市轨道交通设备制造	372						
船舶及相关装置制造	373	752	752	326	1		
航空、航天器及设备制造	374	5295	4876				
摩托车制造	375	6	6				
自行车制造	376	71	71	6	5		
非公路休闲车及零配件制造	377						
潜水救捞及其他未列明运输设备制造	379	38	38		11		
电气机械和器材制造业	38	22756	22670	2018	2419	541	21
电机制造	381	4143	4143	356	410	45	10
输配电及控制设备制造	382	8569	8569	119	1482	290	11
电线、电缆、光缆及电工器材制造	383	5336	5336	1474	334	120	
电池制造	384	859	855		38		
家用电力器具制造	385	1261	1261		22	12	
非电力家用器具制造	386	433	433	1			
照明器具制造	387	1290	1210	35	103	25	
其他电气机械及器材制造	389	865	863	33	30	49	
计算机、通信和其他电子设备制造业	39	4057	3761	265	2	17	
计算机制造	391	563	542				
通信设备制造	392	801	789			17	
广播电视设备制造	393	65	65				
雷达及配套设备制造	394	23	23				
视听设备制造	395	10	10				

国有联营企业	集体联营企业	国有与集体联营企业	其他联营企业	有限责任公司	国有独资公司	其他有限责任公司	股份有限公司	私营企业	私营独资企业
				727	10	717	5	1720	266
				836	31	805	583	1348	403
				2571	190	2381	79	2377	291
	121	9		1195		1195	165	1236	358
				95		95	3	19	13
	1			3217	160	3057	476	5478	2042
	8			935		935	188	1820	608
	16			11462	57	11405	2045	25260	7043
				2257	57	2200	970	10573	2197
				1542		1542	421	1815	683
				365		365	25	1909	644
				376		376		456	126
				58		58		229	89
				1530		1530	241	1071	355
	16			3495		3495	177	6685	2078
				397		397	73	926	666
				1442		1442	138	1596	205
1				4125		4125	653	2748	524
				20		20		51	40
				170		170	14	355	119
				53		53			
							22		
								234	
1				3882		3882	617	2108	365
	227			1943		1943	4328	1015	202
	227			1371		1371		553	149
				358		358		67	26
				209		209	4328	339	
								6	
				5		5		23	
								27	27
	10		11	6883		6883	642	9091	2546
	10			1410		1410	209	1630	350
			11	2393		2393	320	3623	1024
				1338		1338	60	1942	470
				672		672		145	16
				355		355	3	571	216
				108		108	30	248	73
				254		254		666	232
				353		353	20	266	165
				1425	20	1405	450	1307	85
				220		220	102	210	5
				225		225	262	256	11
				3		3		62	
				23		23			
								3	

2-10 续表 5

行业	代码	从业人员数（人）	内资企业	国有企业	集体企业	股份合作企业	联营企业
电子器件制造	396	551	513	152			
电子元件制造	397	540	523				
其他电子设备制造	399	1504	1296	113	2		
仪器仪表制造业	40	5475	5455	528	153	378	29
通用仪器仪表制造	401	3402	3398	59	130	192	29
专用仪器仪表制造	402	1230	1229	443			
钟表与计时仪器制造	403	34	34	26	8		
光学仪器及眼镜制造	404	221	206		5	174	
其他仪器仪表制造业	409	588	588		10	12	
其他制造业	41	4747	4746	49	120	138	60
日用杂品制造	411	334	334		8	15	
煤制品制造	412	1441	1441		5	18	
核辐射加工	413						
其他未列明制造业	419	2972	2971	49	107	105	60
废弃资源综合利用业	42	2025	1939	18		12	136
金属废料和碎屑加工处理	421	1312	1312				14
非金属废料和碎屑加工处理	422	713	627	18		12	122
金属制品、机械和设备修理业	43	5168	5168	402	1101	32	
金属制品修理	431	237	237		20		
通用设备修理	432	736	736		235		
专用设备修理	433	1568	1568	320	57	4	
铁路、船舶、航空航天等运输设备修理	434	965	965	49	378		
电气设备修理	435	495	495	6	277		
仪器仪表修理	436	152	152		102		
其他机械和设备修理业	439	1015	1015	27	32	28	
电力、热力、燃气及水生产和供应业	D	**61959**	**60864**	**22076**	**1153**	**1035**	**16**
电力、热力生产和供应业	44	44448	44189	15081	729	400	16
电力生产	441	10428	10211	1825	385	194	
电力供应	442	12104	12104	10577	285	3	
热力生产和供应	443	21916	21874	2679	59	203	16
燃气生产和供应业	45	6295	5981	875	61	466	
燃气生产和供应业	450	6295	5981	875	61	466	
水的生产和供应业	46	11216	10694	6120	363	169	
自来水生产和供应	461	9252	9005	5797	363	116	
污水处理及其再生利用	462	1815	1540	323		53	
其他水的处理、利用与分配	469	149	149				
建筑业	E	**229752**	**229501**	**20738**	**19290**	**750**	**620**
房屋建筑业	47	119511	119406	8725	14275	171	255
房屋建筑业	470	119511	119406	8725	14275	171	255
土木工程建筑业	48	46392	46358	6899	2805	373	18
铁路、道路、隧道和桥梁工程建筑	481	22377	22365	3284	1289	113	
水利和内河港口工程建筑	482	8224	8224	1548	166	222	3
海洋工程建筑	483						
工矿工程建筑	484	1976	1976	360	201		
架线和管道工程建筑	485	8961	8961	1376	1132	16	
其他土木工程建筑	489	4854	4832	331	17	22	15
建筑安装业	49	32091	32058	4168	1547	53	340
电气安装	491	10611	10611	1421	1147	16	
管道和设备安装	492	9781	9751	821	129	6	340
其他建筑安装业	499	11699	11696	1926	271	31	

国有联营企业	集体联营企业	国有与集体联营企业	其他联营企业	有限责任公司	国有独资公司	其他有限责任公司	股份有限公司	私营企业	私营独资企业
				283		283		66	
				287		287		94	5
				384	20	364	86	616	64
21		8		1698	65	1633	466	2192	543
21		8		1139		1139	57	1791	513
				406	65	341	147	223	
				14		14		13	
				139		139	262	165	30
	60			1512		1512	278	1804	1067
				71		71		193	37
				390		390	159	738	511
	60			1051		1051	119	873	519
	14	122		769		769	46	647	304
	14			665		665	31	309	183
		122		104		104	15	338	121
				1446		1446	56	747	325
				144		144	15	58	20
				61		61		107	4
				440		440	10	240	155
				294		294	26	72	13
				101		101		81	4
								50	48
				406		406	5	139	81
			16	**18409**	**1744**	**16665**	**2329**	**13149**	**4977**
			16	14630	1534	13096	1705	10077	3385
				5208	601	4607	238	1634	512
				511	325	186	81	396	141
			16	8911	608	8303	1386	8047	2732
				1835		1835	381	1850	939
				1835		1835	381	1850	939
				1944	210	1734	243	1222	653
				1246	210	1036	203	762	513
				599		599	40	418	108
				99		99		42	32
	415	**195**	**10**	**97859**	**3146**	**94713**	**11357**	**74046**	**9427**
	55	195	5	54411	85	54326	5524	34283	3335
	55	195	5	54411	85	54326	5524	34283	3335
	16		2	20313	1798	18515	2683	12280	1833
				10337	1716	8621	1010	6122	535
	3			2841		2841	1128	1835	515
				618		618	147	584	58
				4257	82	4175	318	1711	81
	13		2	2260		2260	80	2028	644
	340			11711	258	11453	2162	11291	1256
				3760	151	3609	484	3392	381
	340			2781	61	2720	1494	4096	370
				5170	46	5124	184	3803	505

2–10 续表 6

行　业	代码	从业人员数（人）	内资企业	国有企业	集体企业	股份合作企业	联营企业
建筑装饰和其他建筑业	50	31758	31679	946	663	153	7
建筑装饰业	501	21870	21791	165	465	58	4
工程准备活动	502	3458	3458	622	26	50	
提供施工设备服务	503	1048	1048		16		3
其他未列明建筑业	509	5382	5382	159	156	45	
批发和零售业	**F**	**354544**	**353127**	**19590**	**9353**	**4634**	**1386**
批发业	51	232086	231556	13559	4451	2645	817
农、林、牧产品批发	511	75357	75288	6517	322	872	125
食品、饮料及烟草制品批发	512	24435	24347	2276	81	189	128
纺织、服装及家庭用品批发	513	14183	14089	174	157	91	29
文化、体育用品及器材批发	514	3983	3983	339	76	36	
医药及医疗器材批发	515	7930	7911	117	33	115	20
矿产品、建材及化工产品批发	516	53555	53477	2147	3002	655	439
机械设备、五金产品及电子产品批发	517	31536	31486	1048	329	335	27
贸易经纪与代理	518	8528	8422	339	153	106	4
其他批发业	519	12579	12553	602	298	246	45
零售业	52	122458	121571	6031	4902	1989	569
综合零售	521	18982	18629	1134	2863	326	90
食品、饮料及烟草制品专门零售	522	12153	12050	1210	405	113	94
纺织、服装及日用品专门零售	523	10284	10127	145	308	99	14
文化、体育用品及器材专门零售	524	9047	9037	1446	92	185	29
医药及医疗器材专门零售	525	16270	16228	329	285	431	150
汽车、摩托车、燃料及零配件专门零售	526	20497	20493	894	375	369	151
家用电器及电子产品专门零售	527	14664	14497	100	47	132	17
五金、家具及室内装饰材料专门零售	528	11099	11099	168	243	165	6
货摊、无店铺及其他零售业	529	9462	9411	605	284	169	18
交通运输、仓储和邮政业	**G**	**79022**	**76929**	**18487**	**2127**	**634**	**379**
道路运输业	54	46493	46444	8215	920	391	97
城市公共交通运输	541	12512	12497	2010	487	27	15
公路旅客运输	542	6759	6759	2560	75	68	59
道路货物运输	543	21199	21170	695	267	225	23
道路运输辅助活动	544	6023	6018	2950	91	71	
水上运输业	55	1224	1224	572	52	39	6
水上旅客运输	551	427	427	210		27	
水上货物运输	552	298	298	67	48	12	6
水上运输辅助活动	553	499	499	295	4		
航空运输业	56	3490	1478	854		2	
航空客货运输	561	2383	371	218		2	
通用航空服务	562	389	389	176			
航空运输辅助活动	563	718	718	460			
管道运输业	57	484	484	101			
管道运输业	570	484	484	101			
装卸搬运和运输代理业	58	7138	7126	545	984	62	134
装卸搬运	581	3914	3914	314	971	3	26
运输代理业	582	3224	3212	231	13	59	108

国有联营企业	集体联营企业	国有与集体联营企业	其他联营企业	有限责任公司	国有独资公司	其他有限责任公司	股份有限公司	私营企业	私营独资企业
	4		3	11424	1005	10419	988	16192	3003
	4			8466	980	7486	763	10985	2242
				897		897	24	1740	262
			3	265		265	149	497	195
				1796	25	1771	52	2970	304
367	**446**	**58**	**515**	**99736**	**1084**	**98652**	**13044**	**144145**	**56394**
253	285	22	257	62981	976	62005	9066	87286	33494
6	51		68	10438	772	9666	1203	22066	9874
63	32	22	11	6333	71	6262	727	8204	3463
			29	5245	9	5236	2355	5262	1311
				2186		2186	62	967	182
20				3602	8	3594	425	2956	696
154	169		116	15643	60	15583	2562	24370	11159
6	6		15	12273	14	12259	754	14539	3783
4				3078	40	3038	254	3721	924
	27		18	4183	2	4181	724	5201	2102
114	161	36	258	36755	108	36647	3978	56859	22900
25	35	5	25	4131	13	4118	673	7967	3574
13	13	25	43	3330	17	3313	358	4893	2148
1	13			3275		3275	247	5085	2834
11	3		15	1330	5	1325	97	5302	719
2	51	6	91	5958	6	5952	827	6839	3366
47	44		60	6210	49	6161	609	10695	3936
			17	6498		6498	490	6133	2316
	2		4	3090	18	3072	314	5815	2464
15			3	2933		2933	363	4130	1543
126	**179**	**32**	**42**	**22314**	**2334**	**19980**	**3323**	**25376**	**11889**
10	74		13	12908	124	12784	2220	18903	8956
	15			2422	8	2414	914	5905	2494
	59			1770	106	1664	602	1480	535
10			13	7106	10	7096	524	10682	5501
				1610		1610	180	836	426
	6			198		198	213	125	85
				136		136	24	30	
	6			62		62	4	80	75
							185	15	10
				484		484	34	17	
				119		119	29	3	
				134		134	5	14	
				231		231			
				40		40	287	21	15
				40		40	287	21	15
	99	32	3	2135		2135	190	2584	929
	9	17		1133		1133	94	1235	610
	90	15	3	1002		1002	96	1349	319

2-10 续表 7

行业	代码	从业人员数（人）					
			内资企业	国有企业	集体企业	股份合作企业	联营企业
仓储业	59	16226	16206	7045	171	132	116
谷物、棉花等农产品仓储	591	13774	13774	6559	106	109	116
其他仓储业	599	2452	2432	486	65	23	
邮政业	60	3967	3967	1155		8	26
邮政基本服务	601	1238	1238	1097			
快递服务	602	2729	2729	58		8	26
住宿和餐饮业	**H**	**54548**	**52025**	**5838**	**791**	**311**	**119**
住宿业	61	28507	27911	4688	592	214	82
旅游饭店	611	14448	13882	2870	220	105	12
一般旅馆	612	11807	11777	1408	315	98	35
其他住宿业	619	2252	2252	410	57	11	35
餐饮业	62	26041	24114	1150	199	97	37
正餐服务	621	23066	21440	940	171	73	19
快餐服务	622	1424	1131		18	24	18
饮料及冷饮服务	623	344	344	3			
其他餐饮业	629	1207	1199	207	10		
信息传输、软件和信息技术服务业	**I**	**25534**	**24829**	**1902**	**139**	**197**	**67**
电信、广播电视和卫星传输服务	63	4036	3938	1180	95	100	52
电信	631	2091	1993	503	22	2	52
广播电视传输服务	632	1879	1879	677	53	98	
卫星传输服务	633	66	66		20		
互联网和相关服务	64	2070	2001	170		34	
互联网接入及相关服务	641	483	483	56			
互联网信息服务	642	936	867	49		34	
其他互联网服务	649	651	651	65			
软件和信息技术服务业	65	19428	18890	552	44	63	15
软件开发	651	13981	13620	211	34	27	3
信息系统集成服务	652	1106	1067	157	8		2
信息技术咨询服务	653	2358	2345	34	2	4	10
数据处理和存储服务	654	404	313	98			
集成电路设计	655	166	166				
其他信息技术服务业	659	1413	1379	52		32	
房地产业	**K**	**86638**	**86092**	**4086**	**281**	**315**	**162**
房地产业	70	86638	86092	4086	281	315	162
房地产开发经营	701	37105	36700	1141	5	67	
物业管理	702	42718	42632	2793	229	173	137
房地产中介服务	703	5713	5713	14	47	67	25
自有房地产经营活动	704						
其他房地产业	709	1102	1047	138		8	
租赁和商务服务业	**L**	**88194**	**87368**	**11296**	**1960**	**619**	**885**
租赁业	71	6605	6501	149	57	46	31
机械设备租赁	711	6413	6404	149	57	46	31
文化及日用品出租	712	192	97				
商务服务业	72	81589	80867	11147	1903	573	854
企业管理服务	721	16755	16606	6668	494	79	32
法律服务	722	1314	1314	4	26	25	8
咨询与调查	723	11150	11089	308	41	60	36
广告业	724	10307	10307	191	72	58	144
知识产权服务	725	330	330		10	3	

国有联营企业	集体联营企业	国有与集体联营企业	其他联营企业	有限责任公司	国有独资公司	其他有限责任公司	股份有限公司	私营企业	私营独资企业
116				5312	2210	3102	115	2642	1430
116				4482	2150	2332	100	1695	1089
				830	60	770	15	947	341
			26	1237		1237	264	1084	474
				6		6	27	69	28
			26	1231		1231	237	1015	446
30	**52**		**37**	**13922**	**292**	**13630**	**1594**	**25917**	**12875**
30	33		19	8305	292	8013	880	11614	5357
12				4747	225	4522	525	4814	1622
18	3		14	2684	67	2617	271	6144	3309
	30		5	874		874	84	656	426
	19		18	5617		5617	714	14303	7518
	19			4675		4675	670	13173	6917
			18	453		453	19	482	166
				76		76	12	243	148
				413		413	13	405	287
46	**15**		**6**	**11980**	**21**	**11959**	**1796**	**7673**	**1378**
46	3		3	930	3	927	1065	342	108
46	3		3	265	3	262	787	209	67
				622		622	278	130	41
				43		43		3	
				638		638	278	761	433
				117		117	184	112	69
				300		300	79	341	193
				221		221	15	308	171
	12		3	10412	18	10394	453	6570	837
			3	7581	6	7575	270	4952	606
	2			469		469	19	390	
	10			1375	12	1363	102	658	197
				104		104	8	93	10
				92		92		52	
				791		791	54	425	24
30	**16**	**31**	**85**	**40025**	**1353**	**38672**	**3749**	**34611**	**6617**
30	16	31	85	40025	1353	38672	3749	34611	6617
				18116	192	17924	2036	14549	878
27	16	31	63	18733	1159	17574	1383	17619	5071
3			22	2719	1	2718	294	2101	572
				457	1	456	36	342	96
16	**69**	**710**	**90**	**36396**	**4146**	**32250**	**2709**	**26561**	**8645**
	6		25	1759		1759	98	2537	1073
	6		25	1734		1734	98	2465	1071
				25		25		72	2
16	63	710	65	34637	4146	30491	2611	24024	7572
	16	5	11	6178	2679	3499	433	1711	426
		4	4	212		212	40	638	148
	27		9	5594	41	5553	419	3953	1133
		126	18	4438	40	4398	205	4484	1676
				233		233	6	67	

2-10 续表 8

行业	代码	从业人员数（人）	内资企业	国有企业	集体企业	股份合作企业	联营企业
人力资源服务	726	10587	10547	551	766	90	26
旅行社及相关服务	727	6304	6298	673	43	70	5
安全保护服务	728	9747	9747	1632	87	8	575
其他商务服务业	729	15095	14629	1120	364	180	28
科学研究和技术服务业	**M**	**38454**	**38288**	**2698**	**451**	**442**	**59**
研究和试验发展	73	2939	2885	104	61	36	
自然科学研究和试验发展	731	343	335	9			
工程和技术研究和试验发展	732	1375	1358	83	61	28	
农业科学研究和试验发展	733	948	924	12		6	
医学研究和试验发展	734	227	222			2	
社会人文科学研究	735	46	46				
专业技术服务业	74	22320	22289	2242	266	358	22
气象服务	741	127	127	36			
地震服务	742	23	23				
海洋服务	743						
测绘服务	744	1497	1497	249		23	
质检技术服务	745	3144	3144	446	27	32	15
环境与生态监测	746	517	517				
地质勘查	747	1072	1069	164	7	9	2
工程技术	748	10154	10142	1170	156	168	5
其他专业技术服务业	749	5786	5770	177	76	126	
科技推广和应用服务业	75	13195	13114	352	124	48	37
技术推广服务	751	10676	10600	289	119	32	37
科技中介服务	752	746	746	53		13	
其他科技推广和应用服务业	759	1773	1768	10	5	3	
水利、环境和公共设施管理业	**N**	**7236**	**7214**	**1390**	**216**	**24**	**12**
水利管理业	76	937	937	317			
防洪除涝设施管理	761	46	46				
水资源管理	762	331	331	110			
天然水收集与分配	763	57	57	6			
水文服务	764	44	44				
其他水利管理业	769	459	459	201			
生态保护和环境治理业	77	733	718	210			
生态保护	771	179	179	41			
环境治理业	772	554	539	169			
公共设施管理业	78	5566	5559	863	216	24	12
市政设施管理	781	876	869	264	63		
环境卫生管理	782	555	555	31	121	15	
城乡市容管理	783	118	118	7			
绿化管理	784	2213	2213	159	24	9	12
公园和游览景区管理	785	1804	1804	402	8		
居民服务、修理和其他服务业	**O**	**28512**	**28427**	**1011**	**965**	**231**	**114**
居民服务业	79	15780	15695	320	568	87	90
家庭服务	791	2879	2879	86	55	8	49
托儿所服务	792	159	159				
洗染服务	793	268	268		38		
理发及美容服务	794	3270	3230	8			
洗浴服务	795	4254	4209	9	49	20	10

国有联营企业	集体联营企业	国有与集体联营企业	其他联营企业	有限责任公司	国有独资公司	其他有限责任公司	股份有限公司	私营企业	私营独资企业
16			10	2610		2610	588	5178	1507
			5	2615	24	2591	183	2042	765
		575		6937	1252	5685	30	424	120
	20		8	5820	110	5710	707	5527	1797
10	**34**		**15**	**13931**	**175**	**13756**	**1606**	**12413**	**3181**
				1142	42	1100	33	982	331
				107		107	24	130	10
				546	42	504	9	506	142
				362		362		210	148
				111		111		109	29
				16		16		27	2
10	2		10	9333	90	9243	1275	7794	1758
				82	53	29		5	
				3		3		3	3
				451		451	196	519	93
5			10	1362	13	1349	202	940	210
				221	3	218	42	250	47
	2			572	21	551	67	202	89
5				4437		4437	617	3234	559
				2205		2205	151	2641	757
	32		5	3456	43	3413	298	3637	1092
	32		5	2155	1	2154	239	2863	801
				401	42	359	5	191	59
				900		900	54	583	232
12				**2432**	**76**	**2356**	**219**	**2291**	**774**
				202		202	30	245	72
				25		25	3	14	14
				90		90		64	12
							27	17	12
				24		24		18	
				63		63		132	34
				326	18	308	3	164	37
				91		91		47	1
				235	18	217	3	117	36
12				1904	58	1846	186	1882	665
				311	25	286	48	138	15
				115		115	20	217	56
				48	2	46		58	
12				736		736	56	996	356
				694	31	663	62	473	238
24	**8**	**1**	**81**	**7448**	**3**	**7445**	**855**	**15448**	**7979**
24	7		59	3099	3	3096	431	10018	5659
			49	635		635	6	1700	1089
				14		14	25	85	85
				37		37		186	146
				338		338	46	2650	1322
			10	629	3	626	88	3236	2022

2-10 续表 9

行业	代码	从业人员数(人)	内资企业	国有企业	集体企业	股份合作企业	联营企业
保健服务	796	120	120	1			
婚姻服务	797	1024	1024	2		5	
殡葬服务	798	1573	1573	170	91		14
其他居民服务业	799	2233	2233	44	335	54	17
机动车、电子产品和日用产品修理业	80	9166	9166	471	243	125	23
汽车、摩托车修理与维护	801	7362	7362	360	207	109	23
计算机和办公设备维修	802	733	733	6	15		
家用电器修理	803	596	596	52			
其他日用产品修理业	809	475	475	53	21	16	
其他服务业	81	3566	3566	220	154	19	1
清洁服务	811	2097	2097	3	87	7	
其他未列明服务业	819	1469	1469	217	67	12	1
卫生和社会工作	Q	538	531	9	13		8
社会工作	84	538	531	9	13		8
提供住宿社会工作	841	535	528	7	13		8
不提供住宿社会工作	842	3	3	2			
文化、体育和娱乐业	**R**	**15221**	**15017**	**853**	**168**	**57**	**42**
新闻和出版业	85	1341	1313	343	23		10
新闻业	851	100	100	74	10		
出版业	852	1241	1213	269	13		10
广播、电视、电影和影视录音制作业	86	1827	1785	243	80		15
广播	861	154	154		43		
电视	862	331	331	155			15
电影和影视节目制作	863	402	402	20			
电影和影视节目发行	864	54	54	23			
电影放映	865	688	646	45	35		
录音制作	866	198	198		2		
文化艺术业	87	1732	1728	170	18	4	
文艺创作与表演	871	460	460	18			
艺术表演场馆	872	138	138	21			
图书馆与档案馆	873	71	71	15	9	2	
文物及非物质文化遗产保护	874	27	27				
博物馆	875	65	65	2			
烈士陵园、纪念馆	876	80	80	80			
群众文化活动	877	115	111				
其他文化艺术业	879	776	776	34	9	2	
体育	88	1184	1062	52	34	41	
体育组织	881	7	7				
体育场馆	882	109	109		26	25	
休闲健身活动	883	1035	913	52	8	1	
其他体育	889	33	33			15	
娱乐业	89	9137	9129	45	13	12	17
室内娱乐活动	891	7858	7850		13	12	17
游乐园	892	428	428	4			
彩票活动	893						
文化、娱乐、体育经纪代理	894	353	353				
其他娱乐业	899	498	498	41			

国有联营企业	集体联营企业	国有与集体联营企业	其他联营企业	有限责任公司	国有独资公司	其他有限责任公司	股份有限公司	私营企业	私营独资企业
				13		13		104	36
				303		303	29	625	334
14				395		395	162	548	276
10	7			735		735	75	884	349
		1	22	3056		3056	199	4076	1865
		1	22	2488		2488	122	3369	1607
				281		281	46	286	132
				133		133	14	244	48
				154		154	17	177	78
	1			1293		1293	225	1354	455
				814		814	79	888	332
	1			479		479	146	466	123
			8	68		68		316	293
			8	68		68		316	293
			8	68		68		316	293
25	**4**		**13**	**3800**	**164**	**3636**	**501**	**8004**	**5835**
10				648	141	507	65	149	9
							7	9	4
10				648	141	507	58	140	5
15				634		634	205	577	137
				20		20	79	12	4
15				75		75		76	
				207		207	22	153	17
				19		19		12	
				218		218	102	225	103
				95		95	2	99	13
				787	19	768	44	574	177
				216		216		156	21
				87	17	70		30	30
				14		14		31	
				9		9	18		
				4		4		57	
				49		49		52	28
				408	2	406	26	248	98
				409		409	27	358	162
				3		3		4	
				45		45		13	9
				349		349	27	335	147
				12		12		6	6
	4		13	1322	4	1318	160	6346	5350
	4		13	1018	4	1014	69	5589	4835
				62		62	49	297	167
				169		169	12	132	74
				73		73	30	328	274

2-10 续表 10

行业	代码	私营合伙企业	私营有限责任公司	私营股份有限公司	其他企业	港、澳、台商投资企业	合资经营企业(港、澳、台资)
总计	00	**25638**	**498239**	**34575**	**192519**	**10522**	**4257**
农、林、牧、渔业	A	**377**	**1113**	**113**	**19295**		
农业	01		10		18		
谷物种植	011				18		
豆类、油料和薯类种植	012						
棉、麻、糖、烟草种植	013						
蔬菜、食用菌及园艺作物种植	014		10				
水果种植	015						
坚果、含油果、香料和饮料作物种植	016						
中药材种植	017						
其他农业	019						
林业	02		107				
林木育种和育苗	021		107				
造林和更新	022						
森林经营和管护	023						
木材和竹材采运	024						
林产品采集	025						
畜牧业	03		11				
牲畜饲养	031		11				
家禽饲养	032						
狩猎和捕捉动物	033						
其他畜牧业	039						
渔业	04						
水产养殖	041						
水产捕捞	042						
农、林、牧、渔服务业	05	377	985	113	19277		
农业服务业	051	302	783	83	16978		
林业服务业	052		1		225		
畜牧服务业	053	71	179	30	1954		
渔业服务业	054	4	22		120		
采矿业	B	**1589**	**16625**	**1520**	**4308**	**147**	**25**
煤炭开采和洗选业	06	512	10463	936	1819		
烟煤和无烟煤开采洗选	061	422	9097	856	1614		
褐煤开采洗选	062	89	1071	80	4		
其他煤炭采选	069	1	295		201		
石油和天然气开采业	07		110	25		63	
石油开采	071		110	25		63	
天然气开采	072						
黑色金属矿采选业	08	21	658	127	98		
铁矿采选	081	21	658	127	98		
锰矿、铬矿采选	082						
其他黑色金属矿采选	089						
有色金属矿采选业	09		416	108	22		
常用有色金属矿采选	091		198		22		
贵金属矿采选	092		81	98			
稀有稀土金属矿采选	093		137	10			

合作经营企业(港、澳、台资)	港、澳、台商独资经营企业	港、澳、台商投资股份有限公司	其他港、澳、台投资企业	外商投资企业	中外合资经营企业	中外合作经营企业	外资企业	外商投资股份有限公司	其他外商投资企业
762	**4724**	**616**	**163**	**22417**	**11706**	**470**	**8938**	**954**	**349**
				38	**3**				**35**
				38	3				35
				38	3				35
122				**143**	**15**	**50**		**78**	
				15	15				
				15	15				
63									
63									

2-10 续表 11

行 业	代码	私营合伙企业	私营有限责任公司	私营股份有限公司	其他企业	港、澳、台商投资企业	合资经营企业(港、澳、台资)
非金属矿采选业	10	985	3745	72	1425	84	25
土砂石开采	101	935	1931		1093		
化学矿开采	102				8		
采盐	103						
石棉及其他非金属矿采选	109	50	1814	72	324	84	25
开采辅助活动	11	53	1217	252	682		
煤炭开采和洗选辅助活动	111		28	21	286		
石油和天然气开采辅助活动	112	50	1104	231			
其他开采辅助活动	119	3	85		396		
其他采矿业	12	18	16		262		
其他采矿业	120	18	16		262		
制造业	**C**	**10852**	**251070**	**15507**	**70055**	**6678**	**2810**
农副食品加工业	13	2041	59446	3405	19081	1928	381
谷物磨制	131	788	33131	1635	12141	579	108
饲料加工	132	87	4239	378	1283	320	13
植物油加工	133	162	5891	478	1177		
制糖业	134	7	574		16		
屠宰及肉类加工	135	155	6402	204	1184	300	
水产品加工	136	10	25		98		
蔬菜、水果和坚果加工	137	596	4922	218	1456	451	230
其他农副食品加工	139	236	4262	492	1726	278	30
食品制造业	14	375	9328	714	2643	643	535
焙烤食品制造	141	93	791		325	299	299
糖果、巧克力及蜜饯制造	142		148		35		
方便食品制造	143	118	2997	326	768		
乳制品制造	144	53	1520	20	186	87	
罐头食品制造	145	13	171		192		
调味品、发酵制品制造	146	83	1223	149	136	127	127
其他食品制造	149	15	2478	219	1001	130	109
酒、饮料和精制茶制造业	15	868	8443	544	2912	331	81
酒的制造	151	735	4931	433	2281	2	2
饮料制造	152	133	3477	111	596	329	79
精制茶加工	153		35		35		
烟草制品业	16				343	247	247
烟叶复烤	161				343	247	247
卷烟制造	162						
其他烟草制品制造	169						
纺织业	17	102	3464	89	3042	40	24
棉纺织及印染精加工	171	8	942		235	16	
毛纺织及染整精加工	172		92		134		
麻纺织及染整精加工	173	4	1402	68	160	24	24
丝绢纺织及印染精加工	174		20				
化纤织造及印染精加工	175			16	6		
针织或钩针编织物及其制品制造	176	65	83		103		
家用纺织制成品制造	177	13	294	5	2385		
非家用纺织制成品制造	178	12	631		19		
纺织服装、服饰业	18	52	2273	328	2538		
机织服装制造	181	7	1527	300	863		
针织或钩针编织服装制造	182	45	454	23	433		
服饰制造	183		292	5	1242		

合作经营企业(港、澳、台资)	港、澳、台商独资经营企业	港、澳、台商投资股份有限公司	其他港、澳、台投资企业	外商投资企业	中外合资经营企业	中外合作经营企业	外资企业	外商投资股份有限公司	其他外商投资企业
59				128		50		78	
				128		50		78	
59									
341	**2929**	**442**	**156**	**15993**	**8429**	**257**	**6719**	**481**	**107**
	1285	262		2686	1145		1216	325	
	209	262		138	14		124		
	307			915	284		631		
				9	9				
	300			649	456		193		
	221			404	137		267		
	248			571	245		1	325	
	108			1540	489		984	67	
				354			287	67	
				40	40				
	87			384	10		374		
				261	261				
	21			501	178		323		
62	188			2066	1111		955		
				790	254		536		
62	188			1004	585		419		
				272	272				
	16			325	303		22		
	16			36	36				
				22			22		
				267	267				
				3			3		
				3			3		

2-10 续表 12

行　业	代码						
		私营合伙企　业	私营有限责任公司	私营股份有限公司	其他企业	港、澳、台商投资企业	合资经营企业(港、澳、台资)
皮革、毛皮、羽毛及其制品和制鞋业	19	310	688	165	916	89	89
皮革鞣制加工	191		135		4		
皮革制品制造	192	70	40	20	12		
毛皮鞣制及制品加工	193	240	384	145	848		
羽毛(绒)加工及制品制造	194						
制鞋业	195		129		52	89	89
木材加工和木、竹、藤、棕、草制品业	20	1646	36769	1540	6162	594	136
木材加工	201	1048	22568	951	3596	67	22
人造板制造	202	35	6303	319	963		
木制品制造	203	563	7821	270	1382	527	114
竹、藤、棕、草等制品制造	204		77		221		
家具制造业	21	131	6261	450	860	186	176
木质家具制造	211	109	5907	387	767	186	176
竹、藤家具制造	212						
金属家具制造	213	10	158	2	10		
塑料家具制造	214	12	29		30		
其他家具制造	219		167	61	53		
造纸和纸制品业	22	112	4493	203	464		
纸浆制造	221		24		25		
造纸	222	70	2034	9	224		
纸制品制造	223	42	2435	194	215		
印刷和记录媒介复制业	23	236	2863	298	1031	43	43
印刷	231	116	2493	257	859	43	43
装订及印刷相关服务	232	120	328	41	172		
记录媒介复制	233		42				
文教、工美、体育和娱乐用品制造业	24	3	3981	27	976	124	
文教办公用品制造	241	2	2028	27	329		
乐器制造	242	1	170				
工艺美术品制造	243		1379		495		
体育用品制造	244		127		104	124	
玩具制造	245		267				
游艺器材及娱乐用品制造	246		10		48		
石油加工、炼焦和核燃料加工业	25	34	2053	62	158		
精炼石油产品制造	251	34	1530	62	32		
炼焦	252		519		47		
核燃料加工	253		4		79		
化学原料和化学制品制造业	26	181	10572	1273	2162	296	181
基础化学原料制造	261	47	1597	460	196	67	17
肥料制造	262	32	3468	524	661	6	
农药制造	263		690		110	150	130
涂料、油墨、颜料及类似产品制造	264		865	225	363	34	34
合成材料制造	265		322	20	61		
专用化学产品制造	266	97	3091	29	576	24	
炸药、火工及焰火产品制造	267		64		72		
日用化学产品制造	268	5	475	15	123	15	
医药制造业	27	236	5383	911	673	582	381
化学药品原料药制造	271	41	540	75	160		

合作经营企业(港、澳、台资)	港、澳、台商独资经营企业	港、澳、台商投资股份有限公司	其他港、澳、台投资企业	外商投资企业	中外合资经营企业	中外合作经营企业	外资企业	外商投资股份有限公司	其他外商投资企业
				80	20		60		
				20	20				
				60			60		
100	217		141	1100	807		293		
	45			239	178		61		
				575	402		173		
100	172		141	227	227				
				59			59		
	10			566	465		101		
	10			465	465				
				101			101		
				329	201	120	8		
				205	77	120	8		
				124	124				
				253	183		70		
				253	183		70		
	124			250	109		70	71	
				133	109		24		
				83			12	71	
	124			34			34		
				33	8		25		
				33	8		25		
24	91			797	417		380		
	50			222	128		94		
	6			306	60		246		
	20			21			21		
				19			19		
24				229	229				
	15								
	21	180		552	150		402		
				35			35		

2-10 续表 13

行业	代码	私营合伙企业	私营有限责任公司	私营股份有限公司	其他企业	港、澳、台商投资企业	合资经营企业(港、澳、台资)
化学药品制剂制造	272		1198			43	22
中药饮片加工	273		187		145		
中成药生产	274	125	1802	281	83	359	359
兽用药品制造	275	70	529	136	94		
生物药品制造	276		869	419	139	180	
卫生材料及医药用品制造	277		258		52		
化学纤维制造业	28	15	321	77	71	6	6
纤维素纤维原料及纤维制造	281	15	5	77	1		
合成纤维制造	282		316		70	6	6
橡胶和塑料制品业	29	512	10029	861	1809	11	11
橡胶制品业	291	79	1033		316		
塑料制品业	292	433	8996	861	1493	11	11
非金属矿物制品业	30	2252	26543	1330	10342	686	15
水泥、石灰和石膏制造	301	72	2952	44	759		
石膏、水泥制品及类似制品制造	302	446	6689	246	1229	395	
砖瓦、石材等建筑材料制造	303	1414	11728	819	7930	21	15
玻璃制造	304		295				
玻璃制品制造	305	27	1928		73		
玻璃纤维和玻璃纤维增强塑料制品制造	306		282	85	60		
陶瓷制品制造	307		300	27	111		
耐火材料制品制造	308	86	323		78		
石墨及其他非金属矿物制品制造	309	207	2046	109	102	270	
黑色金属冶炼和压延加工业	31	75	2564	214	665	3	3
炼铁	311		130		48	3	3
炼钢	312		98		47		
黑色金属铸造	313	75	986	214	171		
钢压延加工	314		1210		399		
铁合金冶炼	315		140				
有色金属冶炼和压延加工业	32	15	877		200		
常用有色金属冶炼	321		68		71		
贵金属冶炼	322		59				
稀有稀土金属冶炼	323		105				
有色金属合金制造	324	15	210		10		
有色金属铸造	325		77		65		
有色金属压延加工	326		358		54		
金属制品业	33	434	10600	724	2964	299	299
结构性金属制品制造	331	232	6944	423	1677		
金属工具制造	332		500	6	493	35	35
集装箱及金属包装容器制造	333	43	597	243	293	264	264
金属丝绳及其制品制造	334		190		9		
建筑、安全用金属制品制造	335	48	773	22	117		
金属表面处理及热处理加工	336		638	10			
搪瓷制品制造	337						
金属制日用品制造	338	2	158	20	80		
其他金属制品制造	339	109	800		295		
通用设备制造业	34	663	13976	822	2554	174	64
锅炉及原动设备制造	341	170	3216	199	500	110	
金属加工机械制造	342	72	1536	251	708		

合作经营企业(港、澳、台资)	港、澳、台商独资经营企业	港、澳、台商投资股份有限公司	其他港、澳、台投资企业	外商投资企业	中外合资经营企业	中外合作经营企业	外资企业	外商投资股份有限公司	其他外商投资企业
	21								
				367	150		217		
		180							
				150			150		
				379	379				
				379	379				
155	516			1011	390		621		
				319	99		220		
155	240			116			116		
	6			48	48				
				454	210		244		
	270			74	33		41		
				92		87	5		
				92		87	5		
				95	95				
				15	15				
				80	80				
				268	122		78	18	50
				102	1		33	18	50
				117	117				
				49	4		45		
	110			428	151		277		
	110			80	80				
				252	8		244		

2-10 续表 14

行业	代码	私营合伙企业	私营有限责任公司	私营股份有限公司	其他企业	港、澳、台商投资企业	合资经营企业(港、澳、台资)
物料搬运设备制造	343		1454		197		
泵、阀门、压缩机及类似机械制造	344	31	698	216	80		
轴承、齿轮和传动部件制造	345	110	1976		5	64	64
烘炉、风机、衡器、包装等设备制造	346	5	829	44	129		
文化、办公用机械制造	347		6		273		
通用零部件制造	348	237	3087	112	321		
其他通用设备制造业	349	38	1174		341		
专用设备制造业	35	282	17380	555	3093	157	
采矿、冶金、建筑专用设备制造	351	132	7853	391	908	53	
化工、木材、非金属加工专用设备制造	352	27	1089	16	494		
食品、饮料、烟草及饲料生产专用设备制造	353		1265		13		
印刷、制药、日化及日用品生产专用设备制造	354		330		194		
纺织、服装和皮革加工专用设备制造	355		140		29		
电子和电工机械专用设备制造	356	4	653	59	65		
农、林、牧、渔专用机械制造	357	110	4436	61	601		
医疗仪器设备及器械制造	358	1	259		202		
环保、社会公共服务及其他专用设备制造	359	8	1355	28	587	104	
汽车制造业	36	1	2203	20	320		
汽车整车制造	361		11				
改装汽车制造	362		236		71		
低速载货汽车制造	363						
电车制造	364						
汽车车身、挂车制造	365		214	20			
汽车零部件及配件制造	366	1	1742		249		
铁路、船舶、航空航天和其他运输设备制造业	37		804	9	235	2	2
铁路运输设备制造	371		404		203		
城市轨道交通设备制造	372						
船舶及相关装置制造	373		41				
航空、航天器及设备制造	374		330	9		2	2
摩托车制造	375		6				
自行车制造	376		23		32		
非公路休闲车及零配件制造	377						
潜水救捞及其他未列明运输设备制造	379						
电气机械和器材制造业	38	185	5860	500	1055	42	42
电机制造	381	24	1182	74	73		
输配电及控制设备制造	382	132	2081	386	331		
电线、电缆、光缆及电工器材制造	383	23	1411	38	68		
电池制造	384		129				
家用电力器具制造	385		355		298		
非电力家用器具制造	386	6	169		46		
照明器具制造	387		434		127	42	42
其他电气机械及器材制造	389		99	2	112		
计算机、通信和其他电子设备制造业	39	20	994	208	295	90	90
计算机制造	391	12	193		10		
通信设备制造	392		245		29		
广播电视设备制造	393		24	38			
雷达及配套设备制造	394						
视听设备制造	395		3		7		

合作经营企业(港、澳、台资)	港、澳、台商独资经营企业	港、澳、台商投资股份有限公司	其他港、澳、台投资企业	外商投资企业	中外合资经营企业	中外合作经营企业	外资企业	外商投资股份有限公司	其他外商投资企业
				33			33		
				54	54				
				9	9				
	157			1344	466	50	783		45
	53			97	63		34		
				37	37				
				9			9		
				8			8		
				50		50			
				542	89		408		45
				40			40		
	104			561	277		284		
				1127	782		345		
				120	120				
				1007	662		345		
				417	417				
				417	417				
				44	42		2		
				4	4				
				38	38				
				2			2		
				206	176		18		12
				21	21				
				12					12

2-10 续表 15

行业	代码						
		私营合伙企业	私营有限责任公司	私营股份有限公司	其他企业	港、澳、台商投资企业	合资经营企业(港、澳、台资)
电子器件制造	396		63	3	12	3	3
电子元件制造	397		89		142		
其他电子设备制造	399	8	377	167	95	87	87
仪器仪表制造业	40	5	1594	50	11	19	4
通用仪器仪表制造	401	5	1223	50	1	4	4
专用仪器仪表制造	402		223		10		
钟表与计时仪器制造	403						
光学仪器及眼镜制造	404		13			15	
其他仪器仪表制造业	409		135				
其他制造业	41	55	646	36	785		
日用杂品制造	411		156		47		
煤制品制造	412	7	220		131		
核辐射加工	413						
其他未列明制造业	419	48	270	36	607		
废弃资源综合利用业	42	3	260	80	311	86	
金属废料和碎屑加工处理	421	3	123		293		
非金属废料和碎屑加工处理	422		137	80	18	86	
金属制品、机械和设备修理业	43	8	402	12	1384		
金属制品修理	431		38				
通用设备修理	432		103		333		
专用设备修理	433		85		497		
铁路、船舶、航空航天等运输设备修理	434	5	54		146		
电气设备修理	435		77		30		
仪器仪表修理	436		2				
其他机械和设备修理业	439	3	43	12	378		
电力、热力、燃气及水生产和供应业	**D**	**119**	**7722**	**331**	**2697**	**700**	**528**
电力、热力生产和供应业	44	94	6402	196	1551	54	23
电力生产	441	34	1088		727	54	23
电力供应	442		255		251		
热力生产和供应	443	60	5059	196	573		
燃气生产和供应业	45	2	786	123	513	294	280
燃气生产和供应业	450	2	786	123	513	294	280
水的生产和供应业	46	23	534	12	633	352	225
自来水生产和供应	461	23	214	12	518	127	
污水处理及其再生利用	462		310		107	225	225
其他水的处理、利用与分配	469		10		8		
建筑业	**E**	**1128**	**56494**	**6997**	**4841**	**45**	**45**
房屋建筑业	47	368	27152	3428	1762	4	4
房屋建筑业	470	368	27152	3428	1762	4	4
土木工程建筑业	48	118	9062	1267	987	6	6
铁路、道路、隧道和桥梁工程建筑	481	20	4625	942	210	6	6
水利和内河港口工程建筑	482	4	1282	34	481		
海洋工程建筑	483						
工矿工程建筑	484	4	522		66		
架线和管道工程建筑	485	43	1463	124	151		
其他土木工程建筑	489	47	1170	167	79		
建筑安装业	49	288	8267	1480	786		
电气安装	491	29	2817	165	391		
管道和设备安装	492	249	2319	1158	84		
其他建筑安装业	499	10	3131	157	311		

合作经营企业(港、澳、台资)	港、澳、台商独资经营企业	港、澳、台商投资股份有限公司	其他港、澳、台投资企业	外商投资企业	中外合资经营企业	中外合作经营企业	外资企业	外商投资股份有限公司	其他外商投资企业
				35	34		1		
				17			17		
				121	121				
			15	1	1				
				1	1				
			15						
				1			1		
				1			1		
	86								
	86								
	172			**395**	**183**	**50**	**162**		
	31			205	163		42		
	31			163	163				
				42			42		
	14			20	20				
	14			20	20				
	127			170		50	120		
	127			120		50	70		
				50			50		
				206	**82**	**20**	**104**		
				101			101		
				101			101		
				28	28				
				6	6				
				22	22				
				33	30		3		
				30	30				
				3			3		

2-10 续表 16

行业	代码	私营合伙企业	私营有限责任公司	私营股份有限公司	其他企业	港、澳、台商投资企业	合资经营企业(港、澳、台资)
建筑装饰和其他建筑业	50	354	12013	822	1306	35	35
建筑装饰业	501	293	8016	434	885	35	35
工程准备活动	502	11	1446	21	99		
提供施工设备服务	503	19	205	78	118		
其他未列明建筑业	509	31	2346	289	204		
批发和零售业	**F**	**6265**	**77533**	**3953**	**61239**	**312**	**91**
批发业	51	4543	46602	2647	50751	195	64
农、林、牧产品批发	511	1847	9676	669	33745	10	10
食品、饮料及烟草制品批发	512	454	4085	202	6409	36	7
纺织、服装及家庭用品批发	513	183	3656	112	776	45	33
文化、体育用品及器材批发	514	40	719	26	317		
医药及医疗器材批发	515	243	1857	160	643	4	
矿产品、建材及化工产品批发	516	697	11748	766	4659	29	11
机械设备、五金产品及电子产品批发	517	357	10021	378	2181	21	3
贸易经纪与代理	518	450	2160	187	767	50	
其他批发业	519	272	2680	147	1254		
零售业	52	1722	30931	1306	10488	117	27
综合零售	521	430	3665	298	1445	5	5
食品、饮料及烟草制品专门零售	522	177	2511	57	1647	10	
纺织、服装及日用品专门零售	523	212	1974	65	954	23	12
文化、体育用品及器材专门零售	524	57	4466	60	556	10	10
医药及医疗器材专门零售	525	288	3011	174	1409	42	
汽车、摩托车、燃料及零配件专门零售	526	244	6244	271	1190	4	
家用电器及电子产品专门零售	527	88	3548	181	1080	20	
五金、家具及室内装饰材料专门零售	528	115	3119	117	1298		
货摊、无店铺及其他零售业	529	111	2393	83	909	3	
交通运输、仓储和邮政业	**G**	**650**	**12443**	**394**	**4289**	**63**	**29**
道路运输业	54	389	9329	229	2790	49	29
城市公共交通运输	541	127	3200	84	717	15	
公路旅客运输	542	67	845	33	145		
道路货物运输	543	117	4960	104	1648	29	29
道路运输辅助活动	544	78	324	8	280	5	
水上运输业	55	29	11		19		
水上旅客运输	551	24	6				
水上货物运输	552		5		19		
水上运输辅助活动	553	5					
航空运输业	56		17		87		
航空客货运输	561		3				
通用航空服务	562		14		60		
航空运输辅助活动	563				27		
管道运输业	57		6		35		
管道运输业	570		6		35		
装卸搬运和运输代理业	58	116	1427	112	492	9	
装卸搬运	581	90	516	19	138		
运输代理业	582	26	911	93	354	9	

合作经营企业(港、澳、台资)	港、澳、台商独资经营企业	港、澳、台商投资股份有限公司	其他港、澳、台投资企业	外商投资企业	中外合资经营企业	中外合作经营企业	外资企业	外商投资股份有限公司	其他外商投资企业
				44	24	20			
				44	24	20			
32	**189**			**1105**	**134**	**16**	**780**	**80**	**95**
8	123			335	42	12	194	70	17
				59			59		
	29			52			14	35	3
	12			49			47		2
	4			15				15	
8	10			49	19		30		
	18			29	19		10		
	50			56		12	12	20	12
				26	4		22		
24	66			770	92	4	586	10	78
				348			348		
	10			93	15		40		38
	11			134	3	4	85	5	37
4	38								
	4								
20				147	74		73		
	3			48			40	5	3
13	**14**		**7**	**2030**	**2011**	**15**		**4**	
13			7						
8			7						
5									
				2012	2008			4	
				2012	2008			4	
	9			3	3				
	9			3	3				

2-10 续表 17

行　　业	代码	私营合伙企　　业	私营有限责任公司	私营股份有限公司	其他企业	港、澳、台商投资企业	合资经营企业(港、澳、台资)
仓储业	59	116	1078	18	673	5	
谷物、棉花等农产品仓储	591	50	538	18	607		
其他仓储业	599	66	540		66	5	
邮政业	60		575	35	193		
邮政基本服务	601		41		39		
快递服务	602		534	35	154		
住宿和餐饮业	H	**989**	**11324**	**729**	**3533**	**1256**	**352**
住宿业	61	364	5464	429	1536	336	111
旅游饭店	611	79	2732	381	589	336	111
一般旅馆	612	263	2527	45	822		
其他住宿业	619	22	205	3	125		
餐饮业	62	625	5860	300	1997	920	241
正餐服务	621	587	5369	300	1719	804	241
快餐服务	622	9	307		117	116	
饮料及冷饮服务	623		95		10		
其他餐饮业	629	29	89		151		
信息传输、软件和信息技术服务业	I	**184**	**5917**	**194**	**1075**	**217**	**167**
电信、广播电视和卫星传输服务	63	63	168	3	174	4	
电信	631	1	138	3	153	4	
广播电视传输服务	632	62	27		21		
卫星传输服务	633		3				
互联网和相关服务	64	12	226	90	120		
互联网接入及相关服务	641		43		14		
互联网信息服务	642	4	78	66	64		
其他互联网服务	649	8	105	24	42		
软件和信息技术服务业	65	109	5523	101	781	213	167
软件开发	651	64	4195	87	542	210	164
信息系统集成服务	652	20	365	5	22		
信息技术咨询服务	653	16	441	4	160	3	3
数据处理和存储服务	654		81	2	10		
集成电路设计	655	9	43		22		
其他信息技术服务业	659		398	3	25		
房地产业	K	**500**	**25267**	**2227**	**2863**	**391**	**112**
房地产业	70	500	25267	2227	2863	391	112
房地产开发经营	701	74	12303	1294	786	353	100
物业管理	702	293	11494	761	1565	18	12
房地产中介服务	703	123	1277	129	446		
自有房地产经营活动	704						
其他房地产业	709	10	193	43	66	20	
租赁和商务服务业	L	**1384**	**15471**	**1061**	**6942**	**506**	**51**
租赁业	71	98	1294	72	1824	104	
机械设备租赁	711	98	1224	72	1824	9	
文化及日用品出租	712		70			95	
商务服务业	72	1286	14177	989	5118	402	51
企业管理服务	721	50	1185	50	1011	29	29
法律服务	722	359	116	15	361		
咨询与调查	723	413	2334	73	678	34	
广告业	724	164	2487	157	715		
知识产权服务	725	23	44		11		

合作经营企业(港、澳、台资)	港、澳、台商独资经营企业	港、澳、台商投资股份有限公司	其他港、澳、台投资企业	外商投资企业	中外合资经营企业	中外合作经营企业	外资企业	外商投资股份有限公司	其他外商投资企业
	5			15		15			
	5			15		15			
41	**733**	**130**		**1267**	**236**	**30**	**843**	**106**	**52**
	121	104		260	4	30	196	30	
	121	104		230	4		196	30	
				30		30			
41	612	26		1007	232		647	76	52
41	496	26		822	182		565	23	52
	116			177	50		82	45	
				8				8	
4	**46**			**488**	**202**		**189**	**94**	**3**
4				94				94	
4				94				94	
				69			69		
				69			69		
	46			325	202		120		3
	46			151	77		74		
				39	34		5		
				10			10		
				91	91				
				34			31		3
37	**210**	**32**		**155**	**16**		**74**	**65**	
37	210	32		155	16		74	65	
37	184	32		52	16		36		
	6			68			38	30	
	20			35				35	
157	**286**	**12**		**320**	**213**	**14**	**49**	**12**	**32**
	104								
	9								
	95								
157	182	12		320	213	14	49	12	32
				120	81		22	12	5
	22	12		27		14	4		9

2-10 续表 18

行　业	代码	私营合伙企　业	私营有限责任公司	私营股份有限公司	其他企业	港、澳、台商投资企业	合资经营企业(港、澳、台资)
人力资源服务	726	62	3302	307	738		
旅行社及相关服务	727	37	1119	121	667		
安全保护服务	728	45	259		54		
其他商务服务业	729	133	3331	266	883	339	22
科学研究和技术服务业	**M**	**551**	**8319**	**362**	**6688**	**52**	**2**
研究和试验发展	73		615	36	527	24	
自然科学研究和试验发展	731		120		65		
工程和技术研究和试验发展	732		336	28	125		
农业科学研究和试验发展	733		54	8	334	24	
医学研究和试验发展	734		80				
社会人文科学研究	735		25		3		
专业技术服务业	74	286	5494	256	999	7	
气象服务	741		5		4		
地震服务	742				17		
海洋服务	743						
测绘服务	744	19	390	17	59		
质检技术服务	745	29	661	40	120		
环境与生态监测	746	1	202		4		
地质勘查	747	4	109		46		
工程技术	748	165	2385	125	355		
其他专业技术服务业	749	68	1742	74	394	7	
科技推广和应用服务业	75	265	2210	70	5162	21	2
技术推广服务	751	177	1847	38	4866	21	2
科技中介服务	752	13	91	28	83		
其他科技推广和应用服务业	759	75	272	4	213		
水利、环境和公共设施管理业	**N**	**105**	**1389**	**23**	**630**	**22**	
水利管理业	76	40	133		143		
防洪除涝设施管理	761				4		
水资源管理	762		52		67		
天然水收集与分配	763		5		7		
水文服务	764		18		2		
其他水利管理业	769	40	58		63		
生态保护和环境治理业	77	3	116	8	15	15	
生态保护	771		46				
环境治理业	772	3	70	8	15	15	
公共设施管理业	78	62	1140	15	472	7	
市政设施管理	781	15	108		45	7	
环境卫生管理	782		161		36		
城乡市容管理	783	8	47	3	5		
绿化管理	784	39	589	12	221		
公园和游览景区管理	785		235		165		
居民服务、修理和其他服务业	**O**	**727**	**5849**	**893**	**2355**	**85**	**45**
居民服务业	79	433	3216	710	1082	85	45
家庭服务	791	29	533	49	340		
托儿所服务	792				35		
洗染服务	793	4	35	1	7		
理发及美容服务	794	235	741	352	188	40	
洗浴服务	795	48	993	173	168	45	45

合作经营企业(港、澳、台资)	港、澳、台商独资经营企业	港、澳、台商投资股份有限公司	其他港、澳、台投资企业	外商投资企业	中外合资经营企业	中外合作经营企业	外资企业	外商投资股份有限公司	其他外商投资企业
				40	40				
				6					6
157	160			127	92		23		12
9	**41**			**114**	**60**	**11**	**18**		**25**
	24			30	21		9		
				8	8				
				17	8		9		
	24								
				5	5				
	7			24	6	3			15
				3		3			
				12					12
	7			9	6				3
9	10			60	33	8	9		10
9	10			55	28	8	9		10
				5	5				
	22								
	15								
	15								
	7								
	7								
	40								
	40								
	40								

2-10 续表 19

行业	代码	私营合伙企业	私营有限责任公司	私营股份有限公司	其他企业	港、澳、台商投资企业	合资经营企业(港、澳、台资)
保健服务	796	5	51	12	2		
婚姻服务	797		216	75	60		
殡葬服务	798	13	249	10	193		
其他居民服务业	799	99	398	38	89		
机动车、电子产品和日用产品修理业	80	216	1854	141	973		
汽车、摩托车修理与维护	801	150	1492	120	684		
计算机和办公设备维修	802	20	127	7	99		
家用电器修理	803	36	148	12	153		
其他日用产品修理业	809	10	87	2	37		
其他服务业	81	78	779	42	300		
清洁服务	811	17	500	39	219		
其他未列明服务业	819	61	279	3	81		
卫生和社会工作	Q		23		117		
社会工作	84		23		117		
提供住宿社会工作	841		23		116		
不提供住宿社会工作	842				1		
文化、体育和娱乐业	**R**	**218**	**1680**	**271**	**1592**	**48**	
新闻和出版业	85		118	22	75		
新闻业	851		5				
出版业	852		113	22	75		
广播、电视、电影和影视录音制作业	86	18	319	103	31	42	
广播	861		6	2			
电视	862			76	10		
电影和影视节目制作	863		134	2			
电影和影视节目发行	864	12					
电影放映	865		99	23	21	42	
录音制作	866	6	80				
文化艺术业	87		371	26	131		
文艺创作与表演	871		122	13	70		
艺术表演场馆	872						
图书馆与档案馆	873		20	11			
文物及非物质文化遗产保护	874						
博物馆	875		57		2		
烈士陵园、纪念馆	876						
群众文化活动	877		24		10		
其他文化艺术业	879		148	2	49		
体育	88	10	117	69	141		
体育组织	881			4			
体育场馆	882		4				
休闲健身活动	883	10	113	65	141		
其他体育	889						
娱乐业	89	190	755	51	1214	6	
室内娱乐活动	891	86	617	51	1132	6	
游乐园	892	90	40		16		
彩票活动	893						
文化、娱乐、体育经纪代理	894		58		40		
其他娱乐业	899	14	40		26		

合作经营企业(港、澳、台资)	港、澳、台商独资经营企业	港、澳、台商投资股份有限公司	其他港、澳、台投资企业	外商投资企业	中外合资经营企业	中外合作经营企业	外资企业	外商投资股份有限公司	其他外商投资企业
				7		7			
				7		7			
				7		7			
6	**42**			**156**	**122**			**34**	
				28	28				
				28	28				
	42								
	42								
				4				4	
				4				4	
				122	92			30	
				122	92			30	
6				2	2				
6				2	2				

2-11 按行业(中类)、营业状态分组的小微企业法人单位数

行业	代码	法人单位数(个)	营业	停业(歇业)	筹建	当年关闭	当年破产	其他
总计	**00**	**103678**	**92460**	**7189**	**1573**	**1214**	**248**	**994**
农、林、牧、渔业	**A**	**2198**	**1860**	**164**	**64**	**11**	**3**	**96**
农业	01	11	10	1				
谷物种植	011	9	8	1				
豆类、油料和薯类种植	012	1	1					
棉、麻、糖、烟草种植	013							
蔬菜、食用菌及园艺作物种植	014	1	1					
水果种植	015							
坚果、含油果、香料和饮料作物种植	016							
中药材种植	017							
其他农业	019							
林业	02	8	8					
林木育种和育苗	021	3	3					
造林和更新	022							
森林经营和管护	023	5	5					
木材和竹材采运	024							
林产品采集	025							
畜牧业	03	2	2					
牲畜饲养	031	2	2					
家禽饲养	032							
狩猎和捕捉动物	033							
其他畜牧业	039							
渔业	04	1	1					
水产养殖	041	1	1					
水产捕捞	042							
农、林、牧、渔服务业	05	2176	1839	163	64	11	3	96
农业服务业	051	1815	1511	143	60	8	1	92
林业服务业	052	47	40	6				1
畜牧服务业	053	283	258	14	3	3	2	3
渔业服务业	054	31	30		1			
采矿业	**B**	**1791**	**1298**	**407**	**37**	**30**	**3**	**16**
煤炭开采和洗选业	06	824	515	270	5	23		11
烟煤和无烟煤开采洗选	061	745	466	249	3	18		9
褐煤开采洗选	062	25	9	9		5		2
其他煤炭采选	069	54	40	12	2			
石油和天然气开采业	07	20	18	1	1			
石油开采	071	18	16	1	1			
天然气开采	072	2	2					
黑色金属矿采选业	08	52	37	13	1	1		
铁矿采选	081	51	37	13		1		
锰矿、铬矿采选	082							
其他黑色金属矿采选	089	1			1			
有色金属矿采选业	09	55	25	15	12		1	2
常用有色金属矿采选	091	26	13	6	5		1	1
贵金属矿采选	092	24	10	8	5			1
稀有稀土金属矿采选	093	5	2	1	2			

2-11　续表 1

行　业	代码	法人单位数(个)						
			营业	停业(歇业)	筹建	当年关闭	当年破产	其他
非金属矿采选业	10	696	587	86	16	3	2	2
土砂石开采	101	622	525	82	8	3	2	2
化学矿开采	102	1		1				
采盐	103							
石棉及其他非金属矿采选	109	73	62	3	8			
开采辅助活动	11	117	94	17	2	3		1
煤炭开采和洗选辅助活动	111	15	12	3				
石油和天然气开采辅助活动	112	89	75	11		3		
其他开采辅助活动	119	13	7	3	2			1
其他采矿业	12	27	22	5				
其他采矿业	120	27	22	5				
制造业	**C**	**23919**	**20472**	**2339**	**591**	**308**	**53**	**156**
农副食品加工业	13	4718	4268	266	86	55	12	31
谷物磨制	131	2537	2357	104	31	20	8	17
饲料加工	132	473	412	38	11	6	1	5
植物油加工	133	333	291	28	4	9		1
制糖业	134	18	9	5	1	3		
屠宰及肉类加工	135	464	423	23	12	3	1	2
水产品加工	136	24	21	2	1			
蔬菜、水果和坚果加工	137	355	315	24	10	5		1
其他农副食品加工	139	514	440	42	16	9	2	5
食品制造业	14	876	756	69	31	9	2	9
焙烤食品制造	141	133	120	7	1	3	2	
糖果、巧克力及蜜饯制造	142	24	21		1			2
方便食品制造	143	233	212	11	8	1		1
乳制品制造	144	91	74	11	4	2		
罐头食品制造	145	35	30	3	1			1
调味品、发酵制品制造	146	107	92	7	6	1		1
其他食品制造	149	253	207	30	10	2		4
酒、饮料和精制茶制造业	15	909	777	80	39	7	1	5
酒的制造	151	524	456	43	16	6		3
饮料制造	152	379	316	36	23	1	1	2
精制茶加工	153	6	5	1				
烟草制品业	16	11	11					
烟叶复烤	161	7	7					
卷烟制造	162	1	1					
其他烟草制品制造	169	3	3					
纺织业	17	299	241	42	5	2	2	7
棉纺织及印染精加工	171	44	34	9				1
毛纺织及染整精加工	172	12	11				1	
麻纺织及染整精加工	173	115	89	17	4	2	1	2
丝绢纺织及印染精加工	174	6	5					1
化纤织造及印染精加工	175	11	8	2	1			
针织或钩针编织物及其制品制造	176	30	25	4				1
家用纺织制成品制造	177	54	46	6				2
非家用纺织制成品制造	178	27	23	4				
纺织服装、服饰业	18	239	189	29	11	6		4
机织服装制造	181	148	117	18	6	4		3
针织或钩针编织服装制造	182	32	26	5		1		
服饰制造	183	59	46	6	5	1		1

2-11 续表 2

行业	代码	法人单位数(个)	营业	停业(歇业)	筹建	当年关闭	当年破产	其他
皮革、毛皮、羽毛及其制品和制鞋业	19	156	118	16	4	15	1	2
皮革鞣制加工	191	40	27		2	11		
皮革制品制造	192	21	15	5	1			
毛皮鞣制及制品加工	193	56	52	1	1	1		1
羽毛(绒)加工及制品制造	194	4	3	1				
制鞋业	195	35	21	9		3	1	1
木材加工和木、竹、藤、棕、草制品业	20	2415	2129	197	43	27	5	14
木材加工	201	1444	1289	109	21	14	4	7
人造板制造	202	283	241	24	10	5		3
木制品制造	203	629	551	57	11	7		3
竹、藤、棕、草等制品制造	204	59	48	7	1	1	1	1
家具制造业	21	438	376	41	13	7		1
木质家具制造	211	337	298	23	11	5		
竹、藤家具制造	212	1	1					
金属家具制造	213	30	25	5				
塑料家具制造	214	22	13	7		2		
其他家具制造	219	48	39	6	2			1
造纸和纸制品业	22	354	293	48	11	1		1
纸浆制造	221	8	7		1			
造纸	222	142	116	23	3			
纸制品制造	223	204	170	25	7	1		1
印刷和记录媒介复制业	23	722	668	35	7	9	1	2
印刷	231	593	548	28	7	8	1	1
装订及印刷相关服务	232	128	119	7		1		1
记录媒介复制	233	1	1					
文教、工美、体育和娱乐用品制造业	24	291	261	25	3	2		
文教办公用品制造	241	104	92	11	1			
乐器制造	242	14	13		1			
工艺美术品制造	243	152	138	11	1	2		
体育用品制造	244	13	12	1				
玩具制造	245	4	3	1				
游艺器材及娱乐用品制造	246	4	3	1				
石油加工、炼焦和核燃料加工业	25	164	132	21	9	1		1
精炼石油产品制造	251	145	121	17	6			1
炼焦	252	16	10	3	2	1		
核燃料加工	253	3	1	1	1			
化学原料和化学制品制造业	26	1195	945	161	56	20	3	10
基础化学原料制造	261	169	133	17	14	1	2	2
肥料制造	262	394	312	53	21	7		1
农药制造	263	41	38	2		1		
涂料、油墨、颜料及类似产品制造	264	168	130	30	5	2		1
合成材料制造	265	62	48	8	3	1		2
专用化学产品制造	266	273	211	42	10	6	1	3
炸药、火工及焰火产品制造	267	22	17	5				
日用化学产品制造	268	66	56	4	3	2		1
医药制造业	27	310	268	25	12	3	1	1
化学药品原料药制造	271	30	25	2	2		1	

2-11　续表 3

行　　业	代码	法　人 单位数 (个)						
			营业	停业(歇业)	筹建	当年关闭	当年破产	其他
化学药品制剂制造	272	47	41	3	2	1		
中药饮片加工	273	37	32	5				
中成药生产	274	75	70	2	1	2		
兽用药品制造	275	31	27	4				
生物药品制造	276	64	52	6	5			1
卫生材料及医药用品制造	277	26	21	3	2			
化学纤维制造业	28	29	23	4	1			1
纤维素纤维原料及纤维制造	281	8	5	3				
合成纤维制造	282	21	18	1	1			1
橡胶和塑料制品业	29	961	809	110	24	12	3	3
橡胶制品业	291	137	121	13		2	1	
塑料制品业	292	824	688	97	24	10	2	3
非金属矿物制品业	30	2851	2226	462	83	51	11	18
水泥、石灰和石膏制造	301	242	203	28	4	3	2	2
石膏、水泥制品及类似制品制造	302	702	539	121	30	8	1	3
砖瓦、石材等建筑材料制造	303	1525	1190	251	35	34	5	10
玻璃制造	304	26	17	5	3			1
玻璃制品制造	305	78	57	14	3	4		
玻璃纤维和玻璃纤维增强塑料制品制造	306	45	33	10	1	1		
陶瓷制品制造	307	36	32	3	1			
耐火材料制品制造	308	64	41	19	1	1	2	
石墨及其他非金属矿物制品制造	309	133	114	11	5		1	2
黑色金属冶炼和压延加工业	31	244	210	25	5	3		1
炼铁	311	25	18	6		1		
炼钢	312	13	12	1				
黑色金属铸造	313	78	68	8		1		1
钢压延加工	314	111	96	9	5	1		
铁合金冶炼	315	17	16	1				
有色金属冶炼和压延加工业	32	95	77	16	1	1		
常用有色金属冶炼	321	14	10	4				
贵金属冶炼	322	3	3					
稀有稀土金属冶炼	323	7	5	2				
有色金属合金制造	324	12	10	1	1			
有色金属铸造	325	11	10	1				
有色金属压延加工	326	48	39	8		1		
金属制品业	33	1267	1077	135	20	20	4	11
结构性金属制品制造	331	722	618	72	11	12	2	7
金属工具制造	332	133	113	13	3	3		1
集装箱及金属包装容器制造	333	59	53	5			1	
金属丝绳及其制品制造	334	18	14	4				
建筑、安全用金属制品制造	335	142	116	20	2	2		2
金属表面处理及热处理加工	336	39	35	1	1	2		
搪瓷制品制造	337	6	6					
金属制日用品制造	338	38	31	4	2			1
其他金属制品制造	339	110	91	16	1	1	1	
通用设备制造业	34	1859	1591	197	28	28	3	12
锅炉及原动设备制造	341	330	292	30	5	1	1	1
金属加工机械制造	342	328	294	24	5	3		2

2-11 续表 4

行　　业	代码	法人单位数（个）	营业	停业(歇业)	筹建	当年关闭	当年破产	其他
物料搬运设备制造	343	65	60	3	1	1		
泵、阀门、压缩机及类似机械制造	344	94	83	7	1	2		1
轴承、齿轮和传动部件制造	345	104	94	7	1	2		
烘炉、风机、衡器、包装等设备制造	346	140	124	11	1	3		1
文化、办公用机械制造	347	22	18	3				1
通用零部件制造	348	666	532	102	11	16	1	4
其他通用设备制造业	349	110	94	10	3		1	2
专用设备制造业	35	1571	1357	150	41	9	4	10
采矿、冶金、建筑专用设备制造	351	566	475	67	17	4	1	2
化工、木材、非金属加工专用设备制造	352	190	160	21	4			5
食品、饮料、烟草及饲料生产专用设备制造	353	65	60	5				
印刷、制药、日化及日用品生产专用设备制造	354	55	49	5			1	
纺织、服装和皮革加工专用设备制造	355	18	12	4	2			
电子和电工机械专用设备制造	356	126	113	12	1			
农、林、牧、渔专用机械制造	357	309	270	20	14	2	1	2
医疗仪器设备及器械制造	358	72	66	3	2	1		
环保、社会公共服务及其他专用设备制造	359	170	152	13	1	2	1	1
汽车制造业	36	251	208	33	9	1		
汽车整车制造	361	7	4	2	1			
改装汽车制造	362	22	19	3				
低速载货汽车制造	363	5	3	2				
电车制造	364	1	1					
汽车车身、挂车制造	365	3	2	1				
汽车零部件及配件制造	366	213	179	25	8	1		
铁路、船舶、航空航天和其他运输设备制造业	37	95	82	8	3	1		1
铁路运输设备制造	371	61	52	6	1	1		1
城市轨道交通设备制造	372							
船舶及相关装置制造	373	14	13		1			
航空、航天器及设备制造	374	11	9	1	1			
摩托车制造	375	1	1					
自行车制造	376	6	5	1				
非公路休闲车及零配件制造	377							
潜水救捞及其他未列明运输设备制造	379	2	2					
电气机械和器材制造业	38	719	622	63	24	3		7
电机制造	381	143	129	13		1		
输配电及控制设备制造	382	286	253	25	6			2
电线、电缆、光缆及电工器材制造	383	124	109	10	3	1		1
电池制造	384	24	14	4	6			
家用电力器具制造	385	46	41	2	2			1
非电力家用器具制造	386	24	16	2	4	1		1
照明器具制造	387	36	30	4	2			
其他电气机械及器材制造	389	36	30	3	1			2
计算机、通信和其他电子设备制造业	39	143	130	4	6	2		1
计算机制造	391	28	25	1	1			1
通信设备制造	392	24	21	2	1			
广播电视设备制造	393	4	3		1			
雷达及配套设备制造	394	4	3		1			
视听设备制造	395	2	2					

2-11　续表 5

行　　业	代码	法　人单位数（个）						
			营业	停业(歇业)	筹建	当年关闭	当年破产	其他
电子器件制造	396	19	17		2			
电子元件制造	397	17	15			2		
其他电子设备制造	399	45	44	1				
仪器仪表制造业	40	198	176	16	1	2		3
通用仪器仪表制造	401	131	119	8	1	1		2
专用仪器仪表制造	402	35	31	3				1
钟表与计时仪器制造	403	3	1	2				
光学仪器及眼镜制造	404	6	6					
其他仪器仪表制造业	409	23	19	3		1		
其他制造业	41	221	183	27	8	3		
日用杂品制造	411	16	14	2				
煤制品制造	412	91	72	15	4			
核辐射加工	413							
其他未列明制造业	419	114	97	10	4	3		
废弃资源综合利用业	42	82	66	10	5	1		
金属废料和碎屑加工处理	421	44	38	4	2			
非金属废料和碎屑加工处理	422	38	28	6	3	1		
金属制品、机械和设备修理业	43	236	203	24	2	7		
金属制品修理	431	13	9	3		1		
通用设备修理	432	34	26	6		2		
专用设备修理	433	76	70	4	1	1		
铁路、船舶、航空航天等运输设备修理	434	27	25	1		1		
电气设备修理	435	25	23	2				
仪器仪表修理	436	4	4					
其他机械和设备修理业	439	57	46	8	1	2		
电力、热力、燃气及水生产和供应业	D	**1206**	**1097**	**36**	**44**	**10**	**2**	**17**
电力、热力生产和供应业	44	803	729	27	26	9	2	10
电力生产	441	226	187	12	18	2		7
电力供应	442	157	149	7		1		
热力生产和供应	443	420	393	8	8	6	2	3
燃气生产和供应业	45	151	129	4	12	1		5
燃气生产和供应业	450	151	129	4	12	1		5
水的生产和供应业	46	252	239	5	6			2
自来水生产和供应	461	173	173					
污水处理及其再生利用	462	70	58	4	6			2
其他水的处理、利用与分配	469	9	8	1				
建筑业	E	**5793**	**5083**	**399**	**57**	**169**	**15**	**70**
房屋建筑业	47	1570	1397	101	13	42	3	14
房屋建筑业	470	1570	1397	101	13	42	3	14
土木工程建筑业	48	931	803	75	13	25	2	13
铁路、道路、隧道和桥梁工程建筑	481	375	332	25	5	9		4
水利和内河港口工程建筑	482	158	135	14	2	4		3
海洋工程建筑	483							
工矿工程建筑	484	28	25	3				
架线和管道工程建筑	485	142	126	10		4		2
其他土木工程建筑	489	228	185	23	6	8	2	4
建筑安装业	49	1050	929	52	9	41	5	14
电气安装	491	318	285	13	2	14	1	3
管道和设备安装	492	274	240	17	3	8		6
其他建筑安装业	499	458	404	22	4	19	4	5

2–11 续表 6

行　业	代码	法人单位数（个）	营业	停业(歇业)	筹建	当年关闭	当年破产	其他
建筑装饰和其他建筑业	50	2242	1954	171	22	61	5	29
建筑装饰业	501	1606	1412	110	20	41	4	19
工程准备活动	502	264	225	29		6		4
提供施工设备服务	503	68	54	9	1	3		1
其他未列明建筑业	509	304	263	23	1	11	1	5
批发和零售业	**F**	**37540**	**34208**	**2189**	**388**	**362**	**95**	**298**
批发业	51	22796	20471	1587	259	238	59	182
农、林、牧产品批发	511	4857	4365	328	69	36	12	47
食品、饮料及烟草制品批发	512	2137	1935	122	40	21	5	14
纺织、服装及家庭用品批发	513	1485	1346	96	19	11		13
文化、体育用品及器材批发	514	439	410	19	2	6		2
医药及医疗器材批发	515	794	748	31	8	3	1	3
矿产品、建材及化工产品批发	516	6274	5495	548	68	89	22	52
机械设备、五金产品及电子产品批发	517	4184	3886	205	25	37	7	24
贸易经纪与代理	518	1132	983	101	11	17	6	14
其他批发业	519	1494	1303	137	17	18	6	13
零售业	52	14744	13737	602	129	124	36	116
综合零售	521	1329	1193	85	14	12	6	19
食品、饮料及烟草制品专门零售	522	1444	1317	79	18	18	5	7
纺织、服装及日用品专门零售	523	1142	1057	49	12	7	6	11
文化、体育用品及器材专门零售	524	591	542	27	9	3	2	8
医药及医疗器材专门零售	525	2654	2571	50	11	8	2	12
汽车、摩托车、燃料及零配件专门零售	526	2491	2321	92	38	24	5	11
家用电器及电子产品专门零售	527	2037	1945	53	4	14	3	18
五金、家具及室内装饰材料专门零售	528	1765	1621	92	9	28	4	11
货摊、无店铺及其他零售业	529	1291	1170	75	14	10	3	19
交通运输、仓储和邮政业	**G**	**3795**	**3442**	**225**	**52**	**33**	**6**	**37**
道路运输业	54	2219	2025	117	30	20	3	24
城市公共交通运输	541	420	405	10	4	1		
公路旅客运输	542	177	175	1				1
道路货物运输	543	1387	1235	94	23	15	2	18
道路运输辅助活动	544	235	210	12	3	4	1	5
水上运输业	55	60	50	9		1		
水上旅客运输	551	22	17	5				
水上货物运输	552	21	18	3				
水上运输辅助活动	553	17	15	1		1		
航空运输业	56	44	43		1			
航空客货运输	561	13	13					
通用航空服务	562	15	15					
航空运输辅助活动	563	16	15		1			
管道运输业	57	8	8					
管道运输业	570	8	8					
装卸搬运和运输代理业	58	528	461	49	9	3	2	4
装卸搬运	581	164	134	25	1	2	1	1
运输代理业	582	364	327	24	8	1	1	3

2-11　续表 7

行　　业	代码	法　人单位数(个)	营业	停业(歇业)	筹建	当年关闭	当年破产	其他
仓储业	59	691	617	46	12	7	1	8
谷物、棉花等农产品仓储	591	500	453	27	11	3	1	5
其他仓储业	599	191	164	19	1	4		3
邮政业	60	245	238	4		2		1
邮政基本服务	601	20	18	1				1
快递服务	602	225	220	3		2		
住宿和餐饮业	H	**2533**	**2362**	**98**	**34**	**24**	**8**	**7**
住宿业	61	1184	1101	47	18	9	6	3
旅游饭店	611	362	321	23	11	2	4	1
一般旅馆	612	711	678	20	7	3	2	1
其他住宿业	619	111	102	4		4		1
餐饮业	62	1349	1261	51	16	15	2	4
正餐服务	621	1142	1074	36	13	14	2	3
快餐服务	622	89	85	3		1		
饮料及冷饮服务	623	26	25		1			
其他餐饮业	629	92	77	12	2			1
信息传输、软件和信息技术服务业	I	**2458**	**2331**	**67**	**22**	**18**	**5**	**15**
电信、广播电视和卫星传输服务	63	178	170	2		1	1	4
电信	631	111	108	1		1		1
广播电视传输服务	632	62	57	1			1	3
卫星传输服务	633	5	5					
互联网和相关服务	64	250	230	11		8		1
互联网接入及相关服务	641	49	46	2		1		
互联网信息服务	642	130	118	8		4		
其他互联网服务	649	71	66	1		3		1
软件和信息技术服务业	65	2030	1931	54	22	9	4	10
软件开发	651	1442	1391	26	11	8	3	3
信息系统集成服务	652	117	112	2				3
信息技术咨询服务	653	271	245	16	6	1		3
数据处理和存储服务	654	28	25	1	2			
集成电路设计	655	16	16					
其他信息技术服务业	659	156	142	9	3		1	1
房地产业	K	**5150**	**4591**	**319**	**52**	**84**	**14**	**90**
房地产业	70	5150	4591	319	52	84	14	90
房地产开发经营	701	2117	1817	160	9	60	3	68
物业管理	702	2014	1863	87	35	12	6	11
房地产中介服务	703	906	818	58	6	10	5	9
自有房地产经营活动	704							
其他房地产业	709	113	93	14	2	2		2
租赁和商务服务业	L	**8104**	**7319**	**496**	**108**	**83**	**17**	**81**
租赁业	71	759	668	62	15	8	1	5
机械设备租赁	711	743	654	61	15	7	1	5
文化及日用品出租	712	16	14	1		1		
商务服务业	72	7345	6651	434	93	75	16	76
企业管理服务	721	775	686	40	18	11	1	19
法律服务	722	191	183	5	1			2
咨询与调查	723	1725	1587	81	17	23	3	14
广告业	724	1616	1486	88	14	13	1	14
知识产权服务	725	53	48	4	1			

2-11 续表 8

行 业	代码	法人单位数(个)						
			营业	停业(歇业)	筹建	当年关闭	当年破产	其他
人力资源服务	726	769	669	72	7	9	4	8
旅行社及相关服务	727	684	613	44	16	6		5
安全保护服务	728	112	103	5	2	1		1
其他商务服务业	729	1420	1276	95	17	12	7	13
科学研究和技术服务业	M	**3761**	**3355**	**219**	**66**	**30**	**10**	**81**
研究和试验发展	73	302	262	22	5	5		8
自然科学研究和试验发展	731	30	25	3	1	1		
工程和技术研究和试验发展	732	143	127	9	2	1		4
农业科学研究和试验发展	733	95	81	6	2	3		3
医学研究和试验发展	734	29	25	3				1
社会人文科学研究	735	5	4	1				
专业技术服务业	74	2061	1914	76	28	18	6	19
气象服务	741	13	11	1		1		
地震服务	742	4	3			1		
海洋服务	743							
测绘服务	744	153	141	9	1			2
质检技术服务	745	286	266	7	9	3		1
环境与生态监测	746	45	39	3	1		2	
地质勘查	747	78	67	7	3	1		
工程技术	748	755	704	27	6	6	3	9
其他专业技术服务业	749	727	683	22	8	6	1	7
科技推广和应用服务业	75	1398	1179	121	33	7	4	54
技术推广服务	751	1089	919	84	30	5	2	49
科技中介服务	752	81	73	6	1			1
其他科技推广和应用服务业	759	228	187	31	2	2	2	4
水利、环境和公共设施管理业	N	**568**	**480**	**50**	**19**	**10**	**3**	**6**
水利管理业	76	65	59	4			1	1
防洪除涝设施管理	761	8	7	1				
水资源管理	762	17	15	1				1
天然水收集与分配	763	7	6	1				
水文服务	764	5	5					
其他水利管理业	769	28	26	1			1	
生态保护和环境治理业	77	59	47	5	4	1	1	1
生态保护	771	11	8	1	1			1
环境治理业	772	48	39	4	3	1	1	
公共设施管理业	78	444	374	41	15	9	1	4
市政设施管理	781	63	54	5	4			
环境卫生管理	782	42	35	4	3			
城乡市容管理	783	15	13	1			1	
绿化管理	784	233	203	18	3	6		3
公园和游览景区管理	785	91	69	13	5	3		1
居民服务、修理和其他服务业	O	**2231**	**2073**	**97**	**24**	**20**	**5**	**12**
居民服务业	79	1051	979	46	10	6	2	8
家庭服务	791	186	170	14	1	1		
托儿所服务	792	14	13					1
洗染服务	793	37	28	6	2			1
理发及美容服务	794	192	188	1	1			2
洗浴服务	795	203	191	9		2	1	

2-11 续表 9

行业	代码	法人单位数(个)	营业	停业(歇业)	筹建	当年关闭	当年破产	其他
保健服务	796	19	17	1	1			
婚姻服务	797	99	92	4	1	1		1
殡葬服务	798	91	88	1	1			1
其他居民服务业	799	210	192	10	3	2	1	2
机动车、电子产品和日用产品修理业	80	830	781	29	5	10	1	4
汽车、摩托车修理与维护	801	643	606	20	5	10		2
计算机和办公设备维修	802	80	76	2				2
家用电器修理	803	54	52	2				
其他日用产品修理业	809	53	47	5			1	
其他服务业	81	350	313	22	9	4	2	
清洁服务	811	224	199	14	7	3	1	
其他未列明服务业	819	126	114	8	2	1	1	
卫生和社会工作	**Q**	**60**	**50**	**7**	**1**			**2**
社会工作	84	60	50	7	1			2
提供住宿社会工作	841	58	49	6	1			2
不提供住宿社会工作	842	2	1	1				
文化、体育和娱乐业	**R**	**2571**	**2439**	**77**	**14**	**22**	**9**	**10**
新闻和出版业	85	61	57	3				1
新闻业	851	6	5	1				
出版业	852	55	52	2				1
广播、电视、电影和影视录音制作业	86	142	127	10			5	
广播	861	12	9	1			2	
电视	862	13	13					
电影和影视节目制作	863	48	45	1			2	
电影和影视节目发行	864	4	4					
电影放映	865	43	36	6			1	
录音制作	866	22	20	2				
文化艺术业	87	227	208	10	4	4		1
文艺创作与表演	871	55	49	4	1	1		
艺术表演场馆	872	6	6					
图书馆与档案馆	873	10	9					1
文物及非物质文化遗产保护	874	4	4					
博物馆	875	7	6		1			
烈士陵园、纪念馆	876	2	2					
群众文化活动	877	21	19	2				
其他文化艺术业	879	122	113	4	2	3		
体育	88	80	68	7	3	1		1
体育组织	881	2	2					
体育场馆	882	6	5	1				
休闲健身活动	883	69	58	6	3	1		1
其他体育	889	3	3					
娱乐业	89	2061	1979	47	7	17	4	7
室内娱乐活动	891	1946	1886	33	2	17	3	5
游乐园	892	16	12	4				
彩票活动	893							
文化、娱乐、体育经纪代理	894	62	52	5	2		1	2
其他娱乐业	899	37	29	5	3			

2-12 按行业(中类)、营业状态分组的小微企业法人单位从业人员数

行 业	代码	从业人员数(人)	营业	停业(歇业)	筹建	当年关闭	当年破产	其他
总 计	00	**2049924**	**1923906**	**76470**	**23593**	**9469**	**2126**	**14360**
农、林、牧、渔业	A	**54467**	**51532**	**1398**	**803**	**55**	**20**	**659**
农业	01	8890	8880	10				
谷物种植	011	8409	8399	10				
豆类、油料和薯类种植	012	471	471					
棉、麻、糖、烟草种植	013							
蔬菜、食用菌及园艺作物种植	014	10	10					
水果种植	015							
坚果、含油果、香料和饮料作物种植	016							
中药材种植	017							
其他农业	019							
林业	02	20699	20699					
林木育种和育苗	021	931	931					
造林和更新	022							
森林经营和管护	023	19768	19768					
木材和竹材采运	024							
林产品采集	025							
畜牧业	03	17	17					
牲畜饲养	031	17	17					
家禽饲养	032							
狩猎和捕捉动物	033							
其他畜牧业	039							
渔业	04	6	6					
水产养殖	041	6	6					
水产捕捞	042							
农、林、牧、渔服务业	05	24855	21930	1388	803	55	20	659
农业服务业	051	20098	17715	1246	489	34	5	609
林业服务业	052	624	568	55				1
畜牧服务业	053	3839	3363	87	304	21	15	49
渔业服务业	054	294	284		10			
采矿业	B	**80993**	**69518**	**7599**	**1650**	**1794**	**23**	**409**
煤炭开采和洗选业	06	49784	41821	5779	95	1754		335
烟煤和无烟煤开采洗选	061	45242	38477	5254	61	1151		299
褐煤开采洗选	062	2257	1447	171		603		36
其他煤炭采选	069	2285	1897	354	34			
石油和天然气开采业	07	1221	1193	25	3			
石油开采	071	1189	1161	25	3			
天然气开采	072	32	32					
黑色金属矿采选业	08	2727	2264	428	5	30		
铁矿采选	081	2722	2264	428		30		
锰矿、铬矿采选	082							
其他黑色金属矿采选	089	5			5			
有色金属矿采选业	09	3184	1970	182	1011		2	19
常用有色金属矿采选	091	1430	1019	106	297		2	6
贵金属矿采选	092	912	814	66	19			13
稀有稀土金属矿采选	093	842	137	10	695			

2-12 续表 1

行业	代码	从业人员数(人)	营业	停业(歇业)	筹建	当年关闭	当年破产	其他
非金属矿采选业	10	19270	17649	1018	526	6	21	50
土砂石开采	101	15139	14032	977	53	6	21	50
化学矿开采	102	8		8				
采盐	103							
石棉及其他非金属矿采选	109	4123	3617	33	473			
开采辅助活动	11	4262	4109	134	10	4		5
煤炭开采和洗选辅助活动	111	762	678	84				
石油和天然气开采辅助活动	112	2741	2692	45		4		
其他开采辅助活动	119	759	739	5	10			5
其他采矿业	12	545	512	33				
其他采矿业	120	545	512	33				
制造业	**C**	**844312**	**786672**	**38013**	**10164**	**3862**	**744**	**4857**
农副食品加工业	13	163978	158239	3315	1121	670	35	598
谷物磨制	131	79122	77073	1060	275	348	30	336
饲料加工	132	16113	15324	389	196	98	1	105
植物油加工	133	15472	14981	347	47	92		5
制糖业	134	986	591	328	57	10		
屠宰及肉类加工	135	19901	19346	395	101	17	1	41
水产品加工	136	320	258	47	15			
蔬菜、水果和坚果加工	137	14474	14108	268	71	15		12
其他农副食品加工	139	17590	16558	481	359	90	3	99
食品制造业	14	33591	31612	1163	508	66	141	101
焙烤食品制造	141	4048	3557	340	2	8	141	
糖果、巧克力及蜜饯制造	142	797	751		7			39
方便食品制造	143	8452	8085	179	118	40		30
乳制品制造	144	5818	5653	94	61	10		
罐头食品制造	145	1458	1360	89	3			6
调味品、发酵制品制造	146	4135	4020	25	85	1		4
其他食品制造	149	8883	8186	436	232	7		22
酒、饮料和精制茶制造业	15	37439	34730	1636	633	246	1	193
酒的制造	151	24404	22824	870	312	240		158
饮料制造	152	12693	11570	760	321	6	1	35
精制茶加工	153	342	336	6				
烟草制品业	16	2808	2808					
烟叶复烤	161	965	965					
卷烟制造	162	1684	1684					
其他烟草制品制造	169	159	159					
纺织业	17	13141	11087	1574	89	3	194	194
棉纺织及印染精加工	171	1925	1568	354				3
毛纺织及染整精加工	172	535	531				4	
麻纺织及染整精加工	173	4727	3611	837	73	3	190	13
丝绢纺织及印染精加工	174	188	187					1
化纤织造及印染精加工	175	272	250	6	16			
针织或钩针编织物及其制品制造	176	1077	834	238				5
家用纺织制成品制造	177	3215	2976	67				172
非家用纺织制成品制造	178	1202	1130	72				
纺织服装、服饰业	18	9976	8593	388	446	254		295
机织服装制造	181	5897	4782	287	435	139		254
针织或钩针编织服装制造	182	1773	1689	39		45		
服饰制造	183	2306	2122	62	11	70		41

2-12 续表 2

行 业	代码	从业人员数(人)						
			营业	停业(歇业)	筹建	当年关闭	当年破产	其他
皮革、毛皮、羽毛及其制品和制鞋业	19	6154	5335	229	98	433	30	29
皮革鞣制加工	191	1643	1223		15	405		
皮革制品制造	192	473	415	47	11			
毛皮鞣制及制品加工	193	3198	3040	48	72	20		18
羽毛(绒)加工及制品制造	194	130	118	12				
制鞋业	195	710	539	122		8	30	11
木材加工和木、竹、藤、棕、草制品业	20	103345	98263	3958	501	281	44	298
木材加工	201	58486	55872	2007	349	94	43	121
人造板制造	202	18122	17234	687	87	54		60
木制品制造	203	25372	24012	1060	57	132		111
竹、藤、棕、草等制品制造	204	1365	1145	204	8	1	1	6
家具制造业	21	16584	15565	593	214	210		2
木质家具制造	211	14581	13907	342	138	194		
竹、藤家具制造	212	40	40					
金属家具制造	213	535	501	34				
塑料家具制造	214	314	261	37		16		
其他家具制造	219	1114	856	180	76			2
造纸和纸制品业	22	13355	11712	1022	119	15		487
纸浆制造	221	228	226		2			
造纸	222	5679	5093	497	89			
纸制品制造	223	7448	6393	525	28	15		487
印刷和记录媒介复制业	23	16624	15732	650	67	156	1	18
印刷	231	14148	13419	494	67	152	1	15
装订及印刷相关服务	232	2434	2271	156		4		3
记录媒介复制	233	42	42					
文教、工美、体育和娱乐用品制造业	24	12468	11708	734	7	19		
文教办公用品制造	241	4902	4408	493	1			
乐器制造	242	444	443		1			
工艺美术品制造	243	6054	5816	214	5	19		
体育用品制造	244	603	589	14				
玩具制造	245	312	309	3				
游艺器材及娱乐用品制造	246	153	143	10				
石油加工、炼焦和核燃料加工业	25	4441	4106	161	158	6		10
精炼石油产品制造	251	3579	3392	151	26			10
炼焦	252	768	635	6	121	6		
核燃料加工	253	94	79	4	11			
化学原料和化学制品制造业	26	37423	32584	3176	1220	262	3	178
基础化学原料制造	261	6919	5434	1092	362	1	2	28
肥料制造	262	12813	11397	733	649	26		8
农药制造	263	2372	2191	160		21		
涂料、油墨、颜料及类似产品制造	264	3632	3138	459	28	4		3
合成材料制造	265	1344	1212	71	29	1		31
专用化学产品制造	266	7526	6629	507	118	186	1	85
炸药、火工及焰火产品制造	267	1325	1263	62				
日用化学产品制造	268	1492	1320	92	34	23		23
医药制造业	27	20768	19296	780	370	277	39	6
化学药品原料药制造	271	1565	1501	23	2		39	

2-12 续表 3

行业	代码	从业人员数(人)						
			营业	停业(歇业)	筹建	当年关闭	当年破产	其他
化学药品制剂制造	272	4793	4489	181	88	35		
中药饮片加工	273	1793	1699	94				
中成药生产	274	7198	6614	337	5	242		
兽用药品制造	275	1455	1377	78				
生物药品制造	276	2897	2723	12	156			6
卫生材料及医药用品制造	277	1067	893	55	119			
化学纤维制造业	28	1239	1171	61	6			1
纤维素纤维原料及纤维制造	281	145	137	8				
合成纤维制造	282	1094	1034	53	6			1
橡胶和塑料制品业	29	29315	27070	1548	547	56	13	81
橡胶制品业	291	3776	3559	202		4	11	
塑料制品业	292	25539	23511	1346	547	52	2	81
非金属矿物制品业	30	107014	96391	8024	1461	435	113	590
水泥、石灰和石膏制造	301	13200	12160	916	47	2	41	34
石膏、水泥制品及类似制品制造	302	20866	18839	1537	290	136	1	63
砖瓦、石材等建筑材料制造	303	56522	50156	4826	816	287	68	369
玻璃制造	304	625	444	60	95			26
玻璃制品制造	305	3475	3389	54	26	6		
玻璃纤维和玻璃纤维增强塑料制品制造	306	1525	1265	256	1	3		
陶瓷制品制造	307	1715	1576	9	130			
耐火材料制品制造	308	1604	1367	229	5	1	2	
石墨及其他非金属矿物制品制造	309	7482	7195	137	51		1	98
黑色金属冶炼和压延加工业	31	9143	8754	323	27	9		30
炼铁	311	845	828	12		5		
炼钢	312	528	489	39				
黑色金属铸造	313	3402	3233	138		1		30
钢压延加工	314	3819	3656	133	27	3		
铁合金冶炼	315	549	548	1				
有色金属冶炼和压延加工业	32	3667	3173	378	113	3		
常用有色金属冶炼	321	535	290	245				
贵金属冶炼	322	59	59					
稀有稀土金属冶炼	323	423	302	121				
有色金属合金制造	324	593	479	1	113			
有色金属铸造	325	219	216	3				
有色金属压延加工	326	1838	1827	8		3		
金属制品业	33	32562	30107	1452	304	106	61	532
结构性金属制品制造	331	16778	15749	454	240	60	4	271
金属工具制造	332	3507	2932	341	16	7		211
集装箱及金属包装容器制造	333	2543	2508	13			22	
金属丝绳及其制品制造	334	700	653	47				
建筑、安全用金属制品制造	335	3635	3169	368	14	36		48
金属表面处理及热处理加工	336	1395	1347	44	2	2		
搪瓷制品制造	337	217	217					
金属制日用品制造	338	701	602	70	27			2
其他金属制品制造	339	3086	2930	115	5	1	35	
通用设备制造业	34	53128	49626	2529	673	122	17	161
锅炉及原动设备制造	341	10973	10373	373	183	1	15	28
金属加工机械制造	342	7736	7248	337	107	9		35

2-12 续表 4

行 业	代码	从 业 人员数 (人)						
			营业	停业(歇业)	筹建	当年关闭	当年破产	其他
物料搬运设备制造	343	2830	2812	9	4	5		
泵、阀门、压缩机及类似机械制造	344	3295	3170	110	12	2		1
轴承、齿轮和传动部件制造	345	8863	8793	54	12	4		
烘炉、风机、衡器、包装等设备制造	346	3278	2882	351	3	14		28
文化、办公用机械制造	347	503	493	8				2
通用零部件制造	348	12052	10714	947	249	87	1	54
其他通用设备制造业	349	3598	3141	340	103		1	13
专用设备制造业	35	46660	44037	1926	450	21	52	174
采矿、冶金、建筑专用设备制造	351	16197	15337	733	117	5	1	4
化工、木材、非金属加工专用设备制造	352	4821	4426	313	16			66
食品、饮料、烟草及饲料生产专用设备制造	353	2346	2248	98				
印刷、制药、日化及日用品生产专用设备制造	354	1059	981	36			42	
纺织、服装和皮革加工专用设备制造	355	368	331	24	13			
电子和电工机械专用设备制造	356	3182	2864	290	28			
农、林、牧、渔专用机械制造	357	12232	11665	310	149	3	6	99
医疗仪器设备及器械制造	358	1740	1614	19	107			
环保、社会公共服务及其他专用设备制造	359	4715	4571	103	20	13	3	5
汽车制造业	36	10268	9447	325	495	1		
汽车整车制造	361	191	63	8	120			
改装汽车制造	362	931	895	36				
低速载货汽车制造	363	65	52	13				
电车制造	364	22	22					
汽车车身、挂车制造	365	234	214	20				
汽车零部件及配件制造	366	8825	8201	248	375	1		
铁路、船舶、航空航天和其他运输设备制造业	37	14993	14187	224	144	8		430
铁路运输设备制造	371	8831	8075	216	102	8		430
城市轨道交通设备制造	372							
船舶及相关装置制造	373	752	740		12			
航空、航天器及设备制造	374	5295	5263	2	30			
摩托车制造	375	6	6					
自行车制造	376	71	65	6				
非公路休闲车及零配件制造	377							
潜水救捞及其他未列明运输设备制造	379	38	38					
电气机械和器材制造业	38	22756	21167	1010	275	55		249
电机制造	381	4143	3997	93		53		
输配电及控制设备制造	382	8569	7921	508	88			52
电线、电缆、光缆及电工器材制造	383	5336	5207	52	20	1		56
电池制造	384	859	721	106	32			
家用电力器具制造	385	1261	1212	12	34			3
非电力家用器具制造	386	433	280	15	91	1		46
照明器具制造	387	1290	1065	219	6			
其他电气机械及器材制造	389	865	764	5	4			92
计算机、通信和其他电子设备制造业	39	4057	3946	22	28	56		5
计算机制造	391	563	547	5	6			5
通信设备制造	392	801	787	12	2			
广播电视设备制造	393	65	62		3			
雷达及配套设备制造	394	23	21		2			
视听设备制造	395	10	10					

2-12　续表 5

行　　业	代码	从　业 人员数 (人)	营业	停业(歇业)	筹建	当年关闭	当年破产	其他
电子器件制造	396	551	536		15			
电子元件制造	397	540	484			56		
其他电子设备制造	399	1504	1499	5				
仪器仪表制造业	40	5475	5016	240	10	14		195
通用仪器仪表制造	401	3402	3037	152	10	13		190
专用仪器仪表制造	402	1230	1180	45				5
钟表与计时仪器制造	403	34	20	14				
光学仪器及眼镜制造	404	221	221					
其他仪器仪表制造业	409	588	558	29		1		
其他制造业	41	4747	4359	336	43	9		
日用杂品制造	411	334	325	9				
煤制品制造	412	1441	1306	124	11			
核辐射加工	413							
其他未列明制造业	419	2972	2728	203	32	9		
废弃资源综合利用业	42	2025	1903	91	31			
金属废料和碎屑加工处理	421	1312	1286	8	18			
非金属废料和碎屑加工处理	422	713	617	83	13			
金属制品、机械和设备修理业	43	5168	4948	145	6	69		
金属制品修理	431	237	223	9		5		
通用设备修理	432	736	686	39		11		
专用设备修理	433	1568	1548	16	3	1		
铁路、船舶、航空航天等运输设备修理	434	965	880	35		50		
电气设备修理	435	495	487	8				
仪器仪表修理	436	152	152					
其他机械和设备修理业	439	1015	972	38	3	2		
电力、热力、燃气及水生产和供应业	**D**	**61959**	**59811**	**747**	**582**	**16**	**43**	**760**
电力、热力生产和供应业	44	44448	42885	556	400	13	43	551
电力生产	441	10428	9788	158	318	3		161
电力供应	442	12104	11816	283		5		
热力生产和供应	443	21916	21281	115	82	5	43	390
燃气生产和供应业	45	6295	5949	47	109	3		187
燃气生产和供应业	450	6295	5949	47	109	3		187
水的生产和供应业	46	11216	10977	144	73			22
自来水生产和供应	461	9252	9252					
污水处理及其再生利用	462	1815	1584	136	73			22
其他水的处理、利用与分配	469	149	141	8				
建筑业	**E**	**229752**	**223247**	**3404**	**333**	**716**	**447**	**1605**
房屋建筑业	47	119511	116869	1151	69	243	388	791
房屋建筑业	470	119511	116869	1151	69	243	388	791
土木工程建筑业	48	46392	44684	1069	68	158	12	401
铁路、道路、隧道和桥梁工程建筑	481	22377	21738	583	23	1		32
水利和内河港口工程建筑	482	8224	8037	169	10	3		5
海洋工程建筑	483							
工矿工程建筑	484	1976	1943	33				
架线和管道工程建筑	485	8961	8724	85		129		23
其他土木工程建筑	489	4854	4242	199	35	25	12	341
建筑安装业	49	32091	31205	328	115	226	21	196
电气安装	491	10611	10484	53	12	5	6	51
管道和设备安装	492	9781	9455	145	55	49		77
其他建筑安装业	499	11699	11266	130	48	172	15	68

2-12 续表 6

行业	代码	从业人员数(人)						
			营业	停业(歇业)	筹建	当年关闭	当年破产	其他
建筑装饰和其他建筑业	50	31758	30489	856	81	89	26	217
建筑装饰业	501	21870	21038	486	78	80	24	164
工程准备活动	502	3458	3305	139		1		13
提供施工设备服务	503	1048	963	78	2	2		3
其他未列明建筑业	509	5382	5183	153	1	6	2	37
批发和零售业	**F**	**354544**	**329044**	**14287**	**6494**	**1790**	**485**	**2444**
批发业	51	232086	216292	10619	2103	1300	262	1510
农、林、牧产品批发	511	75357	71468	2451	595	255	67	521
食品、饮料及烟草制品批发	512	24435	22992	752	398	99	32	162
纺织、服装及家庭用品批发	513	14183	13409	510	150	47		67
文化、体育用品及器材批发	514	3983	3677	184	94	6		22
医药及医疗器材批发	515	7930	7684	206	28	5	2	5
矿产品、建材及化工产品批发	516	53555	48748	3245	524	531	94	413
机械设备、五金产品及电子产品批发	517	31536	29188	1793	183	210	31	131
贸易经纪与代理	518	8528	7816	507	25	77	28	75
其他批发业	519	12579	11310	971	106	70	8	114
零售业	52	122458	112752	3668	4391	490	223	934
综合零售	521	18982	17999	588	92	30	30	243
食品、饮料及烟草制品专门零售	522	12153	11125	708	92	102	21	105
纺织、服装及日用品专门零售	523	10284	9791	248	95	17	51	82
文化、体育用品及器材专门零售	524	9047	5157	163	3642	19	6	60
医药及医疗器材专门零售	525	16270	15920	198	33	24	7	88
汽车、摩托车、燃料及零配件专门零售	526	20497	19491	511	251	98	74	72
家用电器及电子产品专门零售	527	14664	14176	302	20	46	10	110
五金、家具及室内装饰材料专门零售	528	11099	10276	568	68	111	6	70
货摊、无店铺及其他零售业	529	9462	8817	382	98	43	18	104
交通运输、仓储和邮政业	**G**	**79022**	**75939**	**1567**	**723**	**220**	**10**	**563**
道路运输业	54	46493	45001	648	385	101	8	350
城市公共交通运输	541	12512	12320	180	11	1		
公路旅客运输	542	6759	6731	10				18
道路货物运输	543	21199	20270	384	354	49	7	135
道路运输辅助活动	544	6023	5680	74	20	51	1	197
水上运输业	55	1224	1159	64		1		
水上旅客运输	551	427	411	16				
水上货物运输	552	298	278	20				
水上运输辅助活动	553	499	470	28		1		
航空运输业	56	3490	3408		82			
航空客货运输	561	2383	2383					
通用航空服务	562	389	389					
航空运输辅助活动	563	718	636		82			
管道运输业	57	484	484					
管道运输业	570	484	484					
装卸搬运和运输代理业	58	7138	6794	211	61	20	1	51
装卸搬运	581	3914	3734	140	20	19		1
运输代理业	582	3224	3060	71	41	1	1	50

2-12　续表 7

行　　业	代码	从　业人员数（人）	营业	停业(歇业)	筹建	当年关闭	当年破产	其他
仓储业	59	16226	15166	621	195	87	1	156
谷物、棉花等农产品仓储	591	13774	13011	457	190	82	1	33
其他仓储业	599	2452	2155	164	5	5		123
邮政业	60	3967	3927	23		11		6
邮政基本服务	601	1238	1231	1				6
快递服务	602	2729	2696	22		11		
住宿和餐饮业	**H**	**54548**	**52096**	**1181**	**752**	**256**	**169**	**94**
住宿业	61	28507	26979	580	622	132	159	35
旅游饭店	611	14448	13552	418	296	24	146	12
一般旅馆	612	11807	11231	135	326	87	13	15
其他住宿业	619	2252	2196	27		21		8
餐饮业	62	26041	25117	601	130	124	10	59
正餐服务	621	23066	22266	517	108	116	10	49
快餐服务	622	1424	1403	13		8		
饮料及冷饮服务	623	344	334		10			
其他餐饮业	629	1207	1114	71	12			10
信息传输、软件和信息技术服务业	**I**	**25534**	**24865**	**380**	**79**	**50**	**10**	**150**
电信、广播电视和卫星传输服务	63	4036	3977	11		5		43
电信	631	2091	2060	9		5		17
广播电视传输服务	632	1879	1851	2				26
卫星传输服务	633	66	66					
互联网和相关服务	64	2070	2003	29		28		10
互联网接入及相关服务	641	483	466	4		13		
互联网信息服务	642	936	906	23		7		
其他互联网服务	649	651	631	2		8		10
软件和信息技术服务业	65	19428	18885	340	79	17	10	97
软件开发	651	13981	13791	95	35	16	7	37
信息系统集成服务	652	1106	1081	8				17
信息技术咨询服务	653	2358	2105	194	17	1		41
数据处理和存储服务	654	404	381	1	22			
集成电路设计	655	166	166					
其他信息技术服务业	659	1413	1361	42	5		3	2
房地产业	**K**	**86638**	**82280**	**2646**	**373**	**203**	**66**	**1070**
房地产业	70	86638	82280	2646	373	203	66	1070
房地产开发经营	701	37105	34169	1850	85	79	31	891
物业管理	702	42718	41760	484	257	99	21	97
房地产中介服务	703	5713	5389	201	15	22	14	72
自有房地产经营活动	704							
其他房地产业	709	1102	962	111	16	3		10
租赁和商务服务业	**L**	**88194**	**83972**	**2445**	**756**	**241**	**33**	**747**
租赁业	71	6605	6156	294	107	16	2	30
机械设备租赁	711	6413	5967	292	107	15	2	30
文化及日用品出租	712	192	189	2		1		
商务服务业	72	81589	77816	2151	649	225	31	717
企业管理服务	721	16755	16134	196	141	44	2	238
法律服务	722	1314	1274	16	2			22
咨询与调查	723	11150	10582	322	51	69	8	118
广告业	724	10307	9635	407	118	20	4	123
知识产权服务	725	330	320	8	2			

2-12 续表 8

行　业	代码	从业人员数（人）						
			营业	停业(歇业)	筹建	当年关闭	当年破产	其他
人力资源服务	726	10587	9906	582	22	29	6	42
旅行社及相关服务	727	6304	5797	191	241	40		35
安全保护服务	728	9747	9712	11	2	1		21
其他商务服务业	729	15095	14456	418	70	22	11	118
科学研究和技术服务业	**M**	**38454**	**35761**	**1406**	**509**	**59**	**27**	**692**
研究和试验发展	73	2939	2569	222	27	7		114
自然科学研究和试验发展	731	343	292	38	12	1		
工程和技术研究和试验发展	732	1375	1216	86	5	3		65
农业科学研究和试验发展	733	948	881	10	10	3		44
医学研究和试验发展	734	227	159	63				5
社会人文科学研究	735	46	21	25				
专业技术服务业	74	22320	21404	510	207	38	18	143
气象服务	741	127	114	12		1		
地震服务	742	23	20			3		
海洋服务	743							
测绘服务	744	1497	1406	70	4			17
质检技术服务	745	3144	2931	58	133	12		10
环境与生态监测	746	517	500	11	2		4	
地质勘查	747	1072	1017	44	9	2		
工程技术	748	10154	9852	187	20	13	12	70
其他专业技术服务业	749	5786	5564	128	39	7	2	46
科技推广和应用服务业	75	13195	11788	674	275	14	9	435
技术推广服务	751	10676	9600	387	269	8	2	410
科技中介服务	752	746	710	22	1			13
其他科技推广和应用服务业	759	1773	1478	265	5	6	7	12
水利、环境和公共设施管理业	**N**	**7236**	**6533**	**447**	**175**	**24**	**10**	**47**
水利管理业	76	937	905	15			4	13
防洪除涝设施管理	761	46	45	1				
水资源管理	762	331	315	3				13
天然水收集与分配	763	57	52	5				
水文服务	764	44	44					
其他水利管理业	769	459	449	6			4	
生态保护和环境治理业	77	733	667	30	31	1	1	3
生态保护	771	179	155	1	20			3
环境治理业	772	554	512	29	11	1	1	
公共设施管理业	78	5566	4961	402	144	23	5	31
市政设施管理	781	876	826	39	11			
环境卫生管理	782	555	532	14	9			
城乡市容管理	783	118	91	22			5	
绿化管理	784	2213	2026	106	39	19		23
公园和游览景区管理	785	1804	1486	221	85	4		8
居民服务、修理和其他服务业	**O**	**28512**	**27534**	**542**	**129**	**121**	**12**	**174**
居民服务业	79	15780	15314	258	45	28	8	127
家庭服务	791	2879	2771	104	3	1		
托儿所服务	792	159	148					11
洗染服务	793	268	188	34	3			43
理发及美容服务	794	3270	3226	3	8			33
洗浴服务	795	4254	4193	39		21	1	

2-12　续表 9

行　　业	代码	从　业人员数（人）	营业	停业(歇业)	筹建	当年关闭	当年破产	其他
保健服务	796	120	109	1	10			
婚姻服务	797	1024	996	10	7	1		10
殡葬服务	798	1573	1547	10	1			15
其他居民服务业	799	2233	2136	57	13	5	7	15
机动车、电子产品和日用产品修理业	80	9166	8863	170	29	56	1	47
汽车、摩托车修理与维护	801	7362	7145	92	29	56		40
计算机和办公设备维修	802	733	724	2				7
家用电器修理	803	596	561	35				
其他日用产品修理业	809	475	433	41			1	
其他服务业	81	3566	3357	114	55	37	3	
清洁服务	811	2097	1944	77	41	34	1	
其他未列明服务业	819	1469	1413	37	14	3	2	
卫生和社会工作	**Q**	**538**	**500**	**29**	**1**			**8**
社会工作	84	538	500	29	1			8
提供住宿社会工作	841	535	498	28	1			8
不提供住宿社会工作	842	3	2	1				
文化、体育和娱乐业	**R**	**15221**	**14602**	**379**	**70**	**62**	**27**	**81**
新闻和出版业	85	1341	1301	30				10
新闻业	851	100	90	10				
出版业	852	1241	1211	20				10
广播、电视、电影和影视录音制作业	86	1827	1743	66			18	
广播	861	154	148	2			4	
电视	862	331	331					
电影和影视节目制作	863	402	373	20			9	
电影和影视节目发行	864	54	54					
电影放映	865	688	645	38			5	
录音制作	866	198	192	6				
文化艺术业	87	1732	1649	33	10	27		13
文艺创作与表演	871	460	447	10	1	2		
艺术表演场馆	872	138	138					
图书馆与档案馆	873	71	58					13
文物及非物质文化遗产保护	874	27	27					
博物馆	875	65	63		2			
烈士陵园、纪念馆	876	80	80					
群众文化活动	877	115	104	11				
其他文化艺术业	879	776	732	12	7	25		
体育	88	1184	1105	39	25	3		12
体育组织	881	7	7					
体育场馆	882	109	105	4				
休闲健身活动	883	1035	960	35	25	3		12
其他体育	889	33	33					
娱乐业	89	9137	8804	211	35	32	9	46
室内娱乐活动	891	7858	7659	118	6	32	7	36
游乐园	892	428	387	41				
彩票活动	893							
文化、娱乐、体育经纪代理	894	353	317	17	7		2	10
其他娱乐业	899	498	441	35	22			

2-13 按登记注册类型、营业状态分组的小微企业法人单位数

登记注册类型	法人单位数（个）	营业	停业(歇业)	筹建	当年关闭	当年破产	其他
总　　计	**103678**	**92460**	**7189**	**1573**	**1214**	**248**	**994**
按登记注册类型分组							
内资企业	103067	91901	7154	1566	1208	248	990
国有企业	3362	2957	280	21	37	19	48
集体企业	2267	1861	335	6	19	12	34
股份合作企业	1230	1069	132	14	8	1	6
联营企业	325	278	31	1	10	2	3
国有联营企业	61	56	4				1
集体联营企业	130	108	16	1	3	2	
国有与集体联营企业	22	19	3				
其他联营企业	112	95	8		7		2
有限责任公司	31468	28435	1794	588	359	78	214
国有独资公司	266	246	17		2		1
其他有限责任公司	31202	28189	1777	588	357	78	213
股份有限公司	2906	2636	158	50	25	5	32
私营企业	48997	43961	3420	706	593	81	236
私营独资企业	19208	16922	1654	236	246	47	103
私营合伙企业	1664	1516	107	16	7	5	13
私营有限责任公司	26787	24308	1583	424	329	29	114
私营股份有限公司	1338	1215	76	30	11		6
其他企业	12512	10704	1004	180	157	50	417
港、澳、台商投资企业	220	203	8	4	2		3
合资经营企业(港、澳、台资)	89	81	6				2
合作经营企业(港、澳、台资)	20	18	1	1			
港、澳、台商独资经营企业	98	92	1	3	1		1
港、澳、台商投资股份有限公司	8	8					
其他港澳台投资企业	5	4			1		
外商投资企业	391	356	27	3	4		1
中外合资经营企业	159	139	17	2			1
中外合作经营企业	14	13	1				
外资企业	166	156	6	1	3		
外商投资股份有限公司	24	23	1				
其他外商投资企业	28	25	2		1		

2-14　按登记注册类型、营业状态分组的小微企业法人单位从业人员数

登记注册类型	从业人员数(人)	营业	停业(歇业)	筹建	当年关闭	当年破产	其他
总　　计	**2049924**	**1923906**	**76470**	**23593**	**9469**	**2126**	**14360**
按登记注册类型分组							
内资企业	2016985	1891964	75732	23392	9464	2126	14307
国有企业	177198	167795	6667	895	351	595	895
集体企业	68373	61135	5881	98	236	165	858
股份合作企业	20743	18887	1048	489	24	28	267
联营企业	6657	6327	179	14	102	10	25
国有联营企业	1067	1051	6				10
集体联营企业	3134	3024	83	14	3	10	
国有与集体联营企业	1358	1331	27				
其他联营企业	1098	921	63		99		15
有限责任公司	609100	575793	17128	8433	3144	655	3947
国有独资公司	18233	18089	137		1		6
其他有限责任公司	590867	557704	16991	8433	3143	655	3941
股份有限公司	82056	78085	2546	827	188	30	380
私营企业	860339	809381	32590	10903	4472	402	2591
私营独资企业	301887	277259	18604	2461	2148	199	1216
私营合伙企业	25638	24215	1077	129	51	64	102
私营有限责任公司	498239	474980	11990	7692	2224	139	1214
私营股份有限公司	34575	32927	919	621	49		59
其他企业	192519	174561	9693	1733	947	241	5344
港、澳、台商投资企业	10522	10072	340	62			48
合资经营企业(港、澳、台资)	4257	3920	329				8
合作经营企业(港、澳、台资)	762	749	9	4			
港、澳、台商独资经营企业	4724	4624	2	58			40
港、澳、台商投资股份有限公司	616	616					
其他港澳台投资企业	163	163					
外商投资企业	22417	21870	398	139	5		5
中外合资经营企业	11706	11365	212	124			5
中外合作经营企业	470	420	50				
外资企业	8938	8861	61	15	1		
外商投资股份有限公司	954	934	20				
其他外商投资企业	349	290	55		4		

第3篇

文化及相关产业篇

A.概况

3-A-01　文化及相关产业单位及从业人员情况

分组	法人单位		产业活动单位		个体经营户	
	单位数(个)	从业人员(人)	单位数(个)	从业人员(人)	户数(个)	从业人员(人)
总　计	**9673**	**145792**	**795**	**10732**	**22192**	**58202**
按单位性质分组						
经营性文化产业	6560	95828	-	-	-	-
公益性文化事业	3113	49964	-	-	-	-
按行业类别分组						
文化制造业	1029	34277	16	1546	2028	5877
文化批零业	952	15242	32	361	9681	23096
文化服务业	7692	96273	747	8825	10483	29229
按活动性质分组						
文化产品的生产	7972	113895	763	9060	-	-
文化相关产品的生产	1701	31897	32	1672	-	-

注：产业活动单位仅指非文化法人所属的文化产业活动单位，个体经营户仅指有证照的个体经营户(以下各表同)。

3-A-02　分地区文化及相关产业单位及从业人员情况

地区	法人单位		产业活动单位		个体经营户	
	单位数(个)	从业人员(人)	单位数(个)	从业人员(人)	户数(个)	从业人员(人)
全　省	**9673**	**145792**	**795**	**10732**	**22192**	**58202**
哈尔滨	4320	74327	168	2894	5657	16205
齐齐哈尔	771	7072	72	766	2674	6385
鸡　西	348	4360	66	669	1173	2521
鹤　岗	180	2471	41	474	840	2242
双鸭山	310	2897	51	690	1017	2318
大　庆	884	11829	40	2174	2440	6509
伊　春	323	5320	44	271	936	2700
佳木斯	386	3827	97	730	1458	3802
七台河	240	1820	14	423	624	1278
牡丹江	865	18786	98	615	2131	6462
黑　河	359	3757	68	509	963	2356
绥　化	410	7509	19	227	1753	4461
大兴安岭	277	1817	17	290	526	963

3-A-03　分地区文化及相关产业法人单位分布情况

单位：个

地　区	法　人 单位数	#三上单位	文　化 制造业	#规模以上	文　化 批零业	#限额以上	文　化 服务业	#规模以上
全　省	**9673**	**197**	**1029**	**80**	**952**	**78**	**7692**	**39**
哈尔滨	4320	105	572	50	607	27	3141	28
齐齐哈尔	771	12	59	1	49	10	663	1
鸡　西	348	4	16		12	4	320	
鹤　岗	180	2	7	1	14	1	159	
双鸭山	310	5	11		18	4	281	1
大　庆	884	12	93	1	92	9	699	2
伊　春	323	3	31	2	12		280	1
佳木斯	386	8	25	3	30	5	331	
七台河	240	1	15		8	1	217	
牡丹江	865	21	123	11	56	7	686	3
黑　河	359	4	16		18	2	325	2
绥　化	410	20	52	11	18	8	340	1
大兴安岭	277		9		18		250	

3-A-04 按类别分文化及相关产业企业基本情况

类别	企业单位数(个)	年末从业人员(人)	营业收入(万元)	#主营业务收入	营业税金及附加(万元)	#主营业务税金及附加	资产总计(万元)
总计	**6560**	**95828**	**2745023**	**2706098**	**68164**	**65254**	**4053649**
工艺美术品的制造	143	8571	298939	297623	5092	4173	133478
园林、陈设艺术及其他陶瓷制品制造	11	356	3982	3982	242	242	5224
印刷复制服务	717	17305	525817	519848	13713	13586	490913
办公用品的制造	86	4943	291122	290156	2106	1966	65278
乐器的制造	14	444	28049	28026	267	267	16668
玩具的制造	4	312	16183	16175	96	95	21932
游艺器材及娱乐用品的制造	4	153	1496	1456	147	147	2754
视听设备的制造	2	10	53	53	2	2	296
焰火、鞭炮产品制造	8	90	4274	4274	80	80	12011
文化用纸的制造	11	1662	18174	18158	127	127	48832
文化用油墨颜料的制造	4	79	3271	3271	23	23	10775
文化用化学品的制造							
其他文化用品的制造	1	103	1560	1480	121	118	12
印刷专用设备的制造	15	110	5635	5635	83	83	2795
广播电视电影专用设备的制造	3	110	2837	2437	130	123	2443
制造其他文化专用设备的	6	29	1635	1635	36	36	768
发行服务	282	5497	306534	301804	3863	3432	183104
工艺美术品的销售	254	6293	136453	133741	3397	2946	95158
文化贸易代理与拍卖服务	13	174	7961	7917	212	211	8643
文具乐器照相器材的销售	246	2167	154585	153110	2793	2571	44367
文化用家电的销售	31	390	45830	45823	120	120	19425
其他文化用品的销售	103	567	27953	27715	541	520	19415
广播电视电影专用设备的批发	22	122	3143	3131	178	176	1905
舞台照明设备的批发	1	32	1226	1226			74
新闻服务	8	201	1484	1464	290	290	1354
出版服务	66	4549	136394	133094	2872	2854	260400
广播电视服务	30	2819	40295	37739	1921	1916	99347
电影和影视录音服务	114	1462	40811	40073	2342	2306	58597
文艺创作与表演服务	65	1195	13704	13571	277	275	203183
图书馆与档案馆服务	12	80	2767	2767	184	184	40847
文化遗产保护服务	15	179	1795	1795	17	17	7645
群众文化服务	19	100	664	661	13	13	763
文化研究和社团服务	19	130	1232	1232	61	61	1688
文化艺术培训服务	91	743	4653	4637	316	315	10776
其他文化艺术业服务	119	654	15544	15415	518	514	26964
互联网信息服务	106	1296	15428	14879	525	521	41387
增值电信服务(文化部分)	2	5	19	19	1	1	105
广播电视传输服务	72	3393	88492	85442	5058	4850	715188
广告服务	1505	9620	177260	175591	7464	7369	230684
文化软件服务	45	566	6610	6583	318	318	8553
建筑设计服务	94	1905	62329	62183	3063	3058	105631
专业设计服务	241	2489	38298	36437	1776	1739	126963
景区游览服务	92	3763	59816	58575	1391	1389	609293
娱乐休闲服务	1386	7528	95240	90910	3765	3610	161464
摄影扩印服务	93	757	11827	11707	444	441	12806
版权服务	11	58	212	207	10	10	176
文化经纪代理服务	59	458	5392	5362	262	262	15939
文化出租服务	3	50	19	19	1	1	555
会展服务	213	1574	24146	23207	1389	1378	62944
其他文化辅助服务	99	735	13884	13861	523	522	64129

3-A-05 分地区文化及相关产业企业基本情况

地 区	企 业 单位数 (个)	年 末 从业人员 (人)	营业收入 (万元)	#主营业 务收入	营业税金 及 附 加 (万元)	#主营业务 税金及附加	资产总计 (万元)
全 省	**6560**	**95828**	**2745023**	**2706098**	**68164**	**65254**	**4053649**
哈尔滨	3442	54915	1739916	1715953	46166	43803	2170320
齐齐哈尔	443	3607	45996	43028	1730	1719	98012
鸡 西	155	2296	21747	20968	899	883	56941
鹤 岗	93	691	16003	16001	469	469	26976
双鸭山	119	1190	13084	12748	282	276	27037
大 庆	711	6412	183380	181447	2007	1956	345433
伊 春	153	2809	48919	48850	715	709	143070
佳木斯	220	2085	48363	46713	1385	1374	40293
七台河	132	829	7034	6704	309	271	22669
牡丹江	586	14154	441546	436005	9358	9345	589674
黑 河	212	1911	21448	21237	1119	927	85675
绥 化	172	4275	153503	152800	3647	3446	431391
大兴安岭	122	654	4084	3643	80	78	16161

3-A-06 按类别分文化事业(其他)单位基本情况

类　别	事业(其他)单位数(个)	年　末从业人员(人)	支出(费用)(万元)	年末资产(万元)
总　计	**3113**	**49964**	**525072**	**784572**
新闻服务	28	3992	11033	5933
出版服务	76	2114	34542	32551
广播电视服务	133	5154	155393	140644
电影和影视录音服务	55	2144	29934	105165
文艺创作与表演服务	114	3942	67198	130815
图书馆与档案馆服务	154	2237	24812	43522
文化遗产保护服务	183	2479	29270	117713
群众文化服务	245	2623	19649	49064
文化研究和社团服务	432	9263	54462	26446
文化艺术培训服务	372	3090	20972	20901
其他文化艺术业服务	51	459	3538	1834
互联网信息服务	27	111	134	291
增值电信服务(文化部分)				
广播电视传输服务	76	2809	21843	17112
广告服务	157	1586	7628	8512
文化软件服务				
建筑设计服务	25	582	5162	3403
专业设计服务	25	586	6906	4730
景区游览服务	104	3034	27099	65518
娱乐休闲服务	819	3446	4963	9888
摄影扩印服务	12	93	30	60
版权服务	2	16	111	368
文化经纪代理服务	6	81	320	76
文化出租服务				
会展服务	8	83	21	5
其他文化辅助服务	9	40	50	20

3-A-07　分地区文化事业(其他)单位基本情况

地　区	事业(其他)单位数(个)	年末从业人员(人)	支出(费用)(万元)	年末资产(万元)
全　省	**3113**	**49964**	**525072**	**784572**
哈尔滨	878	19412	323362	392134
齐齐哈尔	328	3465	20276	38499
鸡　西	193	2064	8002	12017
鹤　岗	87	1780	8699	16699
双鸭山	191	1707	16233	20812
大　庆	173	5417	9250	16602
伊　春	170	2511	12250	27010
佳木斯	166	1742	12215	14957
七台河	108	991	9766	10284
牡丹江	279	4632	28766	29341
黑　河	147	1846	41550	110369
绥　化	238	3234	24244	86761
大兴安岭	155	1163	10460	9088

B.文化制造业

3-B-01　按类别分文化制造业企业主要指标

类　别	企业单位数(个)	年末从业人员(人)	营业收入(万元)	#主营业务收入	营业税金及附加(万元)	#主营业务税金及附加	资产总计(万元)	实收资本(万元)
总　计	**1029**	**34277**	**1203027**	**1194208**	**22263**	**21066**	**814178**	**295771**
工艺美术品的制造	143	8571	298939	297623	5092	4173	133478	39961
园林、陈设艺术及其他陶瓷制品制造	11	356	3982	3982	242	242	5224	2817
印刷复制服务	717	17305	525817	519848	13713	13586	490913	175521
办公用品的制造	86	4943	291122	290156	2106	1966	65278	20118
乐器的制造	14	444	28049	28026	267	267	16668	6301
玩具的制造	4	312	16183	16175	96	95	21932	17670
游艺器材及娱乐用品的制造	4	153	1496	1456	147	147	2754	2115
视听设备的制造	2	10	53	53	2	2	296	150
焰火、鞭炮产品制造	8	90	4274	4274	80	80	12011	1087
文化用纸的制造	11	1662	18174	18158	127	127	48832	25403
文化用油墨颜料的制造	4	79	3271	3271	23	23	10775	1353
文化用化学品的制造								
其他文化用品的制造	1	103	1560	1480	121	118	12	15
印刷专用设备的制造	15	110	5635	5635	83	83	2795	626
广播电视电影专用设备的制造	3	110	2837	2437	130	123	2443	1688
其他文化专用设备的制造	6	29	1635	1635	36	36	768	946

3-B-02 分地区文化制造业企业主要指标

地　区	企　业 单位数 (个)	年　末 从业人员 (人)	营业收入 (万元)	#主营业务 收　入	营业税金 及附加 (万元)	#主营业务 税金及附加	资产总计 (万元)	实收资本 (万元)
全　省	**1029**	**34277**	**1203027**	**1194208**	**22263**	**21066**	**814178**	**295771**
哈尔滨	572	20435	744948	737709	15862	14819	488408	172035
齐齐哈尔	59	920	8788	8145	138	136	9651	5823
鸡西	16	1432	5021	5021	57	57	42156	20996
鹤岗	7	164	3547	3547	58	58	3173	612
双鸭山	11	97	890	829	56	52	7778	398
大庆	93	764	13409	13268	212	212	28104	11839
伊春	31	1127	29870	29845	280	280	18403	4607
佳木斯	25	610	18783	18727	177	177	11889	6279
七台河	15	148	664	429	16	15	1470	254
牡丹江	123	5912	246465	246107	4490	4488	122000	57239
黑河	16	83	3576	3568	186	40	497	1242
绥化	52	2459	126153	126141	726	726	72931	10939
大兴安岭	9	126	911	871	7	7	7720	3510

3-B-03　规模以上文化制造业企业基本情况

分　组	企　业 单位数 (个)	年末从业 人　员 (人)	资产总计 (万元)	营业收入 (万元)	#主营业务 收　入	营业税金 及附加 (万元)
总　计	**80**	**12264**	**401229**	**770063**	**767978**	**2415**
按企业规模分组						
大型						
中型	7	4269	71017	122562	122377	533
小型	71	7970	327365	643060	641161	1879
微型	2	25	2848	4441	4441	4
按登记注册类型分组						
内资企业	75	9935	364534	703078	701049	2079
国有企业	5	1227	59424	22980	22494	248
集体企业						
股份合作企业						
联营企业						
有限责任公司	21	3282	137716	171942	171631	613
股份有限公司	8	1495	43431	99070	98117	175
私营公司	41	3931	123963	409085	408807	1043
其他企业						
港澳台商投资企业						
外商投资企业	5	2329	36695	66986	66929	336
按企业控股情况分组						
国有控股	10	2764	123716	79133	77510	527
集体控股	1	276	7103	3171	3171	43
私人控股	63	7621	232629	627901	627499	1543
港澳台商控股						
外商控股	4	1497	25667	54559	54502	302
其他	2	106	12115	5300	5296	

3-B-03 续表

分　组	#主营业务	营业利润(万元)	应交增值税(万元)	工业总产值(当年价格)(万元)	工业销售产值(当年价格)(万元)	#出口交货值
总　计	**2385**	**37315**	**19925**	**805527**	**774208**	**6667**
按企业规模分组						
大型						
中型	533	5695	4982	120838	119876	1423
小型	1849	31415	14854	680466	650108	5244
微型	4	205	88	4224	4224	
按登记注册类型分组						
内资企业	2049	34440	16990	738178	707257	4320
国有企业	219	1258	996	23567	21594	214
集体企业						
股份合作企业						
联营企业						
有限责任公司	613	10620	4343	162317	160898	1777
股份有限公司	175	3122	4972	98895	97870	1423
私营公司	1042	19441	6679	453399	426896	905
其他企业						
港澳台商投资企业						
外商投资企业	336	2875	2935	67349	66951	2347
按企业控股情况分组						
国有控股	499	2382	2371	71782	69243	214
集体控股	43	-1361	409	3886	3171	
私人控股	1542	33941	14802	670182	641088	2328
港澳台商控股						
外商控股	302	2293	2343	54662	54562	2347
其他		61	1	5015	6144	1777

3-B-04　按类别分规模以上文化制造业企业基本情况

类　别	企业单位数（个）	#亏损企业	年末从业人员（人）	#女性	资产总计（万元）	营业收入（万元）	营业成本（万元）	营业税金及附加（万元）	利润总额（万元）
总　计	**80**	**12**	**12264**	**5927**	**401229**	**770063**	**682160**	**2415**	**38774**
工艺美术品的制造	14		4392	2891	79704	222931	193044	1225	13271
园林、陈设艺术及其他陶瓷制品制造									
印刷复制服务	36	11	4874	1726	252371	252383	217965	851	12178
办公用品的制造	21		2250	986	30922	246192	226859	159	11072
乐器的制造	4		170	81	4472	18716	17402	35	804
玩具的制造	2		267	115	19188	15945	13696	95	1348
游艺器材及娱乐用品的制造									
视听设备的制造									
焰火、鞭炮产品制造									
文化用纸的制造	2	1	275	120	5794	11266	10707	51	68
文化用油墨颜料的制造	1		36	8	8779	2631	2486		34
文化用化学品的制造									
其他文化用品的制造									
印刷专用设备的制造									
广播电视电影专用设备的制造									
其他文化专用设备的制造									

3-B-05　分地区规模以上文化制造业企业基本情况

地　区	企业单位数（个）	#亏损企业	年末从业人员（人）	#女性	资产总计（万元）	营业收入（万元）	营业成本（万元）	营业税金及附加（万元）	利润总额（万元）
全　省	**80**	**12**	**12264**	**5927**	**401229**	**770063**	**682160**	**2415**	**38774**
哈尔滨	50	8	6944	2958	258973	465571	420659	989	17680
齐齐哈尔	1		15	1	770	2271	2125	1	138
鸡　西									
鹤　岗	1		80	50	1689	1801	1531	37	163
双鸭山									
大　庆	1		194	72	6791	5719	4898	3	76
伊　春	2		407	182	5247	20625	19217	10	120
佳木斯	3	1	302	113	7153	13935	12920	29	-19
七台河									
牡丹江	11	1	2609	1303	56882	138007	118546	726	7676
黑　河									
绥　化	11	2	1713	1248	63724	122135	102264	622	12939
大兴安岭									

3-B-06 按类别分规模以上文化

类 别	企业单位数(个)	固定资产原 价	本年折旧	主营业务收 入	主营业务成 本	主营业务税金及附加
总 计	**80**	**313367**	**25422**	**767978**	**680979**	**2385**
工艺美术品的制造	14	125362	11572	222930	193044	1225
园林、陈设艺术及其他陶瓷制品制造						
印刷复制服务	36	142566	9914	250795	216805	851
办公用品的制造	21	12110	521	245735	226851	130
乐器的制造	4	3636	87	18693	17390	35
玩具的制造	2	27509	3240	15945	13696	94
游艺器材及娱乐用品的制造						
视听设备的制造						
焰火、鞭炮产品制造						
文化用纸的制造	2	1382	9	11250	10707	51
文化用油墨颜料的制造	1	803	79	2631	2486	
文化用化学品的制造						
其他文化用品的制造						
印刷专用设备的制造						
广播电视电影专用设备的制造						
其他文化专用设备的制造						

3-B-07 分地区规模以上文化

地 区	企业单位数(个)	固定资产原 价	本年折旧	主营业务收 入	主营业务成 本	主营业务税金及附加
全 省	**80**	**313367**	**25422**	**767978**	**680979**	**2385**
哈尔滨	50	149822	9470	463533	419479	959
齐齐哈尔	1			2271	2125	1
鸡 西						
鹤 岗	1	397	9	1801	1531	37
双鸭山						
大 庆	1	3190	170	5719	4898	3
伊 春	2	963	254	20625	19217	10
佳木斯	3	3427	161	13891	12920	29
七台河						
牡丹江	11	126698	13539	138004	118546	726
黑 河						
绥 化	11	28870	1819	122135	102264	622
大兴安岭						

制造业企业主要财务指标

单位：万元

营业利润	营业外收入	#补贴收入	营业外支出	应付职工薪酬	应交增值税	工业总产值（当年价格）	工业销售产值（当年价格）	#出口交货值
37315	**1550**	**551**	**91**	**45525**	**19925**	**805527**	**774208**	**6667**
13124	155		8	10499	7215	224698	218408	2328
11188	1065	325	75	16676	8652	244319	242351	
10756	323	225	7	3905	2897	270839	253792	214
803				484	48	23739	21960	2347
1342	6			13064	875	25751	22924	
69			1	785	238	11431	11129	
34				112		4750	3644	1777

制造业企业主要财务指标

单位：万元

营业利润	营业外收入	#补贴收入	营业外支出	应付职工薪酬	应交增值税	工业总产值（当年价格）	工业销售产值（当年价格）	#出口交货值
37315	**1550**	**551**	**91**	**45525**	**19925**	**805527**	**774208**	**6667**
16589	1175	538	84	31678	11010	499638	476508	3985
138				30	68	2218	2218	
163				144	122	1886	1564	
76				956		4150	4150	
120				906	31	22138	18461	905
-50	33	13	1	843	176	14583	14604	
7371	308		2	5605	6129	135265	133706	
12909	35		5	5364	2389	125649	122998	1777

3-B-08 规模以下文化制造业企业主要财务指标

单位：万元

分组	企业单位数(个)	年末从业人员(人)	#女性	营业收入	#主营业务收入	营业税金及附加	#主营业务税金及附加	资产总计	实收资本
总计	**949**	**22013**	**9687**	**432964**	**426230**	**19848**	**18681**	**412949**	**177731**
按登记注册类型分组									
内资企业	940	21604	9479	428180	421557	19677	18511	388373	168084
国有企业	29	994	399	16274	15535	418	390	11019	3275
集体企业	60	1208	528	17438	17148	710	697	38173	5409
股份合作企业	20	381	178	5271	5268	173	172	7635	4031
联营企业	6	55	23	1623	1623	43	40	313	187
有限责任公司	249	7263	2942	115847	112301	4337	4176	145449	67570
股份有限公司	19	710	316	8106	8101	1058	311	4322	2548
私营公司	478	8972	4160	217224	215395	7867	7657	154317	66142
其他企业	79	2021	933	46398	46187	5071	5068	27147	18922
港澳台商投资企业	1	43	28	557	557	4	4	2323	1440
外商投资企业	8	366	180	4227	4117	168	166	22253	8206
按企业控股情况分组									
国有控股	39	2624	1031	23175	22428	541	514	57573	28389
集体控股	70	1397	633	23565	23275	842	826	41939	7841
私人控股	703	14601	6507	324838	320824	12565	11474	249070	108391
港澳台商控股	1	43	28	557	557	4	4	2323	1440
外商控股	4	195	118	1894	1894	47	47	3543	1293
其他	132	3153	1370	58935	57254	5849	5817	58502	30376

3-B-09 按类别分规模以下文化制造业企业主要财务指标

单位：万元

类别	企业单位数(个)	年末从业人员(人)	#女性	营业收入	#主营业务收入	营业税金及附加	#主营业务税金及附加	资产总计	实收资本
总计	**949**	**22013**	**9687**	**432964**	**426230**	**19848**	**18681**	**412949**	**177731**
工艺美术品的制造	129	4179	2283	76008	74693	3867	2948	53774	20663
园林、陈设艺术及其他陶瓷制品制造	11	356	110	3982	3982	242	242	5224	2817
印刷复制服务	681	12431	5090	273434	269053	12862	12735	238542	109939
办公用品的制造	65	2693	1323	44930	44421	1947	1836	34356	10775
乐器的制造	10	274	133	9333	9333	232	232	12196	1116
玩具的制造	2	45	32	238	230	1	1	2744	2788
游艺器材及娱乐用品的制造	4	153	75	1496	1456	147	147	2754	2115
视听设备的制造	2	10	4	53	53	2	2	296	150
焰火、鞭炮产品制造	8	90	21	4274	4274	80	80	12011	1087
文化用纸的制造	9	1387	484	6908	6908	76	76	43038	22653
文化用油墨颜料的制造	3	43	19	640	640	23	23	1996	353
文化用化学品的制造									
其他文化用品的制造	1	103	37	1560	1480	121	118	12	15
印刷专用设备的制造	15	110	33	5635	5635	83	83	2795	626
广播电视电影专用设备的制造	3	110	33	2837	2437	130	123	2443	1688
其他文化专用设备的制造	6	29	10	1635	1635	36	36	768	946

3-B-10　分地区规模以下文化制造业企业主要财务指标

单位：万元

地　区	企业单位数(个)	年末从业人员(人)	#女性	营业收入	#主营业务收入	营业税金及附加	#主营业务税金及附加	资产总计	实收资本
全　省	**949**	**22013**	**9687**	**432964**	**426230**	**19848**	**18681**	**412949**	**177731**
哈尔滨	522	13491	5853	279378	274176	14873	13861	229435	96065
齐齐哈尔	58	905	405	6518	5874	136	135	8881	5773
鸡　西	16	1432	523	5021	5021	57	57	42156	20996
鹤　岗	6	84	34	1746	1746	22	22	1484	562
双鸭山	11	97	44	890	829	56	52	7778	398
大　庆	92	570	287	7690	7550	209	209	21313	10991
伊　春	29	720	359	9245	9220	270	270	13156	3007
佳木斯	22	308	162	4848	4836	148	148	4735	3136
七台河	15	148	80	664	429	16	15	1470	254
牡丹江	112	3303	1459	108458	108103	3765	3762	65118	28321
黑　河	16	83	38	3576	3568	186	40	497	1242
绥　化	41	746	371	4018	4006	104	104	9208	3477
大兴安岭	9	126	72	911	871	7	7	7720	3510

C.文化批发和零售业

3-C-01　按类别分文化批发和零售业企业主要指标

单位：万元

类　别	企业单位数(个)	年末从业人员(人)	营业收入	#主营业务收入	营业税金及附加	#主营业务税金及附加	资产总计	实收资本
总　计	**952**	**15242**	**683684**	**674466**	**11102**	**9976**	**372092**	**119324**
发行服务	282	5497	306534	301804	3863	3432	183104	29047
工艺美术品的销售	254	6293	136453	133741	3397	2946	95158	51067
文化贸易代理与拍卖服务	13	174	7961	7917	212	211	8643	1449
文具乐器照相器材的销售	246	2167	154585	153110	2793	2571	44367	24730
文化用家电的销售	31	390	45830	45823	120	120	19425	2687
其他文化用品的销售	103	567	27953	27715	541	520	19415	8471
广播电视电影专用设备的批发	22	122	3143	3131	178	176	1905	1824
舞台照明设备的批发	1	32	1226	1226			74	50

3－C－02　分地区文化批发和零售业企业主要指标

单位：万元

地　　区	企业单位数（个）	年末从业人员（人）	营业收入	#主营业务收入	营业税金及附加	#主营业务税金及附加	资产总计	实收资本
全　　省	**952**	**15242**	**683684**	**674466**	**11102**	**9976**	**372092**	**119324**
哈尔滨	607	10507	440732	433376	8851	7764	228315	74383
齐齐哈尔	49	524	18290	17702	432	431	22495	11016
鸡　　西	12	166	7180	6829	26	26	4150	707
鹤　　岗	14	201	6962	6962	50	50	7818	1259
双鸭山	18	340	8375	8363	23	23	7179	1706
大　　庆	92	1196	132672	132450	287	279	40456	8817
伊　　春	12	154	4656	4656	50	50	1555	497
佳木斯	30	384	10946	10770	230	221	10838	3723
七台河	8	86	2623	2618	18	18	3238	282
牡丹江	56	1036	36372	36122	943	943	30453	13759
黑　　河	18	145	3252	3199	62	42	4047	943
绥　　化	18	418	10625	10450	99	99	9402	1672
大兴安岭	18	85	1000	970	29	29	2148	561

3－C－03　限额以上文化批发和零售业企业基本情况

单位：万元

分　　组	企业单位数（个）	年末从业人员（人）	资产总计	营业收入	#主营业务收入	营业税金及附加	#主营业务税金及附加	营业利润	应交增值税
总　计	**78**	**3708**	**162875**	**393053**	**391114**	**1305**	**1305**	**24440**	**3808**
按登记注册类型分组									
内资企业	78	3708	162875	393053	391114	1305	1305	24440	3808
国有企业	46	2238	92863	117976	116113	519	519	1210	2540
集体企业	2	219	10299	7876	7841	43	43	324	274
股份合作企业	1	419	10716	11946	11946	26	26	906	
联营企业									
有限责任公司	9	313	12889	51349	51307	397	397	317	545
股份有限公司	2	161	15726	40762	40762	69	69	905	199
私营公司	18	358	20383	163145	163145	251	251	20778	251
其他企业									
港澳台商投资企业									
外商投资企业									
按企业控股情况分组									
国有控股	49	2673	117861	166910	165005	611	611	3178	2722
集体控股	3	222	10680	13544	13509	44	44	326	274
私人控股	23	609	30125	193026	193026	484	484	20063	727
港澳台商控股									
外商控股									
其他	3	204	4209	19573	19573	166	166	874	85

3-C-04　按类别分限额以上文化批发和零售业企业基本情况

单位：万元

类　别	企业单位数（个）	#亏损企业	年末从业人员（人）	#女性	资产总计	营业收入	营业成本	营业税金及附加	利润总额
总　计	**78**	**15**	**3708**	**2186**	**162875**	**393053**	**336330**	**1305**	**17055**
发行服务	53	9	2975	1677	117443	194527	159106	609	3148
工艺美术品的销售	12	3	262	196	16117	53370	49448	434	252
文化贸易代理与拍卖服务									
文具乐器照相器材的销售	6	1	256	166	6954	90179	74590	185	12811
文化用家电的销售	2	1	161	127	15726	40762	39562	69	836
其他文化用品的销售	5	1	54	20	6635	14215	13624	7	8
广播电视电影专用设备的批发									
舞台照明设备的批发									

3-C-05　分地区限额以上文化批发和零售业企业基本情况

单位：万元

地　区	企业单位数（个）	#亏损企业	年末从业人员（人）	#女性	资产总计	营业收入	营业成本	营业税金及附加	利润总额
全　省	**78**	**15**	**3708**	**2186**	**162875**	**393053**	**336330**	**1305**	**17055**
哈尔滨	27	5	1500	914	95915	220712	201502	732	3015
齐齐哈尔	10	1	297	120	11332	12316	9219	209	528
鸡　西	4		127	65	3228	5254	4048	6	72
鹤　岗	1		85	36	1354	1410	1065	5	33
双鸭山	4	2	265	185	5902	7375	6314	13	25
大　庆	9	2	669	479	21634	119643	93904	119	12712
伊　春									
佳木斯	5	2	128	81	5077	5886	4502	34	309
七台河	1	1	34	18	2411	1821	1357	9	-21
牡丹江	7		251	155	7659	9020	7093	96	154
黑　河	2		35	19	1551	1256	983		79
绥　化	8	2	317	114	6812	8362	6342	82	151
大兴安岭									

3－C－06　按类别分限额以上文化批发和零售业企业主要财务指标

单位：万元

类　别	企业单位数(个)	固定资产原价	本年折旧	主营业务收入	主营业务成本	主营业务税金及附加	营业利润	营业外收入	#补贴收入	应付职工薪酬	应交增值税
总　计	**78**	**47756**	**2972**	**391114**	**336081**	**1305**	**24440**	**228**		**9493**	**3808**
发行服务	53	43686	2620	192588	158857	609	10356	213		7525	2899
工艺美术品的销售	12	1925	175	53370	49448	434	-441	13		767	545
文化贸易代理与拍卖服务											
文具乐器照相器材的销售	6	974	136	90179	74590	185	13610			512	138
文化用家电的销售	2	859		40762	39562	69	905	2		255	199
其他文化用品的销售	5	312	42	14215	13624	7	11			434	28
广播电视电影专用设备的批发											
舞台照明设备的批发											

3－C－07　分地区限额以上文化批发和零售业企业主要财务指标

单位：万元

地　区	企业单位数(个)	固定资产原价	本年折旧	主营业务收入	主营业务成本	主营业务税金及附加	营业利润	营业外收入	#补贴收入	应付职工薪酬	应交增值税
全　省	**78**	**47756**	**2972**	**391114**	**336081**	**1305**	**24440**	**228**		**9493**	**3808**
哈尔滨	27	20522	909	220239	201457	732	2381	77		4233	2524
齐齐哈尔	10	4513	1250	11761	9127	209	496	8		557	471
鸡　西	4	1677	46	4903	4048	6	72			363	73
鹤　岗	1	1493		1410	1065	5	12	21		148	37
双鸭山	4	2193	8	7375	6314	13	-6	101		550	142
大　庆	9	7245	85	119643	93904	119	20838			1549	109
伊　春											
佳木斯	5	1891	32	5737	4408	34	301			419	133
七台河	1	649	33	1821	1357	9	-21			236	77
牡丹江	7	3262	161	8775	7077	96	148	8		720	191
黑　河	2	672	20	1256	983		79			93	33
绥　化	8	3639	429	8195	6341	82	140	13		625	19
大兴安岭											

3−C−08　限额以下文化批发和零售业企业主要财务指标

单位：万元

分　组	企业单位数（个）	年末从业人员（人）	#女性	营业收入	#主营业务收入	营业税金及附加	#主营业务税金及附加	资产总计	实收资本
总　计	**874**	**11534**	**4624**	**290631**	**283352**	**9797**	**8671**	**209218**	**102668**
按登记注册类型分组									
内资企业	873	11529	4621	290588	283309	9797	8671	209188	102638
国有企业	58	1077	627	22938	21923	736	570	20664	4229
集体企业	16	107	58	2198	2198	40	40	850	496
股份合作企业	24	330	198	9432	9263	121	115	7663	2579
联营企业	3	29	19	218	218	3	3	490	390
有限责任公司	366	3327	1549	136517	131447	6204	5368	81481	38505
股份有限公司	19	232	137	13847	13838	106	105	18070	11790
私营公司	330	5736	1633	88306	87994	1901	1892	70898	40445
其他企业	57	691	400	17132	16428	686	579	9072	4205
港澳台商投资企业	1	5	3	43	43			30	30
外商投资企业									
按企业控股情况分组									
国有控股	69	1232	714	29254	28167	797	628	25492	5338
集体控股	20	138	72	2958	2950	41	41	1530	846
私人控股	653	8678	3040	218753	214223	7644	6942	156542	82360
港澳台商控股	1	5	3	43	43			30	30
外商控股									
其他	131	1481	795	39623	37970	1315	1060	25624	14094

3−C−09　按类别分限额以下文化批发和零售业企业主要财务指标

单位：万元

类　别	企业单位数（个）	年末从业人员（人）	#女性	营业收入	#主营业务收入	营业税金及附加	#主营业务税金及附加	资产总计	实收资本
总　计	**874**	**11534**	**4624**	**290631**	**283352**	**9797**	**8671**	**209218**	**102668**
发行服务	229	2522	1322	112007	109216	3254	2823	65661	19891
工艺美术品的销售	242	6031	1898	83083	80370	2963	2512	79041	47446
文化贸易代理与拍卖服务	13	174	103	7961	7917	212	211	8643	1449
文具乐器照相器材的销售	240	1911	900	64406	62931	2608	2386	37413	22950
文化用家电的销售	29	229	91	5068	5062	51	51	3699	2037
其他文化用品的销售	98	513	242	13738	13500	533	513	12781	7021
广播电视电影专用设备的批发	22	122	53	3143	3131	178	176	1905	1824
舞台照明设备的批发	1	32	15	1226	1226			74	50

3-C-10 分地区限额以下文化批发和零售业企业主要财务指标

单位：万元

地区	企业单位数（个）	年末从业人员（人）	#女性	营业收入	#主营业务收入	营业税金及附加	#主营业务税金及附加	资产总计	实收资本
全省	**874**	**11534**	**4624**	**290631**	**283352**	**9797**	**8671**	**209218**	**102668**
哈尔滨	580	9007	3148	220020	213137	8119	7032	132400	64755
齐齐哈尔	39	227	167	5974	5941	222	222	11162	9663
鸡西	8	39	24	1927	1927	20	20	922	362
鹤岗	13	116	76	5552	5552	45	45	6464	1149
双鸭山	14	75	55	1001	989	10	10	1277	989
大庆	83	527	275	13029	12807	168	160	18822	6192
伊春	12	154	97	4656	4656	50	50	1555	497
佳木斯	25	256	152	5060	5033	196	187	5761	3307
七台河	7	52	38	802	797	9	9	827	82
牡丹江	49	785	406	27352	27347	848	848	22794	12854
黑河	16	110	69	1996	1943	62	42	2496	838
绥化	10	101	70	2263	2255	17	17	2590	1421
大兴安岭	18	85	47	1000	970	29	29	2148	561

D.文化服务业

3-D-01 按类别分文化服务业单位主要指标

类别	单位数（个）	规上企业	规下企业	事业单位	其他单位	年末从业人员（人）	规上企业	规下企业	事业单位	其他单位
总计	**7692**	**39**	**4540**	**1269**	**1844**	**96273**	**8520**	**37789**	**34916**	**15048**
新闻服务	36		8	27	1	4193		201	3989	3
出版服务	142	7	59	70	6	6663	3016	1533	1940	174
广播电视服务	163	1	29	114	19	7973	1283	1536	4965	189
电影和影视录音服务	169	4	110	43	12	3606	326	1136	2069	75
文艺创作与表演服务	179		65	91	23	5137		1195	3646	296
图书馆与档案馆服务	166		12	148	6	2317		80	2182	55
文化遗产保护服务	198		15	144	39	2658		179	2150	329
群众文化服务	264		19	181	64	2723		100	2126	497
文化研究和社团服务	451		19	156	276	9393		130	2994	6269
文化艺术培训服务	463		91	29	343	3833		743	806	2284
其他文化艺术业服务	170		119	30	21	1113		654	258	201
互联网信息服务	133	1	105	3	24	1407	138	1158	16	95
增值电信服务(文化部分)	2		2			5		5		
广播电视传输服务	148	11	61	69	7	6202	1345	2048	2749	60
广告服务	1662	2	1503	8	149	11206	29	9591	695	891
文化软件服务	45		45			566		566		
建筑设计服务	119	1	93	21	4	2487	621	1284	560	22
专业设计服务	266	1	240	10	15	3075	83	2406	477	109
景区游览服务	196	6	86	85	19	6797	1259	2504	2813	221
娱乐休闲服务	2205	3	1383	32	787	10974	264	7264	390	3056
摄影扩印服务	105		93	1	11	850		757	5	88
版权服务	13		11	2		74		58	16	
文化经纪代理服务	65		59	2	4	539		458	60	21
文化出租服务	3		3			50		50		
会展服务	221	2	211	3	5	1657	156	1418	10	73
其他文化辅助服务	108		99		9	775		735		40

3-D-02　分地区文化服务业单位主要指标

地　区	单位数(个)	规上企业	规下企业	事业单位	其他单位	年末从业人员(人)	规上企业	规下企业	事业单位	其他单位
全　省	**7692**	**39**	**4540**	**1269**	**1844**	**96273**	**8520**	**37789**	**34916**	**15048**
哈尔滨	3141	28	2235	309	569	43385	5444	18529	11858	7554
齐齐哈尔	663	1	334	168	160	5628		2163	2770	695
鸡　西	320		127	73	120	2762		698	1439	625
鹤　岗	159		72	45	42	2106		326	1585	195
双鸭山	281	1	89	63	128	2460	131	622	1283	424
大　庆	699	2	524	45	128	9869	527	3925	4279	1138
伊　春	280	1	109	63	107	4039	137	1391	1849	662
佳木斯	331		165	72	94	2833		1091	1236	506
七台河	217		109	37	71	1586		595	754	237
牡丹江	686	3	404	101	178	11838	1621	5585	3046	1586
黑　河	325	2	176	73	74	3529	409	1274	1231	615
绥　化	340	1	101	120	118	4632	251	1147	2575	659
大兴安岭	250		95	100	55	1606		443	1011	152

3-D-03　分地区文化服务业企业主要指标

地　区	企业单位数(个)	规上企业	年末从业人员(人)	规上企业	资产总计(万元)	规上企业
全　省	**4579**	**39**	**46309**	**8520**	**2867379**	**640013**
哈尔滨	2263	28	23973	5444	1453597	504721
齐齐哈尔	335	1	2163		65866	
鸡　西	127		698		10635	
鹤　岗	72		326		15985	
双鸭山	90	1	753	131	12080	740
大　庆	526	2	4452	527	276873	5707
伊　春	110	1	1528	137	123112	7675
佳木斯	165		1091		17566	
七台河	109		595		17961	
牡丹江	407	3	7206	1621	437221	62453
黑　河	178	2	1683	409	81131	46657
绥　化	102	1	1398	251	349059	12061
大兴安岭	95		443		6293	

3-D-04 按类别分文化服务业企业主要指标

单位：万元

类别	企业单位数(个)	年末从业人员(人)	营业收入	#主营业务收入	营业税金及附加	#主营业务税金及附加	资产总计
总计	**4579**	**46309**	**858312**	**837424**	**34799**	**34212**	**2867379**
新闻服务	8	201	1484	1464	290	290	1354
出版服务	66	4549	136394	133094	2872	2854	260400
广播电视服务	30	2819	40295	37739	1921	1916	99347
电影和影视录音服务	114	1462	40811	40073	2342	2306	58597
文艺创作与表演服务	65	1195	13704	13571	277	275	203183
图书馆与档案馆服务	12	80	2767	2767	184	184	40847
文化遗产保护服务	15	179	1795	1795	17	17	7645
群众文化服务	19	100	664	661	13	13	763
文化研究和社团服务	19	130	1232	1232	61	61	1688
文化艺术培训服务	91	743	4653	4637	316	315	10776
其他文化艺术业服务	119	654	15544	15415	518	514	26964
互联网信息服务	106	1296	15428	14879	525	521	41387
增值电信服务(文化部分)	2	5	19	19	1	1	105
广播电视传输服务	72	3393	88492	85442	5058	4850	715188
广告服务	1505	9620	177260	175591	7464	7369	230684
文化软件服务	45	566	6610	6583	318	318	8553
建筑设计服务	94	1905	62329	62183	3063	3058	105631
专业设计服务	241	2489	38298	36437	1776	1739	126963
景区游览服务	92	3763	59816	58575	1391	1389	609293
娱乐休闲服务	1386	7528	95240	90910	3765	3610	161464
摄影扩印服务	93	757	11827	11707	444	441	12806
版权服务	11	58	212	207	10	10	176
文化经纪代理服务	59	458	5392	5362	262	262	15939
文化出租服务	3	50	19	19	1	1	555
会展服务	213	1574	24146	23207	1389	1378	62944
其他文化辅助服务	99	735	13884	13861	523	522	64129

3-D-05 分地区文化服务业企业主要指标

单位：万元

地区	企业单位数(个)	年末从业人员(人)	营业收入	#主营业务收入	营业税金及附加	#主营业务税金及附加	资产总计
全省	**4579**	**46309**	**858312**	**837424**	**34799**	**34212**	**2867379**
哈尔滨	2263	23973	554236	544868	21453	21220	1453597
齐齐哈尔	335	2163	18917	17181	1161	1152	65866
鸡西	127	698	9546	9118	816	799	10635
鹤岗	72	326	5494	5493	361	361	15985
双鸭山	90	753	3819	3556	203	201	12080
大庆	526	4452	37299	35729	1508	1465	276873
伊春	110	1528	14393	14349	385	379	123112
佳木斯	165	1091	18634	17216	978	976	17566
七台河	109	595	3747	3657	274	237	17961
牡丹江	407	7206	158709	153776	3924	3914	437221
黑河	178	1683	14620	14471	871	845	81131
绥化	102	1398	16725	16210	2821	2620	349059
大兴安岭	95	443	2174	1802	44	42	6293

3-D-06　规模以上文化服务业企业基本情况

单位：万元

分　组	企业单位数(个)	年末从业人员(人)	资产总计	营业收入	#主营业务收入	营业税金及附加	#主营业务税金及附加	营业利润	应交增值税
总　计	**39**	**8520**	**640013**	**277983**	**272601**	**9411**	**9179**	**14526**	**2981**
按登记注册类型分组									
内资企业	39	8520	640013	277983	272601	9411	9179	14526	2981
国有企业	12	3003	289997	117154	115036	3746	3729	2225	1505
集体企业									
股份合作企业									
联营企业									
有限责任公司	16	4562	273637	120955	118483	3380	3361	7772	1368
股份有限公司	6	465	51010	26800	26800	1867	1867	3467	19
私营公司	4	239	13307	7084	6294	223	223	147	68
其他企业	1	251	12061	5991	5990	195		914	21
港澳台商投资企业									
外商投资企业									
按企业控股情况分组									
国有控股	24	7383	548539	227245	223133	6634	6611	8173	2598
集体控股	2	301	19822	22984	22983	1307	1111	4495	21
私人控股	10	605	30116	15056	14016	695	681	1287	180
港澳台商控股									
外商控股									
其他	3	231	41536	12699	12470	776	776	571	183

3-D-07　按类别分规模以上文化服务业企业基本情况

单位：万元

类　别	企业单位数(个)	#亏损企业	年末从业人员(人)	#女性	资产总计	营业收入	营业成本	营业税金及附加	利润总额
总　计	**39**	**16**	**8520**	**3065**	**640013**	**277983**	**170497**	**9411**	**22026**
新闻服务									
出版服务	7	1	3016	1238	216122	112365	66630	2461	10620
广播电视服务	1	1	1283	465	35844	10091	4929	397	503
电影和影视录音服务	4	1	326	139	12222	23085	9921	1378	4151
文艺创作与表演服务									
图书馆与档案馆服务									
文化遗产保护服务									
群众文化服务									
文化研究和社团服务									
文化艺术培训服务									
其他文化艺术业服务									
互联网信息服务	1		138	68	9468	2531	1115	45	220
增值电信服务(文化部分)									
广播电视传输服务	11	4	1345	266	161260	50704	34903	1493	7523
广告服务	2		29	11	3782	4149	3474	122	290
文化软件服务									
建筑设计服务	1		621	248	67642	38510	26275	1850	3284
专业设计服务	1	1	83	44	4757	501	230	14	2
景区游览服务	6	5	1259	435	97329	22585	16373	640	-4233
娱乐休闲服务	3	1	264	102	7033	8640	5748	459	119
摄影扩印服务									
版权服务									
文化经纪代理服务									
文化出租服务									
会展服务	2	2	156	49	24556	4823	899	553	-452
其他文化辅助服务									

3-D-08 分地区规模以上文化服务业企业基本情况

单位：万元

地区	企业单位数（个）	#亏损企业	年末从业人员（人）	#女性	资产总计	营业收入	营业成本	营业税金及附加	利润总额
全省	**39**	**16**	**8520**	**3065**	**640013**	**277983**	**170497**	**9411**	**22026**
哈尔滨	28	11	5444	1878	504721	241626	147307	8107	24577
齐齐哈尔	1								
鸡西									
鹤岗									
双鸭山	1		131	45	740	350	86	26	
大庆	2		527	328	5707	7389	3787	433	524
伊春	1	1	137	68	7675	471	509	17	-32
佳木斯									
七台河									
牡丹江	3	2	1621	567	62453	19147	11712	573	827
黑河	2	2	409	140	46657	3010	3217	59	-4790
绥化	1		251	39	12061	5991	3880	195	921
大兴安岭									

3-D-09 按类别分规模以上文化服务业企业主要财务指标

单位：万元

类别	企业单位数（个）	固定资产原价	本年折旧	主营业务收入	主营业务成本	主营业务税金及附加	营业利润	应付职工薪酬	应交增值税
总计	**39**	**412564**	**30289**	**272601**	**164160**	**9179**	**14526**	**41333**	**2981**
新闻服务									
出版服务	7	120942	2662	111041	66006	2461	10697	19669	1058
广播电视服务	1	17307	792	9415	4896	392	-379	3910	13
电影和影视录音服务	4	9421	2982	22606	9846	1347	3983	1738	271
文艺创作与表演服务									
图书馆与档案馆服务									
文化遗产保护服务									
群众文化服务									
文化研究和社团服务									
文化艺术培训服务									
其他文化艺术业服务									
互联网信息服务	1	2232	138	2186	1115	45	220	428	68
增值电信服务(文化部分)									
广播电视传输服务	11	152564	17711	49737	30865	1297	5781	6220	191
广告服务	2	609	158	4149	3474	122	339	82	
文化软件服务									
建筑设计服务	1	4493	606	38510	26275	1850	3301	1945	1361
专业设计服务	1	182	13	501	230	14	-60	145	
景区游览服务	6	62531	2727	21440	14858	640	-9003	4671	
娱乐休闲服务	3	10618	1367	8195	5695	459	100	1883	
摄影扩印服务									
版权服务									
文化经纪代理服务									
文化出租服务									
会展服务	2	31666	1135	4823	899	553	-453	642	19
其他文化辅助服务									

3-D-10　分地区规模以上文化服务业企业主要财务指标

单位：万元

地　区	企　业 单位数 （个）	固定资产 原　价	本年折旧	主营业务 收　入	主营业务 成　本	主营业务 税金及附加	营业利润	应付职工 薪　酬	应　交 增值税
全　省	**39**	**412564**	**30289**	**272601**	**164160**	**9179**	**14526**	**41333**	**2981**
哈尔滨	28	330373	21863	238002	144885	8107	19301	31390	2898
齐齐哈尔	1								
鸡　西									
鹤　岗									
双鸭山	1	617		350	86	26		490	5
大　庆	2	2230	209	7140	3783	420	431	1624	-108
伊　春	1	1192	59	459	509	17	-32	263	
佳木斯									
七台河									
牡丹江	3	32481	2202	17652	11680	568	-60	5290	166
黑　河	2	32968	837	3010	3217	42	-6028	917	
绥　化	1	12703	5119	5990			914	1360	21
大兴安岭									

3-D-11　规模以下文化服务业企业主要财务指标

单位：万元

分　组	企　业 单位数 （个）	年　末 从业人员 （人）	#女性	营业收入	#主营业务 收　入	营业税金 及附加	#主营业务 税金及附加	资产总计	实收资本
总　计	**4540**	**37789**	**15415**	**580329**	**564823**	**25387**	**25033**	**2227366**	**574383**
按登记注册类型分组									
内资企业	4531	37612	15329	578737	563231	25227	24872	2220272	568801
国有企业	148	4715	1783	81394	77501	4698	4673	778541	86714
集体企业	35	328	132	6966	6966	168	168	8615	3420
股份合作企业	30	391	168	4502	4375	66	65	1885	1176
联营企业	11	203	87	3331	3331	79	79	3180	736
有限责任公司	1455	12230	5042	193050	188327	9525	9308	881976	199701
股份有限公司	106	1644	575	28492	26419	1087	1085	88645	25760
私营公司	2398	15162	6243	225642	221853	8372	8269	403541	225800
其他企业	348	2939	1299	35360	34459	1232	1226	53888	25494
港澳台商投资企业	2	52	24	602	602	60	60	6504	5200
外商投资企业	7	125	62	990	990	100	100	590	382
按企业控股情况分组									
国有控股	203	6837	2517	106988	100794	5554	5521	1328070	135449
集体控股	59	953	357	20267	20062	586	585	28059	10690
私人控股	3631	24920	10358	383860	376337	16657	16366	740999	354564
港澳台商控股	2	52	24	602	602	60	60	6504	5200
外商控股	5	112	61	974	974	100	100	510	307
其他	640	4915	2098	67639	66055	2430	2401	123223	68173

3-D-12 按类别分规模以下文化服务业企业主要财务指标

单位：万元

类别	企业单位数(个)	年末从业人员(人)	#女性	营业收入	#主营业务收入	营业税金及附加	#主营业务税金及附加	资产总计	实收资本
总计	**4540**	**37789**	**15415**	**580329**	**564823**	**25387**	**25033**	**2227366**	**574383**
新闻服务	8	201	116	1484	1464	290	290	1354	389
出版服务	59	1533	505	24030	22053	411	393	44278	16046
广播电视服务	29	1536	567	30204	28324	1524	1524	63503	20734
电影和影视录音服务	110	1136	518	17726	17467	964	959	46375	25259
文艺创作与表演服务	65	1195	535	13704	13571	277	275	203183	10726
图书馆与档案馆服务	12	80	40	2767	2767	184	184	40847	644
文化遗产保护服务	15	179	70	1795	1795	17	17	7645	3702
群众文化服务	19	100	39	664	661	13	13	763	731
文化研究和社团服务	19	130	40	1232	1232	61	61	1688	893
文化艺术培训服务	91	743	496	4653	4637	316	315	10776	4936
其他文化艺术业服务	119	654	272	15544	15415	518	514	26964	14655
互联网信息服务	105	1158	527	12897	12694	480	477	31919	11177
增值电信服务(文化部分)	2	5	3	19	19	1	1	105	104
广播电视传输服务	61	2048	685	37787	35705	3566	3553	553928	19539
广告服务	1503	9591	3876	173111	171442	7342	7247	226902	98128
文化软件服务	45	566	189	6610	6583	318	318	8553	5766
建筑设计服务	93	1284	478	23818	23672	1213	1209	37989	12364
专业设计服务	240	2406	932	37798	35936	1761	1725	122206	108552
景区游览服务	86	2504	1009	37231	37135	751	749	511964	112685
娱乐休闲服务	1383	7264	2915	86600	82715	3306	3152	154431	53849
摄影扩印服务	93	757	461	11827	11707	444	441	12806	10017
版权服务	11	58	22	212	207	10	10	176	91
文化经纪代理服务	59	458	166	5392	5362	262	262	15939	14832
文化出租服务	3	50	21	19	19	1	1	555	535
会展服务	211	1418	605	19322	18383	835	825	38389	14744
其他文化辅助服务	99	735	328	13884	13861	523	522	64129	13284

3-D-13 分地区规模以下文化服务业企业主要财务指标

单位：万元

地区	企业单位数(个)	年末从业人员(人)	#女性	营业收入	#主营业务收入	营业税金及附加	#主营业务税金及附加	资产总计	实收资本
全省	**4540**	**37789**	**15415**	**580329**	**564823**	**25387**	**25033**	**2227366**	**574383**
哈尔滨	2235	18529	7498	312610	306866	13346	13113	948876	281166
齐齐哈尔	334	2163	773	18917	17181	1161	1152	65866	23918
鸡西	127	698	324	9546	9118	816	799	10635	3250
鹤岗	72	326	122	5494	5493	361	361	15985	7249
双鸭山	89	622	254	3469	3206	178	175	11340	4792
大庆	524	3925	1732	29910	28589	1075	1046	271166	122113
伊春	109	1391	532	13922	13890	367	362	115438	41847
佳木斯	165	1091	497	18634	17216	978	976	17566	11413
七台河	109	595	265	3747	3657	274	237	17961	2782
牡丹江	404	5585	2345	139561	136124	3351	3346	374769	29792
黑河	176	1274	510	11610	11460	812	803	34474	39946
绥化	101	1147	420	10734	10220	2626	2620	336998	4010
大兴安岭	95	443	143	2174	1802	44	42	6293	2105

3-D-14 文化创意和设计服务企业经营情况

分　组	法　人 单位数 (个)	年　末 从业人员 (人)	企业平均年 从业人员 (人)	主营业务 收　入 (万元)	企业平均主营 业务收入 (万元)
总　计	**1885**	**14580**	**8**	**280793**	**149**
按企业规模分组					
规上企业	4	733	183	43160	10790
规下企业	1881	13847	7	237633	126
按行业类别分且					
广告服务	1505	9620	6	175591	117
文化软件服务	45	566	13	6583	146
建筑设计服务	94	1905	20	62183	662
专业设计服务	241	2489	10	36437	151

3-D-15 按类别分文化服务业事业单位主要财务指标

类　别	单位数 (个)	年　末 从业人员 (人)	#女性	非企业单位 支出(费用) (万元)	年末资产 (万元)
总　计	**1269**	**34916**	**15737**	**475471**	**738142**
新闻服务	27	3989	2225	10930	5908
出版服务	70	1940	899	32508	27499
广播电视服务	114	4965	1916	153363	138733
电影和影视录音服务	43	2069	884	29034	104126
文艺创作与表演服务	91	3646	1560	66300	130418
图书馆与档案馆服务	148	2182	1360	24397	43006
文化遗产保护服务	144	2150	1031	26393	107719
群众文化服务	181	2126	1128	18965	48522
文化研究和社团服务	156	2994	1299	28654	15104
文化艺术培训服务	29	806	453	9863	10087
其他文化艺术业服务	30	258	103	3299	1752
互联网信息服务	3	16	6	134	291
增值电信服务(文化部分)					
广播电视传输服务	69	2749	859	21776	17053
广告服务	8	695	249	7553	8307
文化软件服务					
建筑设计服务	21	560	191	5162	3403
专业设计服务	10	477	176	6683	4496
景区游览服务	85	2813	1182	26732	64309
娱乐休闲服务	32	390	177	3244	6955
摄影扩印服务	1	5	2	30	10
版权服务	2	16	8	111	368
文化经纪代理服务	2	60	25	320	76
文化出租服务					
会展服务	3	10	4	21	4
其他文化辅助服务					

3-D-16 分地区文化服务业事业单位主要财务指标

地区	单位数(个)	年末从业人员(人)	#女性	非企业单位支出(费用)(万元)	年末资产(万元)
全省	**1269**	**34916**	**15737**	**475471**	**738142**
哈尔滨	309	11858	5233	286667	362002
齐齐哈尔	168	2770	1233	19498	37460
鸡西	73	1439	640	7515	11480
鹤岗	45	1585	667	8492	16589
双鸭山	63	1283	554	15735	20234
大庆	45	4279	2445	8017	12944
伊春	63	1849	731	10911	25750
佳木斯	72	1236	501	11371	13799
七台河	37	754	357	9708	10133
牡丹江	101	3046	1317	24039	26021
黑河	73	1231	518	39847	107076
绥化	120	2575	1134	23298	85628
大兴安岭	100	1011	407	10373	9027

3-D-17 按类别分文化服务业其他单位主要财务指标

类别	单位数(个)	年末从业人员(人)	#女性	非企业单位支出(费用)(万元)	年末资产(万元)
总计	**1844**	**15048**	**7281**	**49601**	**46430**
新闻服务	1	3	2	103	25
出版服务	6	174	74	2034	5053
广播电视服务	19	189	75	2030	1911
电影和影视录音服务	12	75	41	900	1039
文艺创作与表演服务	23	296	149	899	396
图书馆与档案馆服务	6	55	39	416	516
文化遗产保护服务	39	329	155	2877	9994
群众文化服务	64	497	331	685	543
文化研究和社团服务	276	6269	2907	25808	11343
文化艺术培训服务	343	2284	1620	11108	10815
其他文化艺术业服务	21	201	85	239	83
互联网信息服务	24	95	37		
增值电信服务(文化部分)					
广播电视传输服务	7	60	23	67	59
广告服务	149	891	328	76	206
文化软件服务					
建筑设计服务	4	22	4		
专业设计服务	15	109	41	224	235
景区游览服务	19	221	75	367	1209
娱乐休闲服务	787	3056	1171	1719	2933
摄影扩印服务	11	88	48	0	50
版权服务					
文化经纪代理服务	4	21	11		
文化出租服务					
会展服务	5	73	42	1	1
其他文化辅助服务	9	40	23	50	20

3-D-18 分地区文化服务业其他单位主要财务指标

地 区	单位数（个）	年末从业人员（人）	#女性	非企业单位支出(费用)（万元）	年末资产（万元）
全 省	**1844**	**15048**	**7281**	**49601**	**46430**
哈尔滨	569	7554	3732	36695	30132
齐齐哈尔	160	695	310	778	1039
鸡 西	120	625	268	487	537
鹤 岗	42	195	97	207	110
双鸭山	128	424	215	499	579
大 庆	128	1138	560	1234	3659
伊 春	107	662	275	1338	1260
佳木斯	94	506	316	844	1157
七台河	71	237	103	58	152
牡丹江	178	1586	725	4727	3320
黑 河	74	615	341	1703	3293
绥 化	118	659	280	946	1133
大兴安岭	55	152	59	86	61

E.文化产业个体经营户

3-E-01 按类别分文化产业个体经营户基本情况

类　别	户数 (个)	年末从业人员 (人)
总　计	**22192**	**58202**
造纸*	9	37
印刷	555	1712
装订及印刷相关服务	458	1165
记录媒介复制	42	101
文教办公用品制造*	25	119
乐器制造	9	35
工艺美术品制造	899	2625
玩具制造	15	36
游艺器材及娱乐用品制造	7	24
文化、办公用机械制造*	6	13
广播电视设备制造	2	8
视听设备制造	1	2
纺织、服装及家庭用品批发*	1	2
文化、体育用品及器材批发*	551	1343
机械设备、五金产品及电子产品批发*	6	12
文化、体育用品及器材专门零售*	7078	16560
家用电器及电子产品专门零售*	2041	5152
互联网信息服务	5	11
文化及日用品出租*	41	73
广告业	1320	3383
其他商务服务业*	1746	3885
其他专业技术服务业*	2134	6179
技能培训、教育辅助及其他教育*	238	766
电影和影视节目制作	3	18
电影放映	14	102
录音制作	2	4
文艺创作与表演	5	17
艺术表演场馆	1	4
图书馆与档案馆	3	7
博物馆	3	10
群众文化活动	1	1
其他文化艺术业	4	10
室内娱乐活动	4713	14055
游乐园	22	63
文化、娱乐、体育经纪代理*	9	23
其他娱乐业	223	645

3-E-02　分地区文化产业个体经营户基本情况

地　区	户数 (个)	年末从业人员 (人)
全　省	**22192**	**58202**
哈尔滨	5657	16205
齐齐哈尔	2674	6385
鸡　西	1173	2521
鹤　岗	840	2242
双鸭山	1017	2318
大　庆	2440	6509
伊　春	936	2700
佳木斯	1458	3802
七台河	624	1278
牡丹江	2131	6462
黑　河	963	2356
绥　化	1753	4461
大兴安岭	526	963

附　录

主要指标解释及分类规定

主要指标解释

法人单位　是指有权拥有资产、承担负债，并独立从事社会经济活动（或与其他单位进行交易）的组织。法人单位应同时具备以下条件：

1．依法成立，有自己的名称、组织机构和场所，能够独立承担民事责任；

2．独立拥有（或授权使用）资产或者经费，承担负债，有权与其他单位签订合同；

3．具有包括资产负债表在内的账户，或者能够根据需要编制账户。

法人单位包括五种类型：企业法人、事业单位法人、机关法人、社会团体和其他成员组织法人、其他法人。

企业法人　是指依据《中华人民共和国公司登记管理条例》、《中华人民共和国企业法人登记管理条例》等国家法律和法规，经各级工商行政管理机关登记注册，领取《企业法人营业执照》的企业。包括：

1．公司制企业法人；

2．非公司制企业法人；

3．依据《中华人民共和国个人独资企业法》、《中华人民共和国合伙企业法》，经各级工商行政管理机关登记注册，领取《营业执照》的个人独资企业、合伙企业。

事业单位法人　是指经国务院或地方县级以上机构编制管理部门批准，经国家或地方县级以上事业单位登记管理部门登记或备案，领取《事业单位法人证书》，取得法人资格的事业单位。包括：

1．各级党委、政府直属事业单位；

2．中共中央、国务院直属事业单位举办的事业单位；

3．各级人大、政协机关，人民法院、人民检察院和各民主党派机关举办的事业单位；

4．各级党委部门和政府部门举办的事业单位；

5．使用财政性经费的群众团体举办的事业单位；

6．国有企业及其他组织利用国有资产举办的事业单位；

7．依照法律或有关规定，应当由各级登记管理机关登记的其他事业单位。

机关法人　是指各级政党机关和国家机关。包括：

1．县级以上各级中国共产党委员会及其所属各工作部门；

2．县级以上各级人民代表大会机关；

3．县级以上各级人民政府及其所属各工作部门，以及地区行政行署；

4．县级以上各级政治协商会议机关；

5．县级以上各级人民法院、检察院机关；

6．县级以上各民主党派机关；

7．乡、镇中国共产党委员会和人民政府。

社会团体法人　是指依据《社会团体登记管理条例》，经国家或县级以上民政部门登记注册或备案、领取《社会团体法人登记证书》的各类社会团体，以及由机构编制管理部门管理其编制的群众团体。包括：

1．社会团体法人；

2．群众团体法人。

其他法人　是指除上述类型以外的法人，是依据《中华人民共和国居民委员会组织法》、《中华人民共和国村民委员会组织法》、《基金会管理条例》、《农民专业合作社登记管理条例》及其他法律、法规，依法成立，具备法人条件的单位。包括：

1．居民委员会和村民委员会；

2．基金会；

3．领取《民办非企业单位（法人）登记证书》的民办非企业单位；

4．宗教组织和活动场所；

5．农民专业合作社；

6．其他未列明法人单位。

单产业法人　是指仅包含一个产业活动单位的法人单位，称为单产业法人单位，该法人单位同时也是一个产业活动单位；

多产业法人　是指由两个及以上产业活动单位组成的法人单位，称为多产业法人单位，这些产业活动单位接受法人单位的管理和控制。

从业人员期末人数　指报告期末最后一日 24 时在本单位工作，并取得工资或其他形式劳动报酬的人员数。该指标为时点指标，不包括最后一日当天及以前已经与单位解除劳动合同关系的人员，是在岗职工、劳务派遣人员及其他从业人员之和。从业人员不包括：

1．离开本单位仍保留劳动关系，并定期领取生活费的人员；

2．利用课余时间打工的学生及在本单位实习的各类在校学生；

3．本单位因劳务外包而使用的人员，如：建筑业整建制使用的人员。

资产总计　指企业过去的交易或者事项形成的、由企业拥有或者控制的、预期会给企业带来经济利益的资源。资产一般按流动性（资产的变现或耗用时间长短）分为流动资产和非流动资产。其中流动资产可分为货币资金、交易性金融资产、应收票据、应收账款、预付款项、其他应收款、存货等；非流动资产可分为长期股权投资、固定资产、无形资产及其他非流动资产等。

分类规定

登记注册类型 指企业或企业产业活动单位的登记注册类型，工商行政管理部门对企业（单位）登记注册的类型分为以下几种：

1．国有企业：指企业全部资产归国家所有，并按《中华人民共和国企业法人登记管理条例》规定登记注册的非公司制的经济组织。不包括有限责任公司中的国有独资公司。

2．集体企业：指企业资产归集体所有，并按《中华人民共和国企业法人登记管理条例》规定登记注册的经济组织。

3．股份合作企业：指以合作制为基础，由企业职工共同出资入股，吸收一定比例的社会资产投资组建，实行自主经营，自负盈亏，共同劳动，民主管理，按劳分配与按股分红相结合的一种集体经济组织。

4．联营企业：指两个及两个以上相同或不同所有制性质的企业法人或事业单位法人，按自愿、平等、互利的原则，共同投资组成的经济组织。联营企业包括国有联营企业、集体联营企业、国有与集体联营企业和其他联营企业。

国有联营企业 指所有联营单位均为国有。

集体联营企业 指所有联营单位均为集体。

国有与集体联营企业 指联营单位既有国有也有集体。

其他联营企业 指上述三种联营企业之外的其他联营形式的企业。

5．有限责任公司：指根据《中华人民共和国公司登记管理条例》规定登记注册，由两个以上，五十个以下的股东共同出资，每个股东以其所认缴的出资额对公司承担有限责任，公司以其全部资产对其债务承担责任的经济组织。有限责任公司包括国有独资公司以及其他有限责任公司。

国有独资公司 指国家授权的投资机构或者国家授权的部门单独投资设立的有限责任公司。

其他有限责任公司 指国有独资公司以外的其他有限责任公司。

6．股份有限公司：指根据《中华人民共和国公司登记管理条例》规定登记注册，其全部注册资本由等额股份构成并通过发行股票筹集资本，股东以其认购的股份对公司承担有限责任，公司以其全部资产对其债务承担责任的经济组织。

7．私营企业：指由自然人投资设立或由自然人控股，以雇佣劳动为基础的营利性经济组织。包括按照《公司法》、《合伙企业法》、《私营企业暂行条例》以及《个人独资企业法》规定登记注册的私营独资企业、私营合伙企业、私营有限责任公司、私营股份有限公司和个人独资企业。

私营独资企业 指按《私营企业暂行条例》的规定，由一名自然人投资经营，以雇佣劳动为基础，投资者对企业债务承担无限责任的企业。

私营合伙企业 指按《合伙企业法》或《私营企业暂行条例》的规定，由两个以上自然人按照协议共同投资、共同经营、共负盈亏，以雇佣劳动为基础，对债务承担无限责任的企业。

私营有限责任公司 指按《公司法》、《私营企业暂行条例》的规定，由两个以上自然人投资或由单个自然人控股的有限责任公司。

私营股份有限公司 指按《公司法》的规定，由五个以上自然人投资，或由单个自然人控股的股份有限公司。

个人独资企业 指按《个人独资企业法》、《个人独资企业登记管理办法》的规定，由一个自然人投资，财产为投资人个人所有，投资人以其个人财产对企业债务承担无限责任的经营实体。个人独资企业填表时归入私营独资企业。

8．其他内资企业：指上述第 1 条至第 7 条之外的其他内资经济组织。

9．与港澳台商合资经营企业：指港澳台地区投资者与内地的企业依照《中华人民共和国中外合资经营企业法》及有关法律的规定，按合同规定的比例投资设立，分享利润和分担风险的企业。

10．与港澳台商合作经营企业：指港澳台地区投资者与内地企业依照《中华人民共和国中外合作经营企业法》及有关法律的规定，依照合作合同的约定进行投资或提供条件设立，分配利润、分担风险和亏损的企业。

11．港澳台商独资经营企业：指依照《中华人民共和国外资企业法》及有关法律的规定，在内地由港澳台地区投资者全额投资设立的企业。

12．港澳台商投资股份有限公司：指根据国家有关规定，经商务部（原外经贸部）批准设立，并且其中港、澳、台商的股本占公司注册资本的比例达 25%以上的股份有限公司。凡其中港、澳、台商的股本占公司注册资本的比例小于 25%的，属于内资中的股份有限公司。

13．其他港、澳、台商投资企业：指在中国境内参照《外国企业或个人在中国境内设立合伙企业管理办法》和《外商投资合伙企业登记管理规定》，依法设立的港、澳、台商投资合伙企业。

14．中外合资经营企业：指外国企业或外国人与中国内地企业依照《中华人民共和国中外合资经营企业法》及有关法律的规定，按合同规定的比例投资设立，分享利润和分担风险的企业。

15．中外合作经营企业：指外国企业或外国人与中国内地企业依照《中华人民共和国中外合作经营企业法》及有关法律的规定，依照合作合同的约定进行投资或提供条件设立，分配利润、分担风险和亏损的企业。

16．外资企业：指依照《中华人民共和国外资企业法》及有关法律的规定，在中国内地由外国投资者全额投资设立的企业。

17．外商投资股份有限公司：指根据国家有关规定，经商务部（原外经贸部）批准设立，并且其中外资的股本占公司注册资本的比例达25%以上的股份有限公司。凡其中外资股本占公司注册资本的比例小于25%的，属于内资中的股份有限公司。

18．其他外商投资企业：指在中国境内依照《外国企业或个人在中国境内设立合伙企业管理办法》和《外商投资合伙企业登记管理规定》，依法设立的外商投资合伙企业。

统计上大中小微型企业划分办法

一、根据工业和信息化部、国家统计局、国家发展改革委、财政部《关于印发中小企业划型标准规定的通知》（工信部联企业〔2011〕300号），结合统计工作的实际情况，特制定本办法。

二、本办法适用对象为在中华人民共和国境内依法设立的各种组织形式的法人企业或单位。个体工商户参照本办法进行划分。

三、本办法适用范围包括：农、林、牧、渔业，采矿业，制造业，电力、热力、燃气及水生产和供应业，建筑业，批发和零售业，交通运输、仓储和邮政业，住宿和餐饮业，信息传输、软件和信息技术服务业，房地产业，租赁和商务服务业，科学研究和技术服务业，水利、环境和公共设施管理业，居民服务、修理和其他服务业，文化、体育和娱乐业等15个行业门类以及社会工作行业大类。

四、本办法按照行业门类、大类、中类和组合类别，依据从业人员、营业收入、资产总额等指标或替代指标，将我国的企业划分为大型、中型、小型、微型等四种类型。具体划分标准见附表。

五、企业划分由政府综合统计部门根据统计年报每年确定一次，定报统计原则上不进行调整。

六、本办法自印发之日起执行，国家统计局2003年印发的《统计上大中小型企业划分办法（暂行）》（国统字〔2003〕17号）同时废止。

附表：

统计上大中小微型企业划分标准

行业名称	指标名称	计量单位	大型	中型	小型	微型
农、林、牧、渔业	营业收入(Y)	万元	Y≥20000	500≤Y＜20000	50≤Y＜500	Y＜50
工业*	从业人员(X)	人	X≥1000	300≤X＜1000	20≤X＜300	X＜20
	营业收入(Y)	万元	Y≥40000	2000≤Y＜40000	300≤Y＜2000	Y＜300
建筑业	营业收入(Y)	万元	Y≥80000	6000≤Y＜80000	300≤Y＜6000	Y＜300
	资产总额(Z)	万元	Z≥80000	5000≤Z＜80000	300≤Z＜5000	Z＜300
批发业	从业人员(X)	人	X≥200	20≤X＜200	5≤X＜20	X＜5
	营业收入(Y)	万元	Y≥40000	5000≤Y＜40000	1000≤Y＜5000	Y＜1000
零售业	从业人员(X)	人	X≥300	50≤X＜300	10≤X＜50	X＜10
	营业收入(Y)	万元	Y≥20000	500≤Y＜20000	100≤Y＜500	Y＜100
交通运输业*	从业人员(X)	人	X≥1000	300≤X＜1000	20≤X＜300	X＜20
	营业收入(Y)	万元	Y≥30000	3000≤Y＜30000	200≤Y＜3000	Y＜200
仓储业	从业人员(X)	人	X≥200	100≤X＜200	20≤X＜100	X＜20
	营业收入(Y)	万元	Y≥30000	1000≤Y＜30000	100≤Y＜1000	Y＜100
邮政业	从业人员(X)	人	X≥1000	300≤X＜1000	20≤X＜300	X＜20
	营业收入(Y)	万元	Y≥30000	2000≤Y＜30000	100≤Y＜2000	Y＜100
住宿业	从业人员(X)	人	X≥300	100≤X＜300	10≤X＜100	X＜10
	营业收入(Y)	万元	Y≥10000	2000≤Y＜10000	100≤Y＜2000	Y＜100
餐饮业	从业人员(X)	人	X≥300	100≤X＜300	10≤X＜100	X＜10
	营业收入(Y)	万元	Y≥10000	2000≤Y＜10000	100≤Y＜2000	Y＜100

续表

行业名称	指标名称	计量单位	大型	中型	小型	微型
信息传输业*	从业人员(X)	人	X≥2000	100≤X<2000	10≤X<100	X<10
	营业收入(Y)	万元	Y≥100000	1000≤Y<100000	100≤Y<1000	Y<100
软件和信息技术服务业	从业人员(X)	人	X≥300	100≤X<300	10≤X<100	X<10
	营业收入(Y)	万元	Y≥10000	1000≤Y<10000	50≤Y<1000	Y<50
房地产开发经营	营业收入(Y)	万元	Y≥200000	1000≤Y<200000	100≤Y<1000	Y<100
	资产总额(Z)	万元	Z≥10000	5000≤Z<10000	2000≤Z<5000	Z<2000
物业管理	从业人员(X)	人	X≥1000	300≤X<1000	100≤X<300	X<100
	营业收入(Y)	万元	Y≥5000	1000≤Y<5000	500≤Y<1000	Y<500
租赁和商务服务业	从业人员(X)	人	X≥300	100≤X<300	10≤X<100	X<10
	资产总额(Z)	万元	Z≥120000	8000≤Z<120000	100≤Z<8000	Z<100
其他未列明行业*	从业人员(X)	人	X≥300	100≤X<300	10≤X<100	X<10

说明：

1．大型、中型和小型企业须同时满足所列指标的下限，否则下划一档；微型企业只须满足所列指标中的一项即可。

2．附表中各行业的范围以《国民经济行业分类》（GB/T4754-2011）为准。带*的项为行业组合类别，其中，工业包括采矿业，制造业，电力、热力、燃气及水生产和供应业；交通运输业包括道路运输业，水上运输业，航空运输业，管道运输业，装卸搬运和运输代理业，不包括铁路运输业；信息传输业包括电信、广播电视和卫星传输服务，互联网和相关服务；其他未列明行业包括科学研究和技术服务业，水利、环境和公共设施管理业，居民服务、修理和其他服务业，社会工作，文化、体育和娱乐业，以及房地产中介服务，其他房地产业等，不包括自有房地产经营活动。

3．企业划分指标以现行统计制度为准。（1）从业人员，是指期末从业人员数，没有期末从业人员数的，采用全年平均人员数代替。（2）营业收入，工业、建筑业、限额以上批发和零售业、限额以上住宿和餐饮业以及其他设置主营业务收入指标的行业，采用主营业务收入；限额以下批发与零售业企业采用商品销售额代替；限额以下住宿与餐饮业企业采用营业额代替；农、林、牧、渔业企业采用营业总收入代替；其他未设置主营业务收入的行业，采用营业收入指标。（3）资产总额，采用资产总计代替。

文化及相关产业分类(2012)

一、目的和作用

（一）为深入贯彻落实党的十七届六中全会关于深化文化体制改革、推动社会主义文化大发展大繁荣的精神，建立科学可行的文化及相关产业统计制度，制定本分类。

（二）本分类为界定我国文化及相关单位的生产活动提供依据，为当前的社会主义文化建设、文化宏观管理提供参考，为文化及相关产业统计提供统一的定义和范围。

二、定义和范围

（一）定义

本分类规定的文化及相关产业是指为社会公众提供文化产品和文化相关产品的生产活动的集合。

（二）范围

根据以上定义，我国文化及相关产业的范围包括：

1．以文化为核心内容，为直接满足人们的精神需要而进行的创作、制造、传播、展示等文化产品（包括货物和服务）的生产活动；

2．为实现文化产品生产所必需的辅助生产活动；

3．作为文化产品实物载体或制作（使用、传播、展示）工具的文化用品的生产活动(包括制造和销售)；

4．为实现文化产品生产所需专用设备的生产活动(包括制造和销售)。

三、分类原则

（一）以《国民经济行业分类》为基础

本分类以《国民经济行业分类》（GB/T 4754—2011）为基础，根据文化及相关单位生产活动的特点，将行业分类中相关的类别重新组合，是《国民经济行业分类》的派生分类。

（二）兼顾部门管理需要和可操作性

根据我国文化体制改革和发展的实际，本分类在考虑文化生产活动特点的同时，兼顾政府部门管理的需要；立足于现行的统计制度和方法，充分考虑分类的可操作性。

（三）与国际分类标准相衔接

本分类借鉴了联合国教科文组织的《文化统计框架—2009》的分类方法，在定义和覆盖范围上可与其衔接。

四、分类方法

本分类依据上述分类原则，将文化及相关产业分为五层。

第一层包括文化产品的生产、文化相关产品的生产两部分，用“第一部分”、“第二部分”表示；

第二层根据管理需要和文化生产活动的自身特点分为10个大类，用“一”、“二”……“十”表示；

第三层依照文化生产活动的相近性分为 50 个中类，在每个大类下分别用“(一)”、“(二)”、“(三)”……表示；

第四层共有 120 个小类，是文化及相关产业的具体活动类别，直接用《国民经济行业分类》（GB/T 4754—2011）相对应行业小类的名称和代码表示。对于含有部分文化生产活动的小类，在其名称后用“*”标出。

第五层为带“*”小类下设置的延伸层。通过在类别名称前加“—”表示，不设代码和顺序号，其包含的活动内容在表 2 中加以说明。

五、文化及相关产业分类表

表1　文化及相关产业的类别名称和行业代码

类　别　名　称	国民经济行业代码
第一部分　文化产品的生产	
一、新闻出版发行服务	
（一）新闻服务	
新闻业	8510
（二）出版服务	
图书出版	8521
报纸出版	8522
期刊出版	8523
音像制品出版	8524
电子出版物出版	8525
其他出版业	8529
（三）发行服务	
图书批发	5143
报刊批发	5144
音像制品及电子出版物批发	5145
图书、报刊零售	5243
音像制品及电子出版物零售	5244
二、广播电视电影服务	
（一）广播电视服务	
广播	8610
电视	8620
（二）电影和影视录音服务	
电影和影视节目制作	8630
电影和影视节目发行	8640
电影放映	8650
录音制作	8660
三、文化艺术服务	
（一）文艺创作与表演服务	
文艺创作与表演	8710
艺术表演场馆	8720
（二）图书馆与档案馆服务	
图书馆	8731
档案馆	8732
（三）文化遗产保护服务	
文物及非物质文化遗产保护	8740
博物馆	8750
烈士陵园、纪念馆	8760
（四）群众文化服务	
群众文化活动	8770
（五）文化研究和社团服务	
社会人文科学研究	7350
专业性团体（的服务）　*	9421
—学术理论社会团体的服务	
—文化团体的服务	

续表 1

类　别　名　称	国民经济行业代码
（六）文化艺术培训服务	
文化艺术培训	8293
其他未列明教育 *	8299
—美术、舞蹈、音乐辅导服务	
（七）其他文化艺术服务	
其他文化艺术业	8790
四、文化信息传输服务	
（一）互联网信息服务	
互联网信息服务	6420
（二）增值电信服务（文化部分）	
其他电信服务 *	6319
—增值电信服务(文化部分）	
（三）广播电视传输服务	
有线广播电视传输服务	6321
无线广播电视传输服务	6322
卫星传输服务 *	6330
—传输、覆盖与接收服务	
—设计、安装、调试、测试、监测等服务	
五、文化创意和设计服务	
（一）广告服务	
广告业	7240
（二）文化软件服务	
软件开发 *	6510
—多媒体、动漫游戏软件开发	
数字内容服务 *	6591
—数字动漫、游戏设计制作	
（三）建筑设计服务	
工程勘察设计 *	7482
—房屋建筑工程设计服务	
—室内装饰设计服务	
—风景园林工程专项设计服务	
（四）专业设计服务	
专业化设计服务	7491
六、文化休闲娱乐服务	
（一）景区游览服务	
公园管理	7851
游览景区管理	7852
野生动物保护 *	7712
—动物园和海洋馆、水族馆管理服务	
野生植物保护 *	7713
—植物园管理服务	
（二）娱乐休闲服务	
歌舞厅娱乐活动	8911
电子游艺厅娱乐活动	8912
网吧活动	8913
其他室内娱乐活动	8919
游乐园	8920
其他娱乐业	8990

续表 2

类　别　名　称	国民经济行业代码
（三）摄影扩印服务	
摄影扩印服务	7492
七、工艺美术品的生产	
（一）工艺美术品的制造	
雕塑工艺品制造	2431
金属工艺品制造	2432
漆器工艺品制造	2433
花画工艺品制造	2434
天然植物纤维编织工艺品制造	2435
抽纱刺绣工艺品制造	2436
地毯、挂毯制造	2437
珠宝首饰及有关物品制造	2438
其他工艺美术品制造	2439
（二）园林、陈设艺术及其他陶瓷制品的制造	
园林、陈设艺术及其他陶瓷制品制造 *	3079
—陈设艺术陶瓷制品制造	
（三）工艺美术品的销售	
首饰、工艺品及收藏品批发	5146
珠宝首饰零售	5245
工艺美术品及收藏品零售	5246
第二部分　文化相关产品的生产	
八、文化产品生产的辅助生产	
（一）版权服务	
知识产权服务 *	7250
—版权和文化软件服务	
（二）印刷复制服务	
书、报刊印刷	2311
本册印制	2312
包装装潢及其他印刷	2319
装订及印刷相关服务	2320
记录媒介复制	2330
（三）文化经纪代理服务	
文化娱乐经纪人	8941
其他文化艺术经纪代理	8949
（四）文化贸易代理与拍卖服务	
贸易代理 *	5181
—文化贸易代理服务	
拍卖 *	5182
—艺（美）术品、文物、古董、字画拍卖服务	
（五）文化出租服务	
娱乐及体育设备出租 *	7121
—视频设备、照相器材和娱乐设备的出租服务	
图书出租	7122
音像制品出租	7123
（六）会展服务	
会议及展览服务	7292
（七）其他文化辅助生产	
其他未列明商务服务业 *	7299
—公司礼仪和模特服务	

续表 3

类　别　名　称	国民经济行业代码
—大型活动组织服务	
—票务服务	
九、文化用品的生产	
（一）办公用品的制造	
文具制造	2411
笔的制造	2412
墨水、墨汁制造	2414
（二）乐器的制造	
中乐器制造	2421
西乐器制造	2422
电子乐器制造	2423
其他乐器及零件制造	2429
（三）玩具的制造	
玩具制造	2450
（四）游艺器材及娱乐用品的制造	
露天游乐场所游乐设备制造	2461
游艺用品及室内游艺器材制造	2462
其他娱乐用品制造	2469
（五）视听设备的制造	
电视机制造	3951
音响设备制造	3952
影视录放设备制造	3953
（六）焰火、鞭炮产品的制造	
焰火、鞭炮产品制造	2672
（七）文化用纸的制造	
机制纸及纸板制造 *	2221
—文化用机制纸及纸板制造	
手工纸制造	2222
（八）文化用油墨颜料的制造	
油墨及类似产品制造	2642
颜料制造 *	2643
—文化用颜料制造	
（九）文化用化学品的制造	
信息化学品制造 *	2664
—文化用信息化学品的制造	
（十）其他文化用品的制造	
照明灯具制造 *	3872
—装饰用灯和影视舞台灯制造	
其他电子设备制造 *	3990
—电子快译通、电子记事本、电子词典等制造	
（十一）文具乐器照相器材的销售	
文具用品批发	5141
文具用品零售	5241
乐器零售	5247
照相器材零售	5248

续表 4

类　别　名　称	国民经济行业代码
（十二）文化用家电的销售	
家用电器批发 *	
—文化用家用电器批发	
家用视听设备零售	5271
（十三）其他文化用品的销售	
其他文化用品批发	5149
其他文化用品零售	5249
十、文化专用设备的生产	
（一）印刷专用设备的制造	
印刷专用设备制造	3542
（二）广播电视电影专用设备的制造	
广播电视节目制作及发射设备制造	3931
广播电视接收设备及器材制造	3932
应用电视设备及其他广播电视设备制造	3939
电影机械制造	3471
（三）其他文化专用设备的制造	
幻灯及投影设备制造	3472
照相机及器材制造	3473
复印和胶印设备制造	3474
（四）广播电视电影专用设备的批发	
通讯及广播电视设备批发 *	5178
—广播电视电影专用设备批发	
（五）舞台照明设备的批发	
电气设备批发 *	5176
—舞台照明设备的批发